新媒体环境下图书馆业务培训教程

图书馆基础资源建设

董素音　王丽敏　主编

海洋出版社

2013 年 · 北京

内容简介

本书详细论述了图书馆的基础资源建设——藏书建设的各项工作，不仅介绍了传统图书馆图书采访、分类、标引、著录等各项业务，还以此为基础，进一步对现代图书馆计算机编目进行论述。从计算机编目的发展、机读目录格式、联机编目、书目输出等几个主要方面由浅入深地讲解了计算机编目的基本方法。本书阅读对象为非图书馆专业的各类图书馆工作人员。

图书在版编目（CIP）数据

图书馆基础资源建设/董素音，王丽敏主编.—北京：海洋出版社，2013.8
新媒体环境下图书馆业务培训教程
ISBN 978-7-5027-8591-8

Ⅰ.①图… Ⅱ.①董… ②王… Ⅲ.①图书馆-藏书建设-业务培训-教材 Ⅳ.①G253

中国版本图书馆CIP数据核字（2013）第141325号

责任编辑：杨海萍
责任印制：赵麟苏

海洋出版社 出版发行

http://www.oceanpress.com.cn
北京市海淀区大慧寺路8号　邮编：100081
北京旺都印务有限公司印刷　新华书店发行所经销
2013年8月第1版　2013年8月北京第1次印刷
开本：787mm×1092mm　1/16　印张：23.75
字数：433千字　定价：39.00元
发行部：62132549　邮购部：68038093　总编室：62114335
海洋版图书印、装错误可随时退换

《图书馆基础资源建设》编委会

主　编　董素音　王丽敏

编　委　杨永梅　刘　平

编者的话

新媒体是相对于报刊、户外、广播、电视四大传统意义上的媒体而言的，被形象地称为"第五媒体"。新媒体环境的形成得益于网络环境的成熟和日新月异的计算机技术的发展。在新媒体环境下，数字期刊、数字报纸、数字电视、数字电影、数字广播、手机短信、网络、桌面视窗、触摸媒体等逐步走进了千家万户，这就使得图书馆的传统资源优势失去了往日独占鳌头的地位，因为纸质文献已不是用户查找资料、获取信息的唯一途径，作为"信息中心"的图书馆也不再是用户获取信息的首选场所，图书馆的生存与发展受到了新媒体的挑战。图书馆必须要转变观念，创新发展。

但是，不论外部环境如何变化，不论信息载体多么复杂，图书馆基础理论和基本技术仍然是支撑图书馆发展变革的基础。学习和掌握图书馆基础知识，提高为读者服务的基本技能，提升图书馆在新媒体环境下的竞争力等等，这是每个图书馆馆员义不容辞的责任和义务。我们在2009年编辑出版了《图书馆馆员学习与岗位培训教程》丛书，为当时各类图书馆的馆员职业培训和学习提供了帮助。在此基础上，针对当前新媒体环境特点，我们编辑了一套《新媒体环境下图书馆业务培训教程》，以满足图书馆业务培训和馆员学习的需要。

这套丛书包括：图书馆利用基础、图书馆基础资源建设、图书馆读者业务工作、图书馆期刊业务与研究、图书馆网络化基础、图书馆参考咨询工作基础、图书馆信息研究与服务。该丛书不仅涵盖了图书馆各项基础业务工作，而且还介绍了图书馆高层次文献信息服务工作，如情报分析与研究、科技查新服务等。本套丛书可以满足图书馆馆员的继续学习和技能培训需求。尽管编者尽最大努力把最新的信息呈现给读者，但是由于网络信息动态更新、毫秒处理的特点，当我们的书出版时也许其中一些内容又有新信息了，但这丝毫不影响该套丛书的参考使用价值，因为图书馆的变化和发展都是以其基础理论和基本知识为依据的。

这套丛书在编写过程中得到了同行专家和图书馆界同仁的鼎力支持和帮助，中国科学院国家科学图书馆的博士生导师初景利教授对本套丛书提出了宝贵意见，在此表示衷心感谢。

该套丛书由蔡莉静策划，编写各册提纲，组织作者编写，并完成了整套书的统稿工作。在此过程中，得到了河北科技大学图书馆和燕山大学图书馆相关领导的支持和帮助，在这里表示诚挚的谢意。

由于编者水平所限，难免书中有疏漏或错误，请广大读者不吝批评指正。

蔡莉静

2013年6月

前　言

藏书建设是一项重要的图书馆基础性业务工作，其质量好坏决定了图书馆文献资源建设的整体水平，并直接影响图书馆各项服务职能的发挥。随着社会信息化的发展，图书馆迎来了一个全新的网络环境，藏书建设的工作方式和工作内容发生了深刻的变化。例如，传统的图书采访工作主要利用《新华书目报》、《上海新书目》和《地方科技新书目》来完成，但网络环境条件下，图书出版发行和信息发布渠道趋向多元化，这就要求采访人员利用网络及出版社、书商提供的采访数据以及各种图书订货会等渠道及时多途径搜集图书书目信息，以保障图书采购任务的顺利完成。再如，文献编目是一项比较细致的技术性工作，要实现联机编目、资源共建就必须谨遵编目规则，如《中国文献编目规则》、《中国图书分类法》、《中国分类主题词表》、《中国机读目录格式使用手册》、《专著出版物国际标准书目著录》、《普通图书著录规则》等。藏书建设的网络化与标准化对图书馆采编工作人员提出了更高的要求，因此广大基层图书馆采编人员迫切需要参加各种岗位技能培训。我们在长期工作实践基础上编写的《图书馆基础资源建设》一书，旨在帮助图书馆采编人员全面系统地学习和掌握图书采访、分类、编目、标目、典藏等各项工作的基本理论与技术方法。

全书内容共分九章，具体内容如下：第一章：藏书建设工作概论；第二章：图书采访工作；第三章：图书分类工作；第四章：图书主题标引工作；第五章：图书著录工作；第六章：计算机编目工作；第七章：图书标目工作；第八章：图书统计报表及产品输出；第九章：图书典藏工作。其中第一、二、七、八章由董素音编写；第三、四章由刘平编写；第五、六、九章由杨永梅编写。董素音负责本书编写大纲的拟定，王丽敏和董素音对全书书稿进行了修改。

由于编撰者水平有限，本书定有不少疏漏和不当之处，恳请专家、同仁批评指正。

编　者
2013 年 6 月

目　次

第一章　藏书建设工作概论 (1)
第一节　文献的含义及其类型 (1)
一、文献概述 (1)
二、文献的构成要素 (2)
三、文献的功能 (4)
四、文献的类型 (5)
第二节　藏书建设工作概述 (10)
一、馆藏文献资源体系 (10)
二、藏书建设研究的内容 (11)
三、藏书建设的基本原则 (13)

第二章　图书采访工作 (16)
第一节　图书采访概述 (16)
一、图书采访的含义 (16)
二、图书采访的内容 (16)
三、文献采访的原则 (18)
第二节　图书采集的方法 (21)
一、图书采集的方式 (21)
二、图书采集的常用工具 (23)
三、图书采集的网络模式 (26)
四、图书采集的流程 (30)

第三章　图书分类工作 (32)
第一节　我国图书馆分类法 (32)
一、《中国图书馆分类法》(以下简称《中国法》) (32)
二、类目的划分与排列 (34)
三、《中图法》的标记符号和标记制度 (40)
四、《中图法》的组配技术 (44)
五、《中图法》中"0"的问题 (46)
六、其他分类法简介 (47)

第二节　国外常用图书分类法……(53)
一、《杜威十进分类法》(DDC)……(53)
二、《美国国会图书馆分类法》(LCC)……(56)
三、《国际十进分类法》(UDC)……(59)
四、《冒号分类法》(CC)……(60)
五、布利斯书目分类法(BC)……(63)
六、日本十进分类法……(64)

第三节　图书分类标引规则……(65)
一、图书分类标引的基本规则……(65)
二、图书分类标引的一般规则……(67)
三、图书分类标引的特殊规则……(70)

第四节　各类图书的分类方法……(72)
一、马列类图书的分类标引……(72)
二、哲学类图书的分类标引……(73)
三、社会科学类图书的分类标引……(76)
四、政治类图书的分类标引……(78)
五、军事类图书的标引……(81)
六、经济类图书的分类标引……(83)
七、文化、科学、教育、体育类图书的归类……(85)
八、语言、文字类图书的分类标引……(88)
九、文学类图书的标引……(89)
十、艺术类图书的分类标引……(90)
十一、历史、地理类图书的分类标引……(92)
十二、自然科学总论类图书的分类标引……(94)
十三、数理科学和化学类图书的标引……(95)
十四、天文学、地球科学类图书的标引……(97)
十五、生物科学类图书的分类标引……(100)
十六、医药、卫生类图书的分类标引……(102)
十七、农业科学类图书的分类标引……(103)
十八、工业技术类图书的标引……(104)
十九、综合性图书类图书的分类标引……(105)

第四章　文献主题标引工作……(107)
第一节　文献主题标引概述……(107)
一、《汉语主题词表》的构成……(107)

二、文献主题标引的方式 …………………………………… (111)
　　三、文献主题标引程序 ……………………………………… (114)
　第二节　文献主题分析的方法与步骤 …………………………… (116)
　　一、文献主题的类型 ………………………………………… (116)
　　二、文献主题结构 …………………………………………… (119)
　　三、文献主题分析方法 ……………………………………… (121)
　　四、主题标引的选词规则 …………………………………… (129)
　　五、主题词组配规则 ………………………………………… (132)
　　六、文献标引工作质量控制 ………………………………… (139)
　第三节　分类主题一体化 ………………………………………… (143)
　　一、分类主题一体化词表 …………………………………… (143)
　　二、《中国分类主题词表》 …………………………………… (145)
　　三、分类主题一体化标引方法 ……………………………… (150)
第五章　图书著录工作 ……………………………………………… (153)
　第一节　图书著录概述 …………………………………………… (153)
　　一、图书著录的内容 ………………………………………… (153)
　　二、图书著录的标准 ………………………………………… (159)
　第二节　图书著录的方法 ………………………………………… (161)
　　一、图书著录方法 …………………………………………… (161)
　　二、地图资料的著录 ………………………………………… (175)
　　三、标准文献的著录 ………………………………………… (178)
　　四、学位论文的著录 ………………………………………… (180)
　　五、非书资料的著录 ………………………………………… (182)
　　六、多卷书的著录 …………………………………………… (184)
　　七、丛书的著录 ……………………………………………… (188)
　　八、电子资源 ………………………………………………… (189)
第六章　计算机编目 ………………………………………………… (194)
　第一节　计算机编目的发展 ……………………………………… (194)
　　一、我国计算机编目的发展 ………………………………… (194)
　　二、计算机联机编目的原则 ………………………………… (195)
　第二节　机读目录格式 …………………………………………… (197)
　　一、机读目录的逻辑结构 …………………………………… (197)
　　二、0—字段(标识块)的著录 ……………………………… (199)
　　三、1—字段(编码信息块)的著录 ………………………… (204)

四、2—字段(著录信息块) ………………………………… (209)
　　五、3—字段(附注块) ……………………………………… (216)
　　六、4—字段(款目连接块) ………………………………… (220)
　　七、5—字段(相关题名块) ………………………………… (221)
　　八、6—字段(主题分析块) ………………………………… (224)
　　九、7—字段(知识责任块) ………………………………… (228)
　　十、8—字段(国际使用块) ………………………………… (230)
　第三节　都柏林元数据(DC)与编目 …………………………… (231)
　　一、元数据及其类型 ………………………………………… (231)
　　二、都柏林核心元素集(DC) ……………………………… (233)
　　三、DC 与 MARC 的关系 …………………………………… (237)
　第四节　联机编目 ………………………………………………… (240)
　　一、合作编目 ………………………………………………… (240)
　　二、国外联机编目的发展 …………………………………… (243)
　　三、国内联机编目的发展 …………………………………… (245)
　　四、联机编目的方法与程序 ………………………………… (254)
　　五、联机编目书目数据质量控制 …………………………… (261)
　　六、联机编目发展过程中存在的问题 ……………………… (263)

第七章　图书标目工作 ……………………………………………… (266)
　第一节　规范控制概述 …………………………………………… (266)
　　一、规范控制的涵义 ………………………………………… (266)
　　二、规范控制的对象 ………………………………………… (268)
　　三、规范控制过程 …………………………………………… (293)
　第二节　图书标目的规范控制 …………………………………… (295)
　　一、题名标目的规范控制 …………………………………… (296)
　　二、责任者标目的规范控制 ………………………………… (299)
　　三、分类与主题标目的规范控制 …………………………… (313)
　　四、标目规范控制中需要注意的问题 ……………………… (315)
　第三节　馆藏目录的组织 ………………………………………… (316)
　　一、图书目录组织的原则 …………………………………… (316)
　　二、图书目录的类型 ………………………………………… (317)
　　三、图书目录组织的方式 …………………………………… (317)

第八章　统计报表及书目产品输出 ………………………………… (323)
　第一节　统计报表 ………………………………………………… (323)

  一、采访统计 …………………………………………… (324)
  二、编目统计 …………………………………………… (330)
 第二节　书目产品输出 …………………………………… (334)
  一、文献采访环节的书目产品 ………………………… (334)
  二、文献编目环节的产品输出 ………………………… (338)

第九章　图书典藏 …………………………………………… (350)
 第一节　图书典藏概述 …………………………………… (350)
  一、图书典藏的定义 …………………………………… (350)
  二、图书典藏的内容 …………………………………… (350)
  三、图书典藏的类型 …………………………………… (351)
  四、图书典藏的意义 …………………………………… (352)
 第二节　图书典藏的组织 ………………………………… (352)
  一、文献库的划分 ……………………………………… (353)
  二、图书排架方法 ……………………………………… (354)
  三、文献剔旧问题 ……………………………………… (360)
  四、图书保护问题 ……………………………………… (360)

参考文献 ………………………………………………………… (363)

第一章 藏书建设工作概论

随着社会的进步和图书情报事业的发展，图书馆馆藏的类型发生了很大，除了包括印刷型的图书、报刊、政府出版物、学位论文、专利资料等，还包括非印刷型的缩微资料、声像资料、电子出版物，而且随着科学技术的发展非印刷型资料在图书馆藏书中的比例会日趋增加。因此，传统的"藏书建设"概念已经在很多地方被"文献资源建设"所替代，藏书建设的对象也已经从传统的图书扩大到文献资源。

文献资源建设包含宏观和微观两个方面的含义。宏观意义上的文献资源建设是指一个地区、一个系统、一个国家乃至国际间众多图书情报机构对文献资源的统一规划、协作、协调发展，最后形成一个整体，来满足社会对文献的需求；微观意义的文献资源建设是指单个图书情报机构对文献的收集、组织、管理、存储等工作，即我国图书情报界习称的"藏书建设"，这也是各类图书馆的基础资源建设工作，没有这个基础建设，图书馆其他各项工作就是无源之水，无本之木。

第一节 文献的含义及其类型

文献是藏书建设的基本对象，因此了解文献的本质含义、构成要素、类型和功能，能够帮助我们从根本上把握现代文献的特征，更好地理解图书馆文献资源建设的内容，掌握文献资源建设的规律和方法。

一、文献概述

文献是人类社会文明的产物，它的产生和发展有着悠久的历史。"文献"一词最早见于《论语·八佾》之中。孔子说："夏礼吾能言之，杞不足征也；殷礼吾能言之，宋不足征也；文献不足故也。足，则吾能征之矣。"这段话的意思是说，孔子知道夏代和殷商的制度，但对杞国和宋国的制度不了解，原因是这两国没有足够的文献可以作为依据。如果有了足够的文献，就完全可以了解了。这里"文献"一词包含着"典籍"和"贤人"两个方面的含义。宋代的朱熹曾在《四书章句集注》中注释为："文，典籍也，献，贤也。"典籍是指有关典章制度的文字资料，而"献"同"贤"，是指阅历丰富、满腹经纶的能人贤士。可见，古人治史，不仅要依靠文字材料，而且还要请教那些贤人。到了宋末元初，"文献"的含义发生了一些变化。元代的马端临在《文献通考·总序》中对文献作了比较具体的诠释。他认为，凡经、史、会要、百家传记藏书，信而有证者，谓之"文"；凡臣僚之奏疏、诸儒之评论、名流之燕谈、稗官之记录等，一语一言，可以订典故之得失，正史传之是非者，为之"献"。这时的"文献"是指文字资料和言论资料。

随着科学技术的迅速发展，人类发明了各种各样的信息载体材料，记录知识信息的方式也变得多种多样。例如，文献载体材料的发展经过了甲骨、陶器、玉器、石头、竹简、缣帛、纸张、缩微平片、缩微胶片、光盘、磁盘等各种不同形态，目前已经逐步进入现代的多元化并存时期；文献记录手段从铭、刻、抄、写过渡到印刷，进而发展到采用电、磁、光等现代技术记录手段。因此，广义的"文献"泛指多种载体材料的文献，如印刷型文献、缩微型文献、声像资料，以及存储在磁带、光盘、磁盘等载体上的大量电子文献；狭义的"文献"专指具有历史保存价值和现实使用价值的书刊和文物资料，包括各学科重要的书刊资料以及历史文物档案材料。所以说，"文献"含义的发展演变过程实际上是信息载体和信息记录手段发展的过程。

关于"文献"的定义，国际标准化组织在《文献情报术语国际标准》（ISO/DIS 5217）中的定义为："文献是在存储、检索、利用或传递记录信息的过程中，可作为一个单元处理的、在载体内、载体上或依附载体而存储有信息或数据的载体"。我国国家标准《文献著录总则》给文献下的定义是："文献是记录有知识的一切载体"。可见，人类的知识信息以文字、图形、代码、符号、声频、视频等形式，用一定的技术手段记载在物质载体上而形成的记录，通称为"文献"。

二、文献的构成要素

随着科学技术的发展，文献的载体形式不断推陈出新，信息记录与存储技术不断进步，信息内容涉及的学科范畴越来越宽。但是，无论文献的内容和载体形态如何发展变化，文献的构成都离不开信息内容、载体材料、记录符号、制作方式和载体形态这五个基本要素。

1. 信息内容

信息内容是指文献中记录的人类在生产和社会生活中获得的信息、经过积累总结的知识，是文献构成中最基本的要素。文献就是人类所积累和创造的知识财富的物化，它的本质是信息、知识，没有信息知识内容就不能称其为文献。所以，信息内容是文献的灵魂所在，文献是信息、知识及其所依附载体的总和。

2. 载体材料

载体材料是指能够记录知识、信息的各种物质实体，是人类传播和交流知识信息的媒介。随着人类社会文明的发展，知识和信息越来越多，文献数量也越来越大。作为文献载体的材料，也经历了由体内向体外、由笨重到轻便、由昂贵到廉价、由低密度到高密度的发展过程。从知识和信息的存储方式来看，有体内存储和体外存储两种。体内存储的载体是人类的大脑，体外存储的载体是实物和文献。

大脑载体是一种自然的体内存储载体，也是一种活载体。大脑载体通过眼、耳、口、手等各种手段吸收、存储、加工和输出知识、信息，其容量相当大。但是，大脑载体也有很大的局限性，具体表现在：大脑存储的知识是有限的；大脑存储只能通过人与人之间的对话才能进行传递和交流，受时间和空间的限制；大脑存储会随着人的死亡而消失；大脑存储不能对信息和知识进行系统组织等。

实物载体是将知识信息记录在动物、植物、文物以及金属材料等材料上，用来宣传、纪念和欣赏，对研究历史有相当的参考价值。实物载体的缺点是体积大、信息容量小，不易传播与交流。

文献载体是专门用于记录和传播知识信息的材料，属于体外存储载体。作为文献载体材料，应该具有适合信息存储和传播的特点。首先，要有较高的信息存储量；其次，性能要稳定，信息交流传播不受时间和空间的限制，并能够长期保存；第三，价格要低廉，便于公众获得与利用。现代文献所用的载体材料多种多样，除纸张外，还有胶卷、胶片、磁带、光盘等、磁盘等。

3. 记录符号

记录符号是记录信息的工具和表达信息内容的手段，通常指语言文字、数字、声音、图像、公式、代码等。信息内容只有用被赋予特定含义的符号表示出来，才能进行存储和传播。记录符号的发展经历了结绳、刻木、绘图、画像、象形文字、表意（表音）文字、声频符号、视频符号、各种数字代码等过程。由于语言文字是人们互相交流交往最通用的信息记录符号，具有可读、可记、可理解的特点，在印刷型文献中广泛使用。随着现代网络技术与通讯技术的发展，一种融文字、声音、影像等多种记录符号于一体的新型多媒体文献迅速普及和应用。

4. 制作方式

制作方式是指在文献载体上记录信息内容的生产记录方式，主要有刀刻、笔写、印刷、照相复制、打字、录制、摄影等。其中，印刷和打字是当前最主要的两种制作方式。

5. 载体形态

载体形态是指文献载体所具备的外部形态和特征。例如，图书是平装、精装还是线装；胶卷、胶片、磁带是用盒装、函装还是匣装；地图是轴还是册等。

从文献的构成要素可以看出，文献既不属于纯物质的范畴，也不属于纯精神的范畴。它是一种特殊的社会产品，是一定的信息内容和一定的载体材料的统一体。文献的根本属性是信息内容，文献一经产生，就完全脱离人脑而独立存在。在文献的传播与交流过程中，凝聚在文献中的信息、知识不断扩散。

三、文献的功能

文献的出现，意味着知识可以独立存在并广泛传播，也意味着人类可以通过阅读文献进一步认识自然界、改造自然界。文献的价值是文献所含知识内容的价值，文献的知识含量越高，其价值就越大。文献资源不像自然资源那样随着开发和利用的深入而逐渐枯竭，它天生具有再生性、共享性，被利用的次数越多，它所创造的价值就越大。可以说，文献是一种取之不尽、用之不竭的再生性宝贵资源。从文献的基本功能来看，主要有认识功能、存储功能和传递功能。

1. 认识功能

在文献产生之前，人类认识世界完全靠眼、耳、鼻、舌等自身器官，因这些器官都有很大的局限，影响了对客观世界更全面更直接的认识。文献产生以后，人类通过阅读文献，就可认识过去的世界，了解现在的世界，预测未来的世界。文献就像人类发明的指南针、望远镜、显微镜等工具一样，延长了人类的各种认识器官，极大地提高了人类认识世界的能力。

2. 存储功能

人类在改造自然和改造社会的实践中所获得的知识和成果，大多数都要通过文献存储下来。文献是人类知识的宝库，它汇集着人类世代的知识结晶，积累着无数的事实、数据、假说、构想、理论、定义、方法等，记载着无数的经验教训，反映着科学文化的时代水平，是人类文明发展史的见证。如果没有文献，人类的知识就不能集中、延续和继承，人类社会的发展将难以想象。

3. 传递功能

文献是作为知识信息的传递工具出现并存在于社会上的，其传递功能表现在纵向和横向两个方面。从纵向看，文献的流传为人类知识的继承提供了条件，人们通过阅读文献就可了解文献所保存的前人的知识，不去重复前人已经做过的事情，缩短实现奋斗目标的路程；从横向看，文献打破了地域的界限，带来了人类知识的传播和融合，成为联系世界和沟通全人类思想的纽带。

文献的认识功能、存储功能、传递功能是相辅相成的，存储功能是基础，传递功能是中介，认识功能是目的。如果没有知识的存储就没有知识的传递，知识不进行传递也就无法再利用，人类也就无法从中认识世界。所以说，文献不仅仅是信息存储和交流的工具，更是促进知识积累、重组和再创造的智力资源，是推动人类历史生生不息向前发展的强大力量。

四、文献的类型

现代文献的类型多种多样，人们根据不同的需要、从不同的角度、按照文献的不同属性来划分其类型，形成多种多样的划分方法。

1. 按文献的载体材料划分

按照文献的载体材料可将文献划分为印刷型文献、缩微型文献、声像型文献和机读型文献。

（1）印刷型文献

印刷型文献是以纸张为存贮介质、以印刷为记录手段生产出来的文献，其特点是便于阅读和流通。按编辑与出版的形式特点，印刷型文献可以划分为图书、期刊、报纸以及特种文献。

图书是用文字、图像或其他符号手写或印刷于纸张等形式的载体上，具有一定篇幅并制成卷册的非连续性的文献。从内容来看，图书反映了人类的思想，记录了人类对周围环境的认识、生产经验和科学实验，具有主题突出、全面系统、成熟可靠等特点，是读者系统了解和掌握一门学科知识的最基本文献。根据联合国教科文组织的规定，现代图书的篇幅除封面外应不少于49页，超过5页但不足49页（封面除外）的不定期出版物称为小册子。小册子通常是非连续出版的独立实体，未经正式装订或简单装订成册，但可能是具有同一版式同一主题的丛书的一个单元。由于出版周期长，图书传递知识和信息的速度较慢。

期刊是有固定名称和版式、定期或不定期出版并计划无限制出版的连续出版物。从形式上看，期刊具有固定的名称、版式以及基本稳定的栏目，有连续的出版序号（如卷、期、年月号等）；从内容上看，期刊一般刊登多个作者的多篇论文，具有内容新颖、报道及时等特点，可以帮助用户了解最新的研究进展。期刊的类型多种多样，按内容可分为学术类、时事政治类、资料类、检索类以及普及类等。

报纸是每日、每周或每隔一定的时间（通常较短）发行的一种连续出版物，以刊载新闻为主，包括评论文章（如社论）、特写、广告和其他内容的文章，是重要的社会舆论工具和大众传播工具。报纸按范围级别分，有全国性报纸和地方性报纸；按内容性质分，有综合性报纸和专业性报纸；按出版时间分有日报、双日报、周报和月报等。

特种文献资料是不定期的连续出版物，是出版形式比较特殊的科学技术文献资料。如科技报告、政府出版物、会议文献、产品样本、专利、标准、档案资料等。

(2) 缩微型文献

缩微型文献是一种以感光材料为载体、用照相的方式将原始文献缩小后真实地记录下来的文献。缩微型文献有缩微胶卷和缩微平片两种类型，其优点是体积小、重量轻、信息密度大，可节省存贮空间。例如，超缩微倍率可达到千分之一倍，商品化的150倍缩率的平片可将3 000余页文献容纳在105×148 mm^{2}的胶片上，比印刷品节省贮存空间98%，重量减轻95%。缩微型文献的保存期比较长，普通印刷品能保存100年，而缩微资料能保存100 - 500年。缩微型文献还具有制作迅速，成本低廉等特点，其价格只相当印刷品的十分之一。缩微型文献具有良好的复制性能，既可缩小，又可放大，不走样，不变形。缩微型文献的缺点是使用不便，必须借助于阅读放大机才能阅读。

(3) 声像型文献

声像型文献是以电磁材料、感光材料为存贮介质，以电磁手段或光学手段将声音和图像记录下来而形成的一种文献形式，主要包括唱片、录音录像带、电影胶卷、幻灯片、光盘资料等。声像型文献的特点是：存储信息密度高；用有声语言和图像传递信息；内容直观；表达力强；易于接受和理解；可用来获取和传递一般手段不能获取和传递的各种信息。声像型文献多用于宣传和教育类文献，其缺点是须借助于一定的设备才能阅读。

（4）机读型文献

机读型文献是以机器（通常指计算机）能阅读和处理的形式存储在某些特殊载体上的信息或数据集合体。机读型文献有联机型、光盘型和网络型三种。联机型文献以磁性材料为载体，采用计算机技术和磁性存储技术，把文字或图像信息记录在磁带、磁盘、磁鼓等载体上，使用计算机及其通讯网络，通过程序控制将存入的有关信息读取出来。光盘型文献以特殊光敏材料制成的光盘为载体，将文字、声音、图像等信息采用激光技术、计算机技术、刻录在光盘的盘面上，使用计算机和光盘驱动器，将有关的信息读取出来。网络型文献利用国际互联网 INTERNET 中的各种网络数据库读取有关信息。电子型信息资源具有存储信息密度高，读取速度快，易于网络化和网络化程度高，高速度、远距离传输信息的特点，使人类知识信息的共享能得到最大限度的实现。

2. 按文献的撰写目的和文体划分

按照文献的撰写目的和文体，可将文献划分为著作、学术论文、专利说明书、科技报告、技术标准、科技档案、产品资料、政策法规文件、消息报道、统计资料、会议资料、宣传材料等。其中信息含量、学术价值和使用频率较高的有以下五种。

（1）著作

著作是作者或编著者在大量收集、整理信息的基础上，对所研究的成果或生产技术经验进行全面归纳、总结、深化的成果，在内容方面具有全面、系统、理论性强，技术成熟可靠的特点。根据其撰写的专深程度，使用对象和目的，著作主要可以分为下列几类：

科学著作，反映某一学科或专题研究的各类学术性成果，对其中所涉及的问题及现象研究有一定的深度，创造性突出。主要包括科学家撰写的专著和著作集，科研机构、学会编辑出版的论文集等，可供高水平的研究人员使用。

教科书，专供学习某一学科或专业的基本知识的教学用著作。以教学大纲要求和学生的知识水平为编写准则，着重对基本原理和已知的事实作系统的归纳，具有内容全面系统，定义表达准确，叙述由浅入深，循序渐进的独到之处，能给予学习者新的体会和领悟，便于自学。

技术书，供各级各类工程技术人员参考的技术类著作。系统阐述各种设备的设计原理与结构，生产方法与工艺条件、工艺过程，操作与维修经验等方面的知识，对指导生产实际操作有重要参考价值。

参考工具书，供查考和检索有关知识或信息的工具性著作。广泛收集比较成熟的知识信息，按一定的规则组织编写而成。主要向使用者提供可参考的知识信息，如事实、数据、定义、观点、结论、公式、人物等。各种百科全书、年鉴、手册、大全、名录、字典、词典等是参考工具书的主要代表。其特点首先是知识信息准确可靠，一般由高水平的专家审定或编撰；其次所提供的知识信息既广采博收，又分析归纳，论述简要；此外，对知识和信息的组织比较科学，易查易检。利用参考工具书可以查找名词术语定义、事实事项、机构、人物、产品、数据、物名、图谱、表谱等。

(2) 学术论文

学术论文是指作者为发布其学术观点或研究成果而撰写的论述性文章。论文内容一般是某一学术课题在理论性、实践性或预测性上具有新的研究成果或创新见解，或是某种已知原理应用于实践中取得新进展的科学总结，向使用者提供有所发现、有所发明、有所创造的知识信息。具有信息新颖、论述专深、学术性强的特点，是人们交流学术思想的主要媒介，也是开展科学研究参考的主要信息源之一。学术论文按撰写的目的可分为，以论述科学研究理论信息为主的科学论文，以论述科学技术信息为主的技术论文，以某一特定研究主题作专门论述的专题论文，以为申请授予相应学位而撰写的学位论文。

(3) 专利说明书

专利说明书是专利申请人向专利主管部门呈交的有关发明创造的详细技术说明书，是具有知识产权特性的信息资源。专利说明书有经实质审查批准授权的专利说明书和未经实质审查的专利申请公开说明书两种类型。专利技术具有内容新颖、涉及范围广博等特点。据统计，世界各国每年公布的新专利约105万件，从高深的国防尖端技术到普通的工程技术以及日常生活用品，几乎无所不包。专利说明书具有融技术信息、经济信息、法律信息为一体的特点，是了解掌握世界发明创造和新技术发展趋势的最佳信息资源。有研究显示，在应用研究领域，经常参阅和利用专利说明书，可以缩短研究时间的60%，节省开发费用的40%。

(4) 科技报告

科技报告是用来描述一项研究进展或取得的成果，以及一项技术研制试验和评价结果的一种文体。科技报告具有内容新颖、叙述详尽、保密性强等特点，是获取最新信息的重要来源。科技报告一般单独成册，有固定的机构名称和较严格的陈述形式。

（5）标准文献

标准文献指按规定程序制订、经公认权威机构（主管机关）批准的一整套在特定范围（领域）内必须执行的规格、规则、技术要求等规范性文献。按标准的性质可分为技术标准和管理标准两种。技术标准包括基础标准、产品标准、方法标准、安全和环境保护标准等，管理标准包括技术管理标准、生产组织标准、经济管理标准、行政管理标准、管理业务标准、工作标准等。按标准的适用范围可划分为国际标准、区域性标准、国家标准、专业（部）标准和企业标准。按标准的成熟程度可划分为强制标准、推荐标准、试行标准和标准草案等。

3. 按信息的加工深度划分

按照信息加工的深度，可将文献划分为零次文献、一次文献、二次文献、三次文献和高次文献。

（1）零次文献

零次文献是指未以公开形式进入社会流通使用的实验记录、会议记录、内部档案、论文草稿、设计草稿等。零次文献的内容非常新颖，但不成熟、不定型，不公开交流，所以通常情况下难以获得。

（2）一次文献

一次文献是以作者本人的研究工作或研制成果为依据撰写，已公开发行进入社会流通使用的专著、学术论文、专利说明书、科技报告等。一次文献包含了新观点、新发明、新技术、新成果，提供了新的知识信息，是创造性劳动的结晶，有直接参考、借鉴和使用的价值，是人们检索和利用的主要对象。

（3）二次文献

二次文献是对一次文献信息进行整理、加工的产品。例如，我们常用的目录、索引等就是把大量的、分散的、无序的一次文献信息资源收集起来，按照一定的方法进行整理、加工而形成的二次文献。二次文献的重要性在于提供了一次文献信息源的线索，是打开一次文献信息资源知识宝库的钥匙，可节省人们查找知识信息的时间。

（4）三次文献

三次文献是根据一定的目的和需求，在大量利用一、二次文献的基础上，对有关知识信息进行综合、分析、提炼、重组而生成的再生信息资源。如各种教科书、技术书、参考工具书、综述等都属三次文献的范畴。三次文献具有综合性高、针对性强、系统性好、信息面广等特点，有较高的实际使用价值，能直接提供参考、借鉴和利用。

（5）高次文献

高次文献是在对大量一次文献、二次文献、三次文献中的知识信息进行综合、分析、提炼、重组的基础上，加入了作者本人的知识和智慧，在原有的知识信息基础上，生成比原有知识品位更高的知识信息新产品。如专题述评、可行性分析论证报告、信息分析研究报告等，具有参考性强、实用价值高、社会效益和经济效益显著等特点。

第二节　藏书建设工作概述

藏书建设是由藏书规划、选择、收集、整序、组织、管理等环节构成的系统工程，是馆藏文献资源体系的形成、发展的全过程。藏书建设工作是文献资源开发利用的基础和前提，没有对文献资源的建设，则谈不上开发和利用。藏书的数量和质量、藏书的组织和管理水平直接反映图书馆藏书建设质量的高低。因此，藏书建设工作在图书馆各项工作中历来具有重要的地位。

一、馆藏文献资源体系

馆藏文献资源体系是整个社会文献资源的重要组成部分，是图书馆按照本馆的性质、任务和读者对象的需求，从庞大的文献群中选择收集起来，并经过了一系列的科学组织与管理而形成的一个规模化、有序化、加工化的文献体系。

所谓"规模化"是指馆藏文献资源具有一定的规模和结构。文献资源是人们迄今为止收集、积累、存储下来的文献资料的总和，馆藏文献收藏越完备，被综合开发利用的机会越多，可能产生的新价值就越大。馆藏文献资源建设就是依据图书情报机构的服务任务与服务对象以及整个社会的文献情报需求，系统地规划、选择、收集、组织管理文献资源，建立具有特定功能的藏书体系的全过程。每一个图书馆，都依照一定的范围、重点、收藏一定数量和质量的各类型的文献，形成一个相对独立的具有一定结构和规模的馆藏体系。从馆藏文献的规模看，一般将藏书 5 万册以下的图书馆称为图书室，藏书 5 万册至 20 万册的图书馆称为小型馆，藏书 20 万册至 50 万册的图书馆称为中型馆，藏书 50 万册至 100 万册的图书馆称为大型馆、藏书 100 万册至 500 万册的图书馆称为超大型馆，藏书 500 万册以上的图书馆称为特大型馆。不同规模的图书馆，在藏书结构与藏书布局、藏书的组织与管理方法、读者类型与满足读者需求的能力等方面都各具特色。

所谓"有序化"是指馆藏文献资源的组织是有序的。馆藏文献资源是按照一定的科学方法和技术组织起来的一个有序化的文献集合,是为公众服务的。为了便于对大量文献的组织、保管、检索、利用,图书馆不但需要按一定的体系布局排列文献并精心保管,而且需要对馆藏文献资源进行分类、著录,建立文献检索系统。

所谓"加工化"是指馆藏文献资源是经过加工的。文献积聚着人类优秀的精神文化成果,馆藏文献资源是供给广大读者使用的公共资源。为了让尽可能更多更广的读者能够方便地使用馆藏文献资源,图书馆应不断加强文献资源的组织和管理,改进服务手段,完善服务设施。例如,图书进入图书馆后需要进行一系列的加工处理,如加盖馆藏章、打印财产登记号、分类、编目、粘贴条码号和索书号等。通过图书馆员的追加劳动,馆藏文献直接或间接地转化为新的物质财富和精神财富,从而产生巨大的社会效益和经济效益。

二、藏书建设研究的内容

只有建立体系完善、结构合理、管理科学的文献资源体系,图书馆才能吸引更多的读者,也才能发挥文献的作用,给人类社会带来更多更大的效益。因此,各级各类图书馆都非常重视加强藏书建设研究。作为一项实践性很强的图书馆基础业务工作,藏书建设包括以下五个方面的内容。

1. 藏书体系规划

藏书体系规划是对一段时期内图书馆藏书建设的目标、任务,以及为实现这些目标、任务所需的方法、步骤的安排和规定,是建立藏书体系的蓝图和依据,对藏书建设具有指导性作用。藏书体系规划包括宏观规划和微观规划两个方面。

宏观规划,就是从一个系统、一个地区,乃至全国的整体出发,对文献资源建设进行统筹规划,合理布局,制定各图书情报单位之间在文献收集、存储和利用方面的协调规划,从而形成相互依存、相互联系的整体化、综合化的文献资源体系。宏观规划又分为总体规划和长期规划。总体规划,指一个图书馆对本馆文献资源建设的总方向、指导思想、最终目标等所作的构想与规定,解决文献资源建设中带根本性、全局性和长远性的大问题。长期规划,通常有三年规划、五年规划等,主要用于确定规划期内文献资源建设的发展目标、任务及实现的途径和结果。

微观规划,就是每一个具体的图书情报单位,根据本馆的性质、任务和读者对象的需要,确定藏书建设的原则、收藏范围、收藏重点和采购标准,提出本馆藏书构成的基本模式，制定藏书补充计划，安排入藏数量、比例、层次级别，形成有内在联系和特定功能的文献资源结构，建立有重点、有特色的专门化的藏书体系。微观规划在时间上表现为短期规划，如年度计划、季度计划等，是文献资源建设的具体实施计划。藏书发展规划的确定要考虑图书馆的类型、方针任务、读者对象、出版情况、原有藏书基础、经费设备条件以及本地区藏书的分布状况等诸多因素。

由于现代文献的种类繁多，各类文献之间的内容交叉、重复，为了节约有限的文献购置经费，采访工作须运用藏书结构的理论与方法，确定不同学科、不同类型、不同水平的书刊资料在藏书体系中所占的比例，合理配置文献资源，充分发挥馆藏文献的整体功能。制定藏书体系规划需要考虑的内容包括：确定哪些学科或专题作为收藏的对象；确定馆藏图书的收藏级别（如甲级为完整的藏书，乙级为研究水平，丙级为大学水平，丁级为基础水平，戊级为备用藏书）；确定不同文种的比例；确定藏书补充的时间范畴；确定藏书补充的文献类型。一般来讲，文献采访的范围确定时需要考虑上述五个方面的内容，并且需要用书面的方式写出来，以保证此项工作的稳定性，不致造成日后无章可循或者因人而异。

2. 图书采访工作

图书采访，是根据已经确定的藏书建设规划，利用各种途径有计划地选择与收集文献，以建立并充实馆藏的过程。图书采访是藏书建设的一项基础性工作，一般包括图书选择和图书采购两个环节。图书选择就是按照图书馆发展要求和用户需求，从大量的出版物中选择图书馆需要收集的图书的过程。图书收集就是按照一定的技术规则和程序采购各种出版物的过程。图书的选择与收集，是图书馆文献资源体系的生命力之所在。

3. 图书分类工作

图书分类，就是以图书分类法为工具，根据图书所反映的学科知识内容与其他显著属性特征，给图书赋予分类号的过程。图书分类的作用体现在两个方面：一是按学科知识的体系组织分类排架，将大量的图书组织得井然有序；二是建立分类检索系统，分类检索具有鸟瞰全局、触类旁通的检索效果，可以满足人们按学科门类进行"族性检索"的需要。经过图书分类，图书馆就能按图书的内容特征进行科学组织和管理，数十万、数百万、甚至数千万的藏书便组成一个分门别类、排列有序的藏书体系。图书馆在对图书进行分类标引的同时，一般还要进行主题标引。所谓主题标引，就是以主题词表为工具，用具体事物、对象和问题的主题名称来表示文献的知识内容的过程。

主题标引的结果为一个或多个主题词，按主题词字顺把同一主题的文献加以集中，可以适应人们对事物对象与问题进行"特性检索"的需要。

4. 图书著录工作

图书著录，又称图书编目，是指按照某一事先选用的国家拟定的或者本单位自行拟定的著录规则（如"普通图书著录规则"、"电子出版物著录规则"、"中文图书编目条例"等），依据一定的标准或者交换格式对揭示图书形式特征和内容特征的规定信息源进行记录的过程。图书著录的目的是建立功能完善的馆藏目录体系，一方面有利于图书馆文献的组织和管理，另一方面有利于读者对海量馆藏文献的利用。由于馆藏文献是按单线排列的，而且处于流动之中，利用馆藏目录，可以更加全面系统、广泛深入地揭示馆藏文献资源体系。

5. 图书典藏工作

图书典藏的任务是合理地安排藏书布局，完整地保存藏书，根据读者需要及时调整藏书分布，保持藏书处于最佳流动状态。图书典藏通过藏书利用中的效果、统计、评价等信息反馈，控制藏书，调节藏书，影响藏书选择、收集与组织，保证藏书体系与图书馆任务和读者需求相符合。

总之，藏书体系规划、图书采访、图书分类、图书著录以及图书典藏构成了藏书建设的基本内容，它们相互联系、相辅相成，共同构成了一个有机的整体，忽视或削弱其中任何一个方面都是不可取的。因此，加强对藏书建设各个环节的基本理论和基本方法的学习与研究，制定藏书建设工作的规范化模式，对图书馆发展具有重要意义。

三、藏书建设的基本原则

藏书建设的原则是图书馆在进行藏书建设过程中所必须遵循的准则。只有正确地和自觉地遵循和贯彻图书馆藏书建设的原则，才能有效地建立具有较高质量和一定数量的藏书体系。在藏书建设过程中，要建立起科学合理的文献资源体系，必须坚持实用性和标准化两大基本原则。

1. 实用性原则

实用性原则，是指从图书馆实际需要出发进行藏书建设最大限度地满足读者的文献需求是图书馆服务的根本宗旨，因此从文献的选择采购到组织管理必须坚持实用性原则。实用性原则主要体现在，图书馆应根据本馆的社会职能、服务对象和服务任务，确定本馆文献收藏的范围、重点、特色、结构，选择文献采访、组织、管理的形式和方法。

从图书采访角度看，国家图书馆的主要任务是为中央和全国的政治、经济、科学和文化服务，要全面收集、保存各学科有价值的国内文献；有重点、有选择地采集国外文献；收藏文献的类型、类别、文种等方面做到广度与深度的结合，重点与全面的结合。各级公共图书馆是为地方经济、文化、科学发展服务的，全面入藏综合性、通用性的文献、资料，系统收藏具有地方特点的文献。高等学校图书馆的主要任务是为教学和科学研究服务，要系统收集有关专业的教材和教学参考书，重点入藏与学校科研任务有关的文献资料，广泛而有选择地入藏各种课外读物。科学专业图书馆的主要任务是为科学研究服务，要紧密结合本系统、本单位的讲究方向利研究任务，完整系统地收集本专业的国内外文献，有重点地收集相关学科的文献，有选择地收集其他学科的文献。

从图书的组织与管理角度看，图书的分类、编目、排架等工作的组织和开展必须坚持实用性原则，即一切为了读者。例如，图书分类排架的最终目的是为了用户检索，因此，在图书分类排架时要考虑馆藏结构特点和用户检索习惯，合理确定排架类目级别。分类级别太粗，大量的同类文献聚集在一起，用户查找困难，失去了分类排架的意义。相反，类目级别太细，则会大大增加馆员的图书排架的工作量。因此，文献资源建设应坚持一切从实际出发，具体问题具体分析。

2. 标准化原则

标准化原则体现为文献采访、分类与主题标引、编目、典藏等各个操作环节的标准化、规范化。现代信息技术的迅速发展和普遍应用，极大地改变了图书馆藏书建设的工作模式，推动着文献资源建设走共建共享的发展道路。1999年国家图书馆主办了全国文献信息资源共建共享协调会议，会上来自全国的124家图书情报单位共同签署了《全国文献信息资源共建共享倡议书》和《全国图书馆馆际互借公约》，提出建立各具特色的馆藏体系，实行分工购藏；协调外文书刊文献的订购；实施全国网上联合编目；合作开发数字化资源；充分利用网络开展服务；加强并完善馆际互借；扩大业务交流和培训等七方面的共建共享内容。这不仅要求图书馆在文献资源采购方面保持协调统一，还要求文献资源各个加工环节实现标准化、规范化的组织与管理。例如，网络文献采访的兴起突破了时间和空间的限制，使大范围的联合采购成为可能；图书馆自动化系统的发展和对标准化机读目录格式的支持，推动了联合编目和集中编目的发展，很多中小型图书馆的文献编目工作已经转向从大型编目中心直接套录数据，既提高了工作效率，又保证了编目质量；数字图馆的发展，加快了检索速度，扩大了文献资源的检索范围，使跨馆、跨部门、跨系统、跨地区、跨国界的文献检索成为可能。总之，图书馆事业整体化、自动化的发展趋势，对文献资源建设的标准化提出了更高的要求。

第二章　图书采访工作

图书采访工作是图书馆工作的龙头，是图书馆一切工作的基础，图书采访工作的质量直接关系到图书馆服务的能力和效果。只有做好图书采访工作，建立规模适当、结构合理、质量优良的馆藏体系，才能满足广大读者的需求，更好地贯彻图书馆的方针任务，也才能为图书馆开展其他工作打下坚实的物质基础。

第一节　图书采访概述

一、图书采访的含义

关于图书采访的定义，《中国大百科全书》指出："图书馆及其他文献情报机构根据各自的目标和读者需要，选择文献并通过购买等多种方式获取文献，以积累和补充馆藏的工作。"从定义可以看出，广义的图书采访来看包括各种类型文献的采访工作，如图书的采访、期刊的采访、电子出版物的采访、大型文献数据库的采访等，而狭义的图书采访专指图书的采访工作。

二、图书采访的内容

图书采访工作包括制定藏书发展规划、图书选择、图书采集、统计分析、需求调查、馆际协调等内容。各项内容相互关联、相辅相成，忽视或削弱其中的任何一个方面，都会直接影响文献采访的质量。

1. 制定藏书发展规划

制定藏书发展计划，既要根据本馆的性质、任务、读者对象、发展方向和地方特点，同时，还要根据上级部门所拨年购书经费指标的实际情况和本馆设备的承受能力，确定切实可行的藏书建设原则、收藏范围、收藏重点、采购标准，根据需要与可能，制定当前和长远的藏书建设计划。例如，数字型图书以其内容广泛、发行迅速、检索准确等优势越来越受到读者的欢迎，图书馆应加大对电子图书的采购，特别是一些大型数字图书数据库，如超星、书生、方正等。但是，在未来很长一段时间，印刷型文献将仍然是图书馆藏书资源建设的重点。在采购时应考虑数字图书与印刷型图书之间互为补充、相互依存，让读者真正做到各取所需。

2. 图书选择

图书采访工作包括图书选择和图书采集两个环节。图书选择主要指选书工作，指遵循一定的方针、原则，挑选适合需要的图书。选书是对出版物的知识内容和情报价值的选择，具有很强的知识性和学术性，挑选的结果将对藏书质量起决定性作用。所以，选书人员应具有较高的理论水平、较广泛的知识结构并熟悉读者要求与藏书情况。

3. 图书采集

图书采集即购书工作，指采用一定方式和途径收集图书，指按照一定的程序和技术规则采购出版物，并要主动地寻找书源，采用多种方式方法，打通各种渠道，利用各种途径，保证收集那些已经选定的图书并收集各种出版线索，为选书人员扩大选书范围。购书是一项执行性活动，具有较强的技术性和实践性，要求购书人员具有一定的知识水平，有敏捷的头脑、健壮的体魄以及较强的社会活动能力。

4. 藏书统计

藏书统计是图书采访工作的重要一环，采访人员应做好各种统计分析工作。例如，采访的原始目录征订单等需要存档，对预订和入藏图书种类、册数、资金应定期进行统计，对各类图书比例进行统计分析，对各专业系列投入的资金及图书量进行统计分析。通过建立多种统计分析模型，可以得出一套翔实的分析报表，检查本年度资金投入有无失误，同时也为编制下年度预算提供必要依据。又如，通过分析借阅量与资金之间的关系，可以提高或减少某些图书的采访数量，使资金的流向真正趋向合理，发挥有限经费的最大效益。

5. 读者需求采集

一个优秀的馆藏结构往往不是依靠少数人精心设计就能实现的，在当前文献购置经费普遍紧张的情况下，深入细致地开展读者文献需求调查，一方面可以提高文献采购的目的性和针对性，另一方面可以针对具体需求开展个性化咨询服务。对于高校图书馆来说，专家和读者的意见在图书采购工作中有着重要的地位，许多图书馆都设有图书馆情报委员会或情报教授负责参与图书馆的信息资源建设,专家选书已形成一个制度。这些专家一般都是某一学科的专才,他们的意见对图书馆信息资源建设的针对性、系统性、准确性具有深远的意义。高校图书馆比较常用的需求信息采集方式有走访调查、问卷调查、读者需求申请表调查等。在传统问卷调查或走访调查中,需要投入大量的时间和精力,而且调查内容少,调查结果统计分析烦琐。由于调查过程中,读者没有充分了解馆藏文献,也不知道最近出版信息,加上没有掌握文献需求表述方法与技巧,所以读者对文献需求描述存在很大程度的模糊性,致使调查结果缺乏具体性、实用性。随着校园网的应用日益普遍,利用校园网来采集读者文献需求信息不仅省时省力,而且还可以利用网页提供大量的文献信息,提高需求采集的准确性,所以成为读者需求调查的重要途径。目前已有一些图书荐购系统通过发布出版信息,实现了读者网上图书选择、推荐。但遗憾的是,由于没有建立完善的读者需求分类组织体系,采集的读者需求信息是零散的,不系统,不全面,难以用来进行读者需求的系统分析。目前一些重点大学为加强与各院系的联系,充分了解读者文献需求,建立了学科馆员制度,由学科馆员负责某一学科的需求调查与馆藏建设。

6. 馆际协调

馆际协调就是加强与本地区、本系统其他图书馆的互相协作,切实搞好馆际间藏书协调工作。这样,每所图书馆根据其馆藏的重点,分别采集图书,以避免重复、节约购书经费,进而达到资源共享的目的。

三、图书采访的原则

要保障图书采访的质量,必须坚持七个基本原则,即思想性原则、目的性原则、系统性原则、特色化原则、发展与剔除原则、分工协调原则、经济性原则。

1. 思想性原则

思想性原则就是要考虑图书的政治意义和科学价值以及在现代化建设中的作用,就是看是不是有利于社会主义和有利于发展生产力。在图书采访中要坚持以经济建设为中心,坚持四项基本原则,坚持改革开放,贯彻"百花齐放,百家争鸣"、"古为今用"、"洋为中用"的方针。关于马克思、恩格斯、列宁、斯大林的著作、毛泽东的著作、党和国家领导人的著作,要进行必要的收藏和补充;关于党和政府的方针、政策、法令等指导性文件和论述性文章,是社会主义物质文明和精神文明建设的指导性文献,是不可缺少的;

对不同学术观点的古今中外著作，要有选择地收藏，以便供各种学术观点的读者参考使用；对反面的材料，也可有选择地收藏一些。总之，要注意收集各个学科中的不同学派、不同风格和不同观点的著作，做到兼收并蓄，不能有所偏废。

2. 目的性原则

图书馆有各种不同的类型，由于它们各自的性质任务不同，服务对象不同，地方特点各异，因而收藏图书的范围和重点也就不同。例如，科学研究性图书馆主要收藏的是研究性、情报性和资料性的文献资料，大众性图书馆主要收藏综合性、现实性、推荐性、通俗性的国内公开出版物。从图书馆的方针任务来讲，由于分工不同，所收藏的学科和范围也不同。另外，还要考虑图书馆的读者对象。不同的读者对象有不同的需要。在高校图书馆，服务对象基本上是教师、学生，其文化程度高、阅读能力强，因此，重点是结合学科专业需要的比较专深的图书。最后，要考虑地方特点，即按照图书馆所在地区的特殊需要来进行图书采访，选择能反映本地区的地方文献和地方所需专业图书。

3. 系统性原则

所谓系统性原则，就是要求图书馆藏书有一定的特色，完整、全面、配套，形成一定的体系。系统性原则是指要从图书体系观点出发，合理确定各个学科之间、各种文献类型之间的结构和比例，处理好文献资源与读者需求系统、文献出版发行系统之间的各种关系。系统性原则体现在重点馆藏的完整性，即以重要学科为中心的一些重要文献资料和特藏书刊要完整系统地入藏。从纵向系统看，要在内容上保持这些学科内在的历史延续性和完整性；从横向系统看，要广泛收集这些学科的各个学派有代表性的专著及有关评选、重要期刊、主要相关期刊及其他类型文献资料。对已确定入藏的与生产、科研、教学直接有关的多卷书、丛书、连续出版物及重要工具书，要完整无缺，成龙配套，不能随意中断。既要注意各学科、各类型藏书之间保持合理的比例，还要注意各学科间相互渗透、边缘交错的内在联系，广泛而有选择地入藏相关学科、边缘学科以及供一般读者学习和阅读的基础书刊。总之，图书馆要突出重点藏书、重视一般藏书，建立一个有专有博、有主有从的文献资源系统。

4. 特色化原则

在社会文献数量急剧增长的今天，任何图书馆都不可离开现实需要和可能的条件，去追求藏书的完整、系统。这就要求每个图书馆对入藏文献的主题必须有所限制，使馆藏文献具有本馆的特色。藏书特色化意味着依据图书馆的类型、任务、本地区或本单位的特点、读者对象及其需求特点、本地区文献资源分布状况等，而对文献收集采取有区别的态度，从而有助于图书馆完成其所担负的社会服务任务，使图书馆藏书的内容与结构最大限度地接近本馆读者的真正需求。

5. 发展与剔除原则

图书馆需要经常进行发展与剔除工作，这是因为藏书有个新陈代谢的问题。发展是指新书的增长，剔除是指滞书的代谢。由于国家政治生活、经济建设发生变化，现代科学技术的迅速发展和图书资料急剧增加以及文献资料老化加速等因素，为了提高藏书质量，必须不断地对藏书进行剔除，对那些陈旧过时、没有参考价值的图书进行剔除工作。新书的增长与滞书的剔除是图书馆藏书发展过程中相互联系的两个方面。只有不断发展新书，藏书才具有生命力；只有不断剔除滞书，藏书才能健康发展，有效地提供给读者利用，发挥其应有的作用。

6. 分工协调原则

分工协调原则就是各级各类图书馆从整体出发，在统筹规划和各馆协商的基础上，对文献的收集、贮存实行分工合作，建立文献资源的保障体系。馆藏文献资源的储备量并不简单地等于各图书馆情报单位收藏的文献数量之和，内容相同文献的重复积累并不能增加总的情报量，而分散、自发、自给自足式的文献积累，更无法形成优化的文献资源体系，只能加速文献分布的无序状态，给用户带来使用上的不便。由于每个图书馆的购书经费有限，不可能将所有的文献资料收集齐全，也不可能完全靠自己的藏书满足读者的所有需要。另外，为了避免各图书馆藏书不必要的重复，并以最小的花费获取充分的文献资源，各馆都将本馆藏书纳入整体文献资源系统，通过制定藏书分工入藏的方针，规定各馆藏书补充的责任与范围，使不同学科、不同主题或不同类型的文献由不同图书馆分担收藏，某些罕用而昂贵的文献合作采购，通过馆际互借实现资源共享。要实现分工协调，必须从组织上和方法方面采取必要的措施，馆与馆之间在文献采访中既要有明确的分工，又要有紧密的协作，克服各自为政、贪多求全的思想，逐步形成各地区、各系统的藏书体系，促进图书馆事业的发展。

7. 经济性原则

经济性原则就是节约原则。勤俭办一切事业，是社会主义建设的基本原则之一，也是在文献采访中必须坚持的原则之一。要贯彻这个原则，就要反对"大而全"、"小而求"的思想。要合理地使用经费，不该买的书买了是有形的浪费，该买的不买是无形的浪费。要将需要与可能结合起来，力求以有限的经费发挥其最大的效用。在文献采访中要注意品种，减少复本，各类图书要注意适当的比例，对高价书刊要慎重选购。为保证经济性原则的实施，要制定相应的制度，采取一系列有效措施。

第二节　图书采集的方法

图书采集是一项长期的、连续性的、技术性很强的工作，采访人员必须遵循一定的操作流程和技术规范，主动寻找图书发行信息，通过多种渠道、多种途径采集图书，以保证藏书体系的系统性和全面性。

一、图书采集的方式

常见的图书采集方式有购买和非购买两种。购买方式包括预订、直接选购、委托代购、邮购和复制5种，非购买方式包括呈缴、调拨、征集、交换和赠送5种。

1. 书目预订

书目预订是图书馆预先收集、选择、填写出版发行单位的征订目录，按预约计划订购出版物，是图书馆有计划的补充藏书最经常、最可靠的方法。图书馆的采访工作方式有很多，由于中小型专业图书馆订书量有限，专业性又强，一般很少参加全国性的图书展销订货会，也很少从出版社直接购书，所以《新华书目报》自从问世起，就受到了广大图书馆工作人员的欢迎，大多数图书馆至今仍采用这种传统的订阅方式。

2. 直接选购

直接选购就是图书馆采购人员直接到出版物销售处现场选购书刊。直接选购的优点是能直接鉴别图书的内容，简便迅速，避免预订中的一些麻烦手续。这种方法还能获得预订所得不到的书刊，如有些发行量小、内部发行的图书，古旧图书，地方出版物等均不预订。有些漏订的图书，预订不足的书以及需要临时补配的书都需要通过到书店、书市、出版社及有关单位直接选购解决。其缺点是不能使用馆藏目录，容易出现重购，这就需要有相应的查重方法。

3. 委托代购

委托代购是指图书馆采购人员委托他人在外地选购所需要的书刊资料。

委托代购有两种形式：一种是临时性代购，就是委托本单位非购书人员带上书目到外地、外单位选购书刊。还可委托出国人员或外文书店采购人员代购国外有关外文书刊资料。另一种是长期性相互代购，即委托外地兄弟图书馆采购人员按一定书目范围与数量代购当地出版物，并为兄弟馆代购本地出版物。

4. 邮购

邮购又称函购，就是图书馆采访部门直接与外地新华书店邮购部、出版社自办发行部、有关单位图书经销部挂钩，按照开列书目或范围数量要求，采用邮寄托运的方法，补充外地、外单位的书刊资料。邮购是预订和直接选购的辅助性方法，优点是直接获得出版物，缺点是增加邮费、书价提高且有丢失现象。

5. 复制

复制即采用多种复制方法，补充罕缺书刊复制品，代替原版书刊为读者使用。复制方法包括抄录、静电复印、照相复制、缩微复制和录音复制等。凡馆藏缺乏，经过预订、选购、邮购都无法获得的急需书刊资料，包括绝版书、孤本、善本书、外文原版书、缺漏的报刊、其他连续出版物以及重要的内部资料等都可以通过以上方式委托兄弟单位代办复制，或通过馆际互借方式由本馆自行复制。复制是获得珍贵书刊和罕见紧缺资料的好形式。

6. 呈缴

呈缴是正式出版物法定缴送制度。根据出版法规定，凡正式出版社出版的任何一种新出版物，均应向国家或政府指定的图书馆等单位缴送一定数量的样本。这种法定缴送的书，称为呈缴本。在国际图书馆界，书刊呈缴法有多种目的和作用：一是保护作者著作权制度，二是保持出版物检查制度，三是保障国家出版物存储制度，四是保证编制国家出版物书目通报制度。

7. 调拨

接收调拨是无偿获得大批藏书，迅速增加藏书量的途径，尤其是新建馆和基础薄弱图书馆补充大宗藏书的有效方法。调拨单位与调拨性质有三种类型：第一种，变动撤销单位或无保存藏书任务的单位将所收集积累的藏书移交给有关图书馆保存利用；第二种，基础雄厚的图书馆将部分藏书支援给基础薄弱或新建的图书馆；第三种，有大批多余复本和积压品种藏书的图书馆将部分有价值的藏书调节调拨给缺藏的图书馆，以充分发挥藏书作用。

8. 征集

征集主要是指对非正式出版单位出版的内部书刊资料，采用主动发函或上门访求的方法，有针对性地进行征集。也可以采取报刊广告或征书启事的办法征集有关书刊。征集的对象主要是政府机关、学术团体、厂矿企业、学校、科研单位、商业部门等非正式出版单位。征集的内容，主要是上述单位出版编印的内部资料、学术论文、科研成果、实验总结以及产品样本、目录、价格表等书刊资料。

9. 交换

交换是指两个以上图书馆之间以及图书馆与其他文献情报单位之间直接开展交换，达到互通有无、调剂余缺、丰富馆藏的目的。交换方法是获得内部书刊、难得资料的主要来源之一，其分为国内交换和国际交换两种方式。

10. 赠送

接受个人或团体赠送也是获得珍贵书刊、丰富馆藏的重要来源之一。赠送又称捐赠，大致有四种类型：一是革命家、作家、学者、知名人士及藏书家在他们晚年或去世后，将其著述和稀世珍藏赠送给有关图书馆；二是国外一些知名人士和社会团体常常向我国有关图书馆赠送大批珍贵图书文献资料；三是出版者主动将出版物捐赠给图书馆，以扩大和推广该出版物的宣传和流通；四是图书的作者在著书过程中，得到图书馆的帮助，或作者与图书馆有着较密切的关系，在图书出版后，主动捐赠给图书馆以表谢意及纪念。

二、图书采集的常用工具

1. 中文图书订购目录

我国图书出版业发展很快，目前有出版社 500 余家，每年出版图书十余万种，其中新书有五六万种，还有大量的再版书和重印书。长期以来，我国图书馆非常重视图书的采集工作，尽管图书经费比较紧张，仍然根据本馆的发展方针和实际需求制定采购计划。图书馆选择图书主要依赖于各种书目报，如《新华书目报》（社科新书目）、《新华书目报》（科技新书目）、《上海新书目》、《全国地方版新书目》等。

(1)《新华书目报》

新华书店定期出版的《新华书目报》是图书采选人员订购图书的主要工具，包括《科技新书目》、《社科新书目》两种。《新华书目报》主要收集中央级及北京地区出版社将要出版的哲学与社会科学类、科技类的新书、重版书以及国内将要出版的标准文献。出版周期为半月，公开发行。此外，每年春秋两期还面向高等院校发行《高等学校教学用书预订目录》，收录全国出版社即将出版的大中专学校的教学用新书和重版书。《内部征订目录》收集机关内部出版物和国内发行出版物目录。

(2)《全国地方版科技新书目》

中国科技图书公司发行的《全国地方版科技新书目》，收集全国各地（不包括北京、上海）即将出版的科技类新书和重版书。

(3)《台湾、香港地区新书征订目录》

中国图书进出口总公司发行的《台湾、香港地区新书征订目录》，收录台湾和香港地区出版的各类中文图书。

(4)《中国国家书目》

国家图书馆出版的《中国国家书目》收录大陆、台湾、香港、澳门出版的文献，中国与其他国家共同出版的文献，中国公民或出版机构在其他国家出版的文献。文献类型和范围包括图书、连续出版物、乐谱、地图、技术标准、博士论文、书目索引、少数民族语言文献、盲文文献等。

(5) 地方性图书征订目录

许多省、市、自治区的图书发行单位也编辑出版本地区的图书征订目录，如《上海新书目》、《天津新书目》、《北京图书信息报》、《江苏新书目》等。

此外，新闻出版署信息中心公开发行的《中国图书在版编目快报》，报道国内最新图书出版动态，每周出版一次。部分图书公司还出版了众多的商业性书目，用来宣传报道出版信息，帮助图书情报机构有计划地补充馆藏文献资源。各出版社也都定期出版各种书目，免费寄送到各个图书馆。很多大的出版社都建立了自己的网站，在网站上发布已经出版图书信息和预出版图书信息。

2. 外文书刊订购目录

随着国际文献信息交流的逐步加强，外文书刊的采集渠道多样化，既可以参加全国性或地区性的外文文献订购会议，也可以采用各种征订目录。国内编印的外文书刊征订目录如表2-1所示。

表 2-1　常用外文书刊采购工具

出版单位	目录名称	收录范围
中国图书进出口公司	《外国社会科学新书征订目录》（S 目录）	西方主要国家出版的社会科学的各类新书后面附有台湾、香港、澳门地区出版的新书
	《外国科学技术新书征订目录》（T 目录）	西方主要国家出版的各类科技新书及台湾、香港、澳门地区出版的新书
	《外国学术团体新书征订目录》（L 目录）	国外的学会、协会等各类学术团体出版的图书、会议文献
	《外国辞书目录》（R 目录）	国外出版的各类参考工具书
	《外国丛刊目录》（C 目录）	西方国家出版的介于图书与期刊之间的连续出版物和缩微文献
中国国际贸易总公司	《进口新版图书目录》（CC 目录）	国外出版的各学科新书及台湾、香港地区出版的新书
中国出版贸易总公司	《进口原版图书征订目录》	国外出版的各学科新书及香港、台湾地区出版的中文新书
中国教育图书进出口公司	《原版特价新书目录》（SP 目录）	美国出版社出版的经济、管理、数理化、生物、医学、工程技术等类新书

另外，还有国外各出版社编印的征订目录、各书刊代理机构编印的在版书目、国家书目、报刊目录、新型载体文献目录等。书评信息也是采访人员重要的参考信息，因此广泛收集各种书评信息，尤其是收集来自用户实践的有用评价信息，为采访人员提供选择参考。

3. 灰色文献的收集方法

灰色文献指通过常规的流通途径和检索途径难以获得的、具有使用价值的各种文献资料。包括政府机关内部报告、政府文书、政策性文件及调研报告；各种内部专业技术报告和学术会议资料、未出版的学位论文、内部书刊、手稿、书信；档案资料、商业广告、企业产品样本、产品目录、技术开发资料、科研机构内部出版物等。由于灰色文献出版及时迅速，资料来源可靠，能够反映最新科研成果、最新动态、最新的政策和社会热点，是一种重要的文献资源。灰色文献的信息收集比较困难，一般图书馆情报部门很难获得这些文献。灰色文献可以通过大量非正规渠道出版的书目订单收集、通过高校获取学位论文信息、通过学术会议获取会议论文信息、通过产品展览会获取产品技术信息等。

4. 电子出版物信息的搜集

电子出版物信息的收集是多渠道的，如《科技新书目》、《社科新书目》上报道的最新电子出版物的出版信息、网上书店、各类电子出版公司发来的公司产品目录、一些电子类的报刊、电子出版物产品展销会、电脑软件市场的电子出版物展示等。

由于各电子出版公司制作的相关电子出版物很多，且有各自的特点，在大量收集各种最新的电子出版物信息，分门别类、比较评估的基础上，图书馆要结合自身建设和服务对象的需要，协调好电子出版物与印刷文献的关系，并充分考虑馆际文献资源共建共享，正确地加以选择，保证选择到高质量、有实用价值的电子出版物。

三、图书采集的网络模式

网上书店是利用信息技术、网络技术通过网络完成图书交易的一种电子商务类型，它将广大读者、图书、出版者、发行者紧密地结合在一起，有效地缩短了图书流通发行环节，提高了图书流通的效率。网上书店的出现改变了传统的图书运作流程与交易模式，降低了运营成本，丰富了服务内涵，打破了传统书店一统天下的局面。

1. 国内外著名的网上书店

(1) 亚马逊网上书店（http：//www.amazon.com/）

亚马逊网上书店开办于1995年7月，总部设在美国华盛顿州的西雅图市，为美国纳斯达克证交所上市公司。亚马逊现拥有全世界450万顾客，自1995年7月卖出第一本书开始，它的销售总额直线上升，1997年销售额即达148万美元，为1996年的93倍，1998年猛增到54亿美元，它成功地塑造了网上销售模式，产生了良好的品牌效应，该店的资产总额已超过5亿美元。起初，经营网上图书销售，现在，从事各种物品网上交易，如各种电子贺卡、网上拍卖以及上百万种图书、CD、视盘、DVD、玩具、游戏和电子产品等，拥有网上最大的物品清单。亚马逊书店网站的特色不仅仅是查询快捷、订购简便，还刊载各种媒介上的书评、书的作者们有关自己的访谈录、读者撰写的读后感，在网站上还能找到许多书的节选及相关材料的链接，亚马逊通过这些途径分析读者的购书习惯并向他们推荐书目。在主页"Search"框键入关键词，可以获得大量书名供挑选。在"Amazon.com.100hotBooks"栏目，亚马逊根据历来的购书记录为用户筛选新推出的产品，每小时都有资料供参考。可以说亚马逊已经成为一个围绕购书这一业务的综合网上书店。

（2）巴诺网上书店（http：//www.bn.com/）

巴诺网上书店创办于 1997 年 3 月，主要销售图书、音乐制品、软件、杂志、印刷品及相关产品，现为网上第二大书店，是网上图书销售增长最快的书店。巴诺网上书店现可搜索上百万种新版和绝版图书、16 大类 1 000 个子类的音乐制品、几万本相册、2 万多本艺术家自传等。根据季节，还提供上千种折扣图书，最大让利 91%。书店提供成千上万种图书宣传品、专家推荐资料，甚至网上读者论坛，以作图书购买参考之用。巴诺网上书店现货图书有 75 万种，是世界上现库存种数最多的书店。目前，巴诺与亚马逊两个网上书店有合作关系。两个网站的检索界面和结果有许多相似之处。只要你想在网上购书，那么去 Amazon 还是 Borders 都是一样的。它们的结合可以说是强强联合，Amazon 书店在网上的知名度非常高，而 Borders 在世界各地的连锁经营非常好，通过共享数据库、共享零售商店等资源，使它们很容易在同类书店中脱颖而出。

（3）贝塔斯曼在线（http：//www.bertelsmann.com.cn/）

贝塔斯曼是以出版社为基础创办起来的，是德国的一家在线书商。1835 年 7 月 1 日，卡尔贝塔斯曼在德国创建一家出版社，其经营理念是：走出书店，主动将图书送至读者手中，变被动为主动。贝塔斯曼书友会这一售书系统是图书出版、传媒电子商务、图书和音乐俱乐部这三种业务的体现。贝塔斯曼在线中国是由贝塔斯曼集团在中国投资的电子商务网站。成立于 2000 年 12 月的 www.bolchina.com 提供超过 16 万种图书、音像和游戏软件产品，基本上涵盖了 1998 年以来出版的所有新书、数千种音乐产品，近千种影视产品及游戏软件等。

（4）沃兹沃思网上书店（http：//www.wordsworth.com/）

这是于 1976 年最初建于美国麻省哈佛的书店，是最早使用计算机管理书业事务的书店。该书店早在 20 世纪 80 年代早期就开始使用电子邮件，其网站始建于 1993 年。现该在线书店收有约百万数据，可以帮助用户获得任一本在美国出版过的图书，也可以检索到任一本已绝版的图书的信息。

（5）当当网上书店（http：//www.dangdang.com/）

当当网上书店号称全球规模最大的中文网络书店，由科文书业信息技术有限公司与美国 IDG、卢森堡剑桥投资集团共同投资创建，于 1999 年 12 月 9 日正式开始运营。当当网在线销售的商品包括了图书、音像、数码、家电等几十个大类，网上书店在库图书信息达到 60 万种。主页设置了"图书"、"音像"、"影视"、数字商品等栏目,每个栏目都可选择"书名/丛书名"、"作者/译者/导演/演员"、"ISBN"、"出版社"等检索项进行检索。在组合检索中,可选择以上关键词及出版日期、折扣范围、定价范围中的一项或多项进行模糊和精确检索,快捷准确地找到所需图书和音像制品,其强大的相关信息推荐功能使读者可以多途径获得最相关、最全面的信息。另外,分类检索也是常用的检索途径,当当的分类是以主题与学科相结合的方式立类,还设了特色主题分类,符合一般用户的查询习惯,易用性强,并具有较强的包容性。从分类进入,既可浏览各类图书,如小说、生活、励志、人文社科、经管、科技、教育等,还可浏览"编辑推荐"、"新书预售"、"新书快讯"等栏目。当当的书目信息丰富详尽,除一般的出版信息外,还提供内容提要、目录、序/跋、内容节选、精彩插图及提供浏览所属分类作品、作者所有作品、相关出版社的链接。当当网上书店部分图书在价格上有折扣,畅销书、新书的折扣面更广,还专设了"特价图书",天天有特价,遇上节日,还会有好书特卖。

(6) 北京图书大厦(http://www.bjbb.com.cn/)

北京图书大厦网上书店是首都电子商务工程的首批试点企业之一,1999年3月正式开业,不同于较多网络书店的是,它属于"前网后店"有实体书店的网上书店,其实有了充足货源即保证了货物的及时供给。规模上北京图书大厦网上书店现有中文图书30余万种,包括了国内近600家出版社的所有新书。查询书目可从"网上购书"、"畅销排行"、"推荐新书"、"获奖图书"、"签名售书"等栏目进入,其查询方法有分类检索、多条件组合检索、丛书检索。类目可划分到4级,检索方便、准确、快速。书目信息著录规范,有作者、书名、出版社、书号、发行单位、开本、装帧、插图、页数、字数、出版日期、版次、印刷日期、印次、印数、定价、关键词、内容提要、目录简介。其"获奖图书"是其特色栏目,目前有"百年百种优秀中国文学图书"、"第十一届中国图书奖",对图书选购有很好的参考价值。另外,图书馆向其购买的大部分新书都可附有MARC数据。

(7) 中国图书网网上书店(http://www.bookschina.com/)

中国图书网是北京英典电子商务有限责任公司的主要网站,北京英典电子商务有限责任公司是由一家传统图书经营公司转型的公司,在全国30个中心城市拥有自己的配送中心。中国图书网是中国最大的网上书店之一,经过长期不懈的努力,该书店具有如下特色:品种齐全,图书品种达30万种,所有图书最高8折,典藏精品图书最高5折。

2. 网上书店的采购程序

(1) 选择网上书店

网上书店选择的好坏，直接关系到图书馆网上购书的质量。目前网上书店的规模、价格、服务相差较大，图书馆因其性质、类型不同对网上书店的选择也各有侧重。那些规模大、特色强、服务好、价格低、信誉好的网上书店显然是各类图书馆的共同首选。采访人员应根据本馆的实际需要，借助于搜索引擎或其他途径得到网上书店的网址，并选择那些知名度大、信誉好服务好、品种多、购书条件优惠的网上书店，作为本馆的主要采购书店。如北京图书大厦网上书店、上海书城网上书店、当当网上书店、电子工业出版社网上书店及亚马逊网上书店等。这些网上书店都有较好的服务水平和服务质量，可作为图书馆网上购书的合作伙伴。

(2) 浏览网上图书信息

进入网上书店后，采访人员首先要浏览网上书店中的书目信息，对其经营的图书种类，有个概括性的了解，要了解网上书店的检索途径和检索方法。一般来说，网上书店都提供了主题书目和分类书目两种检索途径，并为读者提供了尽可能多的书目信息。这些书目，既有最新出版的新书目、推荐书目、畅销书目；也有以前出版的旧书书目；此外，还有书评、书摘、作者简介等，可使采访人员全方位、多角度地了解图书内容，准确掌握文献采访的相关信息，提高购书质量。

(3) 网上购书

网上书店的图书品种繁多，所以如何选择图书成为采访人员首先要考虑的问题。采访人员必须从本馆的实际出发，遵循实用性、思想性、经济性、系统性和发展性的原则去选择图书。网上选书比传统选书要轻松得多，只是按动鼠标就可完成。在网上书店的每条书目旁边，都有一个"购物车"或"订购框"，采访人员只要将选好的图书点入"购物车"或"订购框"中，并填上订购册数即可。计算机将自动汇总产生订单，采访人员通过 E-mail 将此订单发给有关的网上书店或图书经销商，订购工作即告结束。先进的智能化网上书店，还有自动化记忆及跟踪读者购书倾向和爱好的功能，可提供记忆追踪服务。当用户第二次登录网上书店时，会发现系统自动列出与上次购书范围一致的"推荐书目"。

(4) 网上电子结算

网上采购可彻底改变以往那种低效、繁琐的手工计算账目方式。货款支付则通过电子结算来完成。当图书订完后，采访人员就要到结算窗口进行结账,填写电子订单,包括姓名、详细地址等项内容。购书款则通过计算机账目自动核算、电子结算以及电子货币支付等方式完成。

(5) 图书的发货

网上书店在收到用户的订单后,通过因特网将订书信息传输给有关的图书经销商,由他们负责向订户发货。目前,图书配送主要有邮寄、托运、异地网点配送等,送书上门则限一定范围。配送时间长短不等,如美国亚马逊网上书店,保证国内读者2天内到货,海外订户1周内到货。我国图书的配送时间要相对长些,比较好点的网上书店,也只能承诺市内订户2天内到货,外省市订户10天到货。相比之下,我国的图书配送问题要落后许多。

四、图书采集的流程

一般来讲,文献采访的工作流程可分为选书阶段、订购阶段和验收阶段。

1. 选书阶段

选书阶段是文献采访的一个重要阶段,选书阶段首先要广泛收集各种书刊征订目录,其次是根据图书馆采访方针圈选图书。圈选图书可以由采访人员自己圈选,也可送交有关专家或读者圈选。这就要求采访人员到读者工作的第一线去调研,到外借处、阅览室、目录室、咨询室接触读者和工作人员,征求他们对文献采访的意见和建议。

2. 订购阶段

在图书订购阶段,采访人员应先对所选图书进行查重,然后确定复本量,最后填写并邮寄订单。

(1) 查重

所谓查重就是检索核对这些圈选的图书以前本馆是否订过,以避免不必要的重复。在手工操作阶段,主要是按书名进行查重,查重的工具主要是公务书名目录和采访部门的图书目录。在自动化管理阶段,查重工作由自动化系统中的自动查重功能来完成,而且查重的途径包括题名、著者、ISBN号等,查重速度快、精度高。

(2) 确定复本量

对于经过初选的图书,采购人员还必须进行综合平衡以确定合理的复本数。要准确制定具体图书的复本数量,采访人员必须掌握各类藏书的流通与滞架情况,掌握读者的使用与需求信息,掌握藏书的使用效果反映,掌握各类书刊复本标准及经费分配比例。到各种书库调查各类书刊的流通率和滞架数量材料,并对各种统计材料进行认真的综合分析、研究判断,验证和修订补充计划、复本标准，以便合理地确定具体书刊的品种与复本量，合理地分配经费比例，使购书经费得到合理使用。

（3）填写订单，领导审核

确定好需要采购的图书及其复本量后，采访人员就可以填写图书订单了。在自动化管理系统中，一般系统会自动生成图书订单。图书订单要送交图书馆有关领导审核，办理审批手续。

（4）寄发订单

向图书发行商寄发订单通常采用信件方式和电子邮件方式。信件方式中，订单格式一般为图书订购表格形式。电子邮件方式中，有订购表格方式和机读目录格式两种。随着出版商服务的不断深化，机读目录格式订单使用越来越普遍，联机订购也已经取得了很大发展。例如，儒林图书公司提供了在线图书订购服务。

3. 验收阶段

预订的图书到馆之后，要及时进行验收。验收工作的程序可分为四步：

（1）核对订单

预订的图书到馆后，采访人员需要拆包验收。图书验收时，应对照订单核对图书的种数、册数、单价以及总金额，检查到馆图书是否与预订品种、册数完全相符合，是否有多发、少发、漏发、错发等现象。如果发现问题，应及时向发书单位反映并纠正差错。

（2）新书登记

新书核对正确无错后，进行新书登记，将新书、新刊登录到图书管理系统中。

（3）图书加工

完成新书刊的初步加工工作，如粘贴财产号条码、打印财产号、提取图书样本并标注册数等。在中小型图书馆，一般没有专门的图书典藏部门，在图书加工过程中还要在书中夹上每种书分配到各个具体部门的数量、加盖馆藏章。

（4）结账

图书验收完毕，采访人员要及时整理发票和图书清单，办理结账手续。

第三章 图书分类工作

在客观世界中，每个事物都有自己固有的属性，具有相同属性的事物就形成一类。分类就是依据事物的本质属性或其他显著特征，把各种事物集合成类的过程，是人们认识事物、区分事物、组织事物的一种逻辑方法。所谓图书分类，就是以图书分类法为工具，根据图书所反映的学科知识内容及其他显著特征，分门别类地、系统地组织与揭示文献的一种方法。图书分类的目的体现在两个方面：一是使相同学科性质的文献集中在一起，便于图书的分类排架；二是建立分类检索系统，以满足读者检索利用文献的需求。本章将以《中国图书馆分类法》为例，详细介绍其基本结构、图书分类标引的方法和规则。

第一节 我国图书馆分类法

一、《中国图书馆分类法》（以下简称《中国法》）

1. 《中图法》简介

《中图法》（Chinese Library Classification，简称CLC），是为适应我国各类型图书情报机构对文献进行整序和分类检索的需要，为统一全国文献分类编目创造条件而编制的。《中图法》的第一版于1975年10月由科学技术文献出版社正式出版。《中图法》问世后，全国有90%以上的图书情报单位使用。包括公共图书馆、高校图书馆、科技情报研究所、中小学图书馆、儿童图书馆以及科研、厂矿企业、机关团体等类型的图书馆。30多年来，《中图法》进行了四次版本更新，即1980年出版第二版，1990年出版第三版，1999年出版第四版，2010年出版第五版。为满足不同图书情报机构、不同文献类型分类标引和检索的需要，《中图法》不断发展完善，目前已有多种形式。例如，为满足不同规模的图书情报机构，出版了《中图法·简本》、《中图法·儿童图书馆、中小学图书馆版》；为满足不同专业的图书情报机构，出版了《中图法·教育专业分类法》；为满足不同文献类型分类的需要，出版了《中图法·期刊分类表》；另外，还出版了《中国分类主题词表》、《中图法索引》、《中图法》第4版电子版、《中图法》使用手册、《中国分类主题词表》标引手册、《中图法修订类目对照表》等。

《中图法》的基本功能是编制分类检索工具和组织文献分类排架。按照检索功能的要求，分类法必须拥有一个具备巨大容纳力的、详尽的类目系统和多功能的标记系统；按照排架功能的要求，分类法的结构应当简明，类目体系有较高的稳定性并进行单线排列，标记符号要简短。为实现分类法的基本功能，《中图法》采用等级列举式的分类体系进行编制，使用逻辑划分的方法，层层展开，形成一个树形结构，类目之间在纵向、横向上相互关联和制约，全部类目进行线性排列构成类目表。为了适应计算机条件下多主题要素标引、多途径检索的需要，《中图法》逐步增加了"多重列类"的成分。在等级列举的基础上，《中图法》还广泛采用类目仿分和复分、有限的采用主类号直接组配等技术提高分类法的组配标引能力。

2. 《中图法》的宏观结构

《中图法》的宏观结构是指其各个组成部分及其之间的组织方法、相互联系和作用的方式。具体内容包括如下几个方面。

（1）编制说明：对分类法编制的理论、编制原则等有关事项的总体说明。

（2）基本大类表：一级类目组成的一览表，揭示分类法的基本学科范畴和排列次序。

（3）基本类目表：由基本大类区分出来的二、三级类目组成，是分类法的类目体系框架。

（4）主表（详表）：是各级类目组成的一览表，主表按功能分为术语（类名）系统、标记系统、注释系统。

（5）附表（辅助表）：由分类法的8个通用复分表组成，是主表类目进行复分的依据。

（6）索引：是分类法按字顺途径按类名、事物查找类目的工具。

（7）使用手册：是详细阐述分类法的编制理论和技术、各类文献分类规则与方法的指南。

3. 《中图法》的微观结构

《中图法》的微观结构是指类目的构成要素及其组织。类目是构造分类法的最基本要素，每个类目代表具有某种共同属性的文献集合，它由类号、类名、类级、注释和参照组成。

（1）标记符号：又称分类号，是类目的代号，决定类目在分类体系中的位置。

（2）类名：是类目的名称，用描述文献内容的术语表达类目的含义和内容范围。

（3）类级：是类目的级别，在印刷版中用排列的缩格和字体表示。

（4）注释和参照：对类目的含义及内容范围、分类方法、与其他类用的关系等进行说明。

例如，

S93 水产资源

鱼类学入 Q959.4

参见 Q948.8 和 Q958.8

二、类目的划分与排列

《中图法》从科学分类和知识分类的角度揭示文献内容的关系，按学科和专业集中文献，提供从学科和专业出发检索文献的途径。因此，在建立类目体系时，重视类目之间的内在联系，贯彻从总到分、从一般到具体、从简单到复杂、从理论到实践的划分原则，把成千上万个类目排列，组成一个严密的概念等级分类体系。通过这个等级分类体系，显示各学科门类在分类体系中的位置及各学科门类之间的亲疏远近和隶属关系。分类法类目体系的形成包括类目的设置、类目的划分和类目的排列三个方面。

1. 类目的设置

在《中图法》编制过程中，类目的设置遵循如下原则。

（1）文献保证原则

这一原则要求，一方面类目所代表的事物必须是客观存在的，且有一定数量的文献为依托；另一面，应根据文献的数量决定类目的数量或细分程度。分类法使用过程中，如果某个类目失去了文献的保证，应删除或归并处理。

（2）稳定性原则

类目的稳定性，尤其是基本类目的稳定性决定着分类法的稳定性。保证类目的稳定性就必须使用稳定的因素（如知识分类、学科分类、专业分类等）作为类目划分的标准。同时，还应注意提高类目的可延展性或兼容性。

（3）发展原则

任何事物都是不断发展变化的，分类法类目的设置除了依靠类目自身的延展性来容纳一部分新事物外，在立类时应以发展的眼光、有预见地为某些有强大生命力的新事物设置类目。随着时代的发展，还要对原来立类不当、使用频率低的类目进行调整、合并或删除。

（4）均衡原则

《中图法》是一部大型综合性分类法，在类目设置上要注意各学科领域类目分布的均匀度，防止局部类目上过于概括或过细地展开。

（5）立类必须概念清楚

用作类目名称的语词或短语，应能准确表达类目的内容范围，内涵、外延要清除。一般采用科学、规范、通用的术语或译名作为类目名称。另外，每个类目要有专指的检索意义，在表达相同的概念时，要做到语词前后一致。

《中图法》在考虑到各学科领域的平衡的基础上，以国际上通用的基本学科划分和专业划分为依据，同时考虑习惯的知识领域划分，设置了22个基本大类。其中"社会科学总论"和"自然科学总论"不属于独立的学科，用以概括这两个科学领域的综合性知识。由于"工业技术"是一个庞大的体系，文献数量巨大，因此以双字母标记展开了16个二级类，其重要程度不亚于基本大类。社会科学各大类的排列主要根据大类间关系密切的程度以及与其他部类的关系来确定，大体按"上层建筑→经济基础→意识形态"即"政治→经济→文化"的次序排列。自然科学各大类则按学科的属性，遵循从一般到特殊、从简单到复杂、从低级到高级、从理论到应用的次序排列，并形成"基础理论/技术科学/应用科学"三个层次。

表3–1　《中图法》基本类目表

A	马克思主义、列宁主义、毛泽东思想、邓小平理论	N	自然科学总论
B	哲学、宗教	O	数理科学和化学
C	社会科学总论	P	天文学、地球科学
D	政治、法律	Q	生物科学
E	军事	R	医药、卫生
F	经济	S	农业科学
G	文化、科学、教育、体育	T	工业技术
H	语言、文字	U	交通运输
I	文学	V	航空、航天
J	艺术	X	环境科学、安全科学
K	历史、地理	Z	综合性图书

2. 类目的划分

分类法的每一个类目都代表特定的主题概念，都是知识分类体系中的有机组成部分，但这并不是说任何知识单元，任何学科在分类法中都有对应的类目。分类法必须满足文献整序的实际需要，在《中图法》编制过程中，进行类目划分的依据为：

（1）类目划分一般选择事物的本质属性中最有检索意义的属性作为标准。

（2）类目划分要遵循基本规则，在同一划分阶段一般只使用一个标准。

（3）类目划分要力求全面，由一个上位类划分出来的一组下位类的外延之和应等于上位类的外延，以保证类列的完整。

《中图法》类目划分时采用了以下六种技术：

（1）凡涉及共性区分问题时，采用编制通用复分表、专类复分表、"一般性问题"和类目间的仿分来处理。

（2）在类组性的类目下，根据类组所包含事物的特征选用不同分类标准进行划分。例如，"G 文化、科学、教育、体育"四个部分采用了不同的分类标准。

（3）多重列类法，同时采用几个分类标准进行划分编列几组平行的子目。

```
TM531 .1 移相电容器 ⎫
     .2 脉冲电容器 ⎬ 按作用分的
     .3 耦合电容器 ⎭
```

```
TM532 .1 卷式电容器 ⎫
     .2 双盘式电容器 ⎬ 按结构分的
     .3 固定式电容器 ⎭
```

（4）为满足某些专业特殊的检索需求，按一定的属性对某些事物集中列类。

（5）广泛使用交替类。为满足情报机构从不同角度集中文献的需要，为具有双重隶属关系的学科或事物编列正式类目和交替类目。

（6）双表列类法。选择两种不同的分类标准引用次序为某个类编列两种适应性不同的分类体系，供选择使用。例如，《中图法》第 3 版、第 4 版的

"法律"类就是双表列类。

3. 类目的排列

分类法是由大量的类目按一定的规则排列成一个有机系统。类目排列主要指同位类的排列，科学地排列同位类既能体现分类法编制的逻辑性、系统性，又能使用户快速认识和掌握分类体系，提高标引和检索效率。在《中图法》编制过程中，类目的排列方式包括纵向排列和横向排列。纵向排列指类目的类链中排列的次序，它由分类标准的引用次序来决定，不存在排列问题。横向排列指一个类列中同位类排列的次序。《中图法》类目的排列坚持以下原则：

（1）优先采用客观发展的次序、事物内部固有的次序、科学的系统次序、人们认识事物的逻辑次序排列同位类。例如，

K11 上古史
K12 古代史
K13 中世纪史　　　按历史发展次序排列
K14 近代史
K15 现代史

P185.1 水星
P185.2 金星
P185.3 火星
P185.4 木星　　　按空间分布次序排列
P185.5 土星
P185.6 天王星、海王星、冥王星

（2）按事物的系统次序从总到分、从一般到具体、从简单到复杂、从低级到高级、从理论到应用排列。例如，

O61 无机化学
O62 有机化学
O63 高分子化学　　　从简单到复杂
O64 物理化学

37

```
P21 普通测绘学  ⎫
P22 大地测量学  ⎬  从一般到特殊
P23 摄影测量学  ⎪
P25 专业测绘    ⎭
```

（3）当某类事物的客观次序不明显或人为次序更有利于检索时，可以利用人们的习惯思维，合理地采用人为序次排列。例如，

```
TF81 重金属冶炼  ⎫
TF82 轻金属冶炼  ⎬  按文献数量多少排
TF83 贵金属冶炼  ⎪
TF84 稀有金属冶炼 ⎭
```

```
D41 工人运动与组织       ⎫
D42 农民运动与组织       ⎬  按贯用次序排
D43 青年、学生运动与组织  ⎪
D44 妇女运动与组织       ⎭
```

（4）相似类列采用统一或对应的排列次序，如此排列具有很强的助记性。例如，

```
H31 英语              H32 法语
H311 语音             H321 语音
H312 文字             H322 文字
……                   ……
H319 语文教学          H329 语文教学
```

4. 类目之间的关系

分类法中成千上万的类目不是孤立存在的，是根据类目体系中相互关联、相互制约的内在联系组织起来的整体体系。虽然类目采用线性方式排列，但类目在分类体系中是由上位概念、同位概念、下位概念、相关概念和类目注释构成的语义空间来进行限定的。类目的关系包括纵向关系和横向关系。类目的纵向关系表示的是它们的等级关系，包括从属关系和并列关系；类目的横向关系表示类目在内容上相互关联，包括相关关系和交替关系。

（1）从属关系

类目的从属关系指上位类和下位类的关系。一个类同它细分出来的小类之间具有从属关系。类目等级结构是显示从属关系的主要方式。上位类与下位类之间的从属关系包括属种关系、整部关系和方面关系。

属种关系：即包含与被包含的关系，如生物的分类、事物及其类型等。例如，

TF6　铁合金冶炼

TF64　各种铁合金冶炼

整部关系：即整体和部分的关系。如各级行政区域、学科及其分支、事物及其组织部分等。例如，

U261　蒸汽机车

U261.1　锅炉部分

U261.11　火箱及附属装置

方面关系：全面和某一方面的关系。如学科及其问题、事物及其属性等。例如，

U46　汽车工程

U461　汽车理论

U462　整车设计与计算

U463　汽车结构部件

………………

U469　各种用途汽车

在体系分类法中，当类目下列有两种或三种从属关系的下位类，依据从总到分，从一般到特殊的排列原则，先排方面关系及整部关系的下位类，后排属种关系的下位类。

（2）并列关系

类目的并列关系指处在同一划分层次上的不同类目的关系。由一个上位

类区分出来的一组下位类互称同位类，一组同位类称为一个类列。同位类之间的关系是并列关系，它们在类表中用并列的方式表达。

(3) 相关关系

如若干类目之间在内容上有着密切的联系，但不具有从属关系和交替关系，则称为相关关系。类目间的相关关系主要靠类目参照来显示。而分类法中设置的"××入××"的注释也起到显示相关关系的作用，与类目参照的功能基本相同。例如，

G26　博物馆学、博物馆事业

参见 K85

R214　气功

总论入此

武术气功入 G852.6；气功疗法入 R247.4

(4) 交替关系

交替关系是指表达相同主题概念的正式使用类目与非正式使用类目之间的关系。体系分类法的类目是线性排列的，要求一个类目在这个体系中占据一个位置，当主题概念同时隶属于两个或两个以上类目时，一般在分类表的有关位置上同时设类，其中一个位置的类目作为正式使用的类目来标引文献，其他位置的类目就作为非使用的类目，即交替类目。交替类目的类号置于［］内，类目下有"宜入××"的注释，与相对应的正式使用类目相联系。例如，

[C965]　人才市场

宜入 F241.23

F241.23 劳动力市场类型

职业介绍所、人才市场、劳动就业服务公司等入此。

三、《中图法》的标记符号和标记制度

标记符号是文献分类法中表示类目的代号，又称分类号。标记符号具有固定类目的位置、排列次序和表达类目之间关系的功能。

1. 《中图法》的标记符号

标记符号依所采用符号的形式特征分为单纯号码和混合号码。单纯号码是指采用某一种符合通行习惯且具有固有次序的符号系统。它分为单纯数字号码和单纯字母号码两种。常见的是单纯阿拉伯数字号码。例如，《杜威十进分类法》、《科图法》等。混合号码是指同是采用两种或两种以上符合通行习惯且具有固有次序的符号系统。它一般是字母与阿拉伯数字相结合。例如，

《美国国会图书馆分类法》、《中图法》等。

《中图法》标记符号是采用拉丁字母与阿拉伯数字结合的混合制标记符号。以拉丁字母标记基本大类；还根据大类的实际配号需要再展开一位字母标记二级类，如"T 工业技术"采用双位字母标记出 16 个二级类。字母段后使用阿拉伯数字标记各级类目。此外，《中图法》还采用了一些特殊符号，作为辅助标记符号。

表 3 – 2 　《中图法》的辅助标记符号

符号	作用
． 间隔符号	在分类号的数字段从左至右每三位数字之后加一圆点，其目的是使类号段落清晰、醒目、易读。例如，I247.58 武侠小说
a 推荐符号	该号置于 A 类六位经典作家著作的互见分类号后，起推荐作用。例如，《列宁论图书馆》入 A267 互见号为 G25a
/ 起止符号	表示类目的起止范围。用在主表中表示概括一组相连类号的起止区间；用在注释中表示类目仿分的类号区段或参见的类目范围。起止符号只出现在类目表中。例如，D93/97 各国法律
[ ] 交替符号	用来标记交替类目。表示该类目是供选择使用的。例如，[TQ114.4] 石灰工业　宜入 TQ177.2
- 总论复分号	在总论复分号码之前，是总论复分号的前置标识符。例如，《法律辞典》D9 - 61
( ) 国家地区区分号	用于一般学科类目下需进行国家地区复分的。例如，《英国抽象派油画选》J233（561）
= 时代区分号	用于一般学科类目下需进行时代复分的。
" " 民族种族区分号	用于一般学科类目下需进行民族、种族复分的。例如，《犹太民族的婚俗》入 K891.22 "382"
< > 通用时间、地点区分号	若某类目需按通用时间、地区复分，将有关类号置于" < >"内，加之主类号后面。例如，"城市的空气污染与防治"类号为 X51 <333>
: 组配符号	用来联结两个相关的主类号，合成一个组配号。
+ 联合符号	在资料法中用来标引两个并列主题，联接两个主类号。例如，"城市绿化与观赏园艺"类号为 S731.2 + S68

续表

符号	作用
—— 指示性类目提示符号	是为给一组类目提供共同的注释而设置的。

《中图法》标记符号排列的规则是：类号由左到右逐位对比排列。先比较字母部分，按英文字母固有的次序排列；再比较数字部分，类号中的阿拉伯数字依小数制排列；数字后若还有字母，在前部类号相同的情况下再按字母顺序排；类号的末位标记有推荐符号"A"的排在该类的最前面；类号中出现辅助符号时，辅助符号按 -，( )，" "，=，< >，+，: 的次序排列。

2. 《中图法》的标记制度

标记制度是为文献分类法的类目配置分类号的方法，也称编号制度或配号制度。较常见的有层累标记制、顺序标记制、混合标记制、分面标记制等。

（1）层累标记制

层累标记制又称等级标记制，是类号位数与类目等级相适应，层次分明的标记制度，它属于结构型标记制的类型。例如，

TG1　金属学与热处理　　　　　　　　（第三级类目）
TG15　热处理　　　　　　　　　　　　（第四级类目）
TG151　基础理论（热处理）　　　　　（第五级类目）
TG151.3　奥氏体转变曲线　　　　　　（第六级类目）

层累制的优点是：分类号码能够体现类目的等级关系，表达性强。缺点是：类目愈细，类号愈长，类号的容纳性有限。

（2）顺序标记制

顺序标记制度是对类目体系中不同等级的类目只按其先后次序配置号码的标记制度。它属于非结构型标记制度的类型。例如，

F　经济　　　　　　　　　　　　　　（第一级类目）
F01 财政、金融　　　　　　　　　　　（第二级类目）
F02 金融、银行　　　　　　　　　　　（第三级类目）
F03 金融、银行理论　　　　　　　　　（第四级类目）

顺序制的优点是：配号方法简便，类号比较短，容纳性强。缺点是：无法体现类目之间的相互关系，表达性和助记性差。

（3）混合标记制

混合标记制是将层累制与顺序制两者结合起来的一种标记制度。混合标记制有顺序-层累标记制和层累-顺序标记制两种形式。

T1　工程技术　　　　　　　　　　（第一级类目）
T2　能源学、动力工程　　　　　　（第二级类目）
T2.1　电能学　　　　　　　　　　（第三级类目）
T2.11　电的产生　　　　　　　　　（第四级类目）
T2.111　直流电　　　　　　　　　（第五级类目）

（4）分面标记制

分面标记制也称分段标记或多维标记制，是用分面符号把类号分成若干段，使每一段的号码代表主题的一个方面，以显示类目组配结构的一种标记制度。分面标记制的优点是：能显示类目的组配结构，揭示多个主题因素，表达性强；适应新学科、新主题文献的出现，有较强的容纳性。缺点是：编号方法比较复杂、号码较长。

3.《中图法》标记制度变通方法

《中图法》的标记制度是基本的层累制，而不是严格的层累制。为了克服层累制的局限，采用了多种变通方法。

（1）八分法

八分法是为容纳更多的同位类而采用的一种配号法，当同位类超过8个时后面的同位类采用扩充9的方法，扩展为91，92，………98，99等，因此又称扩九法。例如，

Q4　生理学
Q41　普通生物学
……….
Q48　消化生理学
Q491　排泄生理学
Q492　生殖生理学

（2）双位制

双位制又称百分法，当同位类多达二、三十个甚至更多时，为容纳相当多的同位类，就采用双位制配号法，即把1-9配以双位数字。11，12……98，99。例如，TQ11/65就是采用的双位制。

（3）借号法

借号法是为增加容纳性类列而采用的配号法，分为借上位类类号、借下位类类号、借同位类类号三种情况。

① 借上位类号：为了缩短号码或对重点类给予较宽裕的号码，下位类借用上级号码。例如，S56 经济作物中S562/564借用了与其上位类S561同级的

43

号码。

②借下位类号：为了增强类列的容纳性，有的同位类借用下级号码。例如，R5　内科学

R51　传染病

……　……

R58　全身性疾病

R599　地方病

③借同位类号：当某组同位类较多，其同级的号一组号码空余时，就借用同级的另一组号码。

（4）空号法

空号法是为了类表以后扩展类目的需要或增强类号的对应性而采用的间隔配号方法，即同位类之间留有一定数量的空号。例如，

R282.7　　　　　各类药材

R282.71　　　　植物药

R282.74　　　　动物药

R282.76　　　　矿物药

R282.77　　　　海洋药物

（5）对应编号法

为增强类号的助记性，为性质相同或相近的类目配上相对应的号码。例如，H11/19与H321/329是对应的，Q94与Q95是对应的。

（6）字母标记法

把事物名称的若干字母加在主类号之后编制同位类的方法。例如，TP312类和TP311.38类。

四、《中图法》的组配技术

组配技术是指利用分类表中已有的简单主题概念的类号，按一定规则合成一个复合类号，表达分类表中没有的复杂概念的一种技术。采用组配技术可达到类目细分或形成新主题类号的目的，是缩小类表篇幅、提高分类标引效果的方法。《中图法》运用组配技术主要有四种，一是编制各种类型的通用复分表；二是在有关类编制专类复分表进行类目细分；三是规定部分类目仿照已列出的类目进行细分，即类目仿分；四是主类号之间用冒号组配、合成新的类号。

（1）通用复分表

《中图法》共有8个通用复分表，即"总论复分表"、"世界地区表"、

"中国地区表"、"国际时代表"、"中国时代表"、"中国民族表"、"世界种族与民族表"、"通用时间、地点表"。通用复分表只对主表类目起复分作用，不能单独使用，它的使用规则为：

第一，复分表中的号码不能单独使用，必须与主表中的有关类号组配使用。

第二，表中注明"依×××表分"的类目均可依该复分表分。总论复分表可供主表中任何一级类目使用。

第三，主表中列有专类的，不再使用复分表。例如，日语词典类号为H366，不是H366-61。

第四，主表中有关类目的号码与复分表中有关类目的号码涵义相同时，去掉重复号码。

（2）专类复分表

《中图法》（第4版）的主表共编列专类复分表67个，此外，在"总论复分表"和"中国地区表"中还各编列一个专类复分表。专类复分表的标记符号采用阿拉伯数字，自然科学各类的复分表前一律冠"0"，专类复分表的两侧用竖线标记，以示醒目。专类复分表的使用规则为：

第一，按表中规定的范围使用。专类复分号不能单独使用，只能依附于主类号，在类目注释规定的范围内使用。

第二，按规定的次序使用。专类复分表在与通用复分表结合使用时，严格依类目规定的使用范围和次序进行复分。例如，

P468.1/.7　区域气候资料

依世界地区表分，中国再依中国地区表分，必要时再依下表分。

（3）类目仿分

《中图法》编制中大量运用类目仿分来压缩类表的篇幅和提高类目组配的灵活性。类目仿分有两种类型：

一是仿邻近类目分，是指当一组相邻的类目以相同的分类标准展开时，一般将在前的（个别将在后的）一个类目详细展开，后面的类目不再展开列举，而是分别仿照前面已展开的子目细分。仿邻近类目分的特点是，仿分类目与被仿分类目基本是性质相同的类目，某类目所仿分的一组子目，与该类目拟细分的分类标准是一致的。

二是仿总论性类目分。《中图法》类目编列的基本模式是将一个类区分为两大部分，前面编列总论性类目，按事务的方面横向展开；后面编列专论性类目，按事务类型纵向展开。这两部分的分类标准是不同的。专论性类目仿照总论性类目的划分标准细分，就称为仿总论性类目分，是揭示事物及其方

面的重要技术。《中图法》总论性类目一般用"一般性问题"、"理论"、"通论"、"世界"等方式编列，各类有所不同。

类目仿分的使用规则为：

第一，按规定的范围使用。

第二，配号的转换。被仿分的是用"/"号连接的类目采用了借同位类编号法，仿分时部分类目涉及配号的转换。例如，K815 人物总传（世界）按学科分，仿 K825/826 分。

第三，复分依据的转换。属于各国仿中国分的类目，涉及时代属性的，仿分时应把"依中国时代表分"转换成"依国际时代表分"。

（4）冒号组配法

冒号组配法的使用规则为：

第一，分类标引时，除主表规定可用组配编号的类目外，不再扩大组配编号的范围。

第二，主表中已列出的主题就不再用冒号组配编号表达。

第三，通过主类号复分、仿分全可以清晰表达主题的不再使用冒号组配标引。如"环境咨询机构"标引为 X－289。

第四，用于新主题合成时，使用最专指类目的类号进行组配。例如，《军事心理学》入 E0－051；集中分类组配号为 B849：E0－051，而不是 B849：E。

第五，类目细分时，用户可根据自己的文献数量自行确定组配类号的级位。如《放射医学资料索引》可标引为 E89：R；E89：R8；E89：R81。

五、《中图法》中"0"的问题

《中图法》类目的划分是依据逻辑划分规则，对一个类目逐级层层划分，每一度划分使用一个分类标准，形成层次分明的树形等级结构。《中图法》采用基本层累制编号，类号的级位基本表达类目的等级。一个有下位类的类目表示它已用某个分类标准进行了划分。如果该类又允许复分或仿分，就会形成一个与已列类目体系并列的新类目体系，是用另一种标准划分的，这称为"转换分类标准"。在文献标引过程中，某些类"转换分类标准"后，为保证新产生的子目系列排列的逻辑性和避免重号，是加"0"的基本原因。《中图法》加"0"的几种情况：

（1）依"世界地区表"细分后而具有世界地区涵义的类目，如再依专类复分表或仿某类细分时，均须在其类号后先加"0"再细分。例如，

《亚洲军事制度》入 E302

《西欧文化史》入 K560.03

（2）社会科学各类中的各级上位类如仿分或依复分表分时，均须在其类号后先加"0"再复分。例如，

《石刻研究》入 K877.404；《中国近代哲学研究》入 B250.5

（3）自然科学各类的专类复分表的子目前均已先加"0"，复分时保留"0"。例如，

《汽车变速器设计》入 U463.212.02

（4）主表中的类目仿"一般性问题"分时均需加"0"再仿分。例如，

《木材商品检验》入 F762.406；《生活废水处理》入 X799.303

（5）中国各代史类目仿 K20 中国通史分时，均须加"0"。

（6）需进行连续仿分的类目，凡属越级复分的，须加"0"。例如，

《地方戏曲谱研究》入 J617.506

六、其他分类法简介

除了《中图法》外，我国还有其他几部常用的分类法，一些图书馆曾经从这些分类法逐步过渡到《中图法》。

1. 《中国人民大学图书馆图书分类法》

《中国人民大学图书馆图书分类法》简称《人大法》，是新中国成立后编制的第一部新型的图书分类法。中国人民大学图书馆是新中国成立后建立的新型的大学图书馆。为适应时代的需要，使大量藏书更好地为教学和科研服务，在中央文化部的支持下，该图书馆从 1951 年开始编制图书分类法。由张照、程德清主编，中国人民大学图书馆集体编著出版，1952 年编制出初稿，1953 年出版第 1 版，1954 年出版第 2 版，1957 年出版第 3 版，1962 年出版第 4 版，1982 年出版修订第 5 版，第 6 版于 1996 年 3 月在第 5 版的基础上历时近 5 年修订而成。

《人大法》学习、吸收了当时国内外图书分类法的优点，体系结构的建立以毛泽东关于知识划分的理论为依据。它把全部图书分为四大部分，即：①马克思列宁主义、毛泽东思想和哲学；②社会科；③自然科学；④综合性类目。然后排成 17 个基本大类。

表3-3 《人大法》基本大类表

1	马克思主义、列宁主义、毛泽东思想	10	文学
2	哲学	11	历史
3	社会科学、政治	12	地理

续表

4	经济	13	自然科学
5	军事	14	医药、卫生
6	法律	15	工程技术
7	文化、教育、科学、体育	16	农业科学技术
8	艺术	17	综合性科学、综合性图书
9	语言、文字		

《人大法》的标记系统，采用纯阿拉伯数字。每一位类号，如遇两位数字表示一类，后面则加上一个圆点"·"。例如1，2，3，4，5，……11，12，13，14，15……但"0"后不加圆点。各级类号，按照图书性质，完全由内容决定。内容的类目多少，号码的位数就多少，因此称为展开层累制。

《人大法》的附表称为复分表，原有9个，即：①、综合复分表、②、中国民族复分表、③、中国时代复分表、④、中国地区复分表、⑤、苏联加盟共和国复分表、⑥、国家复分表之一、⑦、国家复分表之二、⑧、国际时代复分表、⑨、世界地区复分表。第5版时，将⑤、⑥、⑦合并为国家复分表。在使用复分表时，可在类号后直接使用，但必须先加短横"－"，然后加上复分表的次第号码和细分号码，以免和正表的分类号码混淆。比如：科学技术出版社编的《电子管手册》，就需要加第一个复分表的"13. 手册、指南"，它的分类号码是"15.1092－113"，"15.1092"是电子管，"1"是第一种复分表，"13"是手册。

《人大法》的类目下有详细的注释，包括①、类目名称的注释、②、指示分书范围、③、见、④、参见、⑤、仿××细分、⑥、按××复分表细分、⑦、指明书次号的编制方法。《人大法》编有一个单一式的索引。它的内容包括详表内各级类目和注释中所有能归纳成的标题。类目标题的排列次序是按首字的笔划多少分列先后；同笔划的首字，再以起笔"、－｜丿"为次序，若首字相同，再按第二字排列，其余类推。

《人大法》出版后，当时为全国许多图书馆所采用。特别值得提出的是，在新出版的图书上所给的统一书号采用了《人大法》的分类号。可见，它在全国的影响是很大的，其特点表现为：

（1）首次应用马克思主义关于科学分类的理论组织分类体系，将反映人类全部知识的图书资料分为四大部十七大类，这一序列一直为以后各家分类法所效仿。尤其是四大部的划分，为我国图书分类法的"五分法"奠定了基础。

（2）首次将"马克思列宁主义、毛泽东著作"列为第一大类，突出在显著的位置。

（3）完全突破了机械运用阿拉伯数字十进制的束缚，号码制度采用严格的层累制，具有较强的表达性和扩、缩检功能。

（4）有较为详细的类目注释，有助于分类人员了解类目含义，按编者原意使用类目，类分图书资料。

但是，《人大法》也存在一些问题。例如，类目不够全面、细致；自然科学部分过于简单，特别是新中国成立前出版和外国出版的图书，时常无适当的类目可归；类目含义不够清楚，名称不够概括；由于采用严格的层累制，使类号过于冗长，加上遇双位数字代表一级类目采用打小圆点的办法，在实际应用中容易造成差错。

2.《中国科学院图书馆图书分类法》

《中国科学院图书馆图书分类法》，简称《科图法》，是根据中国科学院图书馆综合性藏书范围以及中国科学院所属各研究单位图书馆不同专业的特点而编制的一部体系分类法。《科图法》于1954年开始编制，1957年4月完成自然科学部分（初稿），1958年3月完成社会科学部分（初稿），1958年11月由科学出版社出版第1版。1970年10月开始修订第2版，1974年2月出版第2版的自然科学、综合性图书类表和附表，1979年11月出版第2版的马克思主义、列宁主义、毛泽东思想，哲学和社会科学类表，1982年12月出版第2版的索引。《科图法》自1987年开始再次修订，此次修订，历时8年，于1994年12月出版了第3版。使用《科图法》的单位不仅有中国科学院系统的大部分图书情报单位，还有国内其他一些科学研究机构图书馆、省市公共系统图书馆和高校图书馆等。

《科图法》以科学分类为基础，结合文献分类的实际需要，把文献分类表分成五大部、二十五大类。类表中还设置了内容范围注释、例注、交替类目注释、参照类目注释、名称注释、复分与仿分注释、特殊分类方法注释、同类书排列方法注释等，便于充分利用，更准确地类分文献。

表3-4 《科图法》的类目结构

00	马克思列宁主义、毛泽东思想	50	自然科学
10	哲学	51	数学

续表

20	社会科学	52	力学
21	历史、历史学	53	物理学
27	经济、经济学	54	化学
31	政治、社会科学	55	天文学
34	法律、法学	56	地球科学（地学）
36	军事、军事学	58	生物科学
37	文化、科学、教育、体育	61	医药、卫生
41	语言、文字学	65	农业科学
48	艺术	71	工程技术
49	无神论、宗教学	90	综合性图书

《科图法》采用阿拉伯数字单纯号码。号码分为两部分：第一部分采用整数顺序数字，从00～99分配到五大部、二十五大类及其主要类目中。第二部分基本上采用小数层累制，即在主要类00～99两位数字以后加一小数点"·"，小数点后基本上按小数体系计算，以容纳细分的类目。另外，还使用了一些灵活的配号方法，如，八分法、双位制、借号法等。例如，

    20   社会科学   （一级类目）
    27   经济、经济学   （一级类目）
    28   世界各国经济、经济史地 （二级类目）
    29   专业经济与部门经济   （二级类目）
    29.1   经济计划与管理   （三级类目）
    29.11   国民经济管理   （四级类目）
    29.111 经济预测   （五级类目）
    29.112 经济决策   （五级类目）

《科图法》（第3版）共设置了7个通用复分，即总类复分表、中国时代排列表、中国地域区分表、中国各民族排列表、国际时代表、世界地域区分表、世界各民族排列表。另外，还设置有19个专类复分表，即"中国哲学家著作细分表"、"中国地方史、志细分表"、"其他各国历史细分表"、"其他各国经济细分表"、"其他各国政治细分表"、"其他各国共产党细分表"、"其他各国外交细分表"、"其他各国法律细分表"、"其他各国军事细分表"、"各

军、兵种细分表"、"其他各国教育细分表"、"各项体育运动、体育技术细分表"、"其他各种语言文字细分表"、"中国少数民族文学作品细分表"、"其他各国文学细分表"、"各种农作物细分表"、"各种家畜、家禽细分表"、"其他各种矿细分表"、"各种化学工业一般著作细分表"。

《科图法》的特点表现为：

（1）较好地体现了马克思列宁主义、毛泽东思想对编制图书分类法的指导作用。体系安排、类目设置既考虑到了图书分类法的思想性，又注意了它的科学系统性。

（2）自然科学部分，列类比较详细，系统性较强，能较好地反映科学技术的发展水平。

（3）在类目中采用了交替、参见等多种方法，对于解决等级体系分类法所产生的集中与分散的矛盾，起到一定的缓和作用，有利于专业图书馆使用。

（4）采用单纯的阿拉伯数字作为类目的代号，单纯、简洁、易记、易读、易于排检；由于采用顺序层累的配号制度和灵活的配号方法，使号码具有较强的灵活性、助记性和容纳性。

（5）体例清楚，结构完整，除主表外，还有众多通用附表和专类附表，并运用了仿照复分的方法，既节省了分类表的篇幅，又增加了细分类目的程度。

3.《中国图书资料分类法》

《中国图书资料分类法》简称《资料法》，是根据科学技术文献分编和检索的需要，由中国科学技术情报研究所组织有关科技情报部门在《中图法》的基础上编制而成，1975年由科学技术文献出版社首次出版。《资料法》目前有四个版本，其中第1、2、3版分别于1975年、1982年、1989年由科学技术文献出版社出版。《资料法》的第1～3版曾属于《中图法》的系列版本，由《中图法》编委会统一管理，具体由中国科学技术情报研究所（后改名为中国科技信息研究所）组织有关科技情报部门在《中图法》的基础上编制而成。为了发挥《中图法》不同版本的作用，提高不同版本的实用性，1988年《中图法》第二届编委会做出决定：《资料法》在与《中图法》保持两者体系结构一致性的前提下，应与《中图法》在分类深度、组配方法、附加符号的使用方面有所不同。

1996年6月，原国家科委信息司下发《关于修订<中国图书资料分类法>第三版的通知》，专门组建了《中国图书资料分类法》编辑委员会，并征求19个部委情报（信息）所和有关单位对各专业类表的修改意见，在中国科技信息研究所成立了《资料法》修订编审组,从1996年下半年起,《资料法》(第3版)的修订工作开始启动。《资料法》(第3版)的修订内容:一是在类目体系方面,在保持与《中图法》体系结构一致的基础上,除吸收《中图法》(第4版)新增加的类目外,重点修订和增补了自然科学与工业技术方面的类目;二是增强了《资料法》的组配功能,以适应网络环境下机检的需要。《资料法》(第4版)于2000年2月由科学技术文献出版社出版。

表3-5 《资料法》的38个基本大类表

A	马克思主义、列宁主义、毛泽东思想、邓小平理论	T	工业技术
		TB	一般工业技术
B	哲学、宗教	TD	矿业工程
C	社会科学总论	TE	石油、天然气工业
D	政治、法律	TF	冶金工业
E	军事	TG	金属学与金属工艺
F	经济	TH	机械、仪表工业
G	文化、科学、教育、体育	TJ	武器工业
H	语言、文字	TK	能源与动力工程
I	文学	TL	原子能技术
J	艺术	TM	电工技术
K	历史、地理	TN	无线电电子学、电信技术
N	自然科学总论	TP	自动化技术、计算机技术
O	数理科学和化学	TQ	化学技术
P	天文学、地球科学	TS	轻工业、手工业
Q	生物科学	TU	建筑科学
R	医药、卫生	TV	水利工程
S	农业科学	U	交通运输
		V	航空、航天
		X	环境科学、安全科学
		Z	综合性图书

《资料法》(第4版)的大类体系与《中图法》(第4版)的大类体系基本一致。《资料法》将《中图法》中"T工业技术"大类所属的16个二级类目(TB/TV类)作为基本大类。38个大类的展开采取层层划分、详细列举的方式,形成一个等级分明的类目体系。有些类目的展开可达8级以上,类表共设置约5.6万个类目。

《资料法》(第4版)的标记符号的种类、标记制度与《中图法》(第4版)相同,即采用字母与阿拉伯数字相结合的混合号码。基本上采用层累标记制，为了适应列类的展开，也采用了八分法、双位制、借号法等灵活的编号方法。采用了推荐符号、起讫符号（起止符号）、交替符号、联合符号、关联符号（组配符号）、总论标识符号（总论复分符号）、地区标识符号（国家、地区区分号）、时代标识符号（时代区分号）、民族标识符号（种族、民族区分号）、通用时间地点标识符号（通用时间、地点区分号）等10种辅助符号。《资料法》还采用了通用人物标识符号"' '"与通用环境标识符号"《 》"，分别用于区分人物特征和环境特征。

《资料法》（第4版）广泛的使用了组配方法，允许自由组配，并采用分段标记法。它规定只要是文献资料标引与检索的需要，都可以选取联合组配、复分组配和关联组配等不同方式，这实际上就是采用自由组配。同时，《资料法》（第4版）还采用了分段标记法，不仅扩充了组配范围，而且解决了组配后号码的分拆、前置、插入、轮排的问题，增强了多途径检索的功能。《资料法》（第4版）共编列了10个通用复分表，即"总论复分表"、"世界地区表"、"中国地区表"、"国际时代表"、"中国时代表"、"世界种族与民族表"、"中国民族表"、"通用人物表"、"通用环境表与通用时间"、"地点表"。这10个通用复分表均有其专用标识符号，主表中无论是否注明依某种通用复分表分，当需要用某种通用复分表复分时，复分号均须连同其专用标识符号一起加在主类号之后。另外，《资料法》（第4版）中还设置了70多个专类复分表。

第二节　国外常用图书分类法

国外图书分类法的发展历史悠久，技术成熟，下面介绍当代国外图书分类法领域中影响较大的几部。

一、《杜威十进分类法》（DDC）

1. 《杜威十进分类法》概述

《杜威十进分类法》（Dewey Decimal Classification & Relative Index，简称DDC）是世界上流传最广、影响最大的一部文献分类法。《杜威十进分类法》的作者是美国的麦维尔·杜威（1851—1931），他是最著名的美国图书馆活动家之一，美国图书馆协会的组织者和主席，第一家图书馆专业机构刊物《图书馆杂志》和第一所图书馆学校的奠基人。杜威在21岁时开始研究十进分类法，1873年他编成了《十进分类法》草稿，因其用阿拉伯数字十进（小数）制号码作标记符号而著称。1876年首次出版，1885出版第2版，3年后又出版了第 3 版。到 1996 年，DDC 出版 21 版，本版共 4 卷，类目数量由第 1 版的 1 000 个发展到 3 万多个。目前出版工作由 OCLC 联机计算机图书馆中心的一个分支机构森林出版社负责。

DDC 早在 20 世纪 80 年代就完成了计算机管理系统的研制，于 1933 年 1 月推出 CD-ROM 形式的电子杜威（Electronic Dewey，简称 ED），它是世界上第一个自动化的交互式分类法系统。电子杜威系统由三个部分组成：主体是一个光盘数据库，包括 DDC（第 20 版）的类表、复分表、相关索引和手册。第二部分是为便利用户查找 DDC（第 20 版）光盘数据库而设计的系统软件。第三部分是电子杜威系统用户指南。1994 年 3 月推出升级版本，增加了 DDC 的编者介绍和类号的分段标记。1996 年 7 月，森林出版社又在电子杜威的基础上，推出了基于 DDC（第 20 版）的视窗杜威（Dewey for Windows，简称 DFW）。同年又推出 DDC（第 21 版）的 DFW。至此，DDC（第 21 版）首次以印刷版和电子版两种形式同时推出。DFW 有单机版和网络版两种，用户可以从类号、类名、术语等多种途径获取类目体系、索引及与类目有关的完整资料，并可同时调用多种不同功能的窗口进行查找、显示和处理。1997 年 DDC 率先推出了专业网站，发布于 OCLC 的森林出版社名下。DDC 网站内容定时更新，为检索语言的研究者和用户提供了极有价值的最新信息、资料。DDC 网站的具体内容包括：DDC 和森林出版社的简介、有关 DDC 的新闻、DDC 内容的更新和视窗杜威等。

DDC 的应用形式也有多种。在美国国会图书馆，每年有 11 万个以上的 DDC 号码用于图书馆分编的著作。DDC 号码被输入机器可读目录（MARC），并通过计算机媒体、在版编目（CIP）数据和卡片分送到各个图书馆。DDC 号码出现在世界各个国家所发行的 MARC 上，并在澳大利亚、巴西、加拿大等很多国家的国家书目上使用。美国和其他地方的各种书目服务机构可以通过联机检索出版物和目录卡片产品获得 DDC 号码。随着网络的发展，为有效组织和揭示网络信息资源，已逐步建立了一批以文献分类法为工具的网络资源检索系统。据统计，目前使用最多的是 DDC。

一百多年来，DDC 能够随着科学技术的发展而持续修订，不断容纳新主题，反映新观点，消除偏见，用大量调整来反映政治和社会变迁，因而成为世界上使用最广泛的一部分类法，目前有超过 135 个国家和地区的图书馆使用它组织藏书。DDC 类号用于 60 个国家的国家书目。在美国，95% 的公共图书馆、25% 的学院图书馆和大学图书馆，20% 的专门图书馆在使用 DDC。目前，DDC 已经被翻译成 30 余种文字，其中包括全译本、节译本、增补本和改编本。中国早在 1910 年就开始翻译、介绍 DDC，并陆续出现了一批"仿杜"、

"补杜"、"改杜"的图书分类法。DDC的理论和技术对中国近代、现代图书分类法的发展产生了不可忽视的影响。

表3-6 《杜威十进分类法》的基本类目表

000 总论	330 政治经济学	670 工场手工业
010 目录学	340 法律	680 机械生产
020 图书馆事业	350 管理	690 建筑业
030 普通百科全书	360 协会与机关	700 美术
040 普通论文集	370 教育	710 景观园艺学
050 普通定期出版物	380 贸易 数政	720 建筑术
060 一般协会	390 风俗 服装	730 雕塑术
070 新闻业、报纸	400 语文学	740 素描 装饰 素描画
080 特藏[丛书]印刷术	410 比较语文学	750 色彩画
090 珍本书	420 英文	760 雕刻
100 哲学	430 德文	770 摄影
110 形而上学	440 法文	780 音乐
120 其他形而上学	450 意大利文	790 娱乐
130 精神与身体	460 西班牙文	800 文学
140 哲学体系	470 拉丁文	810 美国文学
150 精神能力	480 希腊文	820 英国文学
160 逻辑学、辩证法	490 浅陋语种	830 德国文学
170 伦理学	500 自然科学	840 法国文学
180 古代哲学家	510 数学	850 意大利文学
190 当代哲学家	520 天文学	860 西班牙文学
200 宗教	530 物理学	870 拉丁文学
210 自然神学	540 化学	880 希腊文学
220 圣经	550 地质学	890 浅陋文学
230 学说、教义、神学	560 古生物学	900 历史
240 实用神学	570 生物学	910 地理与游记
250 说教术、牧师神学、教区神学	580 植物学	920 传记

续表

260 教会、教堂、信教	590 动物学	930 古代史
270 宗教史	600 有益艺术	940 欧洲
280 基督教会与教派	610 医学	950 亚洲
290 种族宗教、非基督教宗教	620 工程学	960 非洲
300 社会科学	630 农艺	970 北美洲
310 统计学	640 家事	980 南美洲
320 政治科学	650 交通 商业	990 大洋洲
	660 化学工艺	

2. 《杜威十进分类法》特点

DDC 是图书分类法发展史上的一个重要里程碑，它有以下五个特点：

（1）体系结构完整、严谨，囊括所有的知识领域。类目详细，层次清楚，等级分明，易于掌握和使用。

（2）首创以号码代表类目的方法——相关排列法，把图书主题的排列、藏书及目录的排列三者统一起来，为排架、目录组织及检索提供了方便。

（3）首次采用小数标记制，并初步应用了组配编号法（仿分、复分），容易标识、容易检索、容易排列。

（4）为分类表配备了一个详细的相关索引，为用户提供了一条按照字顺检索的方便途径。

（5）由美国国会图书馆、DDC 编辑方针委员会及森林出版社（现改为 OCLC）三者组成实力雄厚的管理机构，定期修改，使其不断更新。

二、《美国国会图书馆分类法》（LCC）

1. 《美国国会图书馆分类法》概述

美国国会图书馆分类法（Library of Congress Classification，简称 LCC）是根据美国国会图书馆藏书情况而编制的一部综合性等级列举式分类法。美国华盛顿国会图书馆（世界上最大的图书馆之一）创建于 1800 年，1802 年该馆拥有藏书 964 册，按对开本、四开本、八开本等形式排列。1812 年当藏书增到 3 000 多册时，编制了有 11 个大类的目录，大类内的图书按形式排列。1814 年在英美战争中，由于美国失败，华盛顿被占领，国会图书馆连同国会大厦一并被英军纵火烧毁。当时的美国总统托马斯·杰斐逊把自己的私人藏书 7 000 册捐赠给国会，还亲自给书作了分类。1815 年出版了藏书目录，在目录里，图书按 44 个大类划分。该分类法一直沿用到 1864 年，直至 19 世纪末，图书的架上排列和藏书目录才作了局部变更。LCC 是在国会图书馆馆长普特南主持下编制的，1901 年发表参考克特的《展开制分类法》而拟定的大纲，自 1902 年起分别由各类专业人员编制，以各大类分册形式先后出版，至 2001 年总共出版约 43 个分册，其中早出版的分册有的已修订第五版。各大类分册可单独为专业图书馆使用，因此，LCC 可以说是各专业分类法的机械综合。LCC 的类号后来用于美国国会图书馆发行的印刷目录卡片，并输入所发行的机读目录磁带。1995 年美国国会图书馆运用研制成功的分类数据 US-MARC，将 LCC 类目全部转换为机读形式。这也成了 LCC 得以巩固，并为其他许多图书馆所采用或改用的主要原因。

  LCC 的分类体系虽然参考了克特展开式分类法，但是类目的设置与排列完全受国会图书馆藏书情况的制约，不追求各学科的严密科学系统。

表 3－7 美国国会图书馆分类法（LCC）的基本类目

A 综合性著作	M 音乐
B 哲学、心理学	N 美术
C 历史：辅助科学	P 语言、文学
D 历史：世界史	Q 科学
E－F 历史：美洲史	R 医学
G 地理、人类学、娱乐	S 农业
H 社会科学	T 技术
J 政治科学	U 军事科学
K 法律	V 海军
L 教育	Z 书目及图书馆学

  各大类的次序，大体上是继承 EC 的。其总序列为：综合性著作→哲学→历史→社会科学→艺术与文学→自然科学→技术科学→图书馆学。每一大类一般先列出纲要和大纲，相当于纲目或简表。大小类目的并列、从属关系，用排列的齐行、缩行或字体来表示。每类所分细目，有时十分琐碎，其分组及次序大体如下。

（1）"外在"形式（期刊、词典等）

（2）"内在"形式（理论、方法、研究与教学、历史等）

（3）总论性著作（系统著作）

（4）总论性专题著作（关于主题一个侧面的著作）

（5）专题著作（关于主题范围内专门问题的著作）

各种著作，以各类内容和数量的需要为转移，有时按时代再分，有时按国家或语言再分，或按字顺再分。有的还需要用辅助复分方法和复分表，在使用过程中来细分。LCC采用拉丁大写字母和阿拉伯数字的混合符号。字母在号码开头用一个、两个一直三个不等。数字用在字母后面从1~9999皆为整数，有时少量的也在1~9999任一整数后面用小数，必须有小数点。数字后面常用克特字顺号码，一个大写字母带一位至三位数字不等；第一个字顺号码的字母前得带一小圆点，相当于小数点；连续的第二、三……个字顺号码，则字母前不再有小圆点。有时还用四位数字的年份号码，前面用小圆点或逗点标志。LCC的标记符号形式大体分三个层次：字母；整数，小数；字顺号。各层次的序列，除整数由小到大序列外，其他都应理解为小数制，逐级按字母顺序和数字由小到大序列。LCC虽属大型列举式分类法（包括形式细分、地区、国家、时代、事物主题等的列举），但仍有不少类目之间的共性区分，没有一一列举而指明采用附表复分的。LCC没有全表通用的复分表，只有各类根据具体需要而设置的专类复分表或复分方法，还得根据注释说明来使用。LCC的复分表或复分方法大体有形式细分表、地区细分表、时代细分表、事物主题字顺细分表四种类型。

2. 《美国国会图书馆分类法》特点

LCC开始是供国家图书馆排架用的，1990年来，美国许多高校图书馆和专业图书馆，以及美国以外一些英语国家的图书馆也逐渐采用。其特点表现为：

（1）根据"文献保证"原则，完全依据美国国会图书馆的藏书情况而编制，实用性强。

（2）由于按大类独立编制、分册出版，类目详细，所以既适用于综合性图书馆，也适用于专业图书馆。

（3）设有专门的机构负责经常性的修订工作，及时更新，能够及时反映新学科、新主题。

（4）采用顺序制，类号简短，便于扩充。

LCC的主要缺陷是各大类编制的不均衡性和多样性。许多不同的集体和个人参与了各个部门分类法的编制，编制的时间不一样，持续了几十年。分类法每编完一个分册就出版一个分册（通常每一分册包含一个大类，也有一个大类占两个分册的）。所以，LCC不像杜威、克特的分类法那样有完整的、统一的构思和实施办法。另外，组配性及助记性差，缺乏表达性，也是它的缺点。

三、《国际十进分类法》（UDC）

1. UDC 基本概况

《国际十进分类法》（Universal Decimal Classification，简称UDC）是比利时人奥特勒和拉丰丹在DDC的基础上编制的，是目前国际上使用最广泛的一部组配式分类法。奥特勒是比利时法学家，热心于目录学的学者，国际目录学研究所秘书长。拉丰丹是比利时的一位上议员，社会学家，国际和平委员会主席，1913年曾由于对和平事业的贡献而获诺贝尔奖金。1890年奥特勒和拉丰丹在布鲁塞尔组织成立"社会政治研究会"，其中设有书目组，负责编制全世界社会政治科学专著和论文目录。1895年召开第一次国际目录学会议，决定编制《世界图书总目》，并成立国际目录学会（后改为国际文献工作联合会，简称FID），由该学会承担此项工作。这时，DDC已出版第5版并传入欧洲。奥特勒等人鉴于DDC是当时最先进的文献分类法，决定用它作编制目录的标引工具。但DDC类目用于资料分类不够详细，类目偏重美国观点，必须加以调整和扩充。1895年6月，在得到杜威的同意后，以DDC第5版为基础加以修改补充，1905年编成《世界图书总目手册》，在布鲁塞尔出版，称之为UDC第1版（法文版），即UDC国际第1版，内含3.3万条类目和一个3.8万条款目的字顺索引。UDC第2版于1927—1933年用法文出版，共有7万个类目，由奥特勒和拉丰丹负责社会科学、人文科学部分，戴维斯负责自然科学和应用科学部分，在数十位学科专家协助下完成，本版奠定了UDC以后发展的基础。第3版（德文版）由德国标准协会主持翻译，于1934—1951年出版，是目前较完整的版本。其他译本如第4版（英文版）、第5版（法文修订版）、第6版（日文版）、第7版（西班牙文版）、第8版（德文版）均不完整。1977—1984年英国标准学会用英文出版了UDC的详本共22册，可视作UDC的最新最全的版本。据1982年国际文献联合会573号出版报道，UDC已有23种语文的各种详本、简本。数十年来，UDC被世界许多国家所采用，成为世界图书情报的国际交流语言并用于组织网上资源，它被应用于类分馆藏文献、编制文摘、索引；有些国家规定出版社需标注UDC类号。我国

GB 7713-1987 规定,科学技术报告、学位论文、学位论文的封面上尽可能注明 UDC 类号。UDC 目前已成为名副其实的国际通用文献分类法。

2. UDC 基本分类

UDC 的分类基本原理与 DDC 相同,突出"实用"这一编制思想。它自称是一种实用的分类法。奥特勒认为,不应该将 UDC 看作是一种知识的哲学分类,类目的次序也非首要,UDC 的目的在于使任何一篇文献,只要经过正确的编号与排列,就可立即从任何角度查到。UDC 沿用了 DDC 的基本大类结构,把人类的全部知识划分为 10 大门类,每一大类用一位阿拉伯数字表示,第 4 类语言类于 1964 年并入第 8 类文学类,空下的第 4 类拟用作扩充科技类目。

表 3-8 《国际十进分类法》UDC 的基本大类表

0 总类、科学与知识	5 数学和自然科学
1 哲学、心理学	6 应用科学、医学、技术
2 宗教、神学	7 艺术、文娱、体育运动
3 社会科学	8 语言、语言学、文学
4 (空缺)	9 地理、传记、历史

UDC 的主表是一个逐次展开的等级分类体系,按照从一般到特殊的原则,逐级进行区分,形成层层展开、详细列举。它共设置了八个通用复分表,即语言复分表、形式复分表、地点复分表、种族和民族复分表、时间复分表、观点复分表、材料复分表、人与人特征复分表。在主表中,UDC 还设置了众多的专用复分表。

3. UDC 主要特点

UDC 的主要特点表现在:主题领域广泛,能详尽地概括人类全部知识,是世界现有分类法中明细度最高的分类法,详本约 15 万类目;标记制度灵活,并采用了组配、轮排等方法,被称为是一种语义力很强的标引语言;适用于机器检索,UDC 结合计算机功能成功的用于文献的分类、检索、报道及类表管理。UDC 的主要不足是:体系陈旧,组配过于复杂,修订不够及时。

四、《冒号分类法》(CC)

《冒号分类法》(Colon Classification,简称 CC)是印度著名图书馆学家阮冈纳赞创建的一部分面分类法。阮冈纳赞生于1892年，1917-1922年期间，阮冈纳赞在印度马德拉斯大学教授数学。从1924年开始，他在该校图书馆工作，同年被送到英国伦敦高等图书馆深造。在学习图书馆理论、研究分类法的过程中，他发现已有的分类法不能适应科学发展需要，不能随时扩充新学科的主题内容，于是自己决心编制一部新的分类法。1925年，阮冈纳赞在英国返回印度的途中完成了CC初稿，经过几年的实践，1933年正式发表了CC第1版。在这里，阮冈纳赞提出了分面标记理论，用冒号作为分面符号。1932年第2版中增加了"△精神体验与神秘主义"类，并开始采用八分标记法。1950年出版第3版，采用了"焦点"、"面"、"相"等概念。1952年第4版提出了五种"基本范畴"，采用五种不同的分面符号并增加了几个基本大类，大大改变了CC面貌。1957年第5版将分类法分成两卷，第一卷适用于普通图书的分类，称为"基本分类法"；第二卷适用于论文资料的分类，称为"深度分类法"，出现分区的概念。1960年将第1卷修订出版作为第6版，将八分法进一步发展成为扇形法。1972年第7版在动态适应和深度描述两方面进行了新探索。

按阮冈纳赞设想，CC的发展分为两个阶段：其一，设计用于类分宏观主题文献的"基本分类法"，1933年的第1版至1963年的第6版就是这一阶段的成果；其二，设计用于类分微观主题文献的"深度分类法"，1987年正式出版的第7版就是这一阶段的成果。在CC第7版预告一文中，阮冈纳赞认为：CC第1~3版属于完全的但不灵活的分类表类型，第4~6版属于准自由分面的类表，而第7版则是自由分面的类表。

所谓"自由分面"类表是一个根据明确规定的三个结构层面：概念层面、词语层面和标记层面的一系列假设、规则以及原则为指导的分类表。在这种类型的分类表中，就类分一个主题而言，其程序包括：把主题在概念层面中分析成各个面，并将它们转换成通行标准术语的词语层面的核心词汇，再将它们根据分类表转换成标记层面的核心号，最后将核心号合成为符合主题的分类号。

表3-9　CC第6版的基本大类

z	综合类	L	医学
1	知识全体	LZ	医药
2	图书馆学	M	实用技艺
3	图书学	△	精神体验与神秘主义

续表

4	新闻学	MZ	人文科学与社会科学
A	自然学	MZA	人文科学
AZ	数理科学	N	艺术
B	数学	NZ	文学与语言
BZ	物理科学	O	文学
C	物理学	P	语言学
D	工程学	Q	宗教
E	化学	R	哲学
F	工业技术	S	心理学
G	生物学	Σ	社会科学
H	地质学	T	教育
HZ	采矿学	U	地理
I	植物学	V	历史
J	农业	W	政治
K	动物学	X	经济
KZ	畜牧学	Y	社会学
		YZ	社会工作
		Z	法律

CC的基本大类分为4个分区：Z综合类为第一分区类目，以小写拉丁字母表示；以阿拉伯数字表示为其他学科所不能包括的新型学科，作为第二分区类目；大写拉丁字母A～Z、Σ、$\triangle$表示传统学科类目，作为第三分区类目；第四分区为新出现的各种方法学、带有工具性质的类目，以带有"（）"的大写或小写拉丁字母表示。

使用CC类分文献，要按照该分类法所制定的假设、原则、方法以及在各类表下相应的分面公式进行，通过对事物进行基本范畴分析、相分析、面分析、轮分析、层分析等分析－综合程序来完成。

阮冈纳赞认为知识是"多维的"、"动态的"、"无限领域的"，分类语言的动态性确定了CC适应知识领域动态发展的基调。CC以"分析－综合"这种新的组织、反映知识的方式有别于传统列举式的分类法，对当代分类学的发展以及分类法的编制产生了广泛、深远的影响。

五、布利斯书目分类法（BC）

《布利斯书目分类法》（Bliss Bibliographic Classification，简称 BC）是在《书目分类法》（Bibliographic Classification，简称 BC1）的基础上改编而成的一部大型综合性分类法。BC1 是一部等级体系分类法，1935 年，美国著名的图书馆学家布利斯（1870—1955）首次以《书目分类法体系》为题发表了分类法大纲，1940—1953 年威尔逊公司出版了详表，包括类表和索引，共四卷，定名为《书目分类法》。英国自 1954 年起，编辑出版《布利斯分类法公报》，专门报道 BC 的修订情况和增补内容，以确保 BC 的时效性。BC1 自问世以来，使用者并不很多。特别是在美国，由于先前问世的 DDC 以及 LCC 等已占主导地位，给 BC1 的推广、使用带来了一定的困难。但在英联邦国家，BC1 却受到了较大程度的欢迎。原因之一是因为他们本身没有自编的像 DDC 和 LCC 这样的综合性分类法。1967 年，英国成立了布利斯分类法协会（The Bliss Classification Association，简称 BCA），并接受了威尔逊公司转让的《布利斯分类法公报》的出版权，使布利斯分类法及其理论得以继续发展。BCA 主席米尔斯是著名的图书馆学家，他长期从事分类研究和教学工作。米尔斯自接任 BCA 主席之后，一方面不断加强对 BC1 的推广、使用工作；另一方面，对 BC1 的体系结构、标记制度等进行了深入的研究。20 世纪 60 年代末以来，为适应现代文献标引和检索的需要，以米尔斯为首的 BCA 成员采用全新的方法着手对 BC1 进行彻底的分面改造，并将改造后的分类法命名为《布利斯书目分类法》，简称 BC2。BC2 的正式分面改造始于 1969 年，1977 年 BC2 开始按大类陆续出版分卷（每卷约一个或两个主题）。BC2 的成功改造已得到广泛认可，其改编经验正在得以广泛研究和应用，米尔斯本人也由于 BC2 的成功改造荣获了国际文献工作联合会颁发的阮冈纳赞分类研究奖。

BC2 的分面改造过程主要体现在三个方面：一是根据分面分析的原则，建立具有分面结构的类目体系。首先在类表中列出基本部类及基本大类，然后根据分面分析的原则及各大类自身的学科总体关系，在各大类下分出若干个基本分面。在每个基本分面下，再列出若干个亚面。再在各个亚分面下，又按照不同的特征列出子分面，在子分面下，根据实际需要，又列出更小的子分面，依此类推，从而形成一个分面链。二是确定引用次序。BC2 的改编者采用了"先目的（结果）后手段"的引用次序。其基本引用次序为："终极产品→部类→部件→材料→性质→过程→操作→施动者或工具→空间→时间"。三是采用倒排档方式排列类表。BC2在采用明确引用次序的同时,将所有的类表采用倒转排表方式,即排档次序与引用次序相反,引用次序在前的排在后面,而引用次序在后的反而排在前面,从而形成了在分类目录中由总到分、由一般到特殊这种符合人们的认识规律和检索习惯的系统排列。这种倒排法是BC2最具特色的地方之一。

BC2基本上采用字母制,在局部范围内还采用了数字制与字母数字混合制。在配号制度上,BC2采用分析－综合这种分段组配标记形式。从其类号的组配方法来分析,主要有：以回溯标记法为基础的组配标记制度、相组配方法、采用各种辅助表、根据类目注释,进行类号组配和采用逗号","和短横"－"作为备用分面组配符号,供类目轮排时使用等五种形式。BC2设有通用复分表、地点复分表、语言复分表和时间复分表共四个复分表。

六、日本十进分类法

《日本十进分类法》(Nippon Decimal Classification,简称NDC)是日本图书馆界使用率最高的一步分类法,由森清编制。

1929年之前,日本使用的分类法是在DDC基础上编制的十进制分类法,如京都府立图书馆分类法、山口图书馆分类法等。1927年在大阪成立了青年图书馆联盟,其纲领中有编制标准分类法的任务。会员森清于1928年编出《日文、西文图书通用十进分类表草案》,发表在联盟机关刊物《图书馆研究》第一卷上。1929年8月正式出第一版,改称《日本十进分类法》。NDC问世后在日本广为采用,并不断进行修订。于1931、1935、1939、1942年先后出版第2~5版。NDC前五版均为森清编著,1948年日本图书馆协会成立分类委员会,对NDC第5版进行较大修订,1951年出新订第6版,此后NDC的管理交日本图书馆协会,1961年出新订第7版,1978年出新订第8版,至1981年9月已印刷10次。NDC新订第8版由序言(历史与版本、第8版修订说明、体系结构、使用方法)、主表(大类表、纲目表、要目表、详表)、辅助表、相关索引等部分组成。NDC第8版共625页,其中相关索引占286页。

表3-10 《日本十进分类法》NDC的纲目表

000	总论	490	医学、药学
100	哲学	500	技术、工程学、工业
160	宗教	590	家政学、生活科学

续表

200	历史	600	产业
290	地理、地志、纪行	700	艺术
300	社会科学	800	语言
400	自然科学	900	文学

这个分类大纲是仿照克特的《展开制分类法》编列的，所以与《美国国会图书馆分类法》相近。NDC共有五个辅助表，为形式、地区、语言形式、语种、文学形式等五种。NDC的特点与DDC相近，NDC的体系比DDC更适用于日本图书馆的情况，因此在日本被广泛采用。自1948年起有了永久性的管理机构，可以定期进行修订。日本图书馆协会和国会图书馆的印刷卡片都著录了NDC的类号，为NDC的用户提供了很大方便。NDC的不足是把经济和商业、产业和工业分开列类，不便于用户使用。另外，NDC第8版类目总数不足9000，用于编制分类目录细分深度明显不够。

第三节 图书分类标引规则

图书的内容相当复杂，有论述单主题的，有论述多主题的；有单一学科的，有多个学科的。要保证图书分类标引的科学性、一致性，就需要有一系列规则来约束、规范文献分类标引工作的过程。图书分类标引规则根据适用的范围可分为：基本规则、一般规则、特殊规则。

一、图书分类标引的基本规则

图书分类基本规则是指贯穿在整个分类标引工作中通用的原则和方法，是在长期分类标引工作的实践中总结出来的，大家公认并共同遵守的若干规则。图书分类的基本规则有以下几个。

1. 学科/专业属性原则

图书分类要以图书内容的学科或专业属性为主要标准，其他特征为辅助标准。这是图书分类中最重要的原则，要求标引时首先考虑图书的学科属性。只有无法依学科属性或不适于依学科属性归类的文献，才按文献的地区（国家）、民族、时代、体裁等特征归类。如《经济学》入F0。

书名是对图书内容的高度概括，一般能反映书的内容，但也有很多书名不能确切反映书的内容，这就需要对书的序、目次、内容提要、正文等进行阅读，进行周密的主题分析，分析其学科、专业属性，以达到正确归类的目的。例如，《植物学》从书名可直接判断出书的内容，入"Q94 植物学"；而李巍著的《冬虫夏草》，仅看书名很可认为是药用作物，归入"S567.3 菌类"，实际这是一部短篇小说集。因此，分类标引时忌单凭书名归类。

2. 系统性和逻辑性原则

图书分类要遵守所用分类法的规定，体现分类法的系统性和逻辑性。分类法是一个逻辑性的概念系统，分类法上、下位类的从属关系、同位类的并列关系、类目涵义受类目体系陆军定的逻辑关系、总论与专论的处理原则等，都应在分类标引中体现出来。凡能归入某一类的图书必能归入其上位类，否则就归错了类。不能把专论性的图书归入总论性类目，否则也是错误的。例如，

G42　　教学理论（总论教学理论）

G642　　教学理论（高等教育）

G652　　教学理论（师范教育）

G712　　教学理论（职业技术教育）

这四个类要根据上位类的限定来确立归类。如将《高等教育教学理论》归入 G652，就违背了凡能归入某下位类的图书必能归入其上位类的逻辑性。

3. 专指性原则

图书分类应符合专指性要求，即将图书归入恰如其分的类目。只有当分类表中无专指类目时，才能归入最接近的上位类或相关类。如果具体单位根据本单位定的补充细则，对图书进行粗分，也应在规定的范围内入最接近类目。例如，《亚麻育种、栽培和田间管理》入 S563.2

4. 实用性原则

图书分类标引必须使文献能"尽其用"，即符合实用性要求。这就是说图书标引时应结合图书的用途、写作宗旨与读者对象、收藏机构的专业性质和用户需要等因素，将其归入能够发挥最大用途的类。即当被标引图书涉及分类法中多个类目时，首先应归入对用户最有用、最易检索到的类目。应利用互见分类、分析分类等方法对文献进行全面反映，提供尽可能多的检索途径。例如，《农业气象学》在综合性图书馆或农业单位入 S16，在气象专业单位可入 P49：S 类。

5. 一致性原则

图书分类一致性原则，不仅要求相同主题图书前后归类一致而且要求同

类型或同性质的图书，其主题分析水平、分类标引方式等方面也应前后归类一致。由于分类法结构体系、类目编列的复杂性，图书著述的多样性和内容的交叉性，分类人员对类目涵义、图书主题理解的歧义性，都可造成图书归类前后不一致。为保证分类标引的一致性，要严格遵守分类标引工作程序和相应的分类标引规则，各单位还要通过建立分类规范文档的方法，把难以确定类属的文献人为地集中到某类，不要分散到各类中去。

6. 思想性原则

哲学、社会科学门类的理论性文献，标引时应注意其政治思想倾向，必要时可进行观点区分，使用总论复分号"－08"加以区别。但属于学术观点上的分歧不必加以区分。

二、图书分类标引的一般规则

图书主题是概括文献中某一研究对象情报内容的概念。对于具体的文献，其论述的主题是多样化的。有些图书只涉及一件事或一个问题，有些则包含有两个或更多主题，还有的文献甚至涉及几门学科。图书主题数量不同，进行分类标引的方法也不同，下面就具体介绍单主题图书和多主题图书的分类标引规则。

1. 单主题图书的分类标引规则

所谓单主题图书是指图书论述和研究的对象只有一个主题内容，即只涉及一件事物、一个东西或一种现象。单主题图书根据组成其主题的概念因素的数量划分为单元主题和复合主题。单元主题是指图书只含有一个主题概念。复合主题是指由两个或两个以上概念因素结合组成的单主题。

（1）单元主题图书的分类标引

① 对某一事物或问题进行综合研究的图书，应按事物或问题的学科属性归类。例如，《动物学》入 Q95；《传播学》入 G206。

② 从不同学科角度论述某主题的图书，应根据研究角度归入各有关学科。例如，《药茶》入 R289.5（茶的药用）；《茶多酚化学》入 TS272（茶叶的化学成分）；《中国茶文化》入 TS971（文化角度）。

（2）复合主题图书的分类标引

复合主题包括两个或两个以上的概念因素，概念之间是限定与被限定关系。主题的概念因素主要有主体因素、通用因素、位置因素、时间因素、民族因素、文献类型因素。

① 复合主题标引时，首先应分析复合主题概念因素的类型，依据主体因

素的研究角度所属学科归类,然后判断其他各类型因素所属的类,将各类号按分类法中规定的规则进行组配。例如,

欧洲冶金工业经济	(地理位置)	(主体)
F4	5	0.63
工业经济	欧洲	冶金工业经济
(主体)	(位置)	(主体)

② 当主体因素所在的类目不再细分时,有关该事物各主题因互的图书归入该事物类下。例如,"铜合金 - 电分析",先归入金属学 - 金属材料,再归入重金属及其合金。该类下包括铜及铜合金各主题因素的图书。

③ 研究一个主题的两个方面或多个方面的图书,按论述的重点归类,不能辨别其重点的,归入其共同的上位类,没有共同上位类的,按排在前面的主题因素归类,并为其他主题因素作互见分类。例如,

《胡萝卜良种与栽培》按重点"栽培"入 S631.204;

《土壤分析与改良》入上位类 S15;

《小麦病虫草鼠害综合治理》入 S435.12,并在 S44 和 S45 两类下作互见。

2. 多主题图书的分类标引规则

所谓多主题图书是指图书研究或论述的主题内容有两个或两个以上。根据各主题之间的关系可分为并列关系主题、从属关系主题、应用关系主题、影响关系主题、因果关系主题和比较关系主题等。分类标引时应具体分析、区别对待。

(1) 并列关系主题图书的分类标引

并列关系主题是指图书同时论述了两个或两个以上各自独立的主题。具有两个并列主题的图书,归入能概括它们的上位类;无共同上位类的,依论述的重点归类;不能辨别其重点的按前一个主题的学科属性归类,并为另一个主题作互见分类。具有多个并列主题的图书,归入能概括它们的上位类。例如,

《家禽家畜养殖》入 S82,在 S83 下作互见;

《板栗、核桃、枣、山楂、杏栽培与病虫害防治》入 S660.4,在 S436.6 作互见。

(2) 从属关系主题图书的分类标引

从属关系的主题是指图书各主题之间有包含关系、属种关系或整体与部关系。标引时，一般依较大主题归类，若论述的重点是小主题则依小主题归类。例如，

《植物油脂化学与油脂化学》入 TQ641；

《农业植物与花卉》按重点主题"花卉"入 S68。

(3) 应用关系主题图书的分类标引

应用关系的主题是指一个主题应用到一个或几个主题中，或几个主题应用到一个主题中。标引时，凡论述一种理论、方法、工艺、设备等在某一主题或学科方面的应用，归入应用到的主题或学科所属类目；在多个主题方面的应用，按理论、方法、工艺等本身的学科属性归类。例如，

《数学规划在测绘学中的应用》入测绘学 P2；

《遥感技术在测绘、气象和地质勘探上的应用》入遥感技术 TP79。

(4) 影响关系主题图书的分类标引

影响关系的主题是指图书内容的几个主题，其中一个对另一个或多个主题产生影响，或者多个主题对一个主题产生影响等。标引时，论述一个主题或多个主题影响一个主题的图书，归入受影响的主题所属类目；论述一个主题对多个主题产生影响的图书，按产生影响的主题归类。例如，

《月亮太阳的引力对人类生老病死的影响》按受影响的主题归入 R339.5；

《天体活动对气象、潮汐、水文的影响》按发生影响的主题归入 P183.5。

(5) 因果关系主题图书的分类标引

因果关系的主题是指图书内容的几个主题，其中一个主题是另一个或多个主题的产生原因，或一个主题是另一个或多个主题作用的结果。标引时，一般归入结果方面主题所属类目。若一个原因产生多个结果则按原因方面的主题所属学科归类。例如，

《维生素 A 缺乏症及其后果》按结果入 R591.41；

《地震给人类和自然界带来的危害》按原因入 P315.9。

(6) 比较关系主题图书的分类标引

比较关系的主题是指图书内容的几个主题之间有相互比较的关系。标引时，一般按著者重点论述的或所赞同的主题归类，必要时可为另一个主题作互见；如果是多个主题之间的比较则归入能概括它们的上位类。例如，

《中美两国民主之比较》入 D62 在 DT71.22 作互见；

《德国、美国、英国和中国林业教育比较》入 S7-4。

69

三、图书分类标引的特殊规则

图书分类标引的特殊规则适用于各类多卷书、丛书、工具书以及一些特种文献。

1. 多卷书的分类标引

多卷书是一种分卷、辑、册逐次或一次出版的图书。由于多卷书均有总的题名且各卷、册之间内容连贯、密不可分，因此应据全书整体内容的学科属性集中归类。例如，

《邓小平军事文集》 （一至三卷）入 A496.5

《中国人文社会科学博士硕士文库》 （法学卷）入 C53，互见 D90－53

《中国人文社会科学博士硕士文库》 （经济学卷）入 C53，互见 F0－53

2. 丛书的分类标引

丛书是围绕某一特定主题范围，将多种著作汇编成套，并有总书名的图书。丛书的标引方法有两种，一种是集中分类标引，即按整套丛书内容的学科属性集中归类；一种是分散分类标引，即按丛书中每册书内容的学科属性归类。当整套丛书中的单册书学科性、专业性较强时，按其单书的内容分散归类。符合以下几种情况的丛书宜集中分类标引。

（1）一次刊行的丛书。例如，《新编十万个为什么》入 Z121.7

（2）围绕时代、地区、事物、事件、人物编辑，内容上密切关联的丛书。例如，《清史研究丛书》入 K249.07

（3）主题的学科、专业面很窄、读者对象明确的丛书。例如，《环境监测丛书》入 X83

（4）科普性、知识性的丛书，或专门为少年儿童编写的丛书。例如，《自然科学小丛书》入 N49

3. 工具书的分类标引

工具书可分为参考工具书、检索工具书和语言工具书三类。

（1）参考工具书

参考工具书是供查找资料、事实、数据的工具书，包括百科辞典，年鉴、手册、图谱等。综合性的参考工具书入 Z 类有关各类；专科性参考工具书依其学科属性入各有关学科，并依总论复分表分。例如，

《中国大百科全书》入 Z227

《中国新闻年鉴》入 G219.2－54

（2）检索工具书

检索工具书是供查找文献或事物线索的工具书，包括目录、索引、文摘等。查找文献线索的检索工具书归入 Z8 有关各类；专书的索引随原书归类；查找事物线索引的检索工具书按其学科属性入有关各类，再依总论复分表分。例如，

《中国经济学图书目录》入 Z88：F

《〈全唐诗〉索引》入 I222.742

《机床产品目录》入 TG5 – 63

（3）语言工具书

语言工具书是专供学习语言、使用语言的工具书，包括字典、词典等。除专科性词典归入有关各类外，语言工具书集中归入 H 有关类目。例如，

《七国语辞典》（中、日、英、法、西、葡、意）入 H061

《新华字典》入 H163

《汉俄情报学辞典》入 G35 – 61

4. 技术标准、专利文献的分类标引

技术标准、专利文献都是特殊的文献类型。由于它们技术信息含量高，被图书馆、信息部门大量入藏。《中图法》在 T 工业技术类下设有"T – 65 工业规程、标准"、"T – 18 专利"类目，主要收总论性的技术标准汇编、专利文献汇编。各学科的技术标准、专利文献入各有关类，依总论复分表分。例如，

《美国工业标准汇编》入 T – 657.12

《塑料技术标准大全》入 TQ32 – 65

《中国外观设计专利精品集》入 TB472 – 18

5. 期刊、报纸的分类标引

期刊是一种定期或不定期出版的连续出版物。它的分类标引方法原则上应和标引图书的方法一致，也是按学科内容归类，但可进行粗略分类标引。综合性的期刊入 Z 类，专科性的期刊入有关各类。报纸同期刊一样也是连续出版物，报纸一般不依内容分类标引，而按"地区 – 刊名 – 年代"或"刊名 – 年代"进行排架和组织目录。

6. 非书资料的分类标引

非书资料指缩微资料、视听资料、机读文献等非印刷文献。它的标引方法与普通图书相同，按各种资料的学科属性归类。其媒介形式按总论复分表中设置的专用复分表复分。

第四节 各类图书的分类方法

各学科门类图书的分类标引，除了要依据分类标引的基本原则和一般规则外，还应遵守反映各学科知识体系结构和相应类目体系特点的特殊规则。《中图法》标引各学科门类图书的特殊规则体现在分类表的类目注释中，下面按类予以说明。

一、马列类图书的分类标引

本类集中编列了马克思、恩格斯、列宁、斯大林、毛泽东、邓小平的全部图书。类目序列如下：

A1/5　马克思、恩格斯、列宁、斯大林、毛泽东、邓小平著作

A7　　六位无产阶级革命家生平和传记

A8　　马克思主义、列宁主义、毛泽东思想、邓小平理论的学习和研究

A1/49　收马克思、恩格斯、列宁、斯大林、毛泽东、邓小平撰写的著作，包括全集、选集、单行著作、书信、日记、谈话、诗词等专题汇编等。

类分这些图书时，凡与学科有关的论著，在给本类号码的同时还在相关学科类目下作互见分类。互见类号后加"A"以示推荐。例如，

《哥达纲领批判》入 A124，互见类号为 D04a

《实践论》入 A424，互见类号为 B023a

六位无产阶级革命家的单行著作，依类目表中规定可按历史时期划分细目、给号，也可依"A56 专题汇编"复分表分，两种方法不能并用。当使用按年代区分的类目分类时，要依据该书写作完成时间以四位阿拉伯数字编制书次号。书次号的前两位数用公元纪年的后两位标记，后两位数用写作完成的月份标记（用 01-12）；分卷、分册的著作以第一卷（册）写作完成的时间为取号依据；写作年代不明且无处可查的著作，以最初发表的时间为依据。例如，

《矛盾论》，该书著于 1937 年 8 月，分类号为 A424，书次号为 3708，互见类号为 B024a

《剩余价值学说史》（一至三卷），该书第一卷完成于 1863 年 7 月，分类号为 A122，书次号为 6307，互见类号为 F032

六位无产阶级革命家个人著作的专题汇编分别入 A16、A26、A36、A46、A496；两人或两人以上的著作专题汇编入 A56，再依"A56 专题汇编"类目下专类复分表复分。例如，

《列宁论图书馆》入 A267，互见类号为 G25a

《毛泽东论新闻宣传》入 A467，互见类号为 G210a

《马克思、恩格斯、列宁、斯大林论宗教》入 A563，互见类号为 B9a

《毛泽东、邓小平、江泽民论思想政治工作》入 A564，互见类号为 D64a

A7 收六位无产阶级革命家的传记（含自传）、生平事迹、回忆录、纪念文集、年谱、照片、画传、故居、遗物等图书。有关他们的文艺作品入 I 文学、J 艺术有关类。例如，

《四大革命导师传》入 A7；

《毛泽东画传》入 A756；

《邓小平交往录》入 A762；

《列宁》（长诗）入 I512.25。

A8 收六位无产阶级革命家思想理论研究及研究六位无产阶级革命家原著方面的图书。例如，

《马克思主义原理》入 A81；

《毛泽东思想概论》入 A84；

《邓小平理论和"三个代表"重要思想概论》入 A849；

《列宁著作中的文学典故》入 A821；

《实践论解说》入 A841.23.

马克思主义的本个组成部分：马克思主义哲学归入 B0-0；马克思主义政治经济学归入 F0-0；科学社会主义理论归入 D0-0。

二、哲学类图书的分类标引

哲学是自然科学知识和社会科学知识的概括和总结，宗教是社会意识形态。《中图法》将哲学和宗教编列为一个类组，类目序列如下：

B0　　　哲学理论：包括马克思主义哲学、哲学基本问题、哲学流派及其研究

B1/7　　世界及各国哲学：包括各国哲学研究和哲学史

B80/84　哲学范畴的各专门学科：包括思维科学、逻辑学、伦理学、美学和心理学

B9 宗教包括对宗教的研究、宗教理论、世界主要宗教、术数、迷信

综合论述哲学理论的图书入 B0；总论马克思主义哲学及辩证唯物主义和历史唯物主义的图书入 B0-0；哲学理论的专题论著按内容入 B01/038 有关各类。例如，

《哲学通论》入 B0

《马克思主义哲学导论》入 B0-0

《辩证唯物主义和历史唯物主义原理》入 B0-0

《自我论：对自我和灵魂的奇思冥想》入 B016

《英雄与英雄崇拜》入 B038

B08 只收综合论述哲学流派及其研究的图书，专论某一哲学流派及其研究的图书入 B081/089.3；专论各国哲学流派和某流派哲学家的图书入 B2/7；某一国家的哲学思想影响到并使其形成另一国家的哲学流派，归入受影响国家哲学。例如，

《现代西方主要哲学流派述评》入 B08

《实证主义》入 B082；《日本的米子学》入 B313.3

《行动与效果：美国实用主义研究》入 B712.59

专门学科的哲学理论入各有关学科。如"E0-02 军事哲学"、"K01 史学的哲学基础"等。例如，

《教育哲学通论》入 G40-02

《经济哲学论纲》入 F0-02

《自然价值论》入 N02

总论世界及跨两洲以上地区哲学史、思想史、哲学著作汇编、哲学思想研究汇的图书入 B1，一洲一国的哲学史、哲学家著作及其哲学思想研究的图书入 B2/7 各洲各国哲学。例如，

《哲学史》入 B1

《西欧哲学史》入 B56

《韩国哲学史》入 B312.6

各国哲学家的哲学著作集，综合性哲学著作以及有关其哲学著作研究。哲学思想评论和研究的图书入 B2/7 各类。类目表中未编列专类的各国哲学家（古代、近代哲学家类下）的著作归入其所在国家相应时代哲学的"其他"类。例如，

《培根论文集》入 B56.21

《孟子评传》入 B222.55

《证人之境：刘宗周哲学的宗旨》入 B248.99

一个哲学家评论、研究、注释其他哲学家著作和哲学思想的图书，均入被评论研究的哲学家类目，并在原著作人类下作互见分类。例如，

《庄子解》，（清）王夫之著，入 B223.53，互见类号为 B249.2

《康德哲学论述》，（德）黑格尔著，入 B516.31，互见类号为 B516.35

各国哲学家的哲学领域专著入哲学类相关类目，其他学科的著作入有关

学科，并均在该哲学家类下作互见分类。例如，

《欧洲哲学史》，（德）黑格尔著，入 B5，互见类号为 B516.35

《穆勒名学》，（英）穆勒著，入 B812，互见类号为 B561.42

《罪与罚》，（俄）赫尔岑著，入 I512.447，互见类号为 B512.42

《微积分》，（法）笛卡尔著，入 O172，互见类号为 B565.21

"B80 思维科学"收研究思维规律和思维方法的总论性图书，专论性图书入有关各类。例如，

《思维科学研究》入 B80

《军事思维学论纲》入 E0-02

《灵感：创新的非逻辑思维艺术》入 B804.3

"B81 逻辑学"内容包括辩证逻辑、形式逻辑、哲理逻辑和应用逻辑。应用逻辑在本类史收总论性著作，专论逻辑学和某一方面应用的著作入有关各类。数理逻辑和概率逻辑属数学分支学科入 O 类。例如，

《逻辑学》入 B81

《诸子百家的逻辑智慧》入 B81-092

《普通逻辑原理》入 B812

《认知逻辑导论》入 B815.3

《应用逻辑与逻辑应用》入 B819

《经济逻辑学》入 F0-05

"B82 伦理学"收伦理学哲学基础、伦理学与其他科学的关系、伦理学流派及其研究，以及关于人生观、人生哲学、国家道德、家庭婚姻道德、社会公德、个人修养等方面的图书。例如，

《论理学导论》入 B82

《忍经》入 B825

"B823 家庭、婚姻道德"只收有关家庭和婚姻、恋爱、两性关系等方面的伦理学著作；属于社会生活和社会问题等方面的理论著作入 C913；属于专门针对某一国家或地区社会生活与社会问题等方面的著作或分析、调整、研究资料入 D5/7 有关类；属于社会生活和社会问题纪实性报道的著作入 I253.7。例如，

《论婚姻道德》入 B823.2

《婚姻学》入 C913.13

《中国婚姻暴力》入 D669.1

《九种声音：离婚女人谈离婚》入 I253.7

"B83 美学"包括美学理论、美学流派及其研究、美学与社会生产、美学

与现实社会生活等的总论性图书，专论入有关各类。例如，

《新美学教程》入 B83

《智者的审美》入 B83-0

《商品美学》入 B832.3

《新闻美学》入 G210

"B84 心理学"收普通心理学和实验心理学方面的图书，如心理学研究方法、心理过程与心理状态、发展心理学、生理心理学、变态心理学、个性心理学等方面的图书均入本类。"B849 应用心理学"只收总论性图书，专论心理学在某一方面应用的图书入有关各类。例如，

《心理学概论》入 B84

《理解信息储存的奥秘：记忆心理学》入 B842.3

《儿童异常心理》入 B844.14

《性格的优点与弱点》入 B848.6

《应用心理学教程》入 B849

《服饰心理学》入 TS941.12

"B9 无神论、宗教"收宗教理论、宗教组织、世界各国宗教概况及宗教史、宗教地理的总论性文献；各种宗教的经文、宗派、宗教史、宗教人物传记等方面的文献。各国宗教事务、宗教政策入 D 有关类、宗教考古入 K8 有关类。从旅游观光角度介绍宗教建筑的文献入 K9。例如，

《当代无神论教程》入 B91

《中国天主教》入 B976.1

《张三丰考略》入 B959.92

《北京清真寺文化》入 B967.21

《昆明古刹名寺览胜》入 K928.75

三、社会科学类图书的分类标引

C 类包括两部分内容：C0/7 容纳总论社会科学的共性区分问题的文献，与总论复分表的类目序列一致。C8/97 是具有社会科学属性并带有普遍性的综合性学科类目。包括统计学、社会学、人口学、管理学、民族学、人才学和劳动科学。

C0/7 收总论社会科学具有共性区分的文献，社会科学专门学科的具有共性区分的文献归入各有关学科，可依总论复分表细分。例如，

《社会科学发展散论》入 C0

《英国人文科学研究机构名录》入 C245.61

《英汉人文社会科学词典》入 C61

《社会科学方法论》入 C03

《地理学方法》入 K90

《法学大辞典》入 D90-61

"C8 统计学"收统计学理论、统计方法、世界各国统计工作与统计资料汇编的文献；专类统计学及专类统计资料汇编入有关各类。例如，

《现代统计学》入 C8

《统计调查》入 C811

《数据统计分析与 SPSS 应用》入 C819

《简明教育统计学》入 G40-051

《中国教育统计年鉴》入 G526.6-54

"C91 社会学"容纳有关社会结构和社会关系、社会生活与社会问题、社会调查和社会分析等方面的文献；专论世界各国社会结构和社会关系、社会生活和社会问题的文献入 D5/7 各类；专论社会发展和变迁的文献入 K02；专科社会学入有关各类。例如，

《社会学》入 C91

《理性谈判》入 C912.3

《社会调查研究原理与方法》入 C915

《美国社会发展趋势》入 D771.28

"C92 人口学"集中了人口学理论与方法、人口统计学、人口地理分布、人口调查与研究及世界各国人口调查与研究等方面的文献。例如，

《适度人口与控制》入 C92

《人满为患》入 C924.1

《对人进行投资：人口质量经济学》入 C92-05

"C93 管理学"收管理学理论、管理技术与方法、咨询学、领导学、决策学、管理计划与控制、管理组织学及应用管理学等方面的总论性文献；专论入有关学科。例如，

《论管理理论的困境与启示》入 C93

《管理心理学》入 C93-05

《管理运筹学》入 C931.1

《现代咨询理论与实践》入 C932

《掌握 99 种领导方法》入 C933.2

"C95 民族学"收论述民族起源与发展、民族社会形态和社会制度、民族性和民族心理等方面内容的文献。民族殖民地问题的文献入 D06；世界各国

的民族概况、民族政策和民族问题研究的文献入 D5/7 有关类；各民族史志、民族地理的文献入 K1/7 有关类。例如，

《民族学理论与方法》入 C95

《中华民族的人格》入 C955.2

《涡流：20 世纪民族主义潮汐透视》入 D06

《世界民族通览》入 K18

《新时期民族工作的理论与实践》入 D633

"C96 人才学"收总论人才理论、人才培养与选拔、人才预测、人才管理、人才智力开发、世界各国人才调查及其研究的文献。总论国家行政机构人事管理的文献入 D035.2；专论某一国家行政机构人事管理的文献入 D5/7 相关类；论述某一行业人事管理的文献按行业归入有关学科类。例如，

《人才资本》入 C96

《人员测评与人事管理》入 C962

《世界各国公务员制度比较》入 D035.2

《当代中国的人事管理》入 D630

"C97 劳动科学"只包括劳动科学基础理论和总论职业培训的文献。涉及劳动具体问题（如劳动经济学、劳动关系学、劳动管理学等）的文献均入有关各类。例如，

《劳动心理学》入 C970.4

《现代培训实务》入 C975

《劳动经济学》入 F240

《劳动法规常识》入 T922.504

四、政治类图书的分类标引

政治的研究内容涉及阶级、阶层、种族、民族、政党、社团、国家及社会政治生活等各个方面，法律是国家的具体规范，两者编列成一个类组，类目序列如下：

D0	政治理论
D1/3	共产主义运动、共产党
D4	工人、农民、青年、妇女运动与组织
D5/7	世界及各国政治
D8	外交、国际关系
D9	法律

1. 关于"民主"理论的分类

有关马克思主义民主和社会主义民主、民主与专政、民主与集中等内容的文献入 D046；属其他政治观点论述"民主"的文献入"D08 其他政治理论问题"；从法律角度论述民主与法制的文献入 D902。例如，

《新时期人民民主专政理论教程》入 D046

《西方民主史》入 D082

《人权与法制》入 D902

2. 关于"政党"理论的分类

政党理论及其总论性文献入"D05 政党理论"；专论共产党的组织及活动的文献入 D1/3 各类；关于各国政党的文献入 D5/7 相关各类。例如，

《政党概论》入 D05

《冷战后的世界共产党》入 D18

《西欧共产党》入 D356

3. 关于党和国家领导人著作的分类

各国共产党各历史时期领导人的著作文集及其研究的文献归入"D2－0 党的领导人著作"及"D33/37 各国共产党"下专类复分表中的"－0 党的领导人著作"类下；国家领导人、政治活动家的著作文集入 D6/7 类"政论"。例如，

《刘少奇选集》入 D2－0

《金日成著作集》入 D331.25－0

《戴高乐言论集》入 D756.509

4. D4 类收录范围

"D4 工人、农民、青年、妇女运动与组织"收工、农、青、妇运动理论，世界各国运动与组织概况等内容的图书。有关工人问题，农民问题研究的文献入本类；有关青少年问题、妇女问题研究的文献入 C913；工人、农民运动史方面的文献入 K1/7，青年学生运动史、妇女运动史方面的文献入 D43/44。例如，

《刘少奇工运思想研究》入 D4/0

《新时期农民问题研究》入 D422

《中国学生运动史》入 D432－9

《中国工运大典：1840～1997》入 K261.3

《青年怎样适应社会》入 C913.5

5. 思想政治教育文献的分类

总论一国思想政治教育的文献入 D6/7 相关类；专论工人、农民、青年、妇女思想政治教育的文献入 D41/44；学校思想政治教育的文献入 G4/7 类；党员、共青团员思想教育的文献入 D2 有关各类；各行业思想政治教育的文献入有关各类。例如，

《思想政治教育心理学》入 D64

《女工思想教育漫谈》入 D442.62

《高校思想政治教育新论》入 G641

《军队思想政治教育学原理》入 E221

《新世纪中国共产党人的世界观、人生观、价值观》入 D261.42

6. 关于"毒品"文献的分类

有关吸毒、禁毒、缉毒的文献根据论述的角度不同各入其类。总论或从社会病态角度分析研究社会吸毒现象的图书入 C913.8，专论各国毒品、吸毒社会问题的文献入 D5/7 各类；有关毒品犯罪、禁毒法律的文献入 D91/97 类下"刑法"；总论国际缉毒活动的文献入 D815.5，各国缉毒活动的文献入 D5/7 类中的"公安工作"；总论毒品走私及查缉的文献入 F745，专论中国的入 F752.57，专论各国的入各国对外贸易；从生活制度和个人卫生角度论述吸毒的危害、戒毒的文献入 R163；有关毒品毒理学的文献入 R996；论述吸毒病患治疗问题的文献入 R595.5。例如，

《毒祸论：毒品问题的社会透视》入 C913.8

《中国拒绝毒品》入 D669.8

《毒品犯罪的认定与案例分析》入 D924.364

《毒品成瘾》入 R163

《毒品的化学机制与检测》入 R996

《海洛因依赖的临床表现与处理》入 R595.5

7. 关于世界政治概况与地理概况的区分

侧重国家政治、经济概况及对国家政治形势，国家社会问题综合论述的文献入 D5/7 各国政治；侧重国家的山川、风土人情、政治、经济生活等全面情况介绍的文献入 K9 地理类。不易区分的入地理类。例如，

《美利坚浮沉》入 D771.20

《生活在星条旗下的人们》K971.2

8. 世界及各国政治文献的分类

"D5 世界政治"和"D73/77 各国政治"收论述、研究第二次世界大战后

世界政治格局等方面内容的文献。"D6 中国政治"收论述 1949 年以后的有关文献（包括台湾省政治）。例如，

《中国冲突与世界秩序》入 D5

《冷战时代的日本政治、经济与外交》入 D731.3

9. 外交、国际关系文献的分类

总论外交、国际关系理论及国际关系的文献入 D80/81；凡属于某一国家与其他国家间关系的文献入"D82/87 各国外交"有关类目；属中外关系的文献入"D82 中国外交"中有关各类；除中国以外的其他两国关系的文献依侧重点归类，可在另一国家类下作互见。例如，

《民族主义与国际秩序》入 D80

《日中建交谈判纪实》入 D822.331.3

10. 法律文献的分类

D90 收有关法的一般理论、法学史、法律思想史和世界法制史等方面的文献；D91 收跨洲多国法律汇编、各种法的理论及多国一种法律汇编、犯罪学、刑事侦查学、鉴定学、法医学等有关文献；D92/97 收各国法律和法制史，先按国分，再按法律类型分。例如，

《法学概论》入 D90

《宪法的历史：比较宪法学新论》入 D911.01

《犯罪学》入 D917

《微生物法医学》入 D919.1

《中国懂事诉讼程序制度研究》入 D925.118.04

《日本新民事诉讼法》入 D931.351

国际法是国际公法和国际私法的总称，是世界各国之间共同确立的法律准则，按国际的内容列类，只有国籍法及所属移民法按国家区分。例如，

《国际法新论》入 D99

《国际环境保护公约概述》入 D996.9

《国际私法》入 D997

《加拿大移民法》入 D998.371.1

五、军事类图书的标引

军事科学是研究战争和战争指导规律的科学。军事是为政治目的服务的，故将其序列在"D 政治、法律"大类后。其类目序列如下：

E0　　　　军事理论

E1/7　　　世界各国军事
E8　　　　战略学、战役学、战术学
E9　　　　军事技术
E99　　　 军事地形学、军事地理学

1. "E0 军事理论"类

"E0 军事理论"收一般军事理论、战争理论、军事相关科学、军事管理学、各军兵种建设理论及军事史、军事思想史等方面的图书。例如，

《军事理论教程》入 E0

《军事应激心理学》入 E0-051

《军制学教程》入 E071

《当代中国军事思想史》入 D092.7

2. 军事学史、军事史与战争史的分类

军事学史是关于军事理论和军事思想的发展史，入 E09；军事史是论述具体战争、战争经过的历史，入 E1/7 相应类目；战争史是对战争的历史论述，是从政治、经济、社会发展角度研究战争起因、经过及影响的史实著作，入 K1/7 相应类目。例如，

《当代外国军事思想史》入 R091

《二战往事》入 K152

《新四军战史》入 E297.3

3. "E1/7 世界各国军事"类

包括各国军事政策、国防建设和军事制度、各种武装力量及军事史等。先按国家地区分，再按问题或方面归类。例如，

《世界新军事变革概论》入 E1

《世界军事力量写真》入 E15

《俄罗斯武器装备透视》入 E512.44

4. "E8 战略学、战役学、战术学"类

"E8 战略学、战役学、战术学"只收其理论方面的文献；各国及各军兵种战略、战役、战术理论的文献入 EE1/7 各国军事；有关古代战略、战术方面的文献入 E89；"E83 战术学"采用了多重列类法，涉及多重分类标准的文献依重点分类，不易区分的采用"最后编号法"。例如，

《智谋细雨：新战争形态下的舆论战略》入 E81

《城市防卫战役的作战原则》入 E82

《轻装步兵夜间进攻战术》入 E835.1

《美军登陆战役的组织》入 E712.53

5. 关于武器和军用器材的分类

军事技术类中关于武器和军用器材的使用、操作、保养、维修及技能训练的文献入 E92，有关武器原理、设计、结构、材料、制造工艺、测试、销毁及兼论使用、维修的文献分别入 TJ、V、U 有关类；古兵器的考证和研究入 K85 相关类。例如，

《怎样爱护和保养武器》入 E92

《2020 年的武器》入 E92

《战术导弹总体设计原理》入 TJ761.1

《中国古兵器论丛》入 K875.8

E95/99 军事工程军事通信、军事地形学只收各种工程技术在军事上应用的文献，凡某种工程技术本身归入有关各类。例如，

《野战筑城》入 E951.1

《外军地域通信网》入 E96

《军事地形学》入 E991

《地形图绘制》入 P284

六、经济类图书的分类标引

经济学是研究人类社会各种经济关系和经济活动规律的科学。本类概括为四个方面：

F0	经济学
F1	世界各国经济
F2	经济计划与管理
F3/8	部门经济

1. 经济学理论文献的归类

经济学或政治经济学总论性文献入 F0；马克思主义政治经济学（总论）入 F0-0；经济学的基本理论，基本问题、经济学分支科学、经济思想史等内容的文献入本类相关类目下。例：

《经济学原理》入 F0

《马克思主义政治经济学》入 F0-0

《劳动价值理论新论》入 F014.2

《发展经济学：超边际与边际分析》入 F061.3

《百年寻梦：20世纪中国经济思潮与社会变革》入F092.7

评论研究世界性经济学派及其代表人物的理论、思想的文献入F091；评论研究某个国家各时代经济思想和经济学派的文献入F092/097各类。例如，

《西方激进政治经济学派述评》入F091.3

《英国古典派劳动价值论》入F095.614

《薛暮桥经济思想研究》入F092.7

"F1 世界各国经济概况、经济史、经济地理"收从世界或地区和国家整体角度论述的经济学文献；部门经济概况、经济史、经济地理的文献入F3/8有关各类。例如，

《经济全球化与发展中国家》入F112.1

《旅游经济学》入F590

《美国农业政策》入F371.20

"F12 中国经济"收1949年以来总论我国国民经济政策、经济建设的经济文献（包括台湾、香港）。民国及以前的文献入F129；中国各部门经济的文献入F2/8有关各类。例如，

《中国当代经济政策及其理论》入F120

《战后台湾经济分析》入F127.58

《奠基：新中国经济五十年》入F129.7

《中国区域工业化研究》入F424

F3/8部门经济的类目编列划分为三部分：部门经济理论、世界部门经济、各国部门经济。前两部分是总论性的，后一部分是专论性的。分类标引时应入相应类目。例如，

《新编工业经济学》入F40

《当代世界工业》入F41

《加拿大矿业融资》入F471.161

2. 有关城市问题的归类

论述市政经济，城市设施管理及世界各国城市经济概况的文献入"F29 城市与市政经济"；专论"城市学"、"城市社会学"、"城市生态学"、"城市史学"等综合论述的文献入C912.81；专论城镇规划的文献入TU984。例如，

《城市经济学》入F290

《现代住宅经济》入F293.3

《论城市本质》入C912.81

《城市规划与城市化》入TU984

3. 关于市场经济与管理问题的归类

对于市场经济在经济大类中有多处列类，标引时应注意区分。市场经济的一般理论性文献入 F0 有关类；各种生产方式的市场经济理论文献入 F031/04 各类；世界及各国市场经济概况的文献入 F11/17 各国经济类；各部门经济市场问题的文献入 F3/8；总论商品市场的文献入 F7 有关各类。例如，

《市场经济学》入 F014.3

《市场学原理》入 F713.50

《社会主义市场经济论》入 F045.5

《中国市场经济学概论》入 F123.9

《国际资本市场：发展、前景和主要政策问题》入 F831.5

4. 关于"国际工程"图书的归类

关于国际工程一般技术、方法和概况的文献入"F746.18 特种贸易"，各国入各国"特种贸易"；关于国际工程的金融问题入 F83 有关类；关于国际工程的税务问题入 F81 有关类；关于国际工程的保险问题入 F82 有关类；关于国际工程的法律问题入 D9 有关类。例如，

《国际工程投标策略》入 F746.18；《国际承包工程中风险分析》入 F746.18

《我国国际承包工程资格的认定》入 F752.68；《国际工程融资渠道》入 F830.55

《国际工程税务知识》入 F810.424；《国际工程法律手册》入 D996

七、文化、科学、教育、体育类图书的归类

文化是人类在社会历史发展过程 所创造和积累的物质财富与精神财富的总和。社会上层建筑、精神生活各方面；如哲学、文学、艺术、宗教信仰等，均属文化范畴，这是广义的文化。本类所指的文化仅限于文教事业这一范畴。类目序列如下：

G0　文化理论

G1　世界各国文化事业概况

G2　信息与知识传播

G3　科学、科学研究

G4　教育

G8　体育

1. "G0 文化理论"类

"G0 文化理论"收文化学、文化哲学、文化的民族性、比较文化学、文化相关学科、文化地理学等方面的理论图书。文化史作为专史本应属于本大类，但鉴于文化史又是一种社会现象，与人类社会发展史息息相关，故将文化史归入 K 历史大类。例如，

《走出文化的封闭圈》入 G0

《民族文化资本化》入 G03

《现代西方文化史概论》入 K103

2. 世界各国文化与文化事业图书的分类

G1 主要收世界各国文化与文化事业及兼论教育事业的图书。包括文化政策、专题研究、文化事业组织及研究、文化事业史等。例如，

《国家利益与文化政策》入 G11

《全球化与文化间传播》入 G115－53

世界及各国类下设置了"文化专题研究"类目，该类只收多专题文化的综合性研究的图书，各专题文化研究，如酒文化、茶文化、服装文化等均入有关各类。例如，

《全球化的文化》入 G112

《茶文化漫谈》入 TS971

《中国传统文化的遗传与变异》入 G122

3. 文化产业、文化市场图书的分类

总论文化产品、文化市场、文化产业理论、政策与现状的图书入 G114；总论各国文化产业与市场的图书入"G12/17 各国文化事业"类；专论各文化领域的文化产业与文化市场的图书，分类法中列有关类或类目注释中明确包含文化产业与文化市场的图书均入各有关专类；未列专类的有关文化产业与市场的图书归入相关类目后再使用总论复分表的"－29"复分。例如，

《论文化产品的文化价值和市场交换价值》入 G114

《我国文化生产与市场管理》入 G124

《从艺术消费现状看戏剧市场》入 J891.4

《油画艺术与油画市场》入 J233－29

4. 图书馆学与情报学图书的分类

图书馆学与情报学的业务技术相近，兼论图书馆学与情报学的图书、业务技术上二者相通、兼容的图书（如：文献编目、分类法、主题法等），统一

归入 G25 图书馆学类下。例如，

《图书馆与情报科学纵横谈》入 G25 互见 G35

《图书情报学中的数理统计方法》入 G250

"G26 博物馆学、博物馆事业"只收文物、古物的陈列、整理、保管、维修等方面内容的图书；关于文物、古物的发掘、考古、研究等方面内容的图书入 K85 类；有关私人收藏方面的图书入 G 有关类。例如，

《文物保存环境概论》入 G264.2

《法国博物馆》入 G269.565

《文物考古调查勘探与发掘保护技术手册》入 K854-62

《名砚珍藏》入 G894

5. "G3 科学、科学研究"类

"G3 科学、科学研究"收总论科学（包括哲学、社会科学、自然科学）和科学研究、组织管理、世界各国科学研究事业等方面的图书。总论社会科学或自然科学研究的图书分制入 C、N 类；具体科学及其研究的图书入有关各类。例如，

《科学的价值》入 G301

《发明创造的艺术》入 G305

《社会科学研究方法要论》入 C

《自然科学的哲学》入 N02

《未来经济学》入 F201

6. 教育图书的分类

教育学、教育一般理论和方法的图书入 G40/48 有关类；总论世界各国教育事业、教育概况的图书入 G51/57 有关各类；各级教育和各类教育的图书入 G61/79 有关各类。例如，

《教育的经济价值及其取向》入 G40-054

《中学物理教学法》入 G633.72

《课程设计》入 G423

《世界 62 个国家教育概况》入 G51

教学理论和方法的图书、教材、课本归类时，凡学前教育、初等教育、中等教育的入 G 大类相关类目，凡各类职业技术教育、高等教育的相关图书均入有关学科类目。例如，

《小学常规教学》入 G622

《英语》（高中教材）入 G634.41

《英语》（大学教材）入 H31

7. 体育图书的分类

G8 体育类包括体育理论、世界各国体育事业、各项体育运动。分类时应注意对体育运动组织的图书、运动会和运动成绩图书的分类。三者分类的方法相同。以体育运动组织图书的分类为例，世界性或跨两个洲的多项体育运动组织入 G811.1；一洲内的地区性多项体育运动组织入 G811.13/.17；各国多项体育运动组织入 G812/817；单项体育运动组织的图书入 G82/89。例如，

《国际羽毛球运动组织》入 G847.6

G82/89 各项体育运动，集中了各项体育运动的理论、训练、规则、场及器材、体育组织、运动会及成绩等方面的图书。用于各项体育运动细分的专类复分表中还有多层次的仿分，分类时应予注意。

八、语言、文字类图书的分类标引

语言、文字是人类思维交液压的工具，是一种社会现象。主要分为五部分：

H0	语言学
H1/2	汉语和中国少数民族语言
H3	各语系和地区性语言
H9	国际辅助语

关于构成语言各种因素的分类，在各种语言的类目中统一按语言、文字、语义、语法、写作、修辞、翻译、词典、方言、语文教学等次序编列。

凡总论语言学、语言学派、语言分类、语言分布和语言诸因素、应用语言学、语言教学理论等内容的图书均入"H0 语言学"各有关类目。例如，

《语言学纲要》入 H0

《规范语言学探索》入 H002

《语言地理》入 H004

《普通语音学纲要》入 H01

《现代修辞学》入 H05

总论口才学及论述说话艺术、演说术、辩论术、朗诵方法等方面的图书入 H019；各种语言的朗育法、演讲术依其语种分类；各专门行业的语言技巧、语言运用等方面的图书入有关学科类。如总论谈判学入 C912.3、外交谈判入 D802.5，国际贸易谈判入 F740.41，新闻采访语言技巧入 G212.1，广播语言入 G222.2，演员的语言表演技巧入 J。例如，

《口才学》入 H019

《汉语口语学》入 H119

《主持人语言表达技巧》入 G222.2

《戏的念词与诗朗诵》入 J812.3

总论文章学和研究语言修辞的综合性图书入"H05 写作学与修辞学";专论某语言写作修辞的图书入该语言;具体论述某一种文体写作修辞的图书入有关各类,如总论文学写作方法入 I04,新闻写作入 G212.2 传记写作入 K810.1,司法文书写作入 D916.1,行政文书写作入 C931.46。例如,

《修辞学》入 H05

《英语修辞学概论》入 H315

《司法文书教程》入 D916.1

《文学写作学》入 I04

关于字典、辞典的分类。供学习语言、文字使用的字典、词典入 H 有关各类,其中三种及三种以上语言对照的字典、词典入 H061;一种语言的字典、词典入该语言类;汉语和外语对照的字典、词典入有关外语;两种外语对照的字典、词典之前一种语言类;专门学科的名词词典入有关学科类;综合性的词典入 I 类相关类。

以学习某种语言、提高阅读能力为目的的读物入各语言的读物类;两种语言对照的科学专著入有关学科。

九、文学类图书的标引

文学是一种社会意识形态,是通过语言塑造形象来反映人类社会生活的一门语言艺术。它包括文学理论和世界各国文学两大部分。

文学一般理论、创作方法及兼论艺术理论的图书入 I0;专论某一国家文学理论的图书入 I2/7 各国文学类。例如,

《文学概论》入 I0

《社会主义文艺学》入 I0

《比较文学原理新编》入 I0-03

《文学批评学》入 I06

《英国文学论述文集》入 I561.06

《英诗概论》入 I561.072

文学作品依著者的国籍和写作时代分类。作家国籍发生变更的以改变后的国籍为分类依据,无法查考的可参考作品内容归入相应国家的文学类目;跨时代的作品或作品集依写作完成的时代或后一时代分。

文学作品的缩写本、改写本、书本等，如保持原作文体且改动较小的随原作品归类；如从一种文体改为另一种文体，或虽文体未变，但改写的幅度较大，属于再创作的作品；应作为新作品进行分类。例如，

《水浒》（儿童读本，施耐庵著，湖海改写）入 I827.453

《阿Q正传》（五幕剧）入 I234

儿童文学作品的分类。以文为主并配以图画的故事作品入 I287.8；以绘画艺术技法为主并配少量文字的故事画、连环画入 J228.4。例如，

《刺猬的故事》入 I287.8

《三国演义》（连环画）入 J228.4

十、艺术类图书的分类标引

艺术是通过塑造形象具体地反映社会生活、表达作者思想情感的一种社会意识形态。艺术类的分类方法主要是依据艺术的形式划分的。类目序列为：

J0　　　　艺术理论

J1　　　　世界各国艺术概论

J2/59　　　造型艺术（包括：绘画、书法、篆刻、雕塑、摄影艺术、工艺美术和建筑艺术）

J6/7　　　表演艺术（包括：音乐、舞蹈）

J8/9　　　综合艺术（包括、戏剧艺术、电影、电视艺术）

涉及多种艺术理论的综合性图书及总论造型艺术理论的图书入 J0 有关各类；专论某种艺术理论的图书入 J2/9 有关各类。例如，

《艺术之维》入 J0

《艺术哲学初步》入 J0－02

《形态构成学》入 J06

《音乐学概论》入 J60

艺术评论和欣赏的理论与方法方面的图书和世界各国或某一国多种艺术作品的综合评论或兼评艺术家的图书归入 J05；某一种艺术作品的评论和哲学的图书入该艺术类下相关类目。例如，

《艺术鉴赏》入 J05

《名画鉴赏》入 J205.1

《永远的前卫：中国现代艺术的反思与批判》入 J052

《油画艺术欣赏》入 J213

绘画理论与技法的图书入 J21；专论各种绘画理论和技法的图书分别入 J212/217 各类；专论各种用途画理论和技法的图书入 J218.1/.9；各种绘画作

品入 J22/23 各类。例如，

《青少年绘画五十讲》入 J21

《中国画技法与鉴赏》入 J212

《新漫画创作技法》入 218.2

《潘天寿画选》入 J222.7

《英国抽象派油画选》入 J233（561）

中国书法理论和技法入 J292.1 各类，J292.22/.28 收按时代编辑的多人和一人、多体和一体的书法作品；J292.31/.35 收按字体汇编的各时代（专指跨越 J292.22/.28 所时代）书法作品集。例如，

《点击中国书法》入 J292.11

《明清书法选》入 J292.26

《文微明手迹十八种》入 J292.26

《文微明行书字帖》入 J292.26

《历代隶书大典》入 J292.32

"J4 摄影艺术"包括摄影艺术理论、各种摄影艺术和摄影艺术作品；论述摄影学、摄影原理、拍摄技术及摄影设备的图书入"TB8 摄影技术"类。例如，

《摄影艺术论》入 J40

《现代摄影构图》入 J406

《西行 25°》[摄影集]入 J421

《实用摄影 800 问》入 TB8

《照相机性能与使用》入 TB852.1

"J5 工艺美术"只收工艺美术理论、评论欣赏、美术设计和工艺美术图集作品的图书；工艺美术品的生产、销售的图书分别入 TQ、TS、F 等有关类。例如，

《新中国的工艺美术》入 J52

《广告视觉设计基础》入 J524.3

《苏绣传统图集》入 J523.6

《苏州刺绣》（刺绣制品图集）入 TS935.11

有关音乐创作、音乐评论、音乐研究、音乐史一般性论述的图书入"J60 音乐理论"；有关音乐技术的理论和作曲，指挥等理论与方法的图书入"J61 音乐技术理论与方法"；有关某种音乐研究的图书入 J62/65 类。例如，

《音乐学概论》入 J60

《音乐心理》入 J60－65

《二十世纪作曲技法分析》入 J614

《指挥法》入 J615

《中国歌剧选曲集》入 J642.42

《世界钢琴名曲大全名曲集》入 J657.41

戏剧艺术与文学、电影艺术与文学的总论性图书入 J8/9 有关各类；戏剧、电影文学剧本及评论文学剧本的图书均入 I 类相关类。例如，

《电影文艺学》入 J90

《黄建新作品集》（电影台本）入 J922

《梦圆旧金山》（电影剧本）入 I235.1

十一、历史、地理类图书的分类标引

本类包括历史、地理两门学科。历史只收人类社会发展史和有关历史的辅助学科（人物传记、文物考古、风俗习惯）等方面图书；地理只收普通地理学、历史地理学、人文地理学等方面的图书。类目序列如下：

K0	史学理论
K1/7	世界各国历史
K81/89	历史辅助学科（K81/83 人物传记，K85/88 文物考古，K89 风俗习惯）
K9	地理

"K0 史学理论"主要收史学的哲学基础、社会发展理论、史学专题论述、年代学、史料学、历史研究法、史学史等方面的图书。世界各国历史研究评论的图书入 K1/7 各类。例如，

《史学理论》入 K0

《关于历史评价问题》入 K03

《中国古代史料学》入 K220.6

世界各国史类目均按通史、各代史、民族史和地方史四部分列类。类目表对于各国的各代史编列详简不一，凡未详列子目和各国史均可依 K3/7 类下的专类复分表复分。中国各代史的图书均可仿"K20 通史"分，仿分时须在仿分号前加"0"。例如，

《中国通史》入 K20

《简明中国古代史》入 K22

《明史考证》入 K248.07

《中国民族史》入 K28

《中国地方志》入 K29

总论世界各民族或从世界范围论述某一民族的史志类图书入 K18；专论某一地区或国家民族团结的史志类图书入该地区或国家民族史志类；"K28 中国民族史志"采用了四种列类标准，应注意区分它们各自的内容范围。例如，

《犹太民族复兴之路》入 K18

《美国印第安人》入 K712.8

《清代民族图志》入 K280.049

《广西少数民族概要》入 K280.67

《最后的汉族》入 K281.1

《瓦剌史》入 K289

传记是以人物为研究对象的历史图书，包括人物的生平、回忆录、日记、书信、年谱、肖像、纪念文集及时人物的评论等。分类时首先依被传人的国籍区分，再依人物类型和时代区分。K810 收传记写作方法和谱系性氏研究的图书；K811 收跨两洲的人物总传；属一洲或地区人物的总传入 K833/837 各类；世界各科人物总传入 K815 再仿 K825/828 分；中国各科人物传记入 K825.1/826.3，可依中国时代表复分，用"="标识；世界各国人物传记入 K833/837，依世界地区表分，再仿 K82 分；各科人物可依国际时代表细分，用"="标识。例如，

《姓名学》入 K810.2

《与名人有允》入 K811

《东欧文学名家》入 K835.105.6

《国际政坛女杰》入 K817

《中国近现代名人图鉴》入 K820.5

《十元帅风云录》入 K825.2=7

《我的父亲老舍》入 K825.6=7

《联合国里的中国人》入 K827=7

《原子舞者：费米传》入 K837.126.11=532

《丘吉尔》入 K835.617=533

文物、考古主要收文物、古物的发掘、考证和研究方面的图书，文物的陈列、修复、保管等方面的图书入 G26 博物馆学。例如，

《当代考古学》入 K85

《文物的辨伪与收藏》入 G854.2

《文房四宝》入 Q875.44

《法门寺发掘纪实》入 K878.65

《文物修复与养护》入 G264.3

93

(6)"K89 风俗习惯"主要收民俗学和世界各国民间风俗习惯方面的图书，关于有特殊意义的纪念日和有政治意义的节日的图书入 D 政治有关类，如"五一国际劳动"入 D411.1、"中国五四青年节"入 D432.1 等。例如，

《中外 365 天纪念日》入 K891.1

《世界民俗衣装：探寻人类着装方法的智慧》入 G891.23

《中国传统节日文化》入 K892.1

《中国服饰史》入 K892.23

"K9 地理"主要收普通地理学、人文地理学及世界地理、各国地理的综合性图书。专科地理图书入有关各类；总论自然地理的图书入 P9 自然地理学，专论各部门自然地理的图书入有关各类；例如，

《地理学基础》入 K90

《新人文地理学》入 K901

《世界地理图说》入 K91

《中国历史人文地理》入 K92

《中国名山观赏》入 K928.3

《经济地理学》入 F119.9

《自然地理学》入 P9

《医学地理学概论》入 R188

十二、自然科学总论类图书的标引

N 类包括两部分内容：N0/[7]容纳总论自然科学的共性区分问题的图书，与总论复分表的类目序列一致。N8/[96]是有关自然界的综合研究和综合性科学方面的图书。

凡属自然科学总论性图书均入本类，凡属自然科学中某一专门学科的专论图书均入有关各类。例如，

《现代自然科学概论》入 N0

《自然辩证法概论》入 N031

《分析科学与分析技术》入 N34

《生物学》入 Q

"N8 自然科学调查"和"N91 自然研究、自然历史"均只收对自然界进行综合性调查和研究的图书，专门学科的调查，考察和研究的图书入有关各类。例如，

《青海湖综合考察报告》入 N82

《陕西经济鸟兽资源及评价》入 S862.241

"N94 系统科学"收系统科学的专门图书、总论系统论、控制论和信息论的图书、三论图书汇编。专论控制论的图书入 O231，专论信息论的图书入 G201，专论三论在有关学科或技术领域中具体应用的图书入有关学科或专业。例如，

《系统工程学》入 N94
《灰色控制系统》入 N941.5
《系统论、控制论、信息论概要》入 N94
《工程控制论》入 TB114.2
《生物控制论》入 Q811.3
《现代控制引论》入 O231

十三、数理科学和化学类图书的标引

O 类是一个包括数学、力学、物理学、化学、晶体学的类组，是研究自然界物质运动最普遍、最基本规律的科学，是基础科学。本类组的各门学科均依从简单到复杂、从低级到高级、从一般到具体、从理论到应用的原则列类。该类所属各学科类目主要收该学科理论和实验研究的图书。具体生产技术、设备使用技术归入应用科学有关各类。图书内容涉及科学理论与应用关系时，将其归入应用到的学科类目。

1. 数学图书的分类

"O11 古典数学"收世界各国古典数学图书和数学史的图书；"O12 初等数学"只收相当中等教育水平的有关图书；"O13 高等数学"只收总论性图书，凡属数学各分支学科一律入有关各类。例如，

《第三次数学危机》入 O11
《世界数学通史》入 O11
《初等数学八讲》入 O12
《高等数学》入 O13
《矩阵分析》入 O151.21

2. 力学图书的分类

"O31 理论力学"只收一般力学理论的图书；总论固体力学、流体力学、塑性力学的图书入"O33 连续介质力学"，专论入 O34/35 各类，空气动力学总论入 V211。例如，

《理论力学》入 O31
《变形连续介质中的电磁力》入 O33

《计算结构力学》入 O342
《微重力流体力学》入 O35
《高等空气动力学》入 V211

3. 物理学图书的分类

研究宏观现象的物理学综合性图书入"O4 物理学";研究微观粒子物理现象的综合性图书入"O41 理论物理学";专门研究声、光、电、磁、半导体及等离子体物理学各分支学科的图书分别入有关各类;专门研究分子物理、原子物理、原子核物理的图书入 O56/57 有关各类。例如,

《大学物理》入 O4
《朦胧的量子世界》入 O413-49
《高等光学》入 O43
《电磁场与电磁波》入 O441.4
《中子—打开原子能时代的金钥匙》入 O571.5

4. 化学图书的分类

有关化学理论方面的图书入 O6 类,包括化学元素、化合物的性质、化学反应原理等方面的内容;有关化学元素、化合物的化工过程、生产工艺、化学产品的图书入 TQ 有关各类。例如,

《普通化学》入 O6
《元素化学》入 O611
《元素有机化合物及其聚合物》入 O627
《无机精细化学品》入 TQ110.7

5. 晶体学图书的分类

凡从宏观角度研究晶体的生成、外形、性质、结构、以及检验等方面问题总论或专论的图书均入"O7 晶体学"有关各类;凡专门研究某一物质晶体学各方面问题的图书,均入该物质所属学科有关各类;凡研究生产人造晶体的图书入"TQ/64 人造宝石、合成宝石的生产"。例如,

《晶体学原理》入 O7
《晶体和分子中的对称性及其破缺》入 O711
《晶体生长形态学》入 O781
《人工水晶》入 TQ164.3
《金属凝固过程中的晶体生长与控制》入 7G111.4

十四、天文学、地球科学类图书的标引

P 类是以研究天体物质及运动和大地物质及运动为对象的学科类组。包括天文学、测绘学、地球物理学、大气科学、地质学、海洋学和自然地理学。

1. 天文学图书的分类

"P1 天文学"是研究天体的位置、分布、运动、形态、结构、化学组成、物理状态及其演化等方面的科学。"P12 天体测量学"是对天体位置、自行和基本常数进行测量的天文学分支科学,天体测量在各方面应用的图书入有关各类。例如,

《日食和月食》入 P125.1

《船舶天体定位》入 U675.6

有关宇宙问题的研究即是天文学的研究课题,也是自然哲学的研究课题。"P159 宇宙学"只收从天文学角度研究宇宙起源、演化的图书,其他角度研究宇宙的分别归类。例如,

《宇宙演化》入 P159

《宇宙体系论》入 P159

《现代宇宙学的哲学问题》入 B016.8

把地球当作一个天体进行研究的图书入 P183 各类;研究地球本身物理性质、化学成分、地质、地貌、水文、气象、矿物等方面的图书分别入 P2/9 有关类目。例如,

《人类的家乡——地球》入 P183－49

《地球物理学》入 P3

《地质科学探索》入 P5－53

2. 测绘学图书的分类

"P2 测绘学"是研究大地测量和地图绘制的科学。

普通测量和大地测量的技术、方法的图书入 P22/23 各类;专业测量技术入各有关学科;测量仪器的制造入 TH761。例如,

《大地测量学基础》入 P22

《水利工程测量》入 TV221.1

《威尔特型光学经纬仪的检修》入 TH761.1

"P28 地图学"只收有关地图编制理论和方法的图书;具体地图入有关各类。例如,

《地图学原理》入 P28

《中国分省地图集》入 K992.2

《长江三峡生态与环境地图集》入 P982.71

《中国分省公路地图集》入 F512.99

3. 地球物理学图书的分类

"P3 地球物理学"是研究地球及其岩石界、水界和大气圈与高层空间物理现象的科学。

研究地球物理现象的图书入 P31 各类；注意"P313 大地构造物理学"与"P54 构造地质学"和"P55 地质力学"之间的区别。例如，

《固体地球物理学概论》入 P31

《重力学》入 P312

《构造地质学》入 P54

《新概念地质力学》入 P55

《板块构造概论》入 P542

《板块内部动力学》入 P551

"P33 水文科学"收水文调查、观测、水文预报等图书以及有关水、河流、湖泊、沼泽、河口、冰川研究的综合性图书；专论水的化学分析的图书入 O661.1；专论水文地质学的图书入 P641 各类；专论农业水文学的图书入 S271；专论工程水文学和水力学的图书入 TV12/13。例如，

《水文学概论》入 P33

《现代洪水预报技术》入 P338

《裂隙介质水动力学》入 P641.2

《农业水文学》入 S271

《工程水文学》入 TV12

4. 大气科学图书的分类

"P4 大气科学"是以地球大气圈的物理现象为研究对象的，属地球物理学的分支。

气象学总论入此；专门气象学入有关各学科，如农业气象学入 S16，森林气象学入 S716、畜牧气象学入 S811.1、水产气象学入 S915、航海气象学入 U675.12、环境气象学入 X16 等。例如，

《大气化学基础》入 P402；《沙尘暴》入 P425.5

《天气学》入 P44；《气候系统变化与人类活动》入 P461

各种大气物理现象（辐射、风、云、雨、雷等）的图书入"P42 气象基本要素、大气现象"；但有关台风、龙卷风、雷暴方面的图书入 P44 各类。

例如，

《雾的数值模拟研究》入 P426.4；《季风》入 P425.4

《台风》入 P444

5. 地质学图书的分类。

"P535 区域地层学"、"P536 地层与成矿"、"P539 各类地层学"均是总论性类目，凡涉及某一时代地层的图书入 P534 各类。例如，

《中国地层典》入 P535.2

《中国中东部晚前寒武纪地层与地质演化》入 P534.1

《中国寒武纪和奥陶纪岩相古地理》入 P534.4

"P57 矿物学"与"P61 矿床学"划类标准不同。前者依矿物的元素及其化合物划分；后者按具体矿物划分。例如，

《纤维水镁石（FB）应用矿物学研究》入 P578.4

《构造与金成矿规律》入 P618.510.1

总论地质、矿产普查、勘探的图书入 P62 有关类；专论某一类或某一种矿产的地质普查、勘探的图书入 P618/619 各类。例如，

《国外矿产勘查实例分析及政策研究》入 P62

《石油勘探构造分析》入 P618.130.2

6. 海洋学图书的分类

"P7 海洋学"是一门对海洋进行综合研究的科学。

有关海洋调查与观测的图书集中入 P71 各类；"P72 区域海洋学"收总论性图书；有关海洋水文学、海洋气象学、海洋物理学、海洋地质学等海洋基础科学的图书入 P73。例如，

《海洋测量定位与计算》入 P714

《中国海洋地理》入 P72

《中国的海洋化学》入 P734

7. 自然地理学图书的分类

"P9 自然地理学"是地理学的分支科学。

"P931 地貌学"只收总论性图书；有关世界各国各种地貌研究的图书入 P94 各类。例如，

《普通地貌学》入 P931；《中国沙漠与沙漠化》入 P942.073

"P941 世界自然地理学"按地带和地形两种标准列类，涉及多重分类标准的图书，归入最后编列的类目。例如，

《极地地理学》入 P941.6；《北温带河流分布的特征》入 P941.77

"P98 自然地理图"只收一般的自然地理图；专类地理图入有关各类。例如，

《中华人民共和国国家自然地图集》入 P982

《江苏省水利地图集》入 TV632.53-64

十五、生物科学类图书的分类标引

生物科学是研究微生物、植物、动物的生命物质结构、功能和发生、发展规律，生物之间以及生物与环境之间相互关系的科学。生物科学分四部分，即：

Q1/［89］	研究各类生物的普通生物学和专门生物学
Q91	古生物学，以古代生物为研究对象
Q93/96	以具体生物为研究对象的生物学分支学科。有微生物学、植物学、动物学和昆虫学
Q98	人类学，以人类的起源和发展为研究对象

1. Q1/［89］图书的分类

凡总论生物的生命起源、演化与发展，以及形态学、生态学、生物地理分布和生物分类学等的图书入 Q1 各类；专论某一类或某一种具体生物上述问题的图书入 Q93/96 有关类目。例如，

《现代生态学》入 Q14

《昆虫形态图解》入 Q964-64

"Q/89 神经科学"为此增类目，是集神经解剖学、神经生理学、神经化学、神经病理学、神经行为学及数学、信息科学与计算机科学为一体贴的新兴学科。本类只收总论性图书；专论某一类或某一种生物的神经科学图书入 Q93/96 和 R 有关类；专论神经解剖学、神经生理学的图书入 Q42。

"Q3 遗传学"主要收研究生物性状的遗传和变异、细胞质遗传、染色体遗传、群体与进化遗传等方面的图书。从分子水平研究遗传信息的传递、基因的结构和突变的图书入"Q75 分子遗传学"，医学遗传学入 R394。例如，

《普通遗传学》入 Q3

《遗传与变异》入 Q31

《染色体遗传学》入 Q343

《分子遗传学与基因工程》入 Q75

《医学遗传学》入 R394

"Q4 生理学"收普通生理学和总论高等动物生理学的图书。有关微生物、

植物、动物、昆虫生理学的图书分别入 Q93/Q96 相关类；人体生理学的图书入 R33；家畜生理学的图书入 S852.21。例如，

《动物生理学》入 Q4

《植物生理学实验手册》入 Q944-33

《爬行动物生理学》入 Q959.605

《昆虫生理学》入 Q965

《人体生理学》入 R33

《家畜生理学》入 S852.21

"Q5 生物化学"和"Q6 生物物理学"收普通生物学总论性图书及总论动物及人体的有关图书；微生物、植物和昆虫有关这方面的图书分别入 Q93 和 Q94 和 Q96 各类。例如，

《现代生物化学》入 Q5

《植物生物化学》入 Q946

《生物物理学》入 Q8

《中国主要植物热给》入 Q947.5

2."Q91 古生物学"类

"Q91 古生物学"将古生物及古微生物、古植物、古动物分别按地层的历史阶段分布和按地区分布列类，凡图书内容同时涉及地层分布和地区分布的，均归入各地层分布。

（3）Q93/96 是以具体生物为研究对象的生物学分支学科，类目编列的结构是相同的，首先编列生物演化、细胞、形态、生理、生态等方面问题的总论性类目，再编列"××分类学"的专论性类目。例如，

《昆虫学》入 Q96

《昆虫遗传学》入 Q963

《中国珍稀昆虫图鉴》入 Q968.2

《昆虫分类学》入 Q969

3."Q98 人类学"类

"Q98 人类学"收人类学总论性图书，专论性图书各入其类。研究人体的发生、解剖、组织、生理、病理等的图书入 R 有关类；社会人类学入 C 类；法医术人类学入 D 类；民族的起源、分布等的图书入民族学。例如，

《实用人类学》入 Q98

《人类的起源》入 Q981.1

《人类 DNA 遗传标记》入 Q987

《医学遗传学》入 R394

《法医人类学》入 O919.6

十六、医药、卫生类图书的分类标引

R 类包括预防医学和卫生学、医学、药学三部分。

总论环境医学、气候、水、土壤等环境卫生及居住、旅游、交通卫生等方面的图书入 R12，专论环境污染对人体的危害及其防治的图书入 X5 有关各类。例如，

《环境高温与热损伤》入 R122.2

《饮用水健康与饮用水处理技术问答》入 R123

《空气污染对呼吸健康影响研究》入 X510.31

有关性医学、性卫生、性心理等性知识的图书入 R167 性卫生，其他性科学方面的图书分别入各类，性社会学入 C913.14，各国性社会问题入 D5/7 各国政治；性道德入 B823.4；性生理入 R339.2；性病学入 R759 等。例如，

《性健康知识》入 R167

《性生活 300 忌》入 R167

《我们的性》入 C913.14

《性生理学》入 R339.2

《"性"灾乐祸：美国社会性现象透视》入 D771.281

《生命与教化：现代性道德转化问题审理》入 B823.4

《性病防治 ABC》入 R759

"R2 中国医学"集中了中医、中药各个方面的图书。总论中西医结合的理论图书入 R2-031，专论入中医各科；中医治疗疾病的图书入 R24/278 各类；中西医结合治疗各种疾病的图书入 R4/78；现代医学疾病的中医理论和治疗的图书入中医各科类目中"现代医学××科疾病"，再仿分。例如，

《简明实用中医学》入 R2

《传染病中西医诊疗学》入 R51

《现代中医内分泌病学》入 R259.8

《常用中草药识别与应用》入 R282.5

《中西医结合临床研究思路与方法学》入 R2-031

综合性的医案、医话及医案汇编入 R249；专科医案、医话和医案记编入 "R25/278 中医临床各科"。例如，

《宋元明清名医类案》入 R249.1

《历代儿科医案集成》入 R271.44

总论疾病的诊断、治疗、护理、康复的图书入"R4 临床医学";专论某种疾病的诊断、治疗、康复的图书入 R5/78 各类。例如,

《临床医学工程技术》入 R4

《现代诊断学》入 R44

《现代内科疾病诊断与治疗》入 R5

R5/78 临床各科医学图书,先分入有关的疾病,再依临床医学专类复分表分。由于各科疾病列类的标准不同,有的按病变部位分,有的按治疗手段分,这样就会出现各科疾病的交叉现象。因此,分类时要辨析类目的涵义及认真阅读说明类目之间关系的注释。例如,

《肺结核病人须知》入 R521

《肺结核 X 线诊断》入 R816.11

《儿童肺结核护理》入 R473.5

"R9 药学"类主要收药物的分析、制剂、药品的药物分析、药理和医疗上的应用等方面的图书。各种药品的临床应用入有关各类;生药材的图书入"R28 中药学";药用植物种植入 S567,药用动物饲养入 S865.4;药品生产的图书入 TQ46。例如,

《现代药物学》入 R9

《80 种常用中草药栽培》入 S567

《鱼类中药材动物养殖技术》入 S865.4

《制药工程导论》入 TQ46

十七、农业科学类图书的分类标引

农业科学是研究农业生产理论与实践的科学。按其类目性质分为两大部分。

S1/4 农业科学的总论部分,序列农业科学共性问题,包括:农业基础科学、农业工程、农学(农艺学)、植物保护。

S5/9 农业科学煌专论部分,按生产对象序列类目,包括:农作物、园艺、林业、畜牧、水产。

宏观论述农业生产技术的总论性图书入"S 农业科学"及"S－0 一般性理论"等类目,总论农、林、牧、副、渔各业一般理论的图书入本类有关各类。例如,

《高效的现代农业》入 S

《农业生态工程基础》入 S－0

《立体林业浅谈》入 S7

凡本类列出的各种农作物、园艺作物、树种、家禽、家畜、蚕、蜂等动植物的生物学图书，均随该动植物入本类的有关类目；鱼类等水产生物的生物学图书入"Q生物学"有关类目。例如，

《甜菜生理学》入S566.301

《家兔营养生理学》入S829.11

《鱼类的演化和分类》入Q959.401

总论农业生产各领域基础科学、农业工程、农艺学、植物保护的图书入S1/4各类；有关大田农作物、园艺作物各方面的图书（病虫害及其防治方面的除外）均入S5/6有关类目。例如，

《农业化学》入S13

《作物学》入S3

《热带作物植物保护》入S4

《园艺概论》入S6

森林科学与技术的总论性著作入S71/78有关类，专论某种树的理论与营造技术等方面的著作入S79有关类目。例如，

《杉木栽培学》入S791

论述化学肥料与农药的知识和使用的著作入S143和S48；专论化学肥料与农药制造的著作入"TQ44 化学肥料工业"和"TQ45 农药工业"。例如，

《如何用好植物生长调节剂》入S143.8

《新农药使用手册》入S48

《肥料制造与加工》入TQ44

《新农药研究与开发》入TQ45

有关大地园林化、城乡绿化及各国绿化建设的图书入S73各类，有关绿化建设规划、园林规划的图书入TU985/986有关类目。例如，

《城市生态绿化工程技术》入S732.2

《城市绿地系统与人居环境设计》入TU985.2

十八、工业技术类图书的标引

工业技术是将自然科学基本原理具体应用到工业生产形成的各种科学技术和生产技术。《中图法》的"T工业技术"大类展开的16个二级类、"U交通运输"、"V航空、航天"、"X环境科学、安全科学"都属于这一范畴。

1. 各种技术领域中的总论与专论图书的分类

工业技术的类目分为总论和专论两大部分，总论部分编列的史共性问题

类目，按统一分类系统编列；专论部分按产品类型（材料、器件设备、工程、交通工具等）列类。分类时，有关某种产品总论性图书入该产品、有关某种产品的某种方面图书，先归入该产品，再仿"一般性问题"或专类复分表分。例如，

《最新家用电器使用与维修999》入TM925.07

《空调器使用与维护》入TM925.120.7

2. 产品制造与使用图书的分类

某种产品的制造与使用在类目中有的集中编列，有的分开编列、分类时应根据分类法编列类目的具体情形而定。产品的制造与使用是分开编列的应各入其类。如武器的制造入TJ类，武器使用入E类；有些产品的理论、制造、使用是集中编列的，其总论与专论均类归一处，如矿山机械入TD4。

3. 理论、技术应用图书的分类

总论某种理论、技术应用的图书入该理论、技术本身的类目；论述一种理论、技术在某领域应用的图书入被应用到的领域相关类目中。例如，

《计算机应用基础》入TP39

《计算机在土木工程中的应用》入TU17

4. 工业技术与相关经济图书的分类。

在工业生产过程中，涉及生产对象、生产技术、生产工具等因素的图书属工业技术范畴；涉及生产组织、生产管理和生产的经济效果等因素的图书属经济范畴。分类时应注意区分。例如，

《钢铁工业设备技术》入TF31

《中国钢铁工业结构研究》入F426.31

十九、综合性图书类图书的分类标引

综合性内容的图书依其编辑者的国家分，如遇个别图书的简编本、续编本的编辑者属不同国家时，随原书归类。例如，

《国学丛编》入Z126

《古今图书集成》入Z225

《简明不列颠百科全书》（中国大百科全书出版社编辑）入Z256.1

"Z3 辞典"收综合性科学文化知识辞典、名词术语等。例如，

《世界知识大辞典》入Z32

"Z4 论文集、全集、选集、杂著"除了收内容包括哲学、社会科学和自然科学的综合性图书外，也收属人文科学范畴的中国古籍文集、杂著。例如，

《张之洞全集》入 Z424.8；《仿洪小品》入 Z429.48

  国家或地方的出版总目录，各图书馆所编辑的综合性藏书目录，各种类型的目录入 Z81/87 各类；专科或专题目录、文摘、索引入 Z88/89 有关类，并采用冒号组配编号；专书目录索引随原书归类（分类法另有规定的除外）。例如，

《中国国家书目》入 Z812.11；《全国中医图书联合目录》入 Z88：R2

《＜史论＞人名索引》入 K204.1-7

第四章 文献主题标引工作

随着科学技术的发展，图书数量急剧增长，人们对文献需求的专指度越来越高，单凭线性的体系分类组织法，不能全面体现各学科之间的联系。因此，图书馆必须对文献内容进行主题标引，使文献用户能够从主题角度在大量的文献中全面、准确、迅速地查到特定的文献。主题标引是依据一定的主题词表和主题标引规则，赋予文献语词标识的过程，是建立主题检索途径的必要环节。文献主题标引是一个智力性很强的工作，为保证主题标引的准确性和科学性，首先需要有一部标准化的主题词表，其次要遵循一定的标引方法和标引程序。本章将阐述文献主题标引的依据、方法和规则。

第一节 文献主题标引概述

在我国，主要的大型公共图书馆、高等学校图书馆及情报机构的文献加工和数据库建设，主要采用《汉语主题词表》作为主题标引和检索的规范词表。

一、《汉语主题词表》的构成

《汉语主题词表》是在中国科技信息研究所（原中国科技情报所）和中国国家图书馆（原北京图书馆）主持下，根据现代文献标引和检索的需要编制的一部大型综合性叙词表，是国家"748"工程（汉字信息处理系统工程）的配套项目，其目的是为在文献检索系统中处理中文文献提供一个综合性的工具，该表历时5年，参加编审的各学科专家1300余人，于1980年3月正式出版《汉族主题词表》试用本（以下简称《汉表》）。全书由主表、附表、范畴索引、词族索引、英汉对照索引组成，共分3卷10册，第一卷：社会科学部分，2个分册；第二卷：自然科学部分，7个分册；第三卷：附表，1个分册。全表共收词108 568条，其中正式主题词91 158条，非正式主题词17 410条，该表曾作为重大科技成果荣获国家科技进步二等奖。

为使《汉语主题词表》能跟上发展需要，中国科技信息研究所于1991年对自然科学部分进行修订，出版了《汉表》（自然科学增订本）共4个卷册。

增补新词 8 221 条，删除不适用词 5 454 条。1994 年出版了由北京图书馆主持，在《中图法》与《汉表》主题词对应的基础上编制的《中国分类主题词表》。对《汉表》第 1 版的社会科学、自然科学部分进行了修订，也可视为《汉表》的第 2 版。1996 年，又根据《汉表》增订版补充编制了自然科学部分的轮排索引，以便从词素角度对主题词的查找和利用，从而使结构组成更加完备，2004 年北京图书出版社出版《中国分类主题词表》的修订版，可以看作《汉族主题词表》的第 3 版。《汉表》的宏观结构包括主表、附表和索引三大部分，如图 4-1 所示。

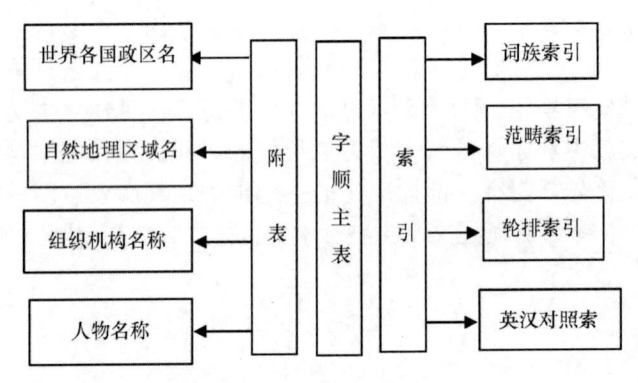

图 4-1 《汉语主题词表》宏观结构

1. 主表

《汉表》的主表是众多主题词及其相关的语义关系项构成的字顺表，并按社会科学和自然科学两个范畴分别组织。主题词，是词表构成的基本要素，是进行文献标引和检索的标识和直接依据。按照词汇对象的特点，社会科学部分主要收入哲学、政治、经济、文化、历史等各学科门类的词汇，其中包括社会科学各门类科学术语和社会科学领域及专门概念，如学术派别、政治主张、历史事件、会议文献以及社会活动和政治活动等专用名词。自然科学部分则包括自然科学、技术科学类关于学科、对象、材料、方法、工艺、性能等方面的名词术语或专用名称。涉及有关世界各国政府名称、自然地理区划名称、组织机构名称和人名等，则从主表析出，另设附表单独编列。

主表主题词款目结构，通常由款目主题词、汉语拼音、英文译名、范畴号、注释项及其语义关系项组成。款目格式如下例如：

汉语拼音　　BI　SHI　GANG

款目主题　　笔　石　纲

英文译名　GROAPTOLITHIDA
代项符号　D　笔石　非正式主题词
分项符号　F　树形竹石目　下位主题词正笔石目
属项符号　S　半索动物　上位主题词
族项符号　Z　无脊椎动物门　族首词族首词符号
参项符号　C　笔石体　相关词

　　主题词款目中，根据实际需要设有反映主题词词间语义关系的参照项，有Y（用）、D（代）、F（分）、S（属）、Z（族）、C（参）6种。少数主题词款目不含任何参照项，而只含有范畴号。此外，少部分主题词款目内尚有含义注释或事项注释。参照项的种类、作用和符号如表4-1。

表4-1　参照项的种类与作用

参照项名称	符号	简称	作用
用项	Y	用	指引相应的正式主题词
代项	D	代	指引相应的非正式主题词
分项	F	分	指引所含的下位主题词
属项	S	属	指引所从属的上位主题词
族项	Z	族	指引所从属的族首词
参照	C	对	指引有语义关系的相关词

　　本词表字顺表中，主题词款目内的分项和属项，只指引最邻近的下位词（狭义词）和上位词（广义词）。如果一个族首词是一条款目主题词的直接邻近的上位词，则在该款目内用"S"符号加以指引；如果是越级的上位词，则用"Z"符号加以指引。

　　主题款目的排列以款目词的汉语拼音为依据，款目严格按照款目主题词汉语拼音，以字母为单位进行，排列时不考虑汉字的笔画、笔型，同一汉字起首的主题词在字顺系统中是分散的，修订后，自然科学部分主表则以汉字为单位注音，按音序、调序与部首笔画排列，可以将同一汉字起首的叙词集中在一起，比较符合广大用户的使用习惯。

　　2. 附表

　　附表是将一些具有通用性的专用名词从主表析出，单独编制而成的词汇表。附表收入"世界各国行政区名称"、"自然地理区划名称"、"组织机构"

和"人物"四个范畴中常用的专用名词，是主表不可缺少的分支和组成部分，附表和主表主题词之和构成《汉语主题词表》收词量的总和。各表概况如下：

附表一：世界各国政区名称。收入世界各个国家、地区及所属重要城市名称；中国政区名称，收入省、自治区、直辖市以及部分重要城市和地区名称；县一级名称未予收录，县以下个别重要城镇、村落名称则按专业研究需要分别收入主表。

附表二：自然地理区划名称。收入世界重要自然地理区划名称，包括山川、河流、湖泊、海洋、岛屿、平原、盆地等的名称，如长江、黄河、珠穆朗玛峰、巴尔喀什湖、北冰洋、黑海、朝鲜半岛、撒哈拉沙漠、准噶尔盆地等。

附表三：组织机构。收入各国具有研究价值和文献论述的重要机构团体名称，但关于政治派别、军队和中外历史上的机构团体名称，均已收入主表，本表不再收入，机构名称一般采用全称。但在少数情况下简称比全称通用时，也可以以简称为专有主题词，个别通用的外国机构原文的简称，亦可用作正式主题词，并与其中译名建立联系。如不用"奥林匹克委员会"、用"奥委会"；不用"美国国家航空和宇宙航行局"，用"NASA"等。

附表四：人物。收入古今中外具有研究价值和文献论述的人物，外国人姓名一般取姓的中译名，名用原文缩写，按姓在前，名在后次序书写。如罗斯福，F. D.（1882—1945），罗素，B,（1872—1970），哥白尼，N.（1473—1543）等。

3. 索引

《汉表》的辅助索引是通过改变组织方式，提供从不同途径着手查找主题词的工具，包括范畴索引、词族索引、轮排索引和英汉对照索引四种，现分别介绍如下：

范畴索引又称范畴表、分类索引，它是将《汉表》的全部主题词（含非正式主题词）按概含所涉及的学科或范畴分成若干大类（范畴），大类之下再分若干二级或三级小类，小类之下再将所属的主题词（含非正式主题词）按字顺排列一览表。范畴索引的功能便于从学科或专业角度查词，同时也可用来组织分类主题目录（索引）式的检索工具。

词族索引也称族系表或等级索引。它是将《汉表》中具有等级关系的主题词（不包括非正式主题词），按属分等级构成词族，并按各词族的族首词字顺排列而形成的一览表。词族索引的作用，一是提供从一个词族中外延最广的主题词（族首词）出发，查找所需主题词的途径；二是在机检系统中，自动进行上位词登录，满足扩检和缩检的需求。

轮排索引又称轮排表，是将《汉表》主表中的全部主题词，按其所含的词素（单词）的字顺进行排列，使含有相同词素的主题词集中在一起而形成的一览表。轮排索引的功能，一是为查找主表主题词提供多个入口；二是将含有相同词素的词集中一处，便于用户选准或选全所需主题词。

英汉对照索引，是一种通过英文名使用词表的辅助工具。《汉表》的英汉对照索引一般将每个主题词，包括正式主题词与非正式主题词都尽量译成英文，非正式主题词后以"Y"项列出相应的正式主题词，当一个汉语主题词有多个英语对应主题词时，则同时译出；一个英文名词同时对应几个汉语主题时，也在该英文词下同时列出。它可以帮助标引人员和用户直接从英文着手检索外文文献，也可以通过它查找英文主题词表，促进国内外主语语言的沟通和转换。此外，还可以作为英汉对照的规范化术语词典使用。

二、文献主题标引的方式

主献标引的方式很多，按照不同的区分标准可以划分为如下方式。

1. 依照文献的内容单元划分

依照所标引文献的内容单元，主题标引可划分为整体标引、全面标引、重点标引、补充标引四种方式。

（1）整体标引

整体标引也称浅标引，或概括标引，是针对文献整体内容提取主题，只概括揭示文献基本主题或整体主题的标方式，而对于文献的从属主题、局部主题一般不予揭示。整体标引通常用一个主题词单独标引或少数几个主题词组配标引，如对《硫氮污染物的控制对策及治理技术》一书进行整体标引，只标引"烟气污染的防治"这个整体主题，不标引硫化矿燃烧前净化技术、燃烧后处理技术、工艺脱硫降硝、烟气脱硫、综合利用硫渣、脱硫的经济效益等局部主题。整体标引的标引深度最小，主要适用于综合性图书馆、情服机构建立手工检索系统时对普通图书的标引。但在许多情况下，整体标引都与补充标引结合使用。

（2）全面标引

全面标引也称深标引，是把文献中全部有价值、符合检索系统要求的主题内容都予以揭示的标引方式。对于主题标引来说，一般可用数个、甚至多达几十个主题词予以揭示，如对《中国大陆鸟类六种趋极疟原虫的记述》一书进行全面标引，就应标引出小鹨疟原虫、极疟原虫、台湾疟原虫、狄氏疟原虫、劳氏疟原虫、嗜核疟原虫等具体的趋极疟原虫。如有必要，还应对整体主题"中国鸟类的趋极疟原虫"予以标引。全面标引的标引深度最大，主要适用于专业图书馆、各类情报机构处理情报价值大的文献，如论文、科技报告、专利文献等。对于计算机检索系统，一般应采用全面标引，使文献中的情报内容得到最充分的揭示。

（3）重点标引

重点标引也称对口标引，是只对文献中适合本单位、本专业服务对象需要的信息内容进行揭示的标引方式。如在《模拟人在火灾中的系统》一书中，包括了"HARRY BURNS"人体模型所用的材料、结构及安装有的热流传感器、皮肤损伤估价方法、计算机控制数据采集系统，以及防护服测试方法等。对于一个计算机研究部门可只对"计算机控制数据采集系统"进行重点标引。重点标引有较强的针对性和筛选性，主要适用于专业单位或检索系统对于本专业相关的文的标引。

（4）补充标引

补充标引是在整体标引基础上，进一步将文献中的部分内容析出，提取个别局部主题予以标引的方式，又称分析标引。如《科技文献检索》一书，除了对整体主题"科技文献检索"进行标引外，又可将其中的"索引法"内容析出，作补充标引。补充标引是一种辅助标引方式，能够较好地揭示文献中有较大检索和参考价值的内容。

2. 依照主题概念的对应程度划分

（1）专指性标引

专指性标引是指选用一个所表达概念与被标引主题概念完全或基本相符的标引进行的标引。例如，《教育心理学》一书，用"教育心理学"这个主题词标引。

（2）组配标引

组配标引是指选用两个或多个标识的组合共同表达一个主题概念的标引。例如，《高山草本植物分类图谱》一书，可用"高山植被"、"草本植物"、"图谱"三个主题词标引。

（3）挂靠标引

挂靠标引是指选用一个所表达概念与被标引主题概念相近或相关的标识进行标引，亦称靠词标引。如用"严寒气候施工"标引"冬季施工"这一主题概念。

3. 依照所用标识是否组合划分

（1）先组式标引

先组式标引是指标引时要将组配表达主题概念的若干标识组合成标识串的标引。例如，用"高等教育－教育改革－中国"标引"中国高等教育改革"这一主题。先组标引主要用于手检系统。

（2）后组式标引

后组式标引是指标引时并不将组配表达主题概念的多个标识组合成串，而是检索时才临时组合一起。如上例，"高等教育"、"教育改革"、"中国"三个词并不组合一起，而后通过相同的文献号建立联系。后组标引多用于计算机检索系统。

4. 依照所用标识的受控程度划分

按照是否使用词表，主题标引可以分为受控标引、自由标引和半控标引三类。

（1）受控标引

受控标引是使用受控语言（标引语言）中的标识所进行的标引。受控标引通常依据词表为工具，使用经过控制的语词标识进行标引。按照选词方式的不同，受控标引分为标题法、单元词法、叙词法等类型，目前国内主要使用叙词法。

（2）自由标引

自由标引是使用自然语言词作标识所进行的标引，又称非控标引。自由词标引通常直接从文献题名、文摘或正文中抽取关键词进行标引。

（3）半控标引

半控标引是同时使用受控语言的标识和自然语言的语词作标识所进行的标引。

5. 文献标引方式的选择

正确选择标引方式，是保证文献标引质量和提高检索效率的重要方面。对于一个开展文献标引的单位来说，在制定标引规则时，选择文献标引方式成为一项重要内容，同时在实际的文献标引阶段，也必须遵循已选定的标引方式。标引方式的选择涉及很多因素，一般应考虑如下几个方面。

（1）检索系统的类型

手工检索系统宜采用整体标引方式，同时以补充标引作辅助方式；计算机检索系统应采用全面标引方式，以充分揭示文献中全部有价值的情报内容；手检与机检并行的检索系统，应进行全面标引，同时根据手检系统的设备等情况决定检索款目的数量。

（2）专业特点与服务对象

综合性图书情报机构，应根据检索系统的类型尽可能全面地揭示文献主题内容，满足多种服务对象不同的情报需求。专业图书情报机构，则应根据各自的专业范围和服务对象的特殊需要选择标引方式，对一切有参考价值的主题内容进行标引，如可以对本专业的文献采用全面标引，对相邻及相关文献采用重点标引，对其他文献采用整体标引。

（3）文献的类型

应根据不同的文献类型选用不同的标引方式。如对普通图书采用整体标引并辅以补充标引；对多级出版物采用综合标引与分析标引相结合的方式；对各种论文、科技文献采用全面标引或重点标引等。

（4）人力、财力及成本—效益

不同的标引方式对人力、人员素质、财务、设备有不同的需求，也有不同的成本—效益，应将现有的条件和可能的发展统筹考虑，选择合适的标引方式。

三、文献主题标引程序

文献标引工作是一项复杂的技术性工作，标引质量受各个工作环节的制约，因此必须严格遵守一定的工作程序。一般来说，标引工作程序包括五个基本步骤：查找并利用已有标引成果、主题分析、主题概念转换、标引记录和标引成果著录、审核。

1. 查找并利用已有标引成果

这是要查明待标引文献是否已被本人、本单位、本系统或其他单位、系统标引过，有无标引成果可以直接采用或作为参考。查找已有标引成果的具体途径包括如下几方面。

（1）查找本单位标引成果

如果属于复本，可仍使用原文献的分类标识，但如果原来的标引有明显错误，则予以纠正；如属于某文献的不同版本或不同卷册，可增加相应的版本或卷册标识，主题标识一般不变（按分卷标引者除外）。

（2）查找外单位标引成果

如果待标文献是本单位新入藏的，则可查看是否有相应的统一（集中）标引成果可以利用。统一标引的标识是统一编目数据的重要组成部分，其传统载体是统编卡，现在已越来越多记录于以磁盘、光盘为载体的统编机读目录中。对于购有统编卡或统编机读目录的单位，如果查到待标文献的统一标引成果，还要考虑是直接采用统一标引的标识，还是只能将它作为参考，结合本单位的具体需要予以调整或修正。

（3）查看在版标引成果

我国目前几乎所有出版社在其出版的图书上载有在版编目数据，美、英等国出版的图书上几乎都有出版编目数据。在版编目数据中包含的分类号、主题词就是在版标引成果。这些成果，有的可以直接采用，有的只能作为参考。

2. 主题分析

对没有现成标引成果可以采用的文献，需要标引人员对文献进行主题分析。主题分析就是对文献的内容特征进行分析，在充分了解文献内容及其学科属性、研究对象的基础上，深入分析主题的类型、主题结构及构成要素，对有检索意义的主题概念进行概括、提炼和选择的过程。在主题分析阶段，对文献内容的分析不应受标引语言的限制，标引人员可用自然语言对文献主题内容进行描述。基于自然标引的主题分析则表现为从文献中抽取表达主题的自然语词的方法运用，如词频统计分析、语词位置加权等。主题分析是文献标引中最重要的环节之一，主题分析的质量决定着文献标引的质量。

3. 主题概念转换

在主题分析阶段，我们是用自然语言对文献主题内容进行描述的。要形成检索标识，还必须把这种描述翻译成特定标引语言的标识，也就是用标引语言的标识表达主题概念，这个过程就是主题概念转换。

人工标引的主题概念转换这一步可以细分为标引工具中相应的含义辨识，主题标引中的辨词；选择表达主题概念或概念因素的恰当标识并构成完整的检索标识，这其中包括了标识的句法控制（如复分组号、确定组配词序、联号、职号等）问题。主题概念转换与主题分析一样，也是文献标引的重要环节。正确的主题分析是主题概念正确转换的前提，只有正确的主题要领转换才能使主题分析的结果得以正确的表达。

4. 主题标引记录

主题标引记录包括直接标引结果记录和相关问题记录两种类型。

直接标引结果记录，是将标引所得的标识按规定格式记载在特定的载体上。对卡片目录和书本式索引来说，就是将主题标引的结果记录在卡片或书本目录的排检项位置。对于计算机检索系统来说，就是将主题标引的结果记录在文档的相应字段。

相关问题记录，是对标引过程中遇到的重要问题及处理结果加以记录，如主题词的增、删、改记录，增加的类目注释，上位词标引、靠词标引，自由词标引记录等。做好标引记录可以提高标引的一致性和工作效率，为标引语言的发展和完善创造条件。

5. 审核

为保证文献标引的质量，减少标引误差，必须对标引的各个环节及最后结果进行审核。审核的内容主要包括如下几方面。

（1）主题概念的提炼是否准确、全面、特别注意文献潜在的用途和隐含概念是否被遗漏；

（2）标引方式的选择是否符合检索系统及文献类型的要求；

（3）选用的分类号、主题词是否确切地表达了文献内容的学科属性及文献主题概念。

（4）主题概念的转换与主题标识的确定是否符合所用分类表与主题词表的辨类、选词规定及标引规则，是否符合检索系统的要求。

（5）是否存在速度标引、标引不一致等问题。

（6）标引记录是否准确、无遗漏。

第二节　文献主题分析的方法与步骤

文献主题分析是根据文献存储系统的需要，通过审读文献，对文献内容进行分析和提炼的过程。其目的在于了解、判断文献具体论述与研究的对象或问题，从而确定文献主题，确定各主题之间以及构成主题因素之间的关系。为了正确恰当地进行文献主题分析，首先需要了解和掌握主题有哪些类型；其次，需要掌握了解文献主题的结构；最后需要掌握文献主题分析方法。

一、文献主题的类型

文献主题是一组具有共性事物的总称，用以表达文献所论述和研究的具体对象和问题，也就是文献的中心内容。根据文献论述与研究对象和问题的数量、构成文献主题的主题因素的数量、文献所述主题性质等标准划分可区分出多组主题类型。

1. 单主题和多主题

依据文献论述与研究对象和问题的数量划分，可分为单主题和多主题。

单主题是指文献只研究或论述一个中心内容或中心问题，即一个主题。

它可以是论述一个独立的事物、问题、学科,如教育、理论、高等数学等;也可以是论述一个主题或问题、学科的一个方面,如柴油机喷油泵的维修、声与物质的相互作用、物理学现状等。

多主题是指文献研究论述两个及两个以上的中心内容或中心问题,即两个或两个以上的主题。构成多主题的因素一定是不相容的逻辑关系,即矛盾关系或不相容的并列关系或反对关系。因此,它可以是两个或两个以上独立的但可以相互关联的事物、问题或学科及其方面,如导电体与绝缘体、有机物与无机物;也可以是一个大主题和与之相独立但可关联的一个或多个小主题,如地球、月亮和太阳,热力学与统计物理学等。

2. 单元主题与复合主题

依据构成文献主题结构因素多少,可分为单元主题和复合主题。

单元主题是指文献主题中只含有一个主题因素,也称单因素主题。单因素主题在文献标引实践中相对较少,如量子力学、古环境、皮肤肿瘤等。

复合主题是指文献主题中含有两个或两个以上的主题因素,也称多元主题或多因素主题。复合主题是比较复杂的主题,构成复合主题的主题因素之间一定具有相容的逻辑关系,一般是属种关系、整体与部分的关系、全面与某一方面的关系、交叉关系、相容的并列关系。根据复合主题因素之间的逻辑关系可划分出如下几种类型的复合主题。

"事物—部分"型复合主题,如人体与其心脏、计算机硬盘等。

"事物—方面"型复合主题,如动物饲养、动物解剖等。

"事物—部分—方面"型复合主题,如计算机硬盘维修等。

"事物—影响—受影响事物"型复合主题,如气候对人类寿命的影响等。

"事物—比较—对照事物"型复合主题,如中美图书馆学的比较等。

"事物—关系—相关系的事物"型复合主题,如鱼与水的关系等。

"事物—应用—被应用事物"型复合主题,如数学在测量技术中的应用等。

"事物—文献类型"型复合主题,如图书馆学的博士论文等。

"事物属—种"型复合主题,如油料作物花生、禾谷类作物与玉米等。

对于复合主题,应认真分析其组成的要素及要素之间的关系,以便对主题概念进行取舍。

3. 整体主题与局部主题

依据主题对文献内容概括范围大小区分为整体主题与局部主题。

整体主题是指能概括某一文献的全部内容或至少是基本内容主题,局部主题是指只能概括某一文献的部分内容的主题。一般情况下，一篇文献整体主题只有一个，局部主题可以有多个。如，《科学技术信息系统标准与使用指南第五卷——情报文献工作标准》一书，该文献的整体主题是情报文献工作标准使用指南，但局部主题有多个，有文献著录标准使用指南，文献分类、叙词标引标准使用指南，文献编辑出版格式标准使用指南等。

4. 显性主题和隐性主题

依据主题对文献概括的清晰程序可区分为显性主题和隐性主题，也称显见主题和隐含主题。

显性主题是指文献内容中较易分析和辨识的主题。隐性主题是指文献内容中没有直接表达出来，不是显而易见的，而隐含在文献内容中的主题，需要进行"由表及里"、"由此及彼"的分析和辨识。例如，《电子秤的计量标准》一书，其主题是显而易见的；而《菜根谭》一书的主题就隐含在文献内容中，需要经过认真细致地分析，才能发现其主题，它是一部修身、处世、待人、接物、应事的格言集，主题是道德哲学中的个人修养。

5. 主要主题与次要主题

依据主题对文献内容概括的重要程度可共分为主要主题与次要主题，也称中心主题与边缘主题。

主要主题是指概括文献重点、中心内容的主题。一般情况下，文献只有一个中心主题。但对多主题文献来说，中心主题也可能是两个或两个以上的不相容的并列主题。例如，《土壤普查分析与改良》一书中，"土壤普查"与"土壤改良"都是中心主题。

次要主题是指中心主题以外的，不属于论述重点的主题。例如，《虾酱》这篇文献中的中心主题是"虾水产品的加工和制作"，作为虾酱原料虾的养殖技术是文献所论述的次要主题，依据文献存储和检索系统的需要决定次要主题是否分析和标引。

6. 专业主题和相关主题

依据主题所反映的专业属性可区分为专业主题和相关主题。专业主题是指文献的中心内容与文献检索系统专业性质相一致的主题。相关主题是指文献的中心内容与文献检索系统专业性质和范围不一致但相关的主题。

在主题分析过程中要分清属于上述六组主题类型的哪一种，这是十分重要的，它直接影响着文献主题标引方式、标引深度、标引方法的选择等标引政策问题。

二、文献主题结构

文献主题结构是指构成文献主题的各个因素间的相互关系。除纯粹的单元主题外,任何文献主题都是由一定的主题因素构成,并且各主题因素之间存在着一定的结构关系。分析文献主题结构就是为了通过对主题概念分解和分析,分清文献主题的主要成分和次要成分,掌握主题的中心部分和修饰说明部分。文献主题结构在国内外都有较广泛的研究,已经有了较成熟的主题结构模式。刘湘生提出的文献主题标引公式,已被国家标准 GB 3860-1983《文献主题标引规则》、GB/T 3860-1995《文献叙词标引规则》所采用。它是把主题因素分成 5 个面,即 5 层,其排列次序和构成如下。

1. 主体面

主体面是能反映出主题中主要特征属性的一组主题概念。它所含的主题因素称主体因素,一般包括研究对象、材料、方法、过程、条件等具有独立检索意义的一些基本概念。在某个主题中,主体因素可以含有多个,在计算机检索系统里可以同时提供多个检索入口,在手工检索系统,可以同时轮排做主标目即主标题。

(1) 研究对象因素

研究对象因素一般有事物、人物、事物的组成成分和组成部分、学科、问题、现象等。如"教育社会心理学"的主体因素为研究对象因素:"教育心理学"、"社会心理学"。

(2) 方法因素

方法因素指为对象因素进行操作时的措施、工艺、手段、方法,以及所使用的工具等。如"小麦病虫害防治方法"的主体因素为事物(对象)和材料因素:"小麦"、"病虫害防治方法"。

(3) 材料因素

材料因素指构成对象的物质材料。如"铝合金板"的主体因素是事物(对象)和材料因素:"金属板"、"铝合金"。

(4) 过程因素

过程因素一般是指各种自然过程、社会过程和生产过程中的运动、操作、演变等。如"动物的无性繁殖"的主体因素为研究对象因素和过程因素:"动物"、"无性繁殖"。

(5) 条件因素

条件因素是指对象因素存在、发展、变化、研究、操作等方面的条件。

如"叶酸维生素 B 缺乏病"的主体因素为研究对象因素和条件因素："维生素 B 缺乏病"、"叶酸"。

2. 通用面

通用面是反映文献主题中一般通用特征属性的一组概念因素，即通用因素，它是指文献主题中次要成分，修饰说明文献内容的部分的次要属性因素。这些概念因素一般都不具有独立检索意义，是主体因素的通用性复分。在计算机检索系统中，一般不做检索入口。在手工检索目录体系中，不做主标目。例如天文仪器构造、维修、应用。如果通用因素与主体因素结合已构成复合主题词时，该概念因素应视为主体因素。例如文物修复，其概念因素为主体因素："文物"、"器物修复"。

3. 空间面

空间面即空间因素或位置面、位置因素，它是反映文献主题中的空间地理位置属性的一组概念因素。包括自然区域和行政划分区域等方面的概念因素。如国家名称、地区名称、自然区域名称等。这些位置因素，在文献主题中，是对主体因素在地理位置上的限定、修饰。在计算机检索系统中，一般不做检索入口。在手工检查目录体系中，不做主标目。但是，如果在文献主题中已构成文献的研究对象应视为主体因素。如"中国通史"的"中国"为主体因素；"新疆地区人畜共患病情况调查"主题中的"新疆"是"人畜共患病"的位置因素，而不是主体因素。

4. 时间面

时间面即时间因素，它是反映文献主题中所处的时间属性的一组概念因素，即文献主题的时间属性，如年代、时代、朝代等。一般不做检索入口，不做主标目。如古代歌曲：1919—1949 年的中国共产党党史。

5. 文献类型面

文献类型面即文献类型因素，表现该主题类型因素，如期刊、手册、词典等。一般不做检索入口，不做主标目。但是，如果文献类型因素是文献研究的，将成为文献主题的主体因素，如辞典的编纂。

以上文献主题的一般结构和 5 种主题因素构成一般模式，但各类型文献、各学科文献千变万化，为了使文献主题标引规范一致，文献标引单位都需要结合具体文献，在总的文献主题结构模式的指导下，进行文献主题结构分析的工作，否则，很难取得高质量的文献标引结果。

三、文献主题分析方法

文献主题分析，就是根据文献存储和检索系统的需要，对文献内容进行分析和提取主题概念的过程。主题分析的目的是在掌握文献中心内容的基础上提炼相应的主题概念，然后用情报检索语言将其充分、准确、简明地表达出来，形成文献的检索标识，从而使同一主题的文献集中在检索系统的同一主题词或标题之下。通常文献中的情报内容不是显而易见的，只有经过深入的调查、仔细的分析，才能得以明晰。

1. 主题标引的深度

标引深度，也称标引网罗度或标引穷举度，是指对一篇（种）文献所给予的全部检索标识的数量，即对该文献中具有检索意义的内容特征和外表特征，进行分析描述所达到的深度。对于主题标引来说，指赋予某文献主题词的数量。对于一个检索系统来说，文档中所存文献平均拥有的检索标识的数量，就是其标引深度。标引深度主要取决于标引网罗范围，一种文献的主题一般不止一个，标引网罗范围具体表现为被标引主题的数量。一种文献的内容，往往既可以综合为一个主题概念（整体主题），也可以分析为许多主题概念（局部主题）。一种文献分析出的主题数量，主要决定于该文献本身的内容范围与深度、对特定检索系统和用户的情报价值以及所采用的分析水平和分析角度。因此，主题分析的深度决定着文献标引的深度。

2. 主题分析的角度

主题分析的角度受多方面因素的制约。首先，文献的学科性质不同，分析的角度也不同。例如，对于医学文献，一般是从患病器官、疾病种类、病因、诊断方法、治疗方法、治疗药物等角度进行分析；而对于工业技术文献，则一般是从产品类型、性能、生产原理、产品结构、原材料、工艺过程、生产设备等角度进行分析。其次，分析角度因各单位的专业性质和需求不同而有所偏重。例如，《食品添加剂与食品营养成分》一文，对于食品生产单位可能偏重从添加剂的使用角度分析；对于医学单位可能偏重从添加剂对食品营养成分的影响角度来分析；而对于化工单位则可能偏重从添加剂的成分、性能和生产角度来分析。作为综合性图书情报机构，应从多种角度进行分析，查明每一文献的多种潜在的用途；作为专业图书情报机构，则应全力查明文献中对本单位服务对象有用的情报。第三，分析角度也受所使用的情报检索语言类型和特点的制约。比如，使用体系分类法，应从各类所用的分类标准的角度进行主题分析；使用主题做法，应主要从文献研究对象的角度进行全面分析。

3. 主题分析的方式

根据分析的对象不同,主题分析分为文献主题分析和检索提问主题分析。前者是对文献内容进行分析并加以表述,后者是对情报提问进行分析并加以表达。两种主题分析都采用相同的检索语言和相同的方法,如果文献主题分析和提问主题分析能趋于一致,无疑会提高检准率,因此文献主题分析时要充分考虑用户可能采用情报提问形式。

根据分析的水平不同,主题分析分为"宏观分析"与"微观分析"、"概括分析"与"描述分析"。宏观分析是以一套、一种、一册文献作为一个单位进行主题分析;微观分析是以文献中的一篇、一章、一节或一个知识单元作为一个单位进行主题分析;概括分析是一种粗略分析,仅指出一个主体事物或整体主题,用简单概念来表达,即笼统指出是什么事物;描述分析是一种深入分析,即除指出主体事物外,还指出若干相关事物或局部主题,具体地指出该事物的特征或它的哪一方面、哪一部分问题,用复杂概念来表达。分析水平实际上是对文献内容进行分析的深度和广度,是标引深度的决定因素之一。

4. 主题分析的方法

(1) 主题结构模式分析法

主题结构模式分析法是指按照事先设计的主题结构模式,提炼相关的主题要素,分析各主题要素之间的关系。比如,《日本"泡沫经济"研究论文集》一书,根据"主体—通用—空间—时间—文献"的主题结构模式,可分析出下列主题因素:

泡沫经济　主体因素
研究　　　通用因素
日本　　　空间因素
文集　　　文献类型因素

采用这种方法,具有较大的适应性,对于专业图书情报机构,还应根据不同的专业特点,设计不同的主题结构模式,以适应专业文献主题分析的需要。

(2) 提纲分析法

提纲分析法是根据事先制定的"主题分析提纲"进行文献主题分析的方法。主题分析提纲是结合专业特点和情报需求拟定一系列的提问,详细列举主题分析的要点,指示标引人员按所列的项目和角度进行主题分析。提纲分析法可使主题分析规范化,有助于保证主题分析的全面性和一致性,防止遗漏重要的主题因素,同时也可减轻分析过程中的脑力劳动。

主题分析提纲,实际是在主题结构模式或分面公式的基础上,对主题分析要素的细化和固化。由于不同学科、专业的文献主题构成要素有很大的差异,因此应根据学科、专业特点、检索语言和检索系统的特点,分别拟定不同的主题分析提纲。例如,对工业技术文献来说,主题分析提纲一般包括:

● 文献研究的对象是什么(如产品、材料、设备、技术);研究的角度、方法是什么;

● 研究对象的成分、结构、材料、性质、特性是什么;采用的生产工艺、过程是什么;

● 生产的环境、条件、设备是什么;

● 文献中是否有新观点、新理论、新技术、新材料、新工艺、新性能、新设备、新产品、重要数据等信息;

● 文献中是否还有其他隐含的概念;

● 文献是否还具有其他潜在的用途;

● 文献中是否具有检索价值的空间、时间要素;

● 是否具有检索价值的文献类型特征,等等。

● 文献分析提纲需要在标引实践中不断修订、充实、完善。

(3)列表分析法

根据特定学科、专业文献主题的要素、结构及其关联,归纳出若干范畴(组面)并以列表的形式展现,作为主题分析的依据和方法。列表法可能看成是主题结构模式分析法的表格化或直观化。使用时一篇文献用一张分析表,一个主题占一栏,分别把分析出来的主题要素填在相关的组面栏内。

下面以农业专业为例,对"关中地区棉花根的生理学特征及对灌溉的要求"作简略分析。

表 4-2　文献主题列表分析

主题	作物名称	部分	生物方面	栽培	产品	空间	时间
1	棉花	根	植物生理学	灌溉		陕西	
2	棉花					陕西	

使用列表分析法的好处是能简化主题分析过程,避免重要主题因素遗漏,同时有利于分析结果的一致性。这种方法适用于专业面较窄的图书情报机构。

123

(4) 职能符号分析法

职能符号是一种用来表示主题词在组配中的语法关系和职能作用的限制标志。由于职能符号作为一种句法手段能明确主题词之间的关系意义，所以可通过为主题概念配置职能符号的方法进行主题分析。一般是根据所用检索语言的特点，按照一定的主题结构模式事先拟定一个详细的职号表。主题分析时，根据职号表提炼相应的主题要领，并对提炼出来的主题概念的性质赋予相应的职能符号。这种方法的优点是可以避免主题词组配时的错误句法关系。当机检系统对机检词处理时也采用职能符号法，那么主题分析时配置的职能符号就可以直接用于机检词处理。

表4-3 职能符号分析

符号	职能
A	动作对象
B	部分
C	性质
D	操作
E	施动者

例如，我们用运作对象、部分、性质、操作、施动者限定主题词的职能，并配以下述职能符号（表4-3）。在对《用X探测仪对航空发动机涡轮叶片进行无损探伤》进行主题分析时，就可以从这五方面着手分析主题概念并配置相应的职能符号：

航空发动机——A

涡轮叶片——B

无损探伤——D

X探测仪——E

主题分析的方法是灵活多样的，应根据文献不同的学科、专业性质，不同的主题结构特点，不同的检索语言特点，不同的标引方式，不同的检索系统要求，灵活进行。无论是先找出文献研究的对象，再进一步查明是论述该研究对象哪个方面的具体问题；还是先找出文献中涉及的各种概念，再进一步查明它们之间的相互关系，都可以完成对文献的主题分析。

5. 主题分析步骤

主题分析的目的是查明文献中都讲些什么，有哪些有用的情报内容。这是一项十分细致的工作,只有按照一定的程序进行,才能保证主题分析的质量。主题分析的基本步骤如下。

(1) 文献审读

文献审读的目的是全面了解文献的内容和专业性质,确定其情报价值和适用范围。文献审读时首先阅读文献题目和文摘,把握文献论述的对象、写作宗旨、内容重点、学科性质以及新颖程度等,对文献主题有一个全面的了解并抓住中心主题。

其次是浏览重要的章节乃至全文,浏览中特别要注意各级标题、文中的黑体字、图表、各段结论部分,边阅读边把认为是重要的,有价值的情报内容记录下来,发现文献题目和文摘中没有表述出来的情报内容。

再次是浏览文献的附录、前言、后记等,发现正文以外的情报内容,确定文献的专业性质和读者对象,文献审读过程中,要善于利用工具书、请教专业人员,以准确把握文献主题内容。

(2) 主题概念的提炼

经过文献审读,要对查明的情报内容进行分析判断,用精炼的语句加以高度概括,这就是主题概念的提炼。主题概念提炼过程中,不要受所使用的检索语言的限制,可以用题录、文摘、正文中的关键词,也可以用自己的语言来概括,不要考虑分类法中是否有这个类目,词表中是否有这个主题词,否则会影响主题概念提炼的准确性和全面性。主要概念提炼,一般根据事先拟定的主题分析提纲进行,并且要站在用户的角度,把真正有用的情报提炼出来。隐含的主题概念很容易被忽略,对于隐藏在文献主题之中没有直接显露出来的隐含概念,在主题概念提炼过程中或之后要仔细地审查,看是否还暗示着什么情报,有没有遗漏。例如,

一种现象、过程,是否隐含着某种性质或原理。一种工艺,是否隐含着某种设备。

一种新材料,是否隐含着某种特殊的用途。

一种药物疗效,是否隐含着某种药物的副作用。

一种化学反应,是否隐含着某种"催化剂"的概念。

一种金属表面处理技术,是否隐含着"金属腐蚀"的概念。一种农药的药效,是否隐含着"农药污染"的概念。一种气象模型,是否隐含着"气象模拟"的概念。一种武器的试验,是否隐含着"杀伤力"的概念。一个人物的研究,是否隐含着对某种思想的研究。

一篇作品的评论,是否隐含着"国家之间的关系"或"民族矛盾"的概念。

对于初步提炼出来的主题概念，还要根据其实际价值和检索系统的需要作进一步的筛选，过滤没有参考价值和不符合检索系统需要的内容，防止检索出无关的资料。通常，下列内容应当舍去：文献中提及，但未详细论述或未进行的工作、实验、论点、事件、人物、方法、设备、材料等；没有提供具体事实的操作、过程、工艺等；只用来作比较的项目；不符合检索系统专业需要的情报内容，不必要的外部特征。主题概念取舍中主要把握两点，一是详细论述了并能提供有价值的情报内容，二是符合特定检索系统需要的情报内容。

6. 主题概念转换

主题概念转换，是指将主题分析阶段用自然语言表述的文献主题，用《中国分类主题词表》中的规范的主题语言来表达，也就是把表述的文献主题翻译成主题词。做好主题概念转换，一是要把握从主题概念的涵义上进行转换，而不是从字面上进行简单的转换；二是要把握词表的结构和各部分的功能与联系，如分类号与主题词的对应关系及互为索引的功能、主题词的排列和词间关系显示方法、词族的显示与排列、附表的收录范围及与字顺表的联系等。主题概念的转换，根据其转换的方式可分为概念直接转换和概念分解转换两种类型。

（1）主题概念的直接转换

主题概念的直接转换，指分析出来的主题概念可以直接转换成相应的一个列举的一个主题词。在主题标引时，要注意使用正式主题词转换，相关的组代词应按词表的要求使用指定的主题词组配转换。直接转换比较简单，只要主题概念提炼准确，通过正确的查词途径，就可以完全转换过程。例如，

中国文学史
　　主题概念：中国文学史
　　主题词：不能直接转换
我国当前经济发展的宏观调控问题
　　主题概念：中国经济宏观管理
　　主题词：不能转换
火箭地下发射井及指挥系统
　　主题概念：火箭地下发射井、火箭发射指挥系统
　　主题词：不能直接转换
无线电干涉仪

126

主题概念：无线电干涉仪
　　主题词：射电干涉仪
共产主义思想教育
　　主题概念：共产主义思想教育
　　主题词：共产主义思想教育

（2）主题概念的分解转换

当分析出来的主题概念不能用一个现成主题词进行直接转换时，就需要采用分解转换法，即先将复杂的主题要领根据词表的要求分解成若干基本概念，再从词表中选取与基本概念相对应的主题词，按一定的组配规则组合起来表达这个复杂的主题概念；分解转换的基础是概念分解，概念分解有交叉关系概念分解法和限定关系概念分解两种方法。

交叉关系概念分解法，即将一个复杂概念分解成若干个具有交叉关系的概念成分，这些概念成分的外延有部分重合的关系，它们都是被分解概念的属概念，并且有共同的属概念。具有交叉关系的概念成分，在标引阶段和检索阶段采用交叉组配法进行组合。例如，

儿童医学心理学
　　分解成"儿童心理学"和"医学心理学"
长篇武侠小说
　　分解成"长篇小说"和"侠义小说"
海洋微生物生态学
　　分解成"海洋生物学"和"微生物生态学"
变形固体动力学
　　分解成"连续介质力学"、"固体力学"和"动力学"
微量有机定性分析
　　分解成"有机分析"、"定性分析"和"微量分析"

限定关系概念分解法，即将一个复杂的概念分解成一个相邻的属概念以及若干个限定成分，这些概念成分之间没有共同的属概念；"事物—方面"、"整体—部分"等类型的复合主题均采用限定关系分解法。具有限定关系的概念成分，在标引阶段采用限定组配法进行组合。如表4-4所示。

表4-4　限定关系概念的分解

复杂概念	相邻属概念	限定概念
球墨铸铁强度试验	强度试验	球墨铸铁

续表

复杂概念	相邻属概念	限定概念
温室蔬菜无土栽培	无土栽培	蔬菜、温室
英国近代抒情诗	抒情诗	英国、近代
船舶核动力装置	核动力装置	船舶

无论是"相邻的属概念"还是其"限定成分"，都可同时用交叉关系概念分解法进行分解。如表4-5所示。

表4-5　交叉关系概念的分解

复杂概念	相邻属概念	限定概念
中国社会主义市场经济	市场经济：社会主义	中国
卫星长期水文预报	水文预报：长期预报	气象卫星
不可压缩粘性流体力学	流体力学	不可压缩流体：粘性流体
地下停车场设计	建筑设计	地下建筑：停车场

进行概念分解转换应注意如下问题。

① 当一个复杂主题概念既可采用交叉关系分解方式，又可以采用限定关系分解方式时，应优先采用交叉关系分解方式。这样既符合交叉组配优先的原则，提高检准率；又可以保证概念分解的一致性，从而提高标引的一致性。例如，

"新生儿肠胃出血"，能采用概念交叉分解形式"新生儿疾病；消化系统疾病；出血性疾病"，就不能采用概念限定分解形式"新生儿－消化系统疾病－出血"。

② 概念分解是减少其内涵、扩大其外延的过程，也是概念组配的逆过程。因此，不能采用简单的字面分拆，而必须根据概念的涵义分析进行概念分解。分解的结果不能追求字面形式的一致性，而应保证概念涵义的一致性。例如，

"民族吹打音乐"不能分解成：民族、吹打音乐，而应分解成：民族器乐、吹打音乐。

"等离子体增长波"不能分解成：等离子体、增长、波，而应分解成：等离子体波、增长波

"油脂精炼化学"不能分解成：油脂、精炼、化学，而应分解成：油脂制

备、精炼、油脂化学

"长城计算机使用"不能分解成：长城、计算机，而应分解成：微型计算机、长城型（说明语）

③ 应根据词表收词、类目设置情况来确定概念分解的层次。一个复杂的主题概念往往有多种分解形式，可以分解成不同层次的概念单元。一般可先将其分解成两个复合概念，看词表中是否有与其对应的主题词或类目，如果没有，则对这些复合概念继续进行分解，直到分解的概念有对应的主题词或类目为止。例如，

"中国图书馆对外交流"，可分解成"中国图书馆工作"、"对外文化交流"，但词表中未收上述主题词，可继续分解为"图书馆工作"、"文化交流"、"中外关系"；"光化学污染防治"，可以分解为"光化学"、"环境污染"、"防治"，也可以分解成"光化学污染物"、"污染防治"，这五个概念均有对应的主题词，但前者未采用最邻近的属主题标引的选词规则概念或种概念，因此不是正确的分解。

四、主题标引的选词规则

1. 书写规则

用作文献检索标识的主题词称为标引词。标引词必须使用正式主题词，非正式主题词不得用作标引词，它只作为查找正式主题词的入口词。例如，

调谐电路
Y　谐振电路

上例中"调谐电路"属非正式主题词，应使用"谐振电路"标引。

标引词的书写形式必须与词表中主题词的书写形式完全相同，不得随意改变，同时要避免标引词书写过程中的错、误、漏以及别字等问题。例如，

2，4，5–滴
　　　不能写成"2、4、5 滴"

N^+N 载波通信系统
　　　不能写成"N＋N 裁波通信系统"

综合征
　　　不能写成"综合症"

存贮密度
　　　不能写成"存储密度"

使用词表中的主题词串时，主题词说明词的词序不得改变；使用非正式

129

主题词作说明语时，应去掉后面的"△"；凡以"各国"、"各种"、"按××分的"为说明语的主题词，均不能作为标引词使用；用"："或"—"连接的主题词，可以根据需要选择词序。例如，

　　无线电导航，调幅
　　　　不能写成"调幅无线电导航"或"调幅—无线电导航"
　　频率合成技术，直接法
　　　　应当写成"频率合成技术，直接法"
　　房屋建筑设备：供热设备—工业炉窑
　　　　也可写成"供热设备：房屋建筑设备—工业炉窑"
　　　　"工业炉窑—房屋建筑设备：供热设备"

2. 标引词选定次序

在选定标引词时，应根据下列次序依次选择：

标引词应首先考虑选用最专指的主题词；当没有合适的专指词时，应选用最直接、最相关的若干主题词进行组配；如果组配无法达到要求时，应选用最直接的上位词标引；如果上位词仍不合适，应选最相关的主题词进行靠词标引；对于比较重要且引频率较高的主题概念，可使用增词标引；如果某主题概念的重要程序还不足以作为新增词或有关的专用名称，可采用自由词标引。

3. 上位词标引规则

表达某主题概念，如词表中没有相应的专指词，也不能通过相应的主题词组配时，可选用最直接的上位词标引。当词表中有最直接的上位词时，不得使用间接的上位词标引。使用上位词标引，可满足检全率的要求，但会增加误检率。例如，

"家用电脑"，应使用最直接的上位词"个人计算机"标引，不能使用间接的上位词"微型计算机"标引；

"寒带电气设备"，应使用最直接的上位词"特殊环境用电气设备"，不能使用间接的上位词"电气设备"标引。

4. 靠词标引规则

表达某主题要领，如果没有专指词可用，又不能组配标引和用直接上位词标引时，可采用靠词标引，即选用与该主题概念关系最密切的词，或近义词，或反义词标引。使用靠词标引，应在词表中建立相应参照关系，以保证相同主题标引的一致性。例如，"三金工程"可用"综合业务通信网-中国"作靠词标引。

5. 说明语使用规则

为准确描述主题概念，帮助用户甄别主题标识，可通过在标引词后加说明语的方法增加标引词的专指度。说明语应尽量选用正式主题词，如使用自由词作说明语，应做到词形简练、概念明确。标引词与说明语之间用"，"加以分隔。例如，

农业建筑，育种（说明语为正式主题词）
孔口流动，闸阀（说明语为正式主题词）
调速控制器，多用途（说明语为自由词）
通风机，诱导式（说明语为自由词）
汉字输入法，五笔桥（说明语为自由词）

6. 增词标引规则

如果某主题概念有较大的标引价值或检索价值，不宜采用除专指以外的其他标引方法时，可考虑使用增词标引，即增加新的主题词。增词标引适用于如下几种情况。

（1）词表中漏收的重要主题概念、有重要组配功能的词汇。

（2）新出现的、具有重要标引价值的主要概念，如新学科、新事物、新问题、新技术、新工艺、新材料、新设备等。如"国家基础信息设施"、"多媒体计算机"、"浏览器"、"廉政建设"等。

（3）某主题概念虽可以用主题词组配标引，上位词标引，但其标引频率较高，有较大的检索价值，也可用增词标引。

增加新的主题词，应尽可能利用有关词表、权威的参考书、工具书增补，使增加的主题词概念明确、词形规范、符合科学性和通用性的要求。当需要增加外来语词时，应遵循外来语词的控制原则。确定增加主题词后，要确定其各种语义参照关系，按规定的格式填写增词卡片，报词表编委会审批。

7. 自由标引规则

自由词是指未经规范化处理的，词表以外的自然语言词汇，如文献题名、文摘以及正文中的关键词等。《中国分类主题词表》是一种动态性的检索语言，要随着科学技术的发展不断修订、更新，但总存在一个时间差问题。计算机技术在情报存储和情报检索中的普通应用，为文献自动标引和数据库检索提供了技术条件和可能，因此自由词标引成为受控语言的重要辅助手段。但对使用自由词标引应严格控制，避免滥用自由词。凡属下列情况可采用自由词标引。

（1）词表未收的专用名称，如地理名称、机构名称、人名、文献名、会

议名、产品名、商标名等。

（2）文献中出现的重要数据，如质量、密度、体积、压力、高度、速度、温度、湿度、比率、比例等。这些数据必须与相关的主题词或有关词汇连用，不能单独使用。

（3）某些主题概念如采用组配标引，其组配结果出现多义时，被标引概念可采用自由词标引。用自由词标引，一般应同时与上位词标引或组配引配合使用，以增加检索入口，提高检全率。当专用产品、设备名称可以用主题词加说明语表达时，不用自由词标引。如"GR-560型柴油机"，应标引为"柴油机，GR560型"。

自由词的选用，也应做到词形简练、概念明确。自由词一经使用，应建立登记卡并作好使用记录。在机检文档标引时，自由词应填写在标引工作单的"自由词字段"，不得与正式主题词相混。

五、主题词组配规则

1. 组配原理

组配是在文献标引或检索过程中，按一定的规则，用两个或两个以上的主题构成逻辑关系组合，以表达一个专指概念的方法。组配规则是文献主题标引规则的核心内容，要正确地掌握和运用各项组配规则，首先应对组配的基本原理有所理解。概念是人们对客观事物进行抽象，并以语词的形式表达它反映事物的本质特征。概念之间的关系按外延是否是重合，可分为相容关系和不相容关系两大类。

（1）相容关系

等同关系：等同关系（同一关系），即概念 A 与要概念 B 的外延完全重合，如玉米与玉蜀黍、北京与中国首都。

属分关系：属分关系（等级关系），即概念 A 的外延完全包含在概念 B 的外延之中，如汽车与消防车、小说与传记小说。

交叉关系：交叉关系（部分重合关系），即概念 A 与概念 B 内涵不同，而外延有部分重全合，如市场经济与社会主义经济，公共图书馆与科技图书馆。

（2）不相容关系

矛盾关系，即概念 A 与概念 B 是并列关系，它们外延的总和等于其属概念的全部外延，如有色金属和黑色金属的外延之和等于其属概念金属的外延，自然灾害与人为灾害的外延之和等于其属概念灾害的外延。

对立关系（反对关系），即概念A与概念B是并列关系，它们的外延总和小与其属概念的外延，如社会主义和资本主义的外延之和小于其属概念社会制度的外延，导电材料和绝缘材料外延之和小于其属概念材料的外延。

概念组配是建立在概念逻辑关系的基础上，以概念的分析与综合为手段，以揭示概念的本质为目标，利用检索语言中已有的若干概念，组合起来表达一个新的专指概念的方法。概念组配是主题词法（叙词法）的基本原理，它能正确反映概念之间的逻辑关系，严密、确切地表达新主题的涵义。在主题词标引文献和使用主题词检索文献都应当使用概念组配的方法，避免字面组配。字面组配是建立在概念字面分拆和字面拼接的基础上，注重表面词形的一致而不强调概念内涵和逻辑关系的构词方法。字面组配的结果往往不能确切表达一个新主题的涵义。例如，"胃切除手术"这一主题，采用字面组配是"胃—切除—手术，而概念组配则为"；"胃疾病—切除术"。有时字面组配与概念组配的结果在词形可能是一致的，这是因为词形分拆和概念分解的结果正好相同，但并不能说明字面组配与概念组配在原理上是一样的，如"小麦栽培"字面组配和概念组配的结果都是"小麦—栽培"。

2. 组配的类型

根据参与组配的主题词之间的逻辑关系，主题词组配可分为交叉组配、限定组配和联结组配三种基本类型。

（1）交叉组配

用具有交叉关系的若干个主题词，组合起来表达一个新的专指主题概念的组配方法称为交叉组配，也称并列组配。交叉组配的方法是：首先将要标引的复杂主题概念分解成若干个简单的主题概念，这些简单主题概念都是该复杂概念的属概念，并且在词表中均有对应的正式主题词，将这些主题词用"："连接起来，组配成一个更专指的主题概念，这个新的主题概念是各参与组配概念的种概念。

例如，"食品冷藏"，可分解"食品贮藏"和"制冷贮藏"两个简单的概念，它们都是食品冷藏的概念，且都是正式主题词。然后组配成为"食品冷藏：制冷贮藏"，这两个概念外延的重叠部分即为"食品冷藏"它是"食品贮藏"和"制冷贮藏"共有的种概念。

注意：用于交叉组配的主题词，应大体是同级概念，具有属分关系的概念不能进行交叉组配。例如：

"马尔柯夫标准过程"，不能用"马尔柯夫过程：标准过程"组配，因为"马尔柯夫过程"是"标准过程"的上位概念。此例应直接用"标准过程"

标引。

(2) 限定组配

限定组配，也称复分组配。是由一个表示事物的主题词和另一个（或几个）表示事物的部分，或表示事物的属性，或表示事物的方面的主题词，组合起来表达一个新专指概念的组配方法。限定组配是以概念的限定基础，通过对一个泛指的属概念进行层层的限定（加深概念的内涵，限制概念的外延），形成一个新的专指概念。限定组配使用"—"和","作为组配符号，根据限定概念与被限定概念之间的关系，限定组配可分为特称限定组配、方面限定组配和说明语限定组配三种基本类型。

特称限定组配，是将一个表示事物的属概念用另一个表示事物的概念加以限定，转化为一个更专指的分概念的组配方法。形成的新专指概念，是被限定属概念的部分，与被限定是整体/部分关系，是限定概念的种概念，与限定概念是属种关系。例如，

"玉米的根"，用"玉米—根"组配

新专指概念"玉米的根"是被限定属概念"玉米"的部分，它们之间是整体/部分关系；"玉米的根"是限定概念"根"的种概念，它们之间是属种关系。

方面限定组配，是将一个表示事物的概念，用一个（或几个）表示事物的属性，方面的概念进行限定，转化为一个表示该事物某种属性、某种状态、某一方面的专指概念的组配方法。所形成的新专指概念，表示被限定概念的方面。采用方面限定组配时，要将复杂概念分解成一个相邻的属概念和一个表示事物或问题的概念。分解的成分不存在共同的属概念，限定概念与被限定概念之间不存在交叉关系，形成的新专指概念，表示被限定概念的一个方面，是限定概念的种概念。例如，

农业废物处理：用"农业废物—废物处理"
　　　　　　　　（事物概念）（属概念）

说明语限定组配，是将一个泛指的概念，通过说明语加以限定，转化为一个更专指概念的组配方法，它是方面限定组配的一种特殊形式。说明语限定组配以","为组配符号。被说明（限定）的主题词称为"中心词"，通常表示事物、问题、过程；用以说明（限定）"中心词"的主题词称为"区分词"，通常表示事物、问题、过程的性质、状态、类型、材料、条件、空间、时间等。说明语限定组配采用倒置词序，即中心词在前，区分词在后，中间用","连接，区分词可以是正式主题词，也可以是自然语言。例如，

　　微生物，好氧的（正式主题词）

伺服系统，混合式（自由词）

当区分词是正式主题词且有检索意义时，一般应采用方面限定组配，如"太阳能收集"用"太阳能—收集"，不用"太阳能，收集"；又如"脱水设备"用"脱水—设备"，不用"设备，脱水"。

（3）联结组配

将两个或两个以上主题概念，用一个具有构词功能的主题词联结起来，转化为表达这些主题概念特定联系的组配方法。参与组配的概念具有某种联系，但不具有交叉关系或限定关系，形成的新概念不具备新主题对象的特征。属于事物与事物的关系、比较、影响、作用、应用等类型的联系，应使用联结组配方式。组配时通常将应用的主题、用于比较的主题、发生影响的主题、产生作用的主题置于前面，将相应的功能词置于中间，使用"—"作为组配符号。例如，

气候因子与动物的关系：用"气候因子—关系—动物"

森林对气候的影响：用"森林—影响—气候"

射线与物质的相互作用：用"放射线—相互作用（物理）—物质"

地震应力对箱形基础的作用：用"地震力：应力—作用—箱形基础"

道教与佛教：用"道教—比较研究—佛教"

超声波在农业中的应用：用"超声波—应用—农业；或 农业—应用—超声波"

需要注意的是，如果词表中已有表示某种关系的专指主题词，某些联结关系的组配就要改用限定关系组配。例如：

气候对森林群落的影响：使用"气候影响—森林群落"

不用"气候—影响—森林群落"

3. 组配规则

组配标引是主题词法准确揭示文献主题的主要标引方法，使用《中国分类主题词表》进行文献标此，应遵循下述组配规则，以保证标引的准确性和一致性。

（1）使用专指主题词组配

当词表中有表达某复杂主题概念的专指词时，不得使用其他主题词组配标引。例如："磨损腐蚀试验"，词表中有该主题的专指词，不得使用"磨损试验：腐蚀试验"组配标引。

（2）主题词组配应当是概念组配，避免简单的字面组配

参加组配的主题词之间必须具有一定的逻辑关系，如概念交叉关系、概

135

念限定关系、概念说明关系、概念联结关系，不能进行简单的语词字面分拆和语词字面拼接。例如，

　　医用光学仪器：使用"医疗器械—光学仪器"，不用"医疗—光学—仪器"

　　（3）优先使用交叉组配

当表达一个复杂主题概念有几种组配形式可选择时，应优先采用交叉组配法，只有不能进行交叉组配时，才可使用限定组配法。例如，

　　畜牧生物气象学：使用"生物气象学：畜牧学"，不用"畜牧—生物气象学"

限定组配适用的范围：

① 表达事物的整体/部分关系。

② 表达事物的方面限定关系。事物及其理论，事物及其性质，事物及其材料，事物及其现象、状态、过程，事物及其加工、工艺、检测，事物及其研究的方法、手段，事物、事件及其人物、机构，事物及其地理位置、国家，事物及其时间，事物及其文献类型。

③ 表达事物的说明限定关系。

　　（4）不能越级组配

当无专指主题词用以组配时，必须使用文献与主题概念关系最密切、最邻近的主题词进行组配。当有相应的专指主题词可用来组配时，不得使用该词的上位词或下位词组配，以避免越级组配，例如，

　　中国农业经济建设：
　　使用"农业经济—经济建设—中国"
　　不用"中国—农业—经济—建设"，或"农业经济—建设—中国"，或"农业—经济建设—中国"

　　高等师范教育政策：
　　使用"高等师范教育—教育政策"，
　　不用"师范教育，高等—政策"或"高等教育：师范教育—教育政策"

　　（5）具有矛盾关系、对立关系的主题词，不得进行相互交叉组配或限定组配。如，金属材料与非金属材料、导体与绝缘体、资本主义与社会主义、作用力与反作用力等。

　　（6）组配的结果必须概念清楚、确切，只能具有一个含义，不能具有多义性。若组配的结果可能产生歧义，应通过明确词序，或改用上位标引、靠词标引、增词标引，或增加说明语，或增加辅助标引词，或使用职能符号等方法加以处理，防止出现标引误差。例如，

企业文化初探：用"企业—文化—专题研究"组配，避免产生"文化企业"的歧义。

工厂学校：用"工厂—附属—学校"固定词序组配，避免产生"学校的工厂（校办工厂）"的歧义。

玩具餐具：用"玩具—造型—餐具"组配，增加辅助标引词以使词义确切

（7）对于文献中并列的多主题，手检系统应采用分组标引方式；机检系统可用加联系符号的方法明确各主题词之间的逻辑联系，以避免造成虚假组配。例如，

海水鱼虾养殖
主题款目：海水养殖：鱼类养殖
　　　　　海水养殖：虾类养殖

当多个并列的主题共同的上位概念时，一般还应同时用上位概念标引，以提高检全率。例如，

库车、沙雅、拜城农业区域开发研究
主题款目：农业区：经济区—地区开发—库车
　　　　　农业区：经济区—地区开发—沙雅
　　　　　农业区：经济区—地区开发—拜城
　　　　　农业区：经济区—地区开发—新疆

（8）当一个复杂的主题使用一个组配标题难以准确表达，或超过规定的组配级别时，也可以采用分组标引方式。例如，

卫星气象观测与森林气象灾害预报
主题款目：气象卫星—气象观测
　　　　　森林—气象灾害—气象预报

（9）当某一主题概念在词表中规定有组代词时，应使用规定的主题词及词序组配，不得使用其他主题词进行组配，以保证同一主题标引的一致性。例如，

　　森林旅游
　Y　森林资源—应用—旅游

"森林旅游"这一主题应按"森林资源—应用—旅游"的形式组配，不得组配为"森林—旅游"或"旅游，森林"等形式。

4. 组配符号及其使用

使用《中国分类主题词表》进行文献主题款目，可使用下列组配符号。

(1) 冒号":"
① 用于概念交叉组配。如，高压容器：化工容器。
② 用于主题中若干相关联的并列主题因素的组配，只限于地区、语种、世族或种族等主题因素使用。这种组配不是为了形成新的专指概念，而是表达与标题中主体因素相关联的主题概念，使标题的含义更加明确。例如，

英汉图书馆学词典
主题款目：图书馆学—对照词典—英语、汉语
印巴经济关系
主题款目：经济关系—印度：巴基斯坦胡图族与图西族的民族矛盾：
主题款目：民族矛盾—布隆迪—胡图族：图西族

(2) 短横"－"
用于概念限定组配以及概念联结组配。例如，

微型计算机－存储器
土壤，下部－影响－气候
市场经济－比较研究－计划经济

(3) 逗号"，"
① 用于概念说明限定组配（倒装说明语）。例如，

微生物防治，昆虫病毒
边坡，150米高

② 在主题词轮排时，用于将正装词序的复合词改为倒置词形式。例如，

医学心理学可轮排为：心理学，医学
军事地理学可轮排为；地理学，军事

(4) 起止号"～"
用于时间、年代之间的连接符号、被连接的时间概念，可以是主题词，也可是自由词。例如，

中国共产党—党的建设—1920—1949
经济史—德国—18世纪～19世纪
地质构造—晚二叠世～中三叠世

5. 组配的词序

确定和规范主题词的组配词序，是为了正确表达主题词之间的逻辑联系，有助于用户掌握查找的规律和对标题的判读；有助于保证主题款目的一致性，提高标引的准确性，避免出现错误的组配关系。主题词组配时，应以《文献主题款目规则》（GB 3860－83）中关于主题构成因素及其序列："主体因素

（对象—材料—方法—过程—条件）—通用因素—位置因素—时间因素—文献类型因素"，作为组配次序的基本依据。在确定组配词序时，也可以根据主题结构和要素的特点适当加以调整。例如，

德国球墨铸铁轴承热处理数据手册

曲轴—球墨铸铁—热处理—数据—德国—手册（对象—材料—过程—通用—位置—文献）

6. 多级标题中主题词的轮排

轮排的目的是通过多能标题中的词语位置的调换，使每一个具有检索意义的主题以及某些复合主题词中有检索意义的主题因素，都有机会成为检索入口。

（1）手工检索工具的主题词轮排一般采用"轮替法"（简单轮排法），即依次把有检索意义的主题词放置到标题的前端，其他词序不变。轮排后的词序如逻辑性或可读性不强，可加以调整。例如，

主题款目：外科手术—气管疾病—异物（人体部位）

主题轮排　气管疾病—外科手术—异物（人体部位）

异物（人体部位）—外科手术—异物（人体部位）

使用单元卡片编目时，可分别在主题检项中有关主题词下画红线，指示排检依据。这种方法不但简单实用，而且还保留了原标题的句法结构。

（2）用"："号、","号、"~"号连接的主题词（或年代），在轮排过程中，均作为一个整体移动，词序不变；当用"："连接的主题词轮排至标题前端时，"："两端的主题词可互换位置。

六、文献标引工作质量控制

文献标引是一项十分复杂的技术工作，它具有工作量大、环节多、程序严密、难度高的特点。由于文献主题及其论述方式千变万化；各种标引语言的体系结构、编制技术复杂、掌握使用很不容易，且本身都有不同程度的缺陷；标引人员对文献主题的理解、标引技术的运用存在一定的差异；制约标引质量的因素众多，除了标引语言的质量、人员素质之外，检索系统的类型、检索系统的专业性质、服务对象的需求特点和检索习惯、馆藏文献特点等都是重要的因素。由此不难看出，文献标引既具有很高的严密生，又具有很大的灵活性，如果不能对文献标引的全过程进行规范化控制，就必然会造成文献标引工作的混乱，进而导致建立起来的文献检索系统的检索效率低下。总之，文献标引的质量如何，直接影响着文献的管理、检索和利用的效率。因

此，必须努力将标引质量控制在合乎要求的水平上。

1. 衡量文献标引质量的要素

标引的质量要求是多方面的，其中主要的是正确、适度、一致。

（1）正确

所谓正确是要求标引的检索标识与文献内容相符合。尽管正确的标引并不意味着检索标识与内容完全相符，但是，它要求检索标识的涵义明确，并且与内容最为相符，不允许检索标识与内容完全不相符或不相关。否则，标引就是不正确的，正确的标引可以发挥积极作用，不正确的标引将起到破坏作用。因此，正确是对标引的第一要求，正确性是衡量标引质量的首要标准。

（2）适度

所谓适度，主要是指标引的网罗度要适中，标引的专指度要适当。

标引的网罗度，也称穷举度，是指对文献内容进行标引的完备程度，具体表现为标引的主题数量多少。标引的网罗度主要取决于主题分析水平和主题分析的穷举度。标引网罗度的高低对检索效率有直接的影响；网罗度低，查全率就低；网罗度高，查全率查准率可以提高；网罗度过高，查准率会显著降低，因此，网罗度是衡量标引质量的重要标准。适中的网罗度一般要综合考虑标引单位或检索系统的条件、服务对象的需要，被标引的文献类型、电报局用的标引语言类型等多方面因素而确定。

标引的专指度，是指单个检索标识或若干检索标识的组合揭示文献主题内容的确切程度。标引专指度的高低与查准率的高低成正比，对查全率也有一定影响，因而也是衡量标引质量的一个重要标准。

标引网罗度和标引专指度是相互联系，但有所区别的。标引网罗度和专指度的综合反映就是标引深度。标引深度不足或过大都会对检索效率产生负作用。不同的标引单位或检索系统应该根据其设备条件、文献类型、用户需求、标引语言等因素规定合适的标引深度。如机检系统宜采用深标引，手检系统宜采用浅标引；专业单位对专业文献宜深标引，对非专业文献宜浅标引。标引具体一篇文献时，还应根据其文献价值决定适中的标引深度。

（3）一致

所谓一致主要是要求对同一文献或相同主题的文献赋予相同的检索标识；此外，也要求对同类型、同学科、同类主题的文献在标引方式、网罗度与专指度等方面保持一致。要求标引一致主要是对同一或同类单位、同一或相同检索系统采用相同标引语言所进行的标引而言的。作为衡量标引质量重要标准的一致性，既可以指不同标引人员之间的一致性，也可以指同一标引人员本身的先后一致性。

提高标引的一致性，可以提高查全率、查准率和检索的方便性、规律性，但是，标引的一致性受标引过程各环节以及标引人员水平、标引语言特点等多种因素影响，只有在测算标引一致性的基础上，分析标引不一致的原因，有针对性地加以改进，才能够达到较高的标引一致性。

2. 改善文献标引质量的措施

（1）选用权威的标引工具作为本单位文献标引的工具

权威的标引工具有科学的体系、严谨的结构、合理的词汇控制技术，据此可以建立良好的文献检索系统，权威的标引工具有较好的兼容性，有利于书目资源共享。《中国分类主题词表》是在《中图法》和《汉表》基础上，编制的对照索引式的分类就主题一体化的标引工具，可以同时满足文献分类标引和主题标引的需要，是一种理想的文献标引工具。

（2）遵守科学、实用的标引工作程序和基本标引规则

为防止标引过程中的随意性、人为性，减少标引误差，提高标引质量，遵守统一的工作程序和标引规则是极为重要的。标引规则中应对主题分析方法、标引方式选择、主题概念转换、标引词使用、组配方法等作出原则、明确的规定，使标引工作有章可循。

（3）制定各单位的文献标引工作细则

一般来说，标引工作程序和标引规则间根据标引实践中总结的成功经验所作出的原则规定，具有普遍的适用性，但是由于文献标引的复杂性和灵活性，文献主题的多样性，检索系统的多样性、用户情报需求的多样性，基本规则不可能也不必要对各种细节作出规定。对于一个具体的图书馆、情报机构来说，为保证标引工作的规范化，还应在基本规则的基础上，结合本单位的实际情况制定更具体、实用的工作细则，如确定分类法的使用本、确定标引深度、确定标题的组配级别、确定轮排方法、确定是否使用职号或加权，设计主题分析提纲、设计标引工作单等。作为本单位文献标引工作的准则。

（4）提高标引人员素质

标引工作是一种专业性和技术性较强的智力劳动。为保证标引质量，必须提高标引人员素质。对此本节下一个论题中再行论述。

（5）加强标引工作的组织管理

在标引工作的组织管理方面可实行岗位责任制，将每个标引人员必须承担的工作和职责明确规定下来，并严格实施，增强标引人员的责任感。可实行定额管理，规定合理的标引定额标准，使标准不至过高、过低、过死，将

数量与质量相结合，构成完整的工作业绩评价指标。

3. 主题标引人员的基本要求

文献标引是一项复杂脑力劳动，它的产品中包含着很高的智能成分，不是随便什么人都能胜任的。一个文献标引人员，需要具备如下各方面的素质。

(1) 要有较高的文化水平

文献标引就是由标引人员把文献的内容吃透，用精确而简练的语言加以概括，用准确的检索语言加以记录，这个过程中包含着多种文化知识的运用。没有较高的文化水平，在文献主题分析中就缺少阅读文献、驾驭材料、把握重点、去粗取精的能力。文化水平还体现在逻辑思维能力方面，作好文献标引，要求标引人员有较强的逻辑分析、判断、推理、归纳、综合的能力。这种能力一是体现在对所用检索语言的理解、把握方面；二是体现在主题分析过程中，能够进行由此及彼、由表及里、去伪存真的分析，透过现象抓住本质；三是体现在概念提炼、概念分解、概念组合时，能运用形式逻辑的原理，把握概念之间的逻辑关系，对文献主题进行正确的逻辑表达。外文文献和古籍文献的标引人员，还必须具备较高外语或古汉语水平。

广博的学科知识面，也是标引人员文化素质的重要体现。标引人员处理的文献往往是多学科的，并且涉及大量的交叉学业科文献，标引人员的知识面越广，越容易把握学科之间的内在联系、正确分析文献主题，同时，各学科所特有的思维方式将有助于提高整体思维水平。

(2) 要具有相关学科的专业知识

文献是各学科知识的记录，像学术论文，科研报告一类的文献，讨论的都是很专深的课题，没有一定的专业知识，就无法准确把握文献内容，了解课题的价值、它在该学科的地位，以及对其他学科的作用。大型的或专业性的图书情报机构，都应当根据自己的条件进行适当的专业分工。配备具有相关专业知识的人员从事标引工作，这一点对于主题标引来说尤为重要。

(3) 要有坚实的情报检索理论与实践基础

首先，要对标引语言的原理、结构、功能、使用等有深入的了解，尤其是对所使用的标引语言要有透彻的认识，能熟练掌握，运用自如。其次，要对各种标引规则的实质、适用范围、使用方法、变通形式等有深入理解并能与标引实践结合起来。再次，要有文献检索的基础理论知识和一定的实践经验，不但对文献检索的全过程、各个环节的要点、影响检索效率的因素等有全面的了解，而且还应当具有一定的实践检索技能和经验。只有这样，才能熟练地运用标引语言和标引规则，很好地把文献标引与文献检索联系起来，保证标引的质量。

(4) 要充分掌握检索系统的特点

文献标引一般都是针对建立特定的检索系统而进行的，熟悉和掌握检索系统的特点，对于正确地标引是极为重要的，检索系统的特点包括两个方面：一是检索系统自身的特点，是综合性的还是专业性的，是对社会服务的还是对内部服务的；检索系统的规模，是大型的还是中小型的；检索系统的标引对象，是普通图书还是期刊论文，或兼而有之；检索系统已存储文献的特点等。二是检索系统服务对象的特点，包括服务对象的文化程度、专业特点、检索能力，检索习惯，情报需求特点（专业检索系统，还要掌握不同时期因科研计划引起的情报需求变化）等。只有充分掌握检索系统的性质、功能、需求等特点，才能作到有针对性、有重点地标引，充分挖掘文献中对本检索系统有价值的情报内容，才能使标引人员的标引思路与情报用户的检索思路尽可能地相吻合，提高标引的有效性。

(5) 要有认真、踏实的工作作风

文献标引从某种角度来说，是一项很费力而近乎"枯燥"的工作，年复一年地重复一个单调的工作程序，容易引起疲劳和烦躁感，如果没有认真、忠实的工作作风，往往会产生各种疏漏乃至错误。文献标引又是一种艺术，其中是大量的技巧是教科书上所没有的，标引人员必须善于总结自己的和他人的经验与教训，体味各种标引差异对检索效率的影响，不断提高自己的标引技能和技巧。

第三节　分类主题一体化

分类检索语言与主题检索语言各有优点，分类主题一体化，就是指分类检索语言与主题检索语言有机结合的实现。分类主题一体化词表的实质就是一种实现了分类语言与主题语言兼容互换的系统，具体地说，是指在一个检索语言系统中（或由两种原本互相独立的检索语言合成的系统），对它们的分类表部分与主题词表部分的术语、参照、标识、索引四部分实施统一的控制，从而能够满足分类标引和主题标引的需要，简称一体化检索语言或一体化词表。

一、分类主题一体化词表

分类主题一体化词表大致可以分为如下三种类型。

1. 分面叙词表

分面叙词表，如《教育主题词表》、《社会科学检索词表》、《音像资料叙词表》等，是最典型的一体化词表。通常由一部分面或半分面的分类表和一部字顺叙词表构成，有的还有英汉对照索引与轮排索引。分类表起传统主题词表词族索引和范畴索引的作用，字顺叙词表起分类表字顺索引的作用，可以直接用于主题标引与分类标引。这种词表结构新颖、性能优异、适应性广。

2. 分类主题词表

分类主题词表，又称为分类法—主题词表双向对照索引，如《中国分类主题词表》、《中图法教育专业分类法》等。这种词表通常由分类号与主题词对应表、主题词与分类号对应表两部分组成。分类号与主题词对应表为每个类目列出其对应的一个或多个主题词或主题词串；主题词与分类号对应表为每个主题词列出其对应的一个或多个分类号。这种词表加上互相对应的部分以后，它的功能就超过了这两部分功能的总和。从兼容方面来看，分类主题词表不如分面叙词表。但是，从其实际的工作和影响来看，分类主题词表已远远超过了分面叙词表，并在图书情报界得到广泛推广和使用。

3. 集成词表

集成词表是"将某些特定主题领域的若干叙词表和分类法汇编成一种集成词表"，用于联合分类标引和主题标引，实现分类语言与主题语言之间的兼容与互换。例如，中国医学科学院编制的《中图法 R 类与 MeSH、中医药学主题词表对照表》就是以一部分类表（《中图法》的医学类）为主干，与两部主题词表（国际医学界通用的《医学主题词表》和我国的《中医药学主题词表》）进行对应标引而形成的集成词表。用户在用《国图法》分类标引之后，通过该对照表可以很快地找到相应的主题词。集成词表是分类主题词表的发展，规模和功能也超过分类主题词表。山西省图书馆主持研发的，包括《中图法》、《科图法》、《人大法》及《汉语主题词表》在内的"标引对照系统"，属于此类一体化词表，实际上是一种机读版的集成词表。

在一体化词表中，分类表不但能从学科分类的角度揭示主题概念的系统关系和等级关系，而且借助主题词表部分充分揭示主题概念的多重等级关系和相关关系，其功能优于单一的分类表；主题词表不但能揭示主题概念的相关关系、同一关系及组配关系，借助分类表部分还能充分揭示主题概念之间的系统关系和等级关系，其功能优于单一的主题词表。这种结合中通过内部的协调，使分类表和主题词表各自的特性和功能得到提高，使得一体化词表的整体功能高于它的各个部分功能的总和。

4. 分类主题一体化优点

实践证明，分类主题一体化检索语言主要有如下优点。

（1）标引人员可以同时完成文献资料的分类标引和主题标引，两种标引数据的互相转换可以节省人力和物力；

（2）用户可以在一个检索系统中同时进行字顺主题查询和系统分类查询，可以提高检索效率；

（3）用分面分析的方法编制分类输入数据表，可以保证编表选词的全面性和均匀性，保证构造词间关系的完整性和准确性；

（4）用手工拟定的分类表通过计算机自动生成字顺主题词表，可以提高编表的速度和质量；

（5）成为不同检索语言之间兼容互换的工具。

二、《中国分类主题词表》

《汉语主题词表》1980年出版后，并未得到广泛的使用和迅速的推广。为了加快主题法及《汉语主题词表》在我国图书馆界和情报界的应用推广，《中图法》编委会决定在分类法和主题法之间架设一座桥梁，即编制一部分类主题词表。《中国分类主题词表》作为国家"七五"哲学社会科学研究的重点项目，得到了国家社会科学基金的支持，于1987年正式启动，在国家图书馆（原北京图书馆）的主持下，该项目于1993年完成，1994年由北京华艺出版社正式出版。全书共2卷6个分册，约1 500万字。该项目后来荣获国家科技信息优秀成果奖二等奖和国家社科基金项目优秀成果奖二等奖。《中国分类主题词表》是在《中图法》（第3版）和《汉语主题词表》（第1版）基础上编制的，是两者双向对照索引式的一体化检索语言。是主题法与分类法之间的兼容互换工具。《中国分类主题词表》的研制，是我国情报检索语言发展史上的一件大事，具有重要的理论价值和实践意义，它现在已经基本取代了《汉语主题词表》，成为国内最通用的标引和检索工具之一。它对于加快发展我国文献数据库和信息检索系统的建设具有重要的意义。

《中国分类主题词表》是我国图书情报界为提高文献分类标引和主题标引质量、降低标引难度及补编主题目录等而编制的。它是针对我国图书馆情报界现行使用的标引与检索工具的状况，考虑到文献部门的实际需要，把我国图书情报界使用最广泛的两种检索语言，即《中图法》和《汉语主题词表》相结合而设计的一种分类语言与主题语言兼容互换的工具。

1. 《中国分类主题词表》的意义

《中国分类主题词表》的编制完成，对我国图书情报界文献规范处理的现代化建设及检索语言学、术语学研究和数据库建立、检索系统的完善，都具有深远的影响和重大的现实意义。具体表现在如下几个方面。

（1）为建立综合性文献数据库，实现联机检索和信息资源共享奠定了基础。

（2）为完善图书馆目录体系，沟通分类和主题两大检索系统起到了推进作用，同时也促进了计算机检索和手工检索工具的研制。

（3）为联机多库检索系统中解决检索语言障碍，起到了中介词典的作用，推动了检索语言标准化的进程。

（4）在检索和标引系统中，能够实现分类主题一体化，可降低标引难度，提高检索效率和标引工作效率，为实现机助标引、自动标引创造了条件。

（5）从检索语言角度看，它已构成先组式等级分类语言与后组式主题语言相结合的分类主题一体化的检索语言，为检索语言兼容互换创造了条件。

（6）作为一个详尽的知识体系，可为科学研究提供较为详细的研究提纲，也为编制专业主题词表、专业文献分类法，提供了基本词汇和分类体系。

（7）为术语学的研究和术语库的建立提供了参考依据。

2. 编制原则

《中国分类主题词表》编制原则，是为达到编制目的及其功能要求所制定的编制思想和指导性原则。《中国分类主题词表》的功能要求主要是满足标引系统、检索系统中分类主题一体化。

它是在《汉语主题词表》和《中图法》的基础上编制的，以兼容为目的，以类目与主题词对应为手段。除新学科、新主题及明显的逻辑错误和兼容因素带来的《汉语主题词表》、《中图法》的修订之外，不得擅自更改《汉语主题词表》、《中图法》的基本要素及其内在结构。

由于《中国分类主题词表》在检索语言标准化体系中，起着中介桥梁的作用，因此，它的编制规则包括兼容对应规则、选词规则等，其制定的依据是《文献汉语叙词表编制规则》（GB 13190-91）、《文献叙词标引规则》（GB 3860-83 的修订版）、《〈中图法〉〈资料法〉第三版使用手册》以及《文献分类标引规则》（国家标准送审稿），原则上不得与这些国家标准性规则相违背。

《中图法》与《汉语主题词表》在兼容对应过程中，如果二者出现概念描述相矛盾时，应当具体分析处理，以正确描述为准，对错误描述应予修订。

如当《汉语主题词表》中具有用代关系的主题词分别与《中图法》中两个类目所描述的新概念相对应时，对这一矛盾现象应具体分析处理：

如果两个类目对应的主题词是等同概念，则属《中图法》列类错误，应修订《中图法》，取消非正式主题词对应的类目。

如果当两个对应的主题词不是真正的同义词和等同关系，而是大概念代小概念，应修订《汉语主题词表》，取消用代关系，将非正式主题词提为正式主题词。

3. 体系结构

任何一部词表或分类法的体系结构都是为实现其功能而设计的，体系与其结构也是密切相关的。《中国分类主题词表》是从我国文献检索语言实际情况出发，选择了"分类法—主题词表对照索引"式的一体化体系。这种体系既不是单纯分类法的等级学科体系，也不是单纯的叙词字顺体系，而是二者相互对照、相互融合、互为索引的一体化体系。

当然，在这种体系中由于两者先组度的差异，主题词与类号不能全部做到一一对应，部分类目与主题词不能等值兼容，而是近似兼容或部分兼容，一个正式叙词可能对应两个以上体系分类法的类目，每个类目可能与两个以上的主题词或主题词词串对应。

《中国分类主题词表》是由如下三部分构成。

编制说明与使用说明。它是对《中国分类主题词表》编制目的、编制原理、编制结构及功能、使用方法等有关事项的总体说明。

《分类号—主题词对应表》，共一卷两册。这是《中国分类主题词表》从分类到主题、从类号到主题词的对照索引体系，包含了《中图法》、《资料法》所有类目和对应主题词款目、对应注释，即由《中图法》的主表、7个附表和2个附录，以及《汉表》修订后的共10.5万多个主题词构成。它既是一部增加主题词（串）注释的新版《中图法》，又是一部以《中图法》分类体系组织的《汉表》分类索引。

《主题词—分类号对应表》，共一卷四册。这是《中国分类主题词表》从主题词到分类号、从标题到分类号的对照索引体系。它含有 205 322 个主题词、主题词串和 14 690 个非正式主题词。它既是一部以《中图法》类号为范畴号的《汉语主题词表》，又是一部主题词表式的《中图法》类目索引。

《中国分类主题词表》共收分类号-主题词对应款目 210 012 个，单个主题词 110 686 个，其中非正式主题词有 14 690 个，有相关参照的主题词有 21 746 个，与《汉表》相比增加了 1 777 个非主题词，增加了 1 036 个族首词，并把词族索引直接纳入到主表中，扩大了检索入口范围和族性、相关性检索的可能性；与《中图法》相比，类目基本没变，有49 104个类分文献的类，但增加了近16万个类目所含的或专指和相关的主题，提高了主题的列举度，降低了《中图法》的标引文献的难度。

4. 功能

《分类号—主题词对应表》与《主题词－分类号对应表》互为索引，可分别用于分类标引与主题标引，二者标引数据可以相互转换和补充，因而可以降低标引难度，提高标引质量，节省人力和物力，并能实现分类号和主题词的混合检索。

《中国分类主题词表》相当含有一个比较完善的分类体系标题表和字顺标题表。这为我国图书馆在现有分类目录的基础上补编主题目录或分类目录字顺主题索引提供了一条捷径。

《分类号—主题词对应表》可作为《汉语主题词表》的详细学科范畴索引。与《汉语主题词表》原范畴索引相比，它的分类体系与《中图法》取得一致，等级层次加深，有的已达到七八级，而且每级都配有类号和对应的主题词，都可以直接用来选词和标引文献。

《分类号—主题词对应表》还可作为《中图法》（含《资料法》）类目概念的主题词详解索引。因此，可消除《中图法》类目中的许多模糊概念，为理解类目提供了可靠的依据。

《主题词—分类号对应表》可作为《中图法》类目相关索引，使《中图法》（第三版）也能从主题字顺的角度来检索类目，填补了《中图法》（第三版）索引的空白，与《中图法》（第二版）索引相比，它是叙词表式的索引，并对先组式主题词串进行了有效轮排。

《主题词—分类号对应表》不仅是《汉语主题词表》的主表，并修订了《汉语主题词表》的主题词排序规则，改按主题词的汉语拼音逐音节逐汉字排序，从而提高了主题词字面成族的机会，起到了字顺索引的作用，而且还包含了《汉语主题词表》的词族索引，并对《汉语主题词表》词族索引进行了修订，起到了《汉语主题词表》修订版的作用。

《中国分类主题词表》与国外出版的分类法－叙词表双向对照索引相比，它的结构更完整，除了有分类号、主题词外，还带有分类表的类名、注释、主题词表的注释和各种参照。虽然篇幅大了些，但它的功能更完备了。

《中国分类主题词表》是在原类表和词表的基础上，寻找主题兼容、语义兼容和结构兼容的，在兼容过程中，除了修订以上二表不合理的地方和有效地增加了一些必要的表达新概念、新主题的主题词与删除了一些陈旧过时的或过于专指的主题词外,对原词表和类表没有做大的改动。

总之,《中国分类主题词表》整体功能远远超过了《中图法》和《汉语主题词表》功能之和,实现了先组语言与后组语言结构语义等方面的兼容。

5.《中国分类主题词表》的基本要素

(1)"分类号—主题词对应表"的基本要素

该表的基本要素有:

① 分类号、类目名称、注释(来源于《中图法》及《资料法》第三版);

② 对应的主题词(来源于《汉语主题词表》,但新增了许多词);

③ 对应参见及注释说明(必要时用,主要用来解决一些特殊类目的主题词对应问题)。

④ 在分类标引之后,可得到主题词标识。因为每个分类号后都有与此表达概念相对应的全部主题词或主题词组配标题。但应注意到,主题标引毕竟不同于分类标引,特别是在表达概念的专指程度方面尤有差异。所以,通过分类号直接得到的主题词标识有时还应该结合文献主题内容从中进行挑选和审核。

(2)"主题词—分类号对应表"的基本要素

该表的基本要素有如下几个:

① 单个主题词以及多个主题词的组配标题(前者来源于《汉语主题词表》以及新增词;后者则是"分类号—主题词对应表"的反向生成物);

② 主题词的含义注释及语义参照(来源于《汉语主题词表》,但族首词下采取等级关系全显示,其他词下的语义参照则简化);

③ 对应的分类号(包括正式分类号与交替分类号,特殊情况下可缺省);

④ 对应注释说明(必要时用,主要用于说明一些特殊主题词的对应问题)。例如,

    动态社会学 C91
    D 社会动力学
      社会动力学
    Z 社会学
    C 静态社会学
      孔德(AUGUSTECOMTE,1798-1875)
    社会科学—科学研究—法令 C01①

社会科学—哲学理论　C02

文学，各国　I3/7①⑦

注：可用世界地区表及专类复分表对应的主题词组配标引。

例如，

I313 文学—日本；

I313.074　小说史—日本—近代

三、分类主题一体化标引方法

《中国分类主题词表》是分类法主题法一体化的标引工具，既可用于文献分类标引，也可用于文献主题标引，并可使分类标引与主题标引结合起来，一次完成。使用本表进行分类标引或主题标引，都既可从"分类号—主题词对应表"入手，也可从"主题词—分类号对应表"入手。

1. 对文献分类标引的一般要求

文献分类标引必须以文献内容的学科或专业属性为主要依据，并顾及文献的其他特征。因此，分类标引时，应对文献进行周密的主题分析，查明文献的研究对象是什么，属于哪一学科或专业范围，写作目的是什么，属于何种文献类型以及有哪些用途等，而不能单凭题名分类。

文献分类标引必须依据文献分类表及其使用规则，辨清类目的确切含义和范围，不能脱离类目之间的逻辑关系和类目注释的限定来孤立地理解类名的意义而进行分类。

文献分类标引必须符合专指性要求，即应把文献分入恰如其分的类目，而不能分入范围大于或小于文献实际内容类目。只有当分类表中无确切类目时，才能分入范围较大的类目（上位类目）或与文献内容最密切的相关类目。

文献分类标引必须使文献能"尽其用"，即符合实用性要求。应根据文献的具体内容和实际用途，在检索系统中提供必要数量的、切合需要的检索途径。

从分类号－主题词对应表入手进行分类标引时，主要是利用该对应的左栏，根据所查明的文献内容的学科或专业属性，由大类至小类逐步缩小范围，从而找到与文献内容相符的类目，这等于使用《中图法》或《资料法》进行分类标引，应遵守《＜中图类＞＜资料法＞第三版使用手册》中的各种规定，在查类时应注意：

● 采用《中国图书馆图书分类法》的单位不带"＋"号的分类号，或带"＋"的分类号中"＋"号前的部分，采用《资料法》的单位使用完整的分类号,并将"+"号删除。

● 参看对应表左栏的对应主题词有助于辨别类目的含义,因为对应主题词往往比类名和类目注释中所列出的概念更多、更具体。

● 根据对应主题词转查"主题词—分类号对应表",可以查出相关的分类号或交替类号(也就是说,此时主题词—分类号对应表起着分类表相关索引的作用)。

● 如果一个单位既编有分类目录,也编有主题目录,在分类检索过程中如有需要时,可根据"分类号—主题词对应表"所给出的对应主题词,在主题目录中进行扩检,即查出某一主题多方面的文献。

从主题词—分类号对应表入手进行分类标引和检索,是把"主题词—分类号对应表"作为分类表类目索引使用,使用时应当注意:

● 当不清楚某个主题概念属于哪个学业科或专业范围因而从分类体系查找类目的有困难时,可从"主题词—分类号对应表"入手,先查出对应的分类号,再查"分类号—主题词对应表"进行核对,确定具体分类号(一般不能直接使用"主题词—分类号对应表"中所给出的分类号进行标引)。

● 当在一个主题词下列有多个分类号时,若其中有一个分类号不带"[ ]",其余带"[ ]"号的分类号的类目,或者几个分类号都不带"[ ]",则仔细对比各个类目之间的差别,选择适当的类目标引,必要时可作互见分类标引。若列出的两个类号是上下位类关系,则其中一个是类组类目或"其他"类,应辨别后标引。

● 对于带有圈码的分类号,应按圈码的指示,进行复分或仿分的组配标引。例如,文献主题是"中国四川人口调查",在"主题词-分类号对应表"中查得"人口调查-中国 924.25",根据圈码③的指示,利用"中国地区表"进行复分,该文献的具体分类号为 C924.257.1。又如,文献主题是"植物药的临床应用",在"主题词—分类号对应表"中查得"植物药 R282.71⑦",根据圈码⑦的指示,利用专用复分表进行复分,该文献的具体分类号为 R282.710.7。

2. 对文献主题标引的一般要求

主题标引是针对文献所论及或涉及的事物进行标引,而不是针对文献内容的学科性质进行标引;标引用词必须是词表中的正式主题词,书写形式应与词表中的书面形式一致;标引时应遵守下列专指性规则和优先顺序:必须首先选用词表中最切合文献主题的转指词标引,一般不得选用其上位词或下位词标引;当词表中没有专指度相等的主题词时,则可选用两个(有时也可以用三个）最直接的上位主题词组配标引；当既无专指词又不能组配标引时，可选用一个最直接的上位词或最近义的、最相关的主题词标引；当用上位主题词或近义主题词标引也不合适时，可采用下列两种方法之一进行标引；即或者用一个自然语言词（其前加","号、词后加"△"号）附于上位主题词后作限定，以达到所要求的专指度；或者增补一个新词标引，所增新词前应标注"√"号，增补新词应作记录，写入词表相应的字顺位置。

组配标引应遵守下列规则：主题词组配必须是概念组配，相组配的几个主题词之间应具有概念交叉关系或概念限定关系；必须选用与文献主题最密切、最邻近的专指主题词进行组配；优先选用具有概念交叉关系的主题词组配，组配符号用"："号。无概念交叉关系的主题词时，可选用具有概念限定关系的主题词组配，组配符号用"－"号。组配的结果要求概念清楚、确切。

从主题词—分类号对应表入手进行主题标引和检索时，应当注意：

● 先将文献主题按分面分析原理分解成各个主题因素，然后在字顺中查找相应的主题词，如果"主题词—分类号对应表"中已列出与文献因素一致的主题词，或与文献主题含义一致的主题词串，可直接使用，否则，可进行组配标引，或上位标引，或靠词标引；

● 在主题检索过程中，除利用主题词的参照项进行扩检外，还可根据"主题词—分类号对应表"所提供的分类号，转查分类目录进行扩检；也可转查"分类号—主题词对应表"，从其左右栏获得更多的主题词进行扩检。

从分类号—主题词对应表入手进行主题标引和检索时，应当注意：

● 如果一个单位既编制分类目录，又编制主题目录，则在分类标引的同时进行主题标引最为方便和节省时间，因为分类标引必须利用"分类号—主题词对应表"，而该表的右栏就列出了与类目对应的主题词及主题词串；

● 如果对某个概念的相应主题词在"主题词—分类号对应表"中直接查找有困难，则可以从"分类号—主题词对应表"入手查，必要时再转查"主题词—分类号对应表"；对于主题词后带"各国"、"各种"、"按…分的"等概括性限定词的，应根据文献具体内容替换成专指词进行组配标引；

● 所查出的主题词串对于文献主题往往不够专指，可根据标引专指度要求，必要时查出其他主题词进行组配。例如，《钩端螺旋体病防止指南》一书，查出与 R514.4 类相对应的主题词"钩端螺旋体病"一词后，还可从 R5/8 类"临床医学复分表"中查到主题词"防治"一词，再从"总论复分表"中查到"指南"一词，组配标引为"钩端螺旋体病—防治—指南"；

● 分类号—主题词对应表具有主题词表范畴索引的功能，所以也可参考它在主题目录中进行主题法的族性检索。

第五章 图书著录工作

目录是开启图书馆知识门户的钥匙,目录的组织工作是目录的形成和组织过程,也称文献编目,包括文献著录和文献标目两方面的内容。文献著录,就是按照相应的规则与方法对各种类型文献的内容和形式特征进行分析、选择和记录的过程,文献著录的结果生成通用书目款目。文献标目就是按照图书馆的性质、任务和不同要求,对款目进行科学的编排组织,形成具有一定体系的检索工具———目录。文献著录是编目工作的第一步,文献标目是编目工作的第二步,前者是后者的前提和基础,后者是前者的发展和目的。为了实现图书馆之间目录资源的共建共享,著录工作必须坚持标准化管理。本章主要介绍各种文献类型的标准化著录方法。

第一节 图书著录概述

一、图书著录的内容

1. 著录项目

图书著录是指在编制图书目录时,对图书内容和形式特征进行分析、选择和记录的过程。用于揭示图书外表形式和物质形态及内容特征的描述说明称为著录项目,如题名、责任者、出版时间、开本、页码、价格、主题等。所有著录项目的组合称为通用款目,通用款目是编制其他款目格式的基础。通用款目添加具有排检功能的标目后,就产生各种检索款目。将检索款目按标目进行排序后,就组成相应的目录,如题名目录、责任者目录、分类目录、主题目录等。

2. 著录级次

中文图书的著录项目分主要项目和选择项目的著录。

主要项目包括:题名与责任说明项的正题名、第一责任者;版本项的版本说明;文献特殊细节;出版、发行项的出版地、出版者、出版日期;载体形态项的数量及特定文献类型标识、尺寸、附件;丛编项的丛编正题名、丛编编号、分丛编号；文献标准编号。

选择项目包括：并列题名、一般文献类型标识、其他题名信息、其他责任说明；印刷地、印刷者、印制日期；丛编并列题名、丛编其他题名信息、丛编责任说明、丛编 ISSN；附注项；装帧、获得方式、附加说明。

仅著录主要项目的称为简要级次，除著录主要项目外，还著录部分选择项目的称为基本级次；凡著录主要项目和全部选择项目的称为详细级次。地方馆可采取仅著录基本级次，而全国编目中心则要进行详细目次的著录，以便于数据共享。

西文著录级次不划分著录项目性质，直接给出每级著录级次的著录单元，这里不作详细介绍。

3. 著录用标识符号

为便于人们识别不同语种文献的书目信息，利于国际间书目信息交流，1974 年出版的 ISBD（M）率先规定了著录用标识符号，我国在《文献著录总则》及其一系列分则和《西文文献著录条例》中均采用 ISBD 规定的标识符号。如表 5-1 所示：

表 5-1 著录用标识符号及其说明

符号	符 号 说 明
. —	项目标识符，用于分隔各著录项目，除题名与责任说明项外，各项著录前均用项目标识符". —"标识
[ ]	方括号用于一般资料标识和取自规定信息源以外的著录信息
=	等号用于标识文献的并列题名、并列责任说明、并列版本说明、丛编或分丛编的并列题名、连续出版物卷、期年月的第二标识系统、识别题名等
:	冒号用于标识文献其他题名信息、出版发行者、图及其他形态、丛编或分丛编的其他题名信息、获得方式等
/	斜线用于标识文献题名后著录的第一责任说明、与本版有关的第一责任说明、丛编或分丛编的第一责任说明
;	分号用于标识不同责任方式的其他责任者、与本版有关的其他责任说明、第二出版发行地、同一责任说明的集合题名、尺寸、丛编或分丛编编号、连续出版物的后继标识系统
,	逗号用于标识有从属标识的从属题名、同一责任说明中的第二、第三责任者、附加版本说明、出版发行年、国际标准连续出版物编号、交替题名、分段页码

续表

符号	符 号 说 明
.	圆点用于标识分辑标识或没有分辑标识的从属题名以及不同责任说明的其他题名、分丛编题名
+	加号用于载体形态项的附件之前
( )	圆括号用于标识丛编项、载体形态项的补充说明、文献标准编号与获得方式的附加说明、连续出版物卷、期、年月标识项中的年月标识
×	乘号用于载体形态项中文献特殊尺寸宽度与高度的之间的标识
?	问号用于标识不能确定的著录内容，一般与"〔 〕"结合使用
…	省略号用于标识省略的著录内容
---	连字符用于起讫连接
//	双斜线用于标识析出文献的出处

4. 著录用文字

著录用文字是指文献著录时所使用的文字的字形、字体和语种等。字形指字的形体，如汉字用繁体字还是简体字；外文采用哪种拼写方法等；字体指文字书写方法；文种指用哪一文种著录。

文献著录必须采用统一、规范的文字形式，中、西文文献著录对文字使用的具体规定为：中文文献的题名与责任者项、版本项、文献特殊细节项、出版发行项和丛编项一般应使用在编文献本身的文字著录。汉字要采用规范化汉字。中文文献本身的文字出现错误时仍需照录，可将正确的文字著录其后，并用"〔　〕"括起。中文文献的版次、出版发行年、载体形态项内的卷（册）数、页数、尺寸、价格等数字一律采用阿拉伯数字。西文文献著录的题名与责任者项、版本项、出版发行项、丛编项均按文献本身所用文字著录；文献载体形态项、附注项、标准编号与获得方式项用英文著录；每个著录项目首词的首字母应大写，某些著录单元，如交替题名、分辑题名、并列题名的首词首字母，著录项目中所引其他题名的首词首字母以及专有名词每个词的首字母也应大写；各种文献的大小写按各种语种的语法规则而定，如英、法文除专有名词外，一般均小写，而德文则规定，凡名词都应大写；错误的或拼错的单词应按文献所载形式著录，单词中所遗漏的字母可以使用方括号

155

补著；个别项目文字的特殊规定见有关项目的说明。

5. 著录格式

著录格式是构成款目的各个项目在载体上的排列顺序及其表述方式，分为卡片格式（分段著录格式）、书本格式（连续著录格式）、机读目录格式（是一种存储过程的过渡式格式）三种。卡片格式分为通用款目著录格式、排检款目两种类型。

通用款目著录格式为：

> 正题名［一般文献类型标识］＝并列题名：其他题名信息/第一责任者；其他责任者．—版次及其他版本形式/与本版有关的责任者．—出版发行地：出版发行者，出版发行年（印刷地：印刷者，印刷年）
>
> 页数或卷（册）数：图；尺寸＋附件．—（丛书名/丛书责任者，丛书国际标准连续出版物编号；丛书编号）
>
> 附注
>
> 国际标准书号（装帧）：获得方式
>
> 提要
>
> I. 书名 II. 责任者 III. 主题 IV. 分类号

排检款目有题名款目、责任者款目、主题款目等，其著录格式为：

> 题名（或责任者，或主题词）
>
> 正题名［一般资料标识］＝并列题名：其他题名信息/第一责任者；其他责任者．—版次/与版本有关的责任者．－－文献特殊细节．－－出版发行地：出版发行者，出版发行年（印制地：印制者，印制日期）
>
> 数量及其单位：图表及其他形态细节；尺寸＋附件．－－（丛编名/丛编责任者，ISSN；丛编编号）
>
> 附注
>
> 文献标准编号（装订）：获得方式
>
> 提要
>
> I. 题名 II. 责任者 III. 主题词 IV. 分类号

分类款目著录格式为：

> 分类号
> 正题名［一般资料标识］＝并列题名：其他题名信息/第一责任者；其他责任者．—版次/与本版有关的其他责任者．—文献特殊细节．—出版发行地：出版发行者，出版发行年（印制地：印制者，印制日期）
> 数量及其单位：图表及其他形态细节；尺寸＋附件．(丛编名/丛编责任者，ISSN；丛编编号)
> 附注
> 文献标准编号（装订）：获得方式
> 提要
> I. 题名 II. 责任者 III. 主题词 IV. 分类号

书本式目录著录格式为：

> 正题名［一般文献类型标识］＝并列题名：其他题名：其他题名信息/第一责任者；其他责任者．—版次及其他版本形式/与本版有关的责任说明．—出版发行地：出版发行者，出版发行年（印刷地：印刷者，印刷年）．—页数或卷（册）数：图；尺寸＋附件．—（丛书名/丛书责任说明，丛书国际标准连续出版物编号；丛书编号）．—附注．—国际标准书号（装桢）：获得方式
> 附注
> 提要

西文卡片式目录的著录格式为：

157

> Main entry heading
> 　　Title proper［GMD］= Parallel title：other title/statement of responsibility. – Edition statement/statement of responsibility relating to edition. – Place of publication, distribution, etc.：Publisher, distributor, etc., date（Place of manufacture：Manufacture, date of Manufacture）
> 　　Extent of item：other physical details；dimensions + accompanying material. –（series；numbering）
> 　　Notes.
> 　　ISBN
> 　　1. Subject heading – subheading. 2. Subject heading – subheading.
> 　　I. Added entry. II. Title. III. Series

西文题名标目著录格式：

西文文献著录时，如果以题名做标目，则应采取悬行著录格式，即直接以题名与责任者项中的题名做标目，第一段各行移行时，均需缩进题名2个字符。

> Title
> 　　proper［GMD］= Parallel title : othertitle/ statement of responsibility. – Editionstatement / statement of responsibility relating to edition. – Place of publication, distribution, etc., date（Place of manufacture : manufacture, date of Manufacture）
> 　　Extent of item: other physical details；dimensions + accompanying material. –（series；numbering）
> 　　Notes.
> 　　ISBN
> 　　1. Subject heading – subheading. 2. Subject heading – subheading.
> 　　I. Added entry. II. Title. III. Series.

书本式目录主要款目著录格式：

> Main entry heading
> Title proper ［GMD］ = Parallel title：other title/statement of responsibility. – Edition statement/statement of responsibility relating to edition. – Place of publication, distribution, etc.：Publisher, distributor, etc., date (Place of manufacture：Manufacture, date of manufacture). – Extent of item：other physical cetails：dimensions + accompanying material. – (series；numbering). – Notes. – ISBN.

二、图书著录的标准

图书著录的标准主要有《国际书目著录标准》（ISBD）、《中国文献编目规则》和《英美编目条例》等。

1. 国际书目著录标准

ISBD 的全称为 International Standard Bibliographic Description（《国际标准书目著录》），它是国际图联（IFLA）根据 1969 年国际编目专家会议的建议而制定的一套供各类信息资源著录用的国际标准。针对不同的文献类型，ISBD 分为如下 10 种。

ISBD（G）：Generalinternational Standard Bibliographic Description（《国际标准书目著录（总则)》，1977 年）；

ISBD（M）：International Bibliographic Description For Monographic Publications（《国际标准书目著录（专著)》，1974 年第一版，1987 年第二版）；

ISBD（S）：International Standard Bibliographic Description For Serials（《国际标准书目著录（连续出版物)》，1974 年第一版，1987 年第二版）；

ISBD（CM）：International Standard Bibliographic Description For Cartographic Materials（《国际标准书目著录（测绘资料)》，1974 年第一版，1987 年第二版）；

ISBD（A）：International Standard Bibliographic Description For Antiquarian Materials（《国际标准书目著录（古籍)》，1977 年）；

ISBD（NBM）：International Standard Bibliographic Description For Non–Book Materials（《国际标准书目著录（非书资料)》，1974 年第一版，1987 年第二版）；

ISBD（PM）：International Standard Bibliographic Description For Printed Music（《国际标准书目著录（乐谱）》，1980年）；

ISBD（CP）：International Standard Bibliographic Description For Component-parts（《国际标准书目著录（组成部分）》，1982年）；

ISBD（CF）：International Standard Bibliographic Description For Computer-files（《国际标准书目著录（计算机文档）》，1990年）；

ISBD（ER）：International Standard Bibliographic Description For Electronic Resources（《国际标准书目著录（电子资源）》，1997年）。

2. 我国图书著录标准

自1983年起，我国颁布并实施了文献著录的一系列标准，具体包括：

GB 3792.1-83《文献著录总则》，1984年4月实施；
GB 3792.2-85《普通图书著录规则》，1985年10月实施；
GB 3792.3-85《连续出版物著录规则》，1985年10月实施；
GB 3792.4-85《非书资料著录规则》，1985年10月实施；
GB 3792.5-85《档案著录规则》，1986年1月实施；
GB 3792.6-86《地图资料著录规则》，1987年1月实施；
GB 3792.7-86《古籍著录规则》1987年10月实施。

《中国文献编目规则》对GB 3792系列文献著录国家标准的内容作了进一步修改完善，按文献编目具体操作的实际需要，对著录规则增加了许多新的内容，较以往颁布的国家标准更加具体明确。

《中国文献编目规则》包括著录法和标目法两大部分。著录法部分共15章，介绍文献著录的总则并按文献类型和著录方法编排规则。对著录法部分各章内容基本相同的规则条文，尽量避免"参见"方式，而采取直接列载，以利编目人员操作使用。规则各章均首列概括性内容的"通则"；著录部分各章的著录项目条文还有"目次"，其中"序则"列居条文之首，除重复反映标识符号外，还揭示该著录项目的主要结构形式、规定信息源等。标目法部分共4章，是在文献著录基础上，为编制书目款目选择标目及其规范形式，并提供标目的参照关系进行书目的规范控制。

《中国文献编目规则》的特点具体表现在以下五个方面：

（1）客观著录原则方面，全面贯彻ISBD有关规定，取消GB 3792系列与国际书目资讯相悖的条款。例如，责任者名称按文献题名页原题著录，外国责任者姓名原文不再倒置著录；不再刻意地对未标明国籍的外国责任者，通过考证著录国别等。

（2）著录项目的设置方面，取消"提要项"及"中国文献标准编号"著录单元，与 ISBD 及 AACR2 接轨。

（3）标识符号方面，遵照 ISBD 最新版对分卷（册）次和无分卷（册）次的从属题名前用圆点标识，如分卷（册）次后另有从属题名，从属题名前则用逗号标识；表示著作内容单位的卷数、回数、幕数作为其他题名信息，加冒号。

（4）著录技术方面，采用 GB 3792 系列尚未采用的 ISBD 的一系列具体方法。例如：对同一责任方式的责任者著录三个，超过三个只著录第一个，其后用"…［等］"字表示；无总题名可依次著录三个题名，超过三个题名只著录第一个题名，其后用省略符号；等等.

（5）对文献类型划分进一步细化和补充. 例如将原国家标准的《非书资料著录规则》细分为录音资料、影像资料、静画资料、缩微资料、计算机文档共 5 章，分别列载为详尽的著录规则条文。

《中国文献编目规则》不但较全面系统地涵盖了各类型文献，如包括普通图书、古籍、连续出版物、标准文献、科技报告、学位论文、金石拓片等 14 种文献，而且对著录方法进行了详细规定，包括各种著录方法，具备基本著录、多层次著录、分析著录，以及各类型文献标目的选取方法，即包括了制作一条供图书馆及文献情报机构文献检索用或供文献编辑、出版机构书目报道用的完整款目的全过程。因此，《中国文献编目规则》是一部完整的编目法，是我国文献编目工作标准化的重要依据。

第二节　图书著录的方法

根据《中国文献编目规则》，详细了解各种类型文献著录的基本方法是非常必要的。

一、图书著录方法

根据《中国文献编目规则》，著录基本项目为 8 大项，分别是题名与责任说明项、版本项、文献特殊细节项、出版、发行项、载体形态项、丛编项、附注项、标准编号与获得方式。

1. 题名与责任者项的著录

（1）题名著录

题名有正题名、并列题名和副题名三种形式。正题名是文献的主要题名，包括单纯题名、交替题名、共同题名或从属题名。题名著录的方法如下：

著录正题名时，要按文献所提供的题名形式如实著录，题名中具有语法作用的标点符号、数字和其他文种的文字也照录。

交替题名是正题名的一部分，著录于正题名的第一部分之后，用逗号"，"标识，题名中"原名"、"又名"、"或"等字样应照录。

合订题名的著录可分为：同一责任者的合订题名，一般依次著录两个，并用"；"隔开，其余可著录于附注项；不同责任者的合订题名依次著录题名和责任者，不同题名与责任者之间用"."标识；不同责任者的合订题名在三个或三个以上时，只著录第一题名与责任者，其他均著到附注项中。

正题名由共同题名与从属题名构成的，应先著录共同题名，再著录从属题名，中间用"."隔开。

并列题名是指文献题名由两种或两种以上文种的题名，未被著录为正题名的其他文种题名应作为并列题名著录于正题名之后，用"="标识。例如，

现代竞争分析＝Modern Competitive Analysis/［美］沙伦·奥斯特著；张志奇，李强，陈海威译；

副题名是对正题名的解释和进一步说明，有的通过"—"或"（）"或空格与正题名相连，无论何种形式，都应将此著录于正题名之后，用"："隔开。例如，

考研英语快速突破：写作/管卫东编著；

（2）责任者项著录

责任者项著录图书的责任者名称和责任方式，图书的责任者包括个人和团体。责任者著录的方法为：

第一责任说明前用"/"标识。著录同一责任方式的多个责任者，一般不超过三个，除第一个外，其余均用逗号"，"标识；超过三个责任者时中文编目只著录第一个，后用"…［等］"表示，西文编目在著录第一责任者后用"…［et al.］"表示。例如，

概率论与数理统计复习指南及典型题解/毕建芝，段生贵编著；

微型计算机常见故障及维修/李笑梅…［等］编著；

INTERSTATE PRODUCE SALES/PREPARED BY Mumblow…［et al.］

为区分不同朝代或国别的同姓名或同译名的不同责任者，责任者名称之前加上"（）"，并在圆括弧内注明朝代或国别。其中，朝代仅用来著录清以前的古代责任者，以及建国前的中国政府机关责任者（著"民国"等字样），外国责任者的国别若文献中没有提供，或有时无法确定，可先用"（）"著录，待查清后再予以补著；如果一书有多个责任者承担不同的责任方式，不同责任者之间用"；"标识。例如，

间书/（清）朱逢甲编著；黄肃秋今译；黄岳校注；

齐民要术/（北魏）贾思勰著；

物质运动和力/（ ）罗杰斯（Rogers，E.M.）著；华新民译；

经过注释、修订、改编的著作，先著录原著者，再著录注释者、修订者、改编者。对经修改后题材有所改变的文艺类作品，则以改编者为第一责任者，将原著者著录于附注项。例如，

外科正宗/（明）陈实功撰；裘钦豪…［等］校点；

祥林嫂：越剧/袁雪芬改编

（附注项注：原著者：鲁迅）；

如果图书有主编者，又有编辑者，只著录主编者；有主编者，又有编著者，先著录主编者，后著录编著者；1～2个著者的汇编本，先著录原著者，再著录汇编者。机关团体集体编写的著作，一般以机关团体名称著录，但在机关团体名称下有个人责任者时，按个人责任者著录。

责任者名称前后表示职位、学位、职称、出身、籍贯等的字样，均不著录。

西文编目中责任说明项只著录责任者名称及责任方式，对处于责任者名称之前的责任方式应照录如：adapted from…by…（…根据…改编）；edited by…（由…编）；adapted by…（由…改编）等。在责任者名称的前后或后面用标明其职责身份的author，editor，translator等词语说明责任方式的，著录时应根据原序或在责任者名称前，或在责任者名称之后加逗号著录。

例如：A centenary exhibition of the work of David Octavius Hill, 1802－1870, and Robert Adamson, 1821－1848/selection and catalogue by Katherine Michaelson

Introduction to linguistics/author, Ronald Wardhaugh

An illustrated dictionary of geography/Ogilvie Buchanan, editor

西文著录时，若书中没有提供责任者名称时，则不予著录。如果书名中的责任者名称与主要款目标目相同，责任者项可以不著录责任者名称，否则必须著录。

例如，"The Complete Short Stories of H.G. Wells"一书著录时应以"Wells, H.G."作主要款目标目，责任说明项中可以省略该责任者名称。

"McGuffeey's New Third Eclectic Reader for Young Learners"，其中"McGuffey"不能作为主要款目标目，责任说明项中则必须著录责任者名称。

（3）题名与责任者项的著录结构形式

常用的题名与责任者项的著录结构形式有如下几种：

163

> 正题名/责任说明
> 正题名/第一责任说明；其他责任说明
> 正题名＝并列题名/责任说明
> 正题名＝并列题名：其他题名信息/责任说明
> 正题名：其他提名信息/责任说明
> 正题名/责任说明＝并列题名/并列责任说明
> 题名/责任说明．题名/责任说明
> 题名；题名/责任说明
> 共同题名．从属题名标识，从属题名/责任说明
> 共同题名．从属题名/责任说明

2. 版本项的著录的著录

文献版本项的著录单元有：版本说明、与本版有关的责任说明、附加版本说明、并列版本说明、附加版本说明后的责任说明。版本说明分两种表示方法：数字表示方法、文字表示方法。

（1）数字表示法

数字表示法，是使用数字形式来表示版本的方法，除初版（第一版）外的各个版次均如实著录，省略"第"字，著为"X 版"。例如：

中文著录形式为：．—2 版；．—3 版；．—1998 版

西文著录形式为：．—2nd ed.；．—3rd ed.；．—1998 ed.

（2）文字表示法

文字表示法，是使用文字形式来表示版本的方法为文字表示法，如：修订本、增订本、增订版、改写版、改编版、新版、初印版、影印本等，应作为附加版本说明著录于版次之后，用逗号标识；无版次者，以上文字直接著录于本项之首。例如：

中文编目格式：．—修订版；．—增订版；．—改编版；．—预印版

西文编目格式：．—Corr. Ed；．—Enl. Ed；．—Arr. Ed；．—Prelim. ed

在版本说明中有时还会出现数字表示法和文字表示法并用的现象，即对版本的附加说明；例如：．—2 版，修订本；．—3 版，增订本

　　常用文史工具书简目/涂宗涛编著．—2 版，修订本

　　傅雷家书/［傅雷著］；傅敏编．—3 版，增补本

凡说明图书内容特点的版本文字，如：通俗本、缩写本、改写本、普及

本、农村版、青年版、少年版、儿童版、初级本、试用本等，著录于版本项。例如，

  水浒传/（明）吴承恩著．—少年版．—天津：新蕾出版社，1979

  四世同堂/老舍著．—缩写本．—北京：北京出版社，1984

与本版有关的责任说明著录于版本说明之后，其前用斜线"/"标识。例如，

  气功强身法/蒋敏达…［等］编．—2版，修订版/王崇行…［等］修订

书名中的版本说明文字应如实著录，不可著录于版本项；例如，

  英美编目条例第二版简介/（英）E. J. 亨特著；孔宪铠译

版本项著录的常用结构形式如下：

```
．—版次
．—版次/与本版有关的责任说明
．—版次，附加版本说明/与本版有关的责任说明
．—版本说明/与本版有关的责任说明＝并列版本说明/与本版有关的责任说明
．—版本说明/与本版有关的第一责任说明；与本版有关的第二责任说明；与本版有关的第三责任说明
．—版本说明/与本版有关的责任说明，附加版本说明/与附加版本有关的责任说明；版本说明
```

3. 出版发行项的著录

出版发行项包括出版发行地、出版发行者和出版发行年等内容。

出版发行地以出版发行机构所在地为准著录地名全称，有出版地不著录发行地；推测著录的出版发行地应在其后加注问号，无法推测著录至具体城市的出版发行地，可著录所在省名或国名；出版发行地完全无法推测著录的，可标识"出版地不详"，以上著录内容均用方括号括起。如，

  我的读书生活/冯玉祥著．－－［重庆？］：三户图书刊行社，［19？］

  社会科学概论/瞿秋白著．－－［出版地不详］：霞社校印，1939

地名相同的不同出版发行地可在其后方括号内注明国别或地区名称。有两个出版发行地的，第二个出版发行地前用分号标识；三个或以上出版发行地的，按原顺序著录第一个地名，后加"…［等］"字。如，

  朱元璋传/吴晗著．—北京；香港：三联书店，1965（1979重印）

小学生文库/《小学生文库》编委会编.—沈阳…[等]：辽宁人民出版社…[等]

出版发行者一般以出版发行机构为准，不著录出版发行机构代表人。有出版者的一般不再著录发行者，除国内知名并易于识别的出版发行者（如商务、中华、三联书店等）可著录简称外，其他均应著录全称。同时，充当责任者的出版者，可著录"著者"、"编者"、"译者"等字样。例如，

大学物理解题题典/宋士贤，郭晓枫编.—西安：西北工业大学出版社，2004.7

中华人民共和国行政区划图/中国地图出版社编.—2版.—北京：编者，1987

Shadow dance/by Henry Clive Mackeson.—London：H. Mackeson

中西文献同时存在两个出版发行者的情况时，著录第二个出版发行者之前用冒号标识；同时有三个及其以上出版发行者的，按顺序著录第一个，后加"…[等]"字样；

出版发行年按原书提供出版年如实著录，有出版年的一般不著录发行年，且著录时"年"字可省略。如文献提供的出版年有误，除如实著录外，应将考证所得的正确年代著录其后，并用"[ ]"括起，中文著录要在附注项加以说明，西文著录则用"idest"的缩写"i. e."标识。文献无出版年或印刷年时，中西文文献均应推测著录，并用"[?]"标识，如[1981?]，[196?]。

如果图书的有关出版发行资料不全，可用印刷地、印刷者、印刷年代替，将它们著录于出版发行地、出版发行者、出版发行年的相应位置。如，

列宁论图书馆/《列宁论图书馆》编译小组编译.—北京：北京大学图书馆学系印，1975

由另外一个出版社重印原出版社情况时，可将印刷地、印刷者、印刷期著录在出版发行年之后，注明"重印"字样，并加圆括号括起。同一出版社多次印刷同一版本的图书时，应在出版年后注明该书的印刷时间。例如，

.—北京：外语教学与研究出版社，1985（上海：上海外语教育出版社，1987重印）

朝花夕拾/鲁迅著.—北京：人民文学出版社，1979（1990重印）

西文图书著录当图书的出版发行情况不完备时，将印刷说明著录在出版发行年之后，并用"( )"括起；如：.—[s. l.：s. n.]，1971（London：Wiggs）

出版发行项著录的常用结构形式有：

> . －出版地或发行地：出版者或发行者，出版年或发行年
> . －出版地或发行地；出版地或发行地：出版者或发行者，出版年或发行年
> . －出版地或发行地：出版者或发行者：出版者或发行者，出版年或发行年
> . －出版地或发行地：出版者或发行者；出版地或发行地：出版者或发行者，出版年或发行年
> . －出版地或发行地：出版者或发行者，出版年或发行年（印刷地：印刷者，印刷年）

4. 载体形态项的著录

载体形态项用来著录文献的物质形态，即在编文献的页数、图表材料、书型尺寸以及附件等内容。

页数以"页"为单位，包括正文、文前栏目和文后栏目；如正文页数与正文前后其他页数单独编码，则正文前后的页数可省略，若正文前后的内容特别重要且页数较多，则可采取分段著录的办法，并用"，"分开。例如，

15，287，13 页；350 页；

在编文献页数按每章节单独存在，难以计算整体的页数或没有标明页数时，著录为"1 册"。西文图书则只著录主要页码，100 页之内应计数著录，超过 100 页则著录估计的页数，并在后面注明"in various pagings"字样。例如，

67p. in various pagings；

图表材料包括附图、插图、冠图等，可依次著录为附图、插图、冠图或根据图的种类更详细地著为肖像、地图、照片、彩图等。西文文献则著录为"illustration"的缩写形式"ill."。如在编文献中，图的种类较多时，中文可以"附图"概括，西文则须先著录"ill."，再标明图的类型；如有彩图或彩照时，西文著录为"colour"的缩写形式"col."。例如，

586 页：地图；304p.：ill.；132 页：附图；66p.：ill. maps；86p.：col. ill.

书型尺寸的著录，按"cm"计算，不足 1 厘米的按 1 厘米计，如 22.4 厘米著录为 23 厘米。中西文图书一般只著录文献的高度（通常情况下，大 32 开（包括 32 开精装）为 21 cm；普通 32 开为 20 cm；小 32 开为 19 cm；大 16

167

开为27 cm；普通16开为26 cm。当图书的宽度大于高度或不足高度的一半时，才用"高*宽"表示。如：19＊26 cm；99p.：ill.；18＊21 cm

附件是指与图书内容有关，又独立于图书主体以外的附加材料。著录方法分为：附件与图书的主体部分联系密切，必须共同使用，一起入藏保管的，著录于载体形态项末尾，用"＋"标识；但附件名称较长，须著录内容较多，或附件具有单独题名，并可脱离图书主体部分单独使用的，须将此附件著录于附注项中，以便读者查检。例如，

  中国史稿/郭沫若编．—北京：人民出版社，1962.
  4册；20 cm.
  本书附件：中国史稿地图集．上集/郭沫若主编．—1979
  平面设计范例入门与提高/东方人华主编；帅芸，帅飚，张琳编著．—北京：清华
  大学出版社，2004.1
  302页；26 cm
  本书附光盘1张
  范例入门与提高丛书

载体形态项著录的一般结构形式：

页数：图；尺寸
页数：图；尺寸＋附件
卷（册）数：图；尺寸

5. 丛书项的著录

丛书项是指丛书分散著录时使用的著录项目，包括正丛书名、并列丛书名、副丛书名及说明丛书名的文字、丛书责任说明、国际标准连续出版物编号（ISSN）、丛书编号、附属丛书名、附属丛书ISSN等著录单元。

丛书名包括正丛书名、并列丛书名、副丛书名及说明丛书名文字，其著录规定与书名基本相同。例如，

  网络技术（三级）样题汇编/陈明编著．—北京：清华大学出版社，2003.12
  （计算机等级考试丛书）/谭浩强主编

未标明丛书字样而属于丛书性质的图书，应按丛书著录。例如，

机械设计课程设计/朱文坚，黄平主编；何悦胜等编．—2 版．—广州：华南理工大学出版社，2004.1

（机电工程系列教材）

文献编目工作/黄俊贵主编．—北京：北京图书馆出版社，2000.10

（图书馆岗位培训教材/陈琪林，杜克主编）

具有多种文字的丛书名，其并列丛书名与正丛书名一并著录，中间用"＝"隔开。例如，

英美短篇时文选＝Short Articles Selected for Reading/陈翰笙选译；张树智注释．—2 版，修订本．—北京：商务印书馆，1983.

367 页；19cm．—（英语世界丛书＝The World of English Books）

家庭用具巧作/黄立本编．—广州：科学普及出版社广州分社，1984

119 页；20cm．—（家庭小百科丛书：美化居室）

一种文献被同时收录到两种或两种以上的丛书中时，一般仅著录两种丛书的有关信息，并用（）标识。例如，

中国地方志总论/地方史志研究组编．－－－长春：吉林省图书馆学会，1981

367 页；19cm．—（中国地方史志丛书）（吉林省图书馆学会丛书）

丛书项著录的结构形式：

．－（丛书正书名）
．－（丛书正书名＝丛书并列书名）
．－（丛书正书名/丛书责任说明）
．－（丛书正书名；丛书编号）
．－（丛书正书名：丛书其他书名信息/丛书责任说明；丛书编号）
．－（丛书正书名，丛书 ISSN；丛书编号）
．－（丛书共同书名，分丛书名）
．－（丛书共同书名，分丛书标识，分丛书名）
．－（丛书共同书名，分丛书名，分丛书 ISSN）
．－（第一丛书名）（第二丛书名）

6. 附注项的著录

附注是对书名与责任者说明项、版本项、出版发行项、载体形态项、丛书项、标准书号与获得方式项以及图书的性质、用途等予以补充说明。常用

附注项著录内容应包括：封面、书脊等处所题书名与书名页书名不同时，将封面书名、书脊书名放附注项加以标识，著录为"封面书名：xxxx"、"书脊书名：xxxx"。例如，

  四世同堂．上/老舍著

   （附注项注明"封面书名：四世同堂．第一部，惶惑"）

  图书翻译本和转译本的说明，将说明部分放附注项标识，著录为"书名原文：xxxx"和译本出处。例如，

  来自地狱的女人/谢尔顿著；吕明，顾尔历译．—北京：华艺出版社，1986

  386 页；21cm

  本书原名：If Tomorrow Comes

  法国中尉的女人/（英）约翰．福尔斯著；陈安全译．—上海：上海译文出版社，2003.6

  401 页；21 cm

  世界文学名著普及本

  书名原文：The French Lieutenant's Woman

  书名变更或同一书名有两个或以上书名且没有反映在书名页时，著录为"本书原名：xxxx"、"本书又名：xxxx"；例如，

  玉观音/海岩著．—北京：群众出版社，2003.4

  408 页；21 cm

  本书又名：在家等你

  转印本、复印本、影印本、抽印本注明依据的原书；

  说明图书用途、读者对象、适用范围的文字，如"高等院校专业教材"、"大学生读物"等，应在附注项加以标识。

  例1：知识产权法案例教程/宋红松编著．—北京：北京大学出版社，2005.3

  564 页；25 cm

  21 世纪法学系列教材教学案例

  例2：机械原理/李璨，张宪民编著．—武汉：武汉理工大学出版社，2004.3

  238 页；26 cm

  教育部高等教育面向 21 世纪课程教材

  对原文献出版发行项的修正补充，或载体形态项著录内容不明确时，应在附注项予以补充说明或修正。

7. 国际标准书号（ISBN）与获得方式项的著录

国际标准书号（ISBN）与获得方式项著录的结构形式：

```
． － ISBN（装帧）：获得方式
． － ISBN：获得方式
```

通常国际标准书号有固定的十个号码，分四段组成，即依次为组号、出版社号、书序号、校验码，形式为：ISBN 组号－出版社号－书序号－校验码。例如，ISBN7－310－00788－3，其中 ISBN 是国际标准书号英文名称的缩写"International Standard Book Number"，7 为组号，表示国家、地区、语言或其他组织集团的代号，由国际标准书号中心负责分配，7 这个字代表中国；310 为出版社号，由国家标准书号中心负责分配，位数由该出版社图书的出版量的多少来定，出版社位数多，表示出版图书量较少，反之，出版图书量就较多；00788 为书序号，即流水号，由出版社负责管理分配，具体数字一般是该出版社出版图书种数的顺序号；3 为校验码，通常位数仅一位，固定不变，其数值可为 0－10 中的任何一个数；当数值是 10 时，以"x"代替阿拉伯数字"10"，以保证国际标准书号的位数十位不变；例如，ISBN7－300－00010－X

图书的装帧形式著录于国际标准书号之后，并用"（）"括起，没有国际标准书号时则直接著录，不使用"（）"；平装书不著录装帧形式，其余均按原书装帧形式著录。例如，

ISBN7－03－067510－1（精装）：18 元

获得方式是指图书的价格及获取途径（捐赠、交换、调拨等），应如实著录。著录价格时，必须在价格前标明币制符号，目前人民币在国内外的表示方法有："￥"、"CNY"及"RMB"，记录价格的最小位数是小数点后二位数，如：RMB 6.88；对未标明价格的文献，著录时可按购进价格著录。

西文文献价格的著录按外币价格著录，并标明币制符号；如果是外币定价人民币折算购进时，按人民币购进价格著录；非卖品图书应标识"非卖品"、"赠阅"。

例如，散装：非卖品
ISBN7－310－00788－3（平装）：CNY17.50
．—赠送（河北科技大学图书馆）
．—ISRC CN－C01－2002－351－00：CNY9.80

（ISRC 为国际标准音像制品编号，CN 为国家码，C01 为出版者码，2002 为录制年码，351 为记录码，00 为记录项码）

.—ISBN0-387-08266-2（U.S.）：＄12.00（＄6.00 to students）

8. 排检项的著录

排检项是用来记录检索点的著录项目，用于制作书名标目、责任者标目、主题标目、分类标目的内容，西文文献中这部分称为根查项，两者的差异在于标目选取的原则与方法不同。

中文文献首先编制的是不具有排检功能的通用款目，排检项应记录在编文献可作为检索点的各种文献的特征，排检项依次著录可以作为排检点的书名、责任者、主题词和分类号，用罗马数字"Ⅰ"、"Ⅱ"、"Ⅲ"、"Ⅳ"标识，同一类型的排检点有两个或两个以上时，再用"①"、"②"、"③"等表示先后顺序；排检用书名如果与著录正文书名完全相同时，只著录书名第一个字其余用省略号"…."即可；排检用主题词、分类号分别依据《汉语主题词表》或《中国分类主题词表》、《中国图书馆分类法》进行著录。

例：

> 图书在版编目工作手册/许绵主编；李泡光等编.—北京：人民出版社，1994.2
> 167 页；20 cm.
> 本书第八章为七则附录
> ISBN7-01-001949-5：￥6.50
> Ⅰ.图…Ⅱ.①许…②李…Ⅲ.①图书编目：在版编目—手册　②在版编目：图书编目—手册 Ⅳ.G254.342-62

西文文献首先编制的是主要款目，并以主要款目为基础编制附加款目，即西文文献著录的每张款目上都有主要标目，根查项中则只著录附加款目标目，主题标目用阿拉伯数字标识，其他附加标目均用大写的罗马数字标识，其排列顺序一般为：个人姓名、机关团体名称、名称/书名、书名、丛编名。根查项中的书名、丛编名若与著录正文中的正书名、正丛编名一致，并用"Title."、"Series."替代。

例：

> Wynar, Bohdan S.
> Introduction to cataloging and classification/Bohdan S. Wynar, with the assistance Of Arlene Tayor or Dowell and Jeanne Osborn. -6th ed. - Littleton, Colo.: Libraries Unlimited, 1980.
> Xvii, 657p.: ill.; 24cm.
> Bibliography: p. 641-643.
> Includes indexes.
> ISBN0-87287-221-1 (pbk.)
> 1. Cataloging. 2. Classification - books. I. Dowell, Arlene Taylot, 1941 -
> Joint author. II. Osborn, Jeanne, joint author. III. Title.

9. 分析著录的著录

分析著录是指将文献的一部分内容分析出来，作为一个独立的著录单元进行的著录，用于著录各种载体的整套（本）文献或整篇文献所含重要组成部分，如整套文献的某一卷（册）、单行本中的某些章节、一套丛书中的某一种、某一文献所含的他人著作或重要附录等，通过分析著录来编制分析款目，可使文献中的某一部分内容得到内容充分揭示，分析款目又可分为题名分析款目、责任者分析款目、分类分析款目和主题分析款目。

分析著录的著录项目包括：题名与责任说明项、版本项、文献特殊细节项、出版、发行项、载体形态项、丛编项、附注项、标准编号与获得方式项；其中，文献特殊细节项、载体形态项、丛编项、附注项、标准编号与获得方式项为选择项目，可不予著录。

中文文献分析款目著录格式：

> 析出题名［一般文献类型标识］/责任说明
> 　//整套（本）文献题名［一般文献类型标识］/责任说明.—版本.—出版发行.—第 X 页或第 X 卷（册）
> 　附注

几点说明:

分析著录包括两部分:一为析出部分,一为含析出部分的整套(本)文献。整套(本)文献从析出题名的首字齐平处开始著录,回行突出一字,并连续著录其后著录项目或单元。第 X 页或第 X 卷(册)是指析出部分在整套(本)文献中所在的页码或卷(册)次等。由"//"引出的内容为整体文献部分,即析出文献的出处;附注项应另起一行著录,与析出题名首字齐平。

例1:

> 精神分析派心理学/杨清著
> //现代西方心理学主要派别/杨清著.—沈阳:辽宁人民出版社,1980.—第 338-429 页
> 本文为《现代西方心理学主要派别》中的一章,原稿系作者1962 年在吉林师范大学任教时的讲义,1979 年又补充了有关内容。

例2:

> 中国文献著录国家标准体系的形成和发展/罗健雄著
> //中国图书馆学报.—1996,no.3.—第 27-30,6 页

西文文献分析款目著录格式分:"of"式分析著录格式和"in"式分析著录格式;其中"of"前为析出文献的标目和其他主要书目特征,"of"后引导析出文献的出处;"in"引导出文献的出处。

"of"式分析著录格式

> Analytical heading
> Title and statement of responsibility.
> paging, of :
> Main entry heading
> Title and statement of responsibility area . - - - Edition area. - publication,
> Distribution, etc. area
> Physical description area.

"in"式分析款目格式：

> Analytical heading
> Title and statement of responsibility area. – Edition area. – Material (or type of publication) specific details area. – publication, distribution, etc. area. – Physical description area.
> In Main entry heading. – Title proper. – Edition statement. – Numeric or Other designation of serial, or publication details of monographic item. – publication, distribution, etc. area.

除普通图书、连续出版物以外，还有地图资料、技术标准、科技报告、专利文献、学位论文、音响、图像资料等，此类文献由于具有不同于普通图书的特点，因此著录方法与普通文献也有所区别，下面对这类特殊文献中的几种著录方法作一简单介绍。

二、地图资料的著录

地图资料种类繁多，著录时一定要注意对地图资料自身特征的揭示。按其自身的特点地图资料可划分为区域性和绘制技术性两个方面。所谓区域性是指地图资料的内容总是以一个特定的地理区域为表现对象；绘制技术性是指地图资料在编绘与制作中，需要运用一定的数学方法和投影技术，以真实地表现它所反映地域的地形地貌等特征，这些特征在地图著录中应放入制图细节项或数学基础项加以标识。

地图资料著录项目包括：地图名与责任说明项、版本项、数学数据项、出版发行项、载体形态项、丛编项、附注项、标准编号与有关记载项、提要项（或排检项）（西文称根查项）。

地图资料著录格式：

175

> 正图名=并列图名：其他图名信息/第一责任说明；其他责任说明.—版次及其他版本形式/与本版有关的责任说明.－－－地图比例尺；地图投影（图廓坐标；二分点和历年）.－－－出版地：出版者，出版年、月（印刷地：印刷者，印制年、月）
>
> 数量和地图资料类型：其他形态细节；尺寸或开本＋附件.－－－（丛编正图名=丛编并列图名：丛编其他图名信息/丛编责任说明，国际标准连续出版物编号（ISSN）；丛编编号，分丛编图名）
>
> 附注
> 国际标准编号（装帧）：获得方式
> 　I. 图名　II. 责任者　III. 主题词　IV. 分类号

地图的图名可能在地图上很多地方出现，一般情况下可按地图上总图名著录；无总图名地图一般存在两个或两个以上的分图名，其著录方法与普通图书的无总书名图书书名的著录基本相同；地图集以图名页上所题为准，其他题名处出现的图名，可在附注项加以标识；折叠式幅图的图廓内外不反映图名时，可根据封面、书脊、版权页、序言等处所题著录。

责任说明如在正图名项目中有所反映时，责任说明项可省略；存在并列图名的地图如责任说明仅使用与正图名一致的一种语言文字时，责任说明著录于所有并列图名之后，如责任说明使用多种语言文字时，责任说明应分别著录在与其文种相一致的图名之后。

地图比例尺是地图上的距离与它所表示的地面实际距离之比，对其著录应尽量采用比例式比例尺来著录地图比例，即"1：xxxxx"的形式，如：1：500 000，代表地图上1厘米相当于地面实际距离的5公里；西文地图资料应在比例尺前用英文单词"Scale"，如：Scale 1：500 000；若地图上仅提供直线尺时，应推导成比例式比例尺，推导出的比例尺著录于"[　]"中；考证所得比例尺也著录在"[　]"中；中国古地图用计里画方法表示比例尺时应照录，如：山东全图/（清）叶圭绶制.—刻本.—五里方；地形模型、断面图等同时具有水平比例尺和垂直比例尺时，先著录水平比例尺，再著录垂直比例尺，并用"."隔开，垂直比例尺前要用"垂直比例"（西文用"Vertical scale"）标识，如：1：855 000. 垂直比例 1：36 000；Scale 1：3 800 000. Vertical scale ca. 1：68 000；地图上未注明比例尺或比例尺不等的，应著录"未注比例"（西文为"Not Draw to scale"）或"比例不等"（西文为"Scale varies"）。

投影法是指在绘制地图时运用数学原理把地球表面点的经纬度相应地转换成平面上直角坐标的方法，只有在地图上标出投影说明才予以著录，著录时按地图上原题投影说明著录在比例尺之后，用"；"隔开；如：世界地图/地图出版社编制．—2 版．—1∶50 000 000；等差分纬线多圆锥投影。

图廓坐标即地图坐标，是地图上表示地球表面东、西、南、北边的最大地域限度，著录时，首先著录地图的东、西经度限度，然后著录地图的南、北纬度限度，并按图廓的四条边由左至右，从上到下著录；经纬度以度、分、秒表示，两组经纬度之间用"／"斜线隔开；整个坐标说明著录于"（ ）"圆括号中。如：（东经45°35′—东经88°63′/北纬54°23′—北纬23°34′）；西文著录方法与中文相同。

二分点是指黄道和天道相交的两个点。二分点每年都有微小的移动，故著录时要同时注明制图年份即历年，二分点著录为英文缩写词"eq."，历年著录于二分点之后，并将两者置于"（ ）"中。如：（eq.1988）。

地图资料的出版发行项著录方法与普通文献基本相同，需注意的是，如原题出版地为旧称，除照录外，还应在其后加著现称，并用"［ ］"括起。

地图资料的载体形态项著录地图资料的数量及资料类型、其他形态细节、地图资料的尺寸以及附件等信息，须详细著录。

中文地图的数量及资料类型标识著录与图书的著录规则基本相同。若地图以幅图、面叶或一幅分切数张、散页函装等形式出现的要按地图有关规定著录。如：．—1 幅分切 8 张；．—8 幅；图名不能反映地图资料类型时，可将有关地图资料标识的名称（如地球仪、天球仪、立体模型等）著录于数量之后。如：．—1 天球仪；．—1 立体模型

西文地图的数量及资料类型标识著录则更强调著录其特定资料标识。为此，ISBD（CM）专门设一附录作为英语国家编制特定资料标识的基础。如：Atlas（图集）、Diagram（图表）、Globe（地或天球仪）、Map（地图）、Model（模型）Plan（平面图）、Profile（纵断面图）、Remote sensing image（遥感影像图）、Section（横断面图）、View（鸟瞰图）等。若遇数幅图载于同一版面、一幅或数幅图分为几个部分印制或本身是一图集时，可同中文一样著录。如：．—12 maps；．—6 maps in 1 sheet；．—1 globe

地图的其他形态细节单元依次著录地图的图幅数目、色彩、物质材料（纸张不著录）和支架等内容。著录时第一形态细节前用"："标识，第二及其以后的形态细节前使用","标识。如：．—1 atlas: 250 col. maps；．—1 relief model: col., plastic；．—2 幅：彩色，折叠加面。

单幅地图应著录地图的内廓尺寸，以"厘米"为单位著录其"长＊宽"；地图集的尺寸著录与普通图书相同，即著录封面尺寸；除地（天）球仪和球体剖面图以外，立体地图或模型还应加著高度，即著录其"长＊宽＊高"；地（天）球仪、球体剖面图及圆面二维资料均著录其直径；带附件的测绘资料应将附件著录其后。

如：.—1 幅：彩色；65＊40 cm；.—2 maps：col.；60＊40 cm. each sheet；.—6 幅：彩色；图廓不等；.—1 地球仪：塑料；28 cm

三、标准文献的著录

标准文献主要指国家标准、行业标准（部标准）、地方标准和企业标准以及关于标准的条文说明等。标准文献的著录项目包括：题名与责任说明、版本项、文献特殊细节项、出版发行项、载体形态项、丛编项、附注项、标准编号与获得方式项。

标准文献的著录格式：

> 标准正题名［文献类型标识］＝标准并列题名：标准其他题名信息/标准提出单位；标准起草单位；标准批准单位.—版次及其他版本说明.—标准发布（或批准）日期；标准实施（或执行）日期.—出版地：出版者，出版年、月（印刷地：印刷者，印刷年、月）
>
> 　页数：图；尺寸.--（标准类型；标准代号）
> 　附注
> 　标准书号（装帧）：获得方式
> 　I. 标准名称... II. 标准号... III. 主题　IV. 分类号.

几点说明：

标准文献的责任说明依次著录提出单位、起草单位和批准单位，并将提出单位作为第一责任说明，起草单位超过三个以上，一般只著录第一个，后加"…［等］"字；例如，

文献著录总则/全国文献工作标准化委员会提出；全国文献工作标准化技术委员会六分会起草；国家标准局批准

3号喷气燃料/中国石油化工总公司提出；石油化学科学研究院...［等］

起草；国家技术监督局批准

著录中央各部名称时，其前的"中华人民共和国"字样应予省略；例如，

食品卫生检验方法：微生物学部分/卫生部卫生监督司提出；江西卫生防疫站起草；卫生部批准

标准文献的发布日期和实施日期包括年、月、日，用阿拉伯数字著录，年用四位数，月和日用双位数，单位数的月、日前须加"0"；年、月、日之间用连字符"—"连接，日期后分别加"发布"、"实施"、"完成"字样；实施日期前用分号隔开。例如，

．—2001 – 08 – 15 发布；2002 – 02 – 10 实施

．—2001 – 01 – 20 完成

标准文献的尺寸以 cm（厘米）为单位；一般只著录高度，位于插图或页数（无插图时）之后，其前用冒号；高度大于宽度的，应著录为"高 * 宽"

例如，85 页：图；19 * 26 cm

标准文献丛编项的著录内容为标准类型名称和标准号，标准类型名称指国家标准、行业标准（或部标准），地方标准及企业标准的名称，与标准号一并置于圆括号之内；标准号由汉语拼音字母表示的代号和以阿拉伯数字表示的顺序号组成，字母与数字之间空格半个汉字位置，著于标准类型名称之后，用分号"；"隔开。例如，

．—（中华人民共和国国家标准；GB 8537 – 94）

．—（中华人民共和国船舶行业标准；GB/T 806 – 94）

标准文献附注项的著录，须注意的两点：关于"代替关系"的附注和关于"采用关系"的附注；"代替关系"附注指本标准取代数年前制订的标准。如：本标准（GB/T 4754 – 94）代替 GB 4754 – 84；"采用关系"附注用来说明国家标准与有关国际标准或国外先进标准的关系，包括等同采用、等效采用以及参照采用关系；

例如，（本标准）等同采用 ISO 5654/2 – 1985

参照采用 ASM D1655 – 92C《Jet A – 1 航空涡轮燃料》

标准文献著录实例：

例 1：

> 化学试剂：包装及标志/上海市化学工业局提出；上海市化学试剂，上海化学试剂采购供应站起草. —1983－06－06 发布；1984－08－01 实施. —北京：化学工业出版社，1983.10
> 　　7 页；26 cm. —（中华人民共和国化学工业部标准；HG3－119－83）
> 　　本标准代替 HG3－119－64
> 　　RMB0.15
> 　　I. 化… II. HG… III. 　　IV. I652.3

例2：

> 　　中国国家标准汇编.249：GB 17233－17262/中国标准出版社总编室编. —北京：中国标准出版社，1999.6
> 　　671 页；26 cm
> 　　1998 年制订
> 　　ISBN7－5066－1864－8（精装）：RMB120.00
> 　　I. 中… II. GB… III. 　　IV. T－652.1

例3：

> 　　国家标准机械制图应用示例图册/《机械制图》国家标准工作组编. —北京：中国标准出版社，1985
> 　　195 页；29 cm
> 　　ISBN7－5066－0168－0（平装）：RMB：22.00
> 　　I. 国… I… II.

四、学位论文的著录

学位论文是指为获得相应学位而撰写提交的学术论文。按申请学位的不同，学位论文可分为学士论文、硕士论文和博士论文，其中学士论文占学位论文的绝大多数，不以传播为目的，仅储存于院校或科研机构。

学位论文的著录项目有：题名与责任说明、版本项、文献特殊细节项、出版发行项、载体形态项、附注项以及标准编号与获得方式项。

学位论文的著录格式：

> 正题名［文献类型标识］＝并列题名：其他题名信息／第一责任说明；其他责任说明．—版次及其他版本形式．—专业：研究方向；学位级别；学位授予单位；密级．——出版地：
> 出版者，出版时间
> 页数：图；尺寸＋附件
> 附注
> 获得方式
> Ⅰ．题名　Ⅱ．责任者　Ⅲ．主题　Ⅳ．分类

几点说明：

学位论文的第一责任说明一般为该论文的作者，姓名后应加"［著］"字标识；而论文的指导教师等则著录为其他责任说明，导师姓名后应加著职称，如"XX教授"等，并用"指导"来标识其责任方式。例如，

资源利用经济效果系数的理论与方法研究［学位论文］／朱小滨［著］；徐寿波，郑友敬教授指导

学位论文的文献特殊细节项应作详细著录；如学位级别分学士、硕士和博士，学位授予单位后应加"授予"二字来标识。学位论文一般不公开发行，故出版者与授予单位一般情况下都相同，即为作者攻读学位的大学或科研机构，可将出版者著为"授予者"；学位论文附注的著录内容包括：关于外文提要的附注、关于导师的附注、出版年月的附注说明、关于正文所用外文的附注等。

学位论文著录实例：

例1：

> 探索一种检测典型草原草场退化的新方法［XL］／张剑［著］；韩兴国教授指导．—植物生态学：草原生态检测技术；硕士；中国科学院植物研究所授予．—北京：授予者，1999，10
> ［？］；光盘（DA200401；DB200401；DD200401）
> Ⅰ．探…Ⅱ．张…Ⅲ．　Ⅳ．

181

例2：

> 混凝土小型空心砌块建筑裂缝控制的温度效应研究［XL］/叶甲淳［著］；金伟良，
> 严家禧教授指导．—结构工程：混凝土空心切块的温度效应；博士；
> 浙江大学授予．—杭州：浙江大学，2003，5
> ［?］；光盘（DC200401S3）
> I. 混… II. 叶… III.　　IV.

五、非书资料的著录

非书资料是指以音响、图像等方式记录的有知识的载体，包括录音制品、录像制品、幻灯片和投影片、电影片、缩微制品、图片、模型、机读文件等。非书资料品种繁多，存储和传播知识的手段和技术与普通图书相比有了大的突破，是目前图书馆以及各种文献部门收藏和利用的一个重要方面。

1. 缩微资料的著录

缩微资料指通过缩微照相的方式将原始文献缩小若干倍数存储在感光材料上，并借助于专用阅读器使用的文献，主要包括有缩微胶片、缩微复制品、缩微卡片、缩微平片等，其著录项目的设置应同中西文相应文献类型的著录项目设置。

著录格式：

>　　分类号　　　　　　　　　　　　　　载体代码 索取号
>　　正题名＝并列题名：其他题名信息［语种］/第一责任说明；其他责任说明．—版次及其他版本形式/与本版有关的责任说明．—文献特殊细节．—出版发行地：出版发行者，出版发行年（印刷地：印刷者，印刷年）
>　　数量：型号；缩率；色别＋附件．－－（系列正题名＝系列并列题名：系列其他题名信息/系列责任者，国际标准系列编号）
>　　附注
>　　获得方式

说明：

● 中文卡片格式在索取号前著录载体代码；而西文则应在题名与责任说明项的正题名后用"［microform］"著录其一般资料标识。

● 数量、规格项中数量、型号、缩率、色别的表示方式。数量表示方法：单轴和双轴盒式缩微胶片数量单位为"盒"；开盘胶片数量单位为"盘"；其余为"张"；缩微资料的尺寸一般以毫米著录其"长＊宽"，一般标准尺寸为"105＊148 mm"；单轴和双轴盒式缩微卷片、开盘式缩微卷片分 105 mm、70 mm、35 mm、16 mm、8 mm 五种，一般标准型号为 35 mm 和 16 mm 两种，而缩微胶卷仅著录其宽度；缩率按缩微制品标明的缩率著录；色别则一般分为黑白、彩色两种。

2. 音像资料的著录

录音资料主要指循环录音带、盒式录音带、开盘录音带及唱片等各种录音制品，影像资料包括循环录像带、盒式录像带、开盘录像带及视盘等录像制品及盒式循环电影片、盒式电影片、开盘电影片及环式电影片等各种电影制品，其著录格式除附件部分略有不同外，其余部分基本相同。

录音资料著录格式：

分类号　　　　　　　　　　　　　　　　　　载体代码　索取号

正题名［语种］＝并列题名：其他题名信息/第一责任说明；其他责任说明．—版本说明—与本版有关的责任说明．—文献特殊细节．—出版地或发行地：出版者或发行者，出版日期或发行日期（制作地：制作者，制作日期）

数量及特定文献类型标识（商标名称或其他技术标志）（时间）：材料，速度，录制方法，磁迹，声道，降噪或补偿说明；尺寸＋附件．－－（系列题名/系列责任说明，国际标准连续出版物号；系列编号．分系列）

附注

标准编号：获得方式

录像制品著录中附件部分除以上说明外，须添加色彩、配声等内容；电影制品的附件则仅须著录材料、色彩、配声、速度、声道等内容。

说明：

特定文献类型标识指录音制品的具体名称，如循环录音带、盒式录音带、开盘录音带、唱片等；

当特定文献类型标识不足以识别录音资料者须著录其商标名称或其他技术标志，常见其他技术标志有：录音带：DAT（数字式）；唱片：CD、AHD、DAD；

例如，1 盒式录音带（DAT）（50 min 14 s）

文献类型中的时间指实际播放时间（时：h；分：min；秒：s）

录音带速度是指录音磁带在每秒钟单位时间内传送的长度，用"cm/s"标识；常见录音带速度有：开盘式：76 cm/s　盒式 9.5 cm/s 等；唱片速度指每分钟单位时间内旋转的转数，用"r/min"和"m/s"标识；

录音制品的录制方法一般分单声、立体声两种；

磁带还应著录磁迹数和声道数，唱片不著录此项；

尺寸按载体形态和装载方式的不同分别著录，并用分号"；"标识；若有附件应予著录并用加号标识；盒式录音带、循环录音带著录其磁带的宽度尺寸，标准磁带的尺寸不予著录；宽度尺寸为：盒式录音带：3.8 cm；循环录音带：6.3 cm；开盘录音带：6.3 cm。

六、多卷书的著录

多卷书是指同 著作分成若干卷册所出版的图书。中文多卷书的基本特点是全书围绕一个中心主题展述，具有一个总书名，各卷之间联系紧密，一般不独立成书。多卷书的著录应分别反映其整体特征和各卷、册的特点，著录时采用整套著录、分卷著录。

多卷书如果一次出齐或一次到馆，应进行整套著录；对不是一次出齐尤其是非一次到馆的多卷书，可先进行分卷著录，并视具体情况进行综合著录。

多卷书的整套著录视整套书为一编目单元进行集中标引、集中著录并在书库中集中排架，整套著录是处理多卷书的主要方法；根据每卷书有无独立的分卷书名，多卷书的整套著录又分无分卷书名的整套著录和有分卷书名的整套著录。

1. 无分卷书名的著录

中文无分卷书名的多卷书著录采用单式整套著录，单式整套著录针对的是多卷书的各分卷只有自己的编次如"上、中、下册"等编次，而没有自己独立的分卷书名的多卷期出版物而言，如杨惠中、张彦斌主编的《大学英语词汇练习册》计划出版六册，所以该书分别使用"第一册"、"第二册"、"第三册"等编次。其格式与中编单式整套著录格式一致。

> 正题名［文献类型标识］=并列题名：副题名及说明题名文字/第一责任说明；其他责任说明．—版次及其他版本形式/与版本有关的责任说明．—文献特殊细节．—出版发行地：出版发行者，出版发行期~出版发行期（印制地：印制者，印制期~印制期）文献总数（数量及其单位）：图及其他形态；尺寸+附件．——（丛编名/丛编责任说明，国际标准连续出版物号；丛编编号．附属丛编数码或题名）
> 附注
> 文献标准编号（装订）：获得方式
> 提要
> Ⅰ．题名 Ⅱ．责任者 Ⅲ．主题词 Ⅳ．分类号

几点说明：

如果文献的各组成部分不是同一时间出版发行的，应分别著录其起讫时间，中间用"~"连接；

载体形态项的数量及其单位处著录该多卷期出版物的总卷、期数，如各卷期连续编码，则在总卷、期数后用"（ ）"加著该多卷期出版物的总数量及单位，如总页数等；

文献标准编号的著录，如整套文献及各组成部分都有文献标准编号，则先著录整套文献的标准编号，再依次著录各组成部分的标准编号；如整套文献没有自己的标准编号，则依次著录各组成部分的标准编号；

文献组成部分数量较多且馆藏不全的多卷期出版物，需用馆藏项来反映本馆的馆藏情况。

例1：

> 数学分析习题解析（上下册）/任亲谋主编．—西安：陕西师范大学出版社，2004.9
> 2册（855页）；21cm.
> 高等学校经典教材辅导丛书
> ISBN7-5613-0994-5：（￥35.00）
> Ⅰ．数… Ⅱ．任… Ⅲ． Ⅳ．

例2：

> 科技文献检索/陈光祚主编．—武汉：武汉大学出版社，1985.1（1987.6重印）
> 　2册（582页）；20cm．
> **高等学校文科教材**
> 　ISBN7－307－00038－5/G.20（上）：￥2.10．—ISBN7－307－00022－9/G.8（下）：￥1.65
> 　Ⅰ.科… Ⅱ.陈… Ⅲ.　　Ⅳ.

2. 有分卷书名的著录

针对各自具有独立题名的多卷期出版物（具有独立题名的丛书或多卷书）的著录，其著录内容分两部分：一部分是关于整套文献的著录内容，一部分是关于各组成部分的著录内容，著录时一般采取只对整套文献的各著录项目进行全面著录，而对揭示各组成部分的著录项目进行精减，凡与整套文献相同的著录项目内容以及在著录上无关紧要的著录项目内容不予著录。如《中国近代史丛书》编写组编写的《中国近代史丛书》一共10种，它们都没有自己独立的编次，但都有自己独立的题名，即《鸦片战争》、《太平天国革命》、《第二次鸦片战争》等。

复式整套著录的格式：

> 正题名［文献类型标识］=并列题名：副题名及题名说明文字/第一责任说明：其余责任说明．—版次及其他版本形式/与本版有关的责任说明．—文献特殊细节．—出版发行地：出版发行者，出版发行期（印制地：印制者，印制期~印制期）
>
> 　　文献总数（数量及其单位）：图及其他形态；尺寸+附件．——（丛编号/丛编责任说明，国际标准连续出版物号；丛编编号．附属丛编数码或题名）
>
> 　　附注
> 　　子目
> 　　分卷期次：题名/责任说明．—版次．—出版年．—数量及其单位．—文献标准编号
> 　　分卷期次：题名/责任说明．—版次．—出版年．—数量及其单位．—文献标准编号
> 　　文献标准编号（装订）：获得方式
> 　　提要
> 　　I. 题名　II. 责任者　III. 主题词　IV. 分类号

几点说明：

以上整个著录格式前后用来揭示整套文献全貌，中间用子目形式具体揭示多卷期出版物的各个组成部分，可用于对不同于整套文献的各项内容进行详细的描述；子目部分的丛书各书一般要著录责任说明和版次，而多卷书各书则不予著录。

馆藏不全的多卷期出版物进行著录时，应"子目"改为"本馆有"，即用"子目"表示馆藏齐全，用"本馆有"表示馆藏不全。

例如，

> 一代风流/欧阳山著.—广州：广东人民出版社,1959—1985,
> 5册；20cm
> 　　第一卷,三家巷.—1959.—402页.—RMB0.92
> 　　第二卷,苦斗.—1962.--408～833页.—RMB1.00
> 　　第三卷,柳暗花明.—1981.--835～1269页.—RMB1.15
> 　　第四卷,圣地.—1981.--1270～1677页.—RMB2.20
> 　　第五卷,万年青.—1985.--1678～2108页.—RMB2.20
> 　　Ⅰ.—… Ⅱ.欧阳… Ⅲ.　　Ⅳ.I247.5

3. 多卷书的著录

中文多卷书分卷著录时，书名与责任者项中先分别著录多卷书的总书名和分卷书名，再著录多卷书的总责任说明和分卷责任说明；有分卷编次的将其著录在分卷书名之前；分卷著录主要适用于一些暂时不能收藏完整的多卷书。

例如，

> 无线电电子学基础　第二分册　量子电子学/（美）皮尔斯
> （Pierce, J.R.）著；罗金波译.—北京：科学山版社, 1974
> 　　99页；20*14 cm
> 　　0.28元
> 　　Ⅰ.无… Ⅱ.（1）皮…（2）罗… Ⅲ.主题词　Ⅳ.分类号

七、丛书的著录

丛书是指由多种单独著作围绕一个共同主题或某些共同特征组合而成，每种书内容相对独立，并具有一个总书名的出版物。在中文图书中，丛书常标有"丛刊"、"丛书"、"文库"、"大全"、"读物"等字样。西文图书除使用"Series"一词外，还常用"Monographs"，"Classics"，"Reading"，"Reports"等词汇表示丛书。由于一套丛书的各册内容相对完整独立，即使是一次出版或一次到馆，习惯上应先进行分散著录（又称分析著录），再根据具体情况进行综合著录。从著录格式上与其他单行本图书一样，只是在丛编项进行丛书有关说明。

例如，

> 电子商务案例分析/田景熙编著.—南京：东南大学出版社，2005.2
> 252页；26 cm．--（电子商务系列教程）
> 25.00元
> I. 电… II. 田… III. 主题词　IV.

对专题性或专科性丛书，只要是一次出齐或到馆，也可先进行整套著录再视具体情况进行分散著录。丛书的整套著录格式与多卷书整套著录的格式基本一致；如果整套丛书非一次到馆，需在子目部分标注"本馆保存"字样。西文丛书的著录一般不采用整套著录，其分散著录格式基本与中文类似。

例如，

> The United States—Japan Cooperative Medical Science Program：third
> Five - year report，1975 - 1980. —Washington：Bureau of Oceans and International Environmental and Scientific Affairs：for sale by the Superintendent of Documents, U.S. Government Printing Office，1980.
> Xiv, 214p.：ill.；24cm.—（East Asian and Pacific series；217）
> Main series：Department of State publication；9127.
> Includes bibliographies.
> I. Series.

八、电子资源

电子资源的类型很多，按载体形式划分有磁盘型、光盘型、网络型等；按内容划分有图书、期刊、报纸、会议录、参考工具书、程序（软件）、数据库、多媒体等；按存取方式划分有直接（本地）访问和远程（网络）访问。

电子资源自身的特点决定了电子资源著录时的一些特殊要求及著录项目，下面主要介绍一下有关电子资源的主要项目的著录方法。

1. 题名与责任者项的著录

电子资源的题名根据所著录文献的不同可以是类似印刷型文献的名称，如电子图书、电子期刊的题名，可以是程序的名称，还可以是个人或团体名称。无论正题名取自何处，电子资源必须在附注项著录正题名的来源。例如，

Digital symposium collection 2000（电子会议录）

ABA journal（电子期刊）

Kluwer online journal（数据库）

Wordstar（软件名称）

Tsinghua University Library（团体名称）

Welcome to the Academic Press dictionary of science &technology（主页标题）

电子资源应在正题名后著录文献类型标识"electronic resource"，并置于方括号内。例如，Materials science and engineering［electronic resource］

2. 版本项的著录

版本项的规定信息源取自文献的主要信息源，即电子资源本身。电子资源常见的版本说明词有："edition"、"issue"、"version"、"release"、"update"等。例如，

Windows version 1.0；Level 2.0；5th update；Version 3.2；1999 re—release；Windows NT/Windows 95 CD ed.

在ISBD（ER）中建议书目机构省略远程存取的资源（如联机服务）的版本说明，如需要可在附注中说明，这是由于远程存取的资源经常会更新、发生变化。

对于仅有微小变化的电子资源不能作为一个新的版本。微小变化包括数据拼写错误的修改、内容顺序的改变、输出格式或显示媒体的改变以及物理特征的变化（如记录密度）。必要时可将这些改变的细节著录于附注项内。有多种物理载体的电子资源（包括附件），若有多个版本说明，只需著录与整个电子资源相关的版本说明。

3. 电子资源类型及数量项的著录

电子资源类型及数量项记录电子资源特征，如资源类型、数量或说明等。可使用的术语有：Electronic Data（电子数据）、Electronic Program（s）（电子程序）及Electronic Data and Program（s）（电子数据和程序）。如果电子资源的数量容易获得，可著录于电子资源类型后，用圆括号括起。例如，

Electronic data（1 file：600 records，240，000 bytes）

Electronic program（1 file：200 statements）

Electronic data（2 files：800，1250 records）and programs（3 files：7260，3490，5076 bytes）

4. 出版发行项的著录

著录电子资源的出版发行项时需特别注意以下几点：远程访问的电子资源均作为已出版的电子资源处理；未出版的电子资源不著录其出版发行地、出版发行者，亦不使用"S. I."（出版者不详）；未出版的电子资源应著录其创建日期；其他日期（如，数据收集日期）著录于附注项。

5. 载体形态项的著录

电子资源的载体形态项包括：文献数量及单位标识、其他形态细节、尺寸及附件。需特别指出的是，远程访问的电子资源由于没有物理实体一律不著录载体形态项。

文献数量及单位标识：电子资源载体形态种类很多，在著录时需依其文献特征选择相应的文献单位标识，如：Computer Chip Cartridge（计算机芯片）、Computer Disk（计算机磁盘）、Computer Optical Disc（计算机光盘）、Computer Tape Reel（计算机磁带）等。

例如，1 computer disk；1 computer optical disc

对于特定规格的物理载体形式可使用其惯用术语（如："CD—ROM"，"Photo CD"，"VCD"，"DVD"，"LD"）。

例如，1 CD—ROM；2 Photo CDs；1 DVD

其他形态细节：包括电子资源的声音、颜色等内容。例如，

    1 computer chip cartridge：sd.

    1 computer disk：col.

    1 computer laser optical disc：sd. , col

电子资源的尺寸单位可使用"in."（英寸）或"cm.."（厘米）著录其直径、长度等。如光盘或磁盘的尺寸应著录其直径。例如，

    1 computer laser optical disc：sd. , col. ; 4 3/4in.

    1 computer disk；14cm

电子资源主体以外的、与电子资源主体结合使用并作为一个整体入藏的附加材料可著录于载体形态项末尾。例如，

    1 computer laser optical disc: sd. , col. ; 4 3/4 in. +1 user manual

6. 附注项的著录

附注项用于著录其他著录项目未能反映的信息，在其他著录项目中不便说明或不能反映的书目信息应著录于附注项。电子资源的附注项可包含电子资源种类、范围、系统要求及访问方式的说明、语言和文字、题名、责任说明、版本与历史沿革、出版发行、载体形态、提要等丰富的内容。下面举例说明：

当著录的其他部分未说明电子资源的性质、范围时，应做附注。例如，

  Game

  Word processor

  Gray—scale image processing program

电子资源通常需著录系统要求，用"system Requirements：（系统要求：）"为固定导语，内容包括：电子资源设计要求使用的计算机机型、内存量、操作系统名称、软件要求（包括编程语言）、所需或推荐的外部设备的种类及特征、各种类型所需或推荐的硬件配置。例如，

System requirements: CPU Intel 486 or above; 8MB RAM or above; MS Windows 3. X or windows 3. X or windows 95 ; Xing MPEG player V1. 3 or above; 16 or 24 bit color display driver with 32K or above colors ; 16 bit or above sound card; CD—ROM drive

若电子资源只能通过远程访问时，须著录访问方式、访问途径、访问说明等。通常用"Mode of access"（访问方式）为固定导语。例如，

Mode of access: Internet via the World Wide Web

无论电子资源的正题名取自何处，均需在附注项内著录正题名的来源。例如，

Title from title screen; Title from disc label; Title from website

远程访问的电子资源还可说明编目时的日期（即访问该资源的日期）。例如，

Title from title screen as viewed Dec. 13, 2001

电子资源类型和数量项没有说明的电子资源重要特征，应做附注。例如，

ASCII character set

Bibliographic database

Resource size: 600, 12, 000, 1, 613, 1, 1000 records

不便在载体形态项中说明的，但对电子资源使用有用的（特别是远程访问的电子资源）的载体形态细节（如颜色、声音），应做附注。例如，

Graphics display in black—and—white, color, and ultraviolet Stereo. sd.

电子资源（电子资源的特定拷贝）的相关特征（如本地设置的文件或数据集名称，转录日期等）、在本馆收藏情况及使用的限制条件，应做附注。例如，

Also available in print and CD—ROM versions

Access limited to institutions with subscriptions

第六章 计算机编目

　　计算机技术推动着文献编目工作从传统的手工编目阶段向计算机编目、网络化联机联合编目阶段发展，也对编目的标准化问题提出了更高的要求。本章将对计算机编目的机读目录格式、著录方法进行系统阐述，并介绍国内外联机合作编目的发展情况。

第一节 计算机编目的发展

一、我国计算机编目的发展

　　机读目录（Machine-Readable Catalogue，缩写为 MARC），是以代码的形式和特定格式结构记录在计算机存储载体上，能够被计算机识别并编辑出书目信息的目录形式。

　　机读目录起源于美国，1963 年计算机已经发展到能处理商业数据和科学技术数据，图书馆界也开始使用计算机处理事务性工作了。1965 年 1 月产生了"标准机器可读目录记录款式的建议"，即 MARC Ⅰ 格式。1967 年 MARC Ⅱ（也就是现在通常简称的 MARC）问世，开创了书刊机读目录在世界上正式使用的新时期。世界许多国家和地区图书馆都相继采用 MARC Ⅱ 格式建立自己的机读目录系统，图书馆正式进入了自动化阶段。

　　我国对计算机编目的研究始于 20 世纪 70 年代。1973 年，我国图书情报部门进行计算机技术的应用研究，之后，南京大学等单位陆续研制成功了小型汉字情报检索系统。与此同时，我国开始翻译国外机读目录资料，分析介绍国外书目工作自动化的动态。1979 年，北京图书馆、北京大学图书馆、清华大学图书馆、中国科学院图书馆以及图书进出口公司等单位共同引进并研究了美国国会图书馆的 MARC 磁带 LCMARC，成立了"北京地区机读目录研制协作组"，到 20 世纪 80 年代初，全国已有 36 个单位开展了计算机检索和编目的试验研究，引进国外书目数据库 19 种，并有 6 个部门已进入定题服务阶段。

　　1980 年，我国颁布了国家标准《信息交换用汉字编码字符集（基本集）》

(GB 2312-80),《信息处理交换用的七位编码字符集》(GB 1988-80),并于1982年通过了参照ISO 2709制订的国家标准《文献目录信息交换用磁带格式》(GB 2901-82),这已是我国机读目录的框架结构。1983年,我国颁布了国家标准《文献著录总则》(GB 3792.1-83),1985年又出台了《普通图书著录规则》(GB 3792.2-85)。1986年UNIMARC的中译本面世,随后,北京图书馆、北京大学图书馆等分别编写了《中国机读目录通讯格式》讨论稿,并于1988年据新版UNIMARC对之作了补充修订,1989年中国图书馆学会召开中国机读目录格式学术研讨会,并对上述讨论稿作了进一步修订、定稿。1992年2月,由书目文献出版社正式出版《中国机读目录通讯格式》(China MARC Communication Format,简称CNMARC),CNMARC基本是依据UNIMARC新版制订的,但它只规定了专著、连续出版物机读形式书目记录的字段标识符、指示符和子字段代码及记载在磁带、软盘等载体上的书目记录和它的内容标识符的逻辑和物理格式。

　　为进一步推进我国书目数据的规范、统一,加速文献信息网络的建设,实现国内外书目信息的交换与共享,北京图书馆于1995年4月5日制订出了中华人民共和国文化行业标准《中国机读目录格式》(China MARC Format,简称也用"CNMARC"),并于1996年2月该标准作为文化行业标准(WH/T 0503-96)开始正式实施。与此同时,国家图书馆又历时8年时间,于2004年3月研制出了机读目录格式的最新国家标准《新版中国机读目录格式使用手册》,并通过了文化部组织的专家鉴定。

二、计算机联机编目的原则

　　对文献资源进行计算机编目,就需要遵循下列原则:

1. 标准化、规范化原则

　　标准化、规范化原则,实际上就是实现机读目录的标准化规范化。为了编制统一的机读目录,以便利各地读者与用户的使用,实现资源共享,图书馆必须坚持计算机编目标准化原则。首先,必须采用标准化的机读目录格式;其次,严格按照机读目录格式进行著录;第三,根据机读目录标准的变化(修订)对原有目录作必要的修改。目前,多数图书馆采用的CNMARC格式,所设的字段、子字段较多,一不注意就容易出错。如把卷(册)号著录在200字段的题名后,把附录说明著录在225字段的丛编项目中,把第二出版者著录在210字段$c项等,要想使得每条目录数据都成为规范的目录数据,也就有必要促使编目员彻底弄清楚整个CNMARC格式,了解每个字段的著录技术，使之能严格按照标准化的机读目录格式去编制标准的目录数据。因此，确定标准化规范化的原则，使编目人员遵循标准化规范化的原则作好编目数据非常必要。

2. 客观性一致性原则

客观性一致性原则，指图书馆的计算机编目应保持数据的客观性、如实客观地描述揭示编目对象的形式特征和内容特征和前后做法一致（相同）的原则。计算机的编目工作一贯遵循有关原则，坚决按照所订编目细则去查重、著录、审核、校正。这既是为了保证编目工作的一致性和客观性，也是为了保证机读目录的一致性客观性。在实际工作中，有的编目操作较为容易保持一致性，有些则需特别注意才能达到前后一致，一不注意就会出现前后不一致的做法。例如，对多卷书的著录，如不注意就会出现第一版的集中在一条数据中著录，后来的2、3、4版等作分卷著录等现象。没有统一卷册号的同类系列书，不注意时往往会出现有几种用同一种次号著录，有的则另用种次号著录等不一致现象。有的编目员在著录时，往往会对一些著录内容作简化处理，这样也就会出现一些不够客观的著录，影响编目的准确性；如把"某出版社编"著录为"本社编"，把"某某编写组编"简化为"本书编写组编"等，这样的著录如作为机检是检不出来的。

3. 重点著录原则

重点著录原则，所谓重点著录原则是指图书馆在计算机编目中，应简化不必要的著录使得编制出来的机读目录数据简单明了，即编目数据要讲求经济实用。CNMARC格式字段共有几百个，如果全部著录的话就显得极为繁琐，例如，没有分卷（册）题名的分卷附属、一般性附注、第二以后的出版社等，都不能作为检索点的著录项目，可采取省略这些项，简化著录作为主要的检索点项目。随着图书馆典藏文献数字化进程的深入，图书馆编制的机读目录又可以作为读者与用户去检索网络中的数字化文献之用，因此未来的机读目录也就是元数据的一种，所以当前的机读目录有必要吸收元数据"简洁、灵活、易于操作"等的特点编制出两种文献资源都适用并能与元数据相结合的机读目录。

4. 检索点重点著录原则

检索点重点著录原则，即计算机编目中应确保设置尽可能多的检索点，为读者与用户提供多方面的检索途径。在推行简化著录的过程中，有用的检索点不但不能简化掉，而且应进一步丰富。目录的作用，在于方便读者检索文献知识，好的检索点越多越丰富，机读目录的检索作用就越大；机读目录的每个检索点都是该目录的一个检索切入口，每个检索点就是获取文献知识的一条途径。为了保证不同类型的用户群，从不同角度都能成功检索到自己需要的书目，联机合作编目机构对机读目录检索字段的编制作严格的规范；从 0XX 到 7XX 字段，其中只有 3XX 字段对应于 ISBD 的辅助项，不产生检索点，其余字段都提供了题名、责任者、国际标准书号、主题词、分类号等相应的检索点；例如，除 200 正题名、225 丛编题名外，它的相关字段还有 500 对应的统一题名、510 对应的并列正题名、512 对应的封面题名、513 对应的附加题名页题名、514 对应的卷端题名、515 对应的逐页题名、516 对应的书脊题名以及在编文献出现的但不能放在 500－516 的其他题名，如版权页题名、副题名、分卷题名、综合著录的丛书或多卷书的子目等题名信息，只要有独立的检索意义，能够在一定程度上揭示文献内容，都要求在 517 字段生成检索点。因此，编目员应先明确 CNMARC 格式中作为检索点的字段、子字段，以免漏著或放弃著录某些检索点；另外还需注意的一点就是，编目人员在作 CNMARC 格式的新增著录时，有些自动生成字段会失去自动生成功效，一不注意在作为检索点的字段中删除其内容后不去补充新的内容，就会因其已不能自动生成而造成检索点的丢失；因此，编目员要将重要的检索点字段做详细著录。

5. 实用性原则

实用性原则是指图书馆编目工作应从编制实用性强的目录数据出发，始终围绕着提供实用性强的目录数据这一目的进行。

检验编目工作是否做好，最好的尺度就是在目录数据的实际使用上，方便读者与用户使用的，能使读者与用户满意的目录数据，才是实用性强的数据，并说明图书馆的编目工作做得好，因此，编目工作需围绕编制实用的目录数据而开展工作，要重视编目数据的实用性。

第二节　机读目录格式

一、机读目录的逻辑结构

CNMARC 书目记录总体格式根据 GB/T 2901（ISO 2709）的一个特定形式，对每一个用于交换的书目记录规定必须遵循的标准记录结构，其标准构成为：记录头标区、地址目次区、数据字段区、记录结束符四部分将字段、子字段组织起来。

记录结构图如下：

| 记录头标区 | 地址目次区 | 数据字段区 | 记录结束符 |

记录头标区根据 GB/T 2901（ISO 2709）规定，在每个记录开头要有一个 24 位字符的记录头标（0-23），由固定长数据元素组成，含有记录类型、书目级别、在层次等级中的位置、记录完整程度以及采用 ISBD 规则的完整程度等几项数据元素，工作人员要添加 5、6、7、8 字符位，其他位由计算机自动生成，并通过字符位置标识。头标中的数据元素主要用来满足记录处理的需要；

地址目次区位于记录头标之后，目次区的每个目次项描述一个字段，由三部分组成：三位数字表示的字段号、四位数字表示的该字段长度和五位数字表示的该字段起始字符位置。记录中每个数据字段都对应地址目次区中一个 12 位字符的目次项，全部目次项构成地址目次区，即通过地址目次区可以查找 MARC 记录中某一特定字段的起始位置。地址目次区的结构如下：

| 字段号（3位） | 字段长度（4位） | 字段地址（5位） |

数据字段区，又称变长数据字段区；记录文献编目的各种信息，在 CNMARC 格式中，00_ 字段为数据（控制）字段，而 010~999 字段为变长（数据）字段，其结构如下：

数据（控制）字段（00_ ）结构：

| 数　据 | 字段分隔符 |

变长字段（010 至 999 结构）：

| 指示符 1 | 指示符 2 | $a | 数据 | ……… | 字段分隔符 |
| 指示符 | 子字段标识 | 子字段数据 | 其他子字段 |

数据字段区的数据组织方式：数据字段区的数据分 5 个层次，最小的数

据单元为数据元素，在一个可变长字段内，数据元素构成了子字段，若干个子字段构成字段，若干字段又构成功能块，在头标区、目次区和定长子字段内，由代码构成的数据元素由其字符所在位置标识。

记录的最后一个数据字段字符之后是字段分隔符（GB 1988（ISO 646）的 IS2），在该字段分隔符之后是记录结束符（GB 1988（ISO 646）的 IS3），在每条记录的末尾，用以分隔记录，由计算机自动生成；字段分隔符指在每个变长字段的结尾用以分隔字段的控制符；每个记录长度的最大限定为 99,999 个字符。

所谓子字段，即字段内所定义的数据单位，而数据元素则是被明确标识的数据最小单元，在可变长字段内，数据元素构成子字段，若干子字段构成字段，若干字段构成功能块。

文献著录的内容包括文献的形式特征（外部特征）和内容特征（内部特征），参照 UNIMARC，《新版中国机读目录格式手册》数据字段区共设置九个功能区。文献外部特征通常用 0~5 字段加以标识，内部特征通过 6~8 字段加以标识。

二、0—字段（标识块）的著录

0—字段标识块：用以记录或标识在编文献所具有的号码，根据文献的类型，共定义字段 20 个。

001（记录标识号）	021（版权登记号）
005（记录处理时间标识）	022（政府出版物号）
010（国际标准书号）	035（其他系统控制号）
011（国际标准连续出版物号）	040（CODEN 连续出版物）
013（国际标准音乐号）	071（出版编号）
014（论文标识号）	072（通用产品代码）
015（国际标准技术报告号）	073（国际论文号）
016（国际标准音像编码）	091（统一书刊号）
017（其他标准号）	092（订购号）
020（国家书目号）	094（标准号）

(1) 001 字段（记录标识号）

本字段包含与记录唯一相关的标识符号，即编制本书目记录机构分配给本记录的控制号；对所有在编文献而言，此字段均为必备，不可重复；遵照 GB/T 2901（ISO 2709），该字段无指示符。

(2) 010 字段（国际标准书号）

本字段包含由各国指定的机构分配的国际标准书号和区分记录中的多个国际标准书号的限定信息，与ISBD的"标准号和获得方式项"相对应，可重复使用。

指示符：指示符为1时为空，即未定义；指示符为2时也为空，即未定义。

子字段表：

子字段标识符	子字段内容	注 释
$a	国际标准书号	不可重复
$b	限定	不可重复
$d	获得方式和/或价格	不可重复
$z	错误的国际标准书号	可重复

例如，010 ##$a7-313-01037-0$b精装$dCNY39.50
　　　010 ##$a7-313-01037-0$b全集$dCNY158.60

(3) 013 字段（国际标准音乐号）

国际标准音乐号（ISMN），依据ISO 10597规定的形式记入，用以标识音乐出版物，包含国际标准音乐号的限定信息。本字段可选择使用，当有多个有效国际标准音乐号时，可重复本字段，编目机构可视情况追加限定信息以示区分；国际标准音乐号由"ISMN"标识，包括区分单元M、出版者号码、作品号码、校验字符，后两个单元是变长的，总长10个字符，其间用连字符分隔；指示符1，2均为空，即未定义。

子字段表：

子字段标识符	子字段内容	注 释
$a	国际标准音乐号	不可重复
$b	限定	不可重复

续表

子字段标识符	子字段内容	注释
$d	获得方式和/或价格	不可重复
$z	错误的国际标准音乐号	可重复

例如，013　##＄a M-706700-00-7＄b（HDS）
　　　013　##＄a M-705701-00-4＄b（MIC）
　　　注：该作品为 HDS 和 MIC 联合出版

（4）015 字段（国际标准技术报告号）

国际标准技术报告号（ISRN），包含依据 ISO 10444 规定的形式记入的国际标准技术报告号，最多为 36 位字符，本字段与 ISBD 的"标准号与获得方式项"相对应，本字段可重复；指示符 1，2 均为空，即未定义。

子字段表：

子字段标识符	子字段内容	注释
$a	国际标准技术报告号	不可重复
$b	限定	不可重复
$d	获得方式和/或价格	不可重复
$z	错误的国际标准技术报告号	可重复

例如，015　##＄a KU-CL-TR-6-96-GB
　　　注：肯特大学计算机实验室技术报告 6-96

（5）016 字段（国际标准音像编码）

国际标准音像编码（ISRC），依据 GB 13396（ISO 3901）规定的形式记入，用以标识录音制品、录像制品与电子资源；

国际标准音像编码由"ISRC"标识，包括国家码、出版者码、录制年码、记录码、录制项码五个必备数据，总长 12 个字符，其间用连字符分隔；指示符 1，2 均为空，即未定义。

子字段表：

子字段标识符	子字段内容	注　释
＄a	国际标准音像编码	不可重复
＄b	限定	不可重复
＄d	获得方式和/或价格	不可重复
＄z	错误的国际标准音像编码	可重复

例1：

016　##＄a CN－E08－02－0038－0　＄b 光盘　＄d 赠品

注：《美国人每天说的话》一书所附光盘的国际标准音像编码

例2：

016　##＄a CN－F28－00－356－00　＄b 光盘　＄dCNY25.00

注：广州音像出版社2000年出版的《二十世纪世界百位风云人物》（VCD）的国际标准音像编码

（6）017字段（其他标准号）

其他标准号，包含国际标准、国家标准、行业标准或企业标准的标准号，也可选择用094字段；指示符1为标准编号类型指示符，赋值为7时，表示＄2子字段指明来源的标准编号或代码；赋值为8时，表示未指明类型的标准编号。指示符2为差异指示符，赋值为0时，表示未提供信息；赋值为1时，表示无差异；赋值为2时，表示有差异。

子字段表：

子字段标识符	子字段内容	注　释
＄a	标准编号	不可重复
＄b	限定	不可重复
＄d	获得方式和/或价格	不可重复
＄z	错误的标准编号或代码	可重复
＄2	编号或代码的来源	不可重复

例如，

017　70＄awh/t 15－2002＄DCN￥28.00＄2中华人民共和国文化行业

标准

(7) 035 字段（其他系统控制号）

其他系统控制号，包含除 001 字段以外的其他数据来源的系统控制号，可选择使用，可重复；指示符 1，2 均为空，即未定义。

子字段表：

子字段标识符	子字段内容	注　释
＄a	系统控制号	不可重复
＄z	注销/无效的系统控制号	可重复

例如，035　##＄a（011001）c2002044036
　　　035　##＄a（NII）BN1204045X

(8) 072 字段（通用产品代码）

通用产品代码（UPC），是印刷在条形码下方的 12 位数字（UCC‑12），通常用连字符"－－－"或空格连接产品号码的各组成部分，即条形码标识号，标识号的组成随资料类型（如音像制品、连续出版物、纸本图书等）不同而变化；本字段选择使用，可重复；指示符 1 为未定义，2 为差异指示符，赋值为 0 时，表示未提供信息；赋值为 1 时，表示无差异；赋值为 2 时，表示有差异。

子字段表：

子字段标识符	子字段内容	注　释
＄a	产品代码	不可重复
＄b	限定	不可重复
＄c	附加代码	不可重复
＄d	获得方式和/或价格	不可重复
＄z	错误的产品代码	可重复

例如，072　#1＄a784872200416
　　　072　#1＄a920004032007
　　　注：该书有两组通用产品代码即条形码标识号

(9) 073 字段（国际论文号）

国际论文号（EAN），包含国际论文号（EAN-13），是13个数位的编号，国际论文号的组成随资料类型（连续出版物、纸本图书等）不同而变化；本字段选择使用，可重复；指示符1为未定义，2为差异指示符，赋值为0时，表示未提供信息，赋值为1时，表示无差异，赋值为2时，表示有差异。

子字段表：

子字段标识符	子字段内容	注　释
$a	国际论文号	不可重复
$b	限定	不可重复
$c	附加代码	不可重复
$d	获得方式和/或价格	不可重复
$z	错误的国际论文号	可重复

例如，073　#0 $ a9780838934326 $ c90000

注：该论文为一部纸本图书的13位号码，子字段 $ c 中还包含定价代码。

三、1—字段（编码信息块）的著录

编码信息块是用于描述文献定长数据元素，包含编码数据元素，字段中的数据以字符位置定义，共设有27个字段，分别为：

100（通用处理数据）	125（录音制品与印刷乐谱）
101（文献语种）	126（录音制品—形态特征）
102（出版或制作国别）	127（录音制品与印刷乐谱播放时间）
105（编码数据字段：专著性文字资料）	128（音乐演出与总谱）
106（文字资料—形态特征）	130（缩微制品—形态特征）
110（连续出版物）	131（测绘制图资料—大地、坐标网络与垂直测量）
115（投影制品、录像制品和电影制品）	135（电子资源）
116（图形资料）、117（三维制品和实物）	140（外国古籍——一般性数据）
120（测绘制图资料——一般性特征）	141（外国古籍—藏本形态特征）
121（测绘制图资料—形态特征）	191（拓片）

续表

122（文献内容涵盖时段）	192（中国民族音乐）
123（测绘制图资料—比例尺与坐标）	193（中国古籍——一般性数据）
124（测绘制图资料—特定资料标识）	194（中国古籍—藏本形态特征）

　　这些字段主要揭示编码化的数据元素，分为通用编码信息字段和专用编码信息字段两大块，通用编码信息字段有 100、101、102、106 和 122 字段，其中，100、105、106 字段为固定长字段，均设一个子字段 $a，指示符都没有定义，101、102、122 字段为不定长字段；100 通用处理数据字段不可重复，两个指示符均未定义，$a 子字段（不重复）以字符位置标识全部数据，后设 12 个数据元素，定长为 0-35 即 36 个字符，专用编码信息字段为某一类型文献专用，如 105 字段用于标识专著性印刷语言文字资料，110 编码数据字段用于标识连续出版物（含集中著录的丛书、年鉴、年刊及其他连续出版物）、115 字段专用投影、录像制品和电影片、116 字段专用书画刻印作品、117 字段专用三维制品和实物、120 字段专用测绘资料、以及 121、123、124、125、126、127、128、130、131、135、140、141、191、192、193、194 等均为专用编码信息字段；编码信息块字段数据大多以字符位置定义，各子字段标识符后第一个字符位置为 0 位，且子字段长度为定长；其中 100、101 字段为一般文献必备字段，120、123 字段为测绘资料必备字段。

　　（1）100 字段（通用处理数据）

　　本字段包含的定长编码数据适用于任何载体文献的记录。本字段对所有在编文献均必备，不可重复。

　　指示符 1、2 均为空，未定义。

　　子字段表：

子字段标识符	子字段内容	注释
$a	通用处理数据	不可重复

　　子字段 $a 定长数据元素表：

数据元素名称	字符数	字符位置
入档时间（必备）	8	0-7

续表

数据元素名称	字符数	字符位置
出版时间类型	1	8
出版时间1	4	9–12
出版时间2	4	13–16
阅读对象代码	3	17–19
政府出版物代码	1	20
修改记录代码	1	21
编目语种代码（必备）	3	22–24
音译代码	1	25
字符集（必备）	4	26–29
补充字符集	4	30–33
题名文字代码	2	34–35

例：
100 ## $ a20000622d1999####em#y0chiy0110####ea

（2）101字段（文献语种字段）

本字段包含在编文献的整体、部分或题名的语种代码，译著还应记录其原著的语种代码。本字段对所有涉及语言文字的文献均为必备，不可重复。

指示符1为翻译指示符，用以标识文献是否为译著或含译文；赋0时，表示文献为原著；赋1时，表示文献为译著；赋2时，表示文献含有译文。指示符2为空，未定义。

子字段表：

子字段标识符	子字段内容	注释
$a	正文、声道等语种	可重复
$b	中间语种	可重复
$c	原著语种	可重复
$d	提要语种	可重复
$e	与正文语种不同的目次页语种	可重复

续表

子字段标识符	子字段内容	注释
＄f	与正文语种不同的题名页语种	可重复
＄g	与正文、声道第一语种不同的正题名语种	不可重复
＄h	歌词等的语种	可重复
＄I	附件语种	可重复
＄j	字幕语种	可重复

例：101 0#＄achi
　　101 1#＄achi＄beng＄cfre
　　101 2#＄achi＄aeng

（3）102字段（出版或制作国别）

本字段包含在编文献的一个或多个出版或制作国的国别代码，且选择使用不可重复。指示符1，2均为空，未定义。

子字段表：

子字段标识符	子字段内容	注释
＄a	出版或制作国别	可重复
＄b	出版地区代码	可重复
＄c	出版地区代码	可重复
＄2	非国际标准出版地区代码来源	可重复

例：102 ##＄aCN＄b110000
　　102 ##＄aCN＄b130000

（4）105字段（编码数据字段、专著性文字资料）

本字段包含有关专著性印刷文字资料的编码数据，选择使用，不可重复。指示符1，2均为空，未定义。

子字段表：

子字段标识符	子字段内容	注释
＄a	专著编码数据	不可重复

207

子字段说明：

子字段＄a以字符位置标识其全部数据，字符位从0－12计数，所有被定义的字符位必须在该子字段中出现，不可重复。

子字段＄a定长数据元素表：

数据元素名称	字符数	字符位置
图表代码	4	0－3
内容类型代码	4	4－7
会议代码	1	8
纪念文集指示符	1	9
索引指示符	1	10
文学体裁代码	1	11
传记代码	1	12

（5）106字段（资料形态编码数据）

本字段包含描述文字资料形态特征的编码数据，选择使用，不可重复。指示符1，2均为空，未定义。

子字段表：

子字段标识符	子字段内容	注释
＄a	文字资料代码数据	不可重复

子字段说明：

＄a文字资料代码数据是用一位字符代码表示文献的物理形态。

D＝大型印刷本（宽大于35 cm）

E＝报纸形式

F＝盲文本

G＝微型印刷本（宽小于5 cm）

H＝手写本

I＝多种物理形态

J＝小型印刷本（宽小于10 cm）

R＝普通印刷本

Z = 其他形式

（6）110 字段（连续出版物编码数据）

本字段包含有关连续出版物（包括作为丛编编目的专著丛编而不是单本的专著）的编码数据。本字段选择使用，不可重复。指示符 1，2 为空，未定义。

子字段表：

子字段标识符	子字段内容	注释
＄a	连续出版物编码数据	不可重复

子字段＄a定长数据元素表：

数据元素名称	字符数	字符位置
连续出版物类型标志	1	0
出版周期	1	1
出版规律	1	2
资料类型代码	1	3
所附资料类型代码	3	4－6
会议出版物指示符	1	7
题名页获得方式代码	1	8
索引获得方式代码	1	9
累积索引获得方式代码	1	10

四、2—字段（著录信息块）

CNMARC 格式中，著录信息块包含除"附注项"和"标准号与获得方式项"以外的其他 ISBD 规定的著录项目，设有 10 个字段。如果没有特殊说明，ISBD 的标识符均不记入字段或子字段，标识符"＝"除外。本块的数据元素如果在源记录中空缺，则不允许从源记录中的其他部分复制相关信息到本块，例如，若源记录没有"作品上可查出的责任说明"，则不允许从该记录的检索点字段（本格式的 7—字段）获取信息补充到本块，因为无法保证所生成的数据元素客观地反映在编文献的相关信息，但 200 字段 ＄a 是必备字段，该字段必须根据源记录输入一个题名，无论是否是 ISBD 形式。

1.200 题名与责任说明

本字段包含题名、其他题名信息、与题名相关的责任说明以及用其他语言重复的上述信息（并列题名、并列责任说明等），通常以其在文献上出现的形式和次序进行著录，200 字段为必备字段，就用户而言，是十分重要的检索点，应做详细著录，本字段不可重复。

指示符 1 定义为题名检索意义指示符，指明编目机构是否把记入第一个 ＄a 子字段的正题名作为检索点处理；指示符赋 0 表示题名无检索意义，即题名不做检索点，赋 1 表示题名有检索意义，即题名做检索点；指示符 2 为空，未定义。

子字段表：

子字段标识符	子字段内容	注 释
＄a	正题名（交替题名）	必备，可重复
＄b	一般资料标识	可重复
＄c	其他责任者的正题名	可重复
＄d	并列正题名	可重复
＄e	其他题名信息（副题名）	可重复
＄f	第一责任说明	可重复
＄g	其他责任说明	可重复
＄h	分辑（册）、章节号	可重复
＄I	分辑（册）、章节名	可重复
＄v	卷标识	不可重复
＄z	并列正题名语种	可重复
＄5	使用本字段的机构	不可重复
＄9	正题名汉语拼音	不可重复

有关说明：

文献的正题名即主要题名，包括交替题名，但不包括其他题名信息（副题名）和并列题名。若在规定信息源上同时出现多部文献的题名而无总题名时，同一责任者的多个题名重复记入本子字段；有不同责任者的多个题名时，第一个题名记入＄a子字段，其他题名分别记入＄c子字段。

并列正题名即出现＄a或＄c子字段的正题名的另一种语言形式；

＄v子字段用以标识在编文献为另一文献的分卷时的分卷号，仅在200字段被嵌套在4—连接字段中时使用，不可重复；

＄9子字段记录第一个正题名中汉字的拼音形式，跟在相应的＄a内容之后，其中的汉字按字注音，全部小写；非汉字成分（如外文字母、阿拉伯数字、标点符号等）保留原有形式；

＄a至＄I子字段顺序由具体著录内容来决定。

例：

200　1#＄a剑气书声＄9jian qi shu sheng＄e散文诗集＄f蔡丽双著＄g邹岳汉赏析

例：

200　0#＄a红星照耀中国，又名，西行漫记＄9hong xing zhao yao zhong guo, you ming, xi xing man ji＄f（美）斯诺（E. Snow）著＄g李方准，梁民译

517　1#＄a红星照耀中国＄9hong xing zhao yao zhong guo

517　1#＄a西行漫记＄9xi xing man ji

注：200＄a内容为有交替题名的正题名形式，不做检索点用（指示符为0），而题名信息是通过517字段或500统一题名字段进行检索的。

例：

200　1#＄a五色石＄9wu se shi＄f［清］笔炼阁主人等原著＄g萧欣桥校点＄c八洞天＄9ba dong tian＄f［清］五色石主人原著＄g陈翔华，萧欣桥校点

517　1#＄a八洞天＄9ba dong tian

注：对无总题名的不同责任者的多部作品题名如上例，《八洞天》的检索点形式可以通过相关题名字段予以揭示。

例：

200　1#＄a入蜀记＄9ru shu ji＄a老学庵笔记＄9lao xue an bi ji＄f（宋）陆游著＄g柴舟校注

注：对无总题名的同一责任者的多部作品题名如上例，《老学庵笔记》可以直接作为检索点予以揭示。

例：

200　1#＄a三言＄9san yan＄f（明）冯梦龙编＄g华斋点校

327　1#＄a喻世明言＄a警世通言＄a醒世恒言

211

517　1#＄a 喻世明言＄9yu shi ming yan

517　1#＄a 警世通言＄9jing shi tong yan

517　1#＄a 醒世恒言＄9xing shi heng yan

注：对有总题名的多部作品题名如上例，《喻世明言》、《警世通言》、《醒世恒言》的检索点的形式可以通过相关题名字段予以揭示，并在327字段著录。

例：

200　1#＄a 二十世纪的政治哲学家＄9 er shi shi ji de zheng zhi zhe xue jia ＄d = Political Philosophers of the Twentieth Century ＄f（英）迈克尔.H.，莱斯诺夫（Michael H. Lessnoff）著＄g 冯克利译

510　1#＄a Political Philosophers of the Twentieth Century ＄zeng

注：上例是对并列题名的处理

例：

200　1#＄a 蒙台梭利育儿课程＄9meng tai suo li yu er ke cheng ＄dBaby Education Course of Maria Montessori ＄i 如何强化开发婴幼儿语言能力＄f 蒙台梭利育儿课程编委会［编］

517　1#＄a 如何强化开发婴幼儿语言能力＄9ru he qiang hua kai fa ying you er yu yan neng li

注：多卷集分散著录时，单册题名"如何强化开发婴幼儿语言能力"须与总题名一起才能表达正确的题名意义，故将该套丛书视为多卷集分散著录。当分卷题名具有检索意义时，需在相关题名字段提供检索。

(2) 205字段（版本说明）

本字段包含文献的版本说明、附加版本说明以及与该版本有关的责任说明，选择使用可重复；指示符1，2均为空，即未定义。

子字段表：

子字段标识符	子字段内容	注释
＄a	版本说明	不可重复
＄b	附加版本说明	可重复
＄d	并列版本说明	可重复
＄f	与版本有关的责任说明	可重复
＄g	与版本有关的次要责任说明	可重复

有关说明：

＄a 版本说明中，版次一律用单字节阿拉伯数字表示，＄b 附加版本说明用来记录某版次的修订本、增订本、重印本、影印本、增订版、手抄本、新1版等信息，不能独立存在，若无版次说明，则附加版本说明应记入＄a；

＄d 并列版本说明是指版本说明（＄a）的另一种语言形式；

205 字段的各种知识责任者若作检索点，则应在后面的 7——字段加以标识；

例：

200　1#＄a 机械设计＄9ji xie she ji＄f 陈铁鸣等主编

205　##＄a3 版＄b 修订版

例：

200　1#＄a 六艺之一录目录附引得＄f 洪业等编纂＄9liu yi zhi yi lu mu lu fu yin de

205　##＄a 影印本

（3）206 字段（文献资料特定细节项）

206 字段包含测绘绘制图资料的比例尺、投影、坐标和二分点的说明，主要用于测绘制图资料数据的显示，120、122、123 和 131 等编码数据字段用于测绘制图资料的信息检索；207 字段包含在编连续出版物首期和末期的编号和/或年代范围；208 字段包含在编印刷乐谱或手稿乐谱上标识的特定形式说明；230 字段包含与电子资源类型和范围有关的文件特征信息，文件标识可参见国家标准《电子资源著录规则（报批稿）》附录 B 的电子文献标识。

例：

206　##＄a 五十里方

207　#0＄aVol.1，no.1（1980，2）——

208　##＄a 管弦乐总谱＄d＝Full score

230　##＄a 计算机程序（记录电子资源的文件标识）

（4）210、211 字段（出版发行项）

210 字段包含文献的出版发行和制作及其相关时间的信息，若出版地或出版者名称不详时，应在＄a 和＄c 子字段著录"出版地不详"和"出版者不详"字样，并将其置于方括号中，若是古籍善本可省略相应子字段；本字段不可重复，指示符 1、2 均未定义。

子字段表：

子字段标识符	子字段内容	注释
＄a	出版、发行地	可重复
＄b	出版、发行者地址	可重复
＄c	出版、发行者名称	可重复
＄d	出版、发行时间	可重复
＄e	制作地	可重复
＄f	制作者地址	可重复
＄g	制作者名称	可重复
＄h	制作时间	可重复

有关说明：

出版地/制作地作检索点时，可用620字段标识出版地/制作地；

当出版者/制作者作检索点时，可用7—字段标识。

例：

210　　##＄a北京＄c机械工业出版社＄d1984－1986

注：集中著录的多卷集出版物，各卷跨年度出版，出版时间可著录为时间段。

例：

210　　##＄a南宁＄c［出版者不详］＄d1995－1997

例：

210　　##＄a天津＄c天津大学出版社＄d1982－

注：集中著录的多卷集出版物尚未出齐时，先著录第一卷出版年后加连字符"－"，形成开口时间，待全部出齐后再著录最后出版年。

例：

210　　##＄a北京＄c人民出版社＄a哈尔滨＄c黑龙江人民出版社＄d1995

211字段为预定出版时间，包括文献的预定出版时间，形式为YYYYMM-DD，字段不可重复，指示符1，2均为空，即未定义。通常出现在预编目记录中，待文献正式出版、编目后，该字段即可删除。

（5）215 字段（载体形态项）

载体形态项包含在编文献载体形态特征方面的信息，仅有215字段一个，可重复使用；指示符1，2为空，即未定义。

子字段表：

子字段标识符	子字段内容	注释
＄a	特定文献类型标识和文献数量	可重复
＄c	其他形态细节	不可重复
＄d	尺寸	可重复
＄e	附件	可重复

有关说明：

凡不能记入215字段的载体形态细节，则作为附注记入307字段。

例：

215 ##＄a419页＄d26cm ＄e教师手册（129页；19cm）

215 ##＄a1地球仪＄c塑料＄d28cm

215 ##＄a1视盘（LD，NTSC）（55min.）＄c彩色，立体声

215 ##＄a1计算机软盘＄c彩色＄e指导手册（120页，22cm）

（6）225 字段（丛编项）

丛编项包含文献上出现的形式和顺序著录的丛编题名以及与该丛编题名有关的其他题名信息和责任说明，可重复使用；指示符1为题名形式指示符，表示丛编题名的检索点形式应记入4——款目连接块，指明本字段的丛编说明是否与4——字段中记录的检索点形式相同；指示符为0时，表示丛编名与4——字段检索点形式不同；为1时，表示无检索点形式；为2时，表示与检索点形式相同。本字段仅用于记录200字段中的题名所从属的丛编。

子字段表：

子字段标识符	子字段内容	注释
＄a	丛编题名	不可重复
＄d	并列丛编题名	可重复
＄e	其他题名信息	可重复
＄f	责任说明	可重复

续表

子字段标识符	子字段内容	注释
$h	附属丛编号	可重复
$I	附属丛编名	可重复
$v	卷标识	可重复
$x	丛编的国际标准连续出版物号	可重复
$z	并列丛编题名语种	可重复

例：
225　1#＄a 万有文库＄i 百科小丛书
225　2#＄a 建筑工人技术学习丛书＄f 同济大学建筑系编＄v 第6种

五、3—字段（附注块）

附注块包含以自由行文方式对著录项目或检索点作进一步陈述的附注信息，定义字段共有35个：

300（一般性附注）	320（文献内书目、索引附注）
301（标识号附注）	321（被外部文献索引摘要和引用附注）
302（编码信息附注）	322（制作者附注）
303（著录信息的一般性附注）	323（演出者附注）
304（题名与责任说明附注）	324（原作版本附注）
305（版本与书目沿革附注）	325（复制品附注）
306（出版发行等附注）	326（出版周期附注）
307（载体形态附注）	327（内容附注）
308（丛编附注）	328（学位论文附注）
310（装订及获得方式附注）	330（提要或文摘附注）
311（连接字段附注）	332（引文附注）
312（相关题名附注）	333（使用对象附注）
313（主题检索附注）	334（获奖附注）
314（知识责任附注）	336（电子资源类型附注）

续表

315（资料特定细节附注）	337（系统需求附注（电子资源）
316（现有藏本的附注）	345（采访信息附注）
317（出处附注）	393（系统外字符附注）
318（操作附注）	

通常情况下，315以前的附注字段可统一使用300一般性附注录入，如一条附注涵盖多个由301到315字段所描述的类别，则一般规则是用其中字段标识符数值较小的字段著录，而不用300字段；315以后的附注字段要严格使用每一个字段，中小型图书馆附注块字段的著录可都用300字段代替，大型馆、高校馆或联合编目中心都有较严格的规定，但著录的原则是要保证本馆内数据的前后一致性。

（1）300字段（附注内容）

本字段包含在编文献或其相关记录的任何方面的附注，选择使用可重复。指示符1，2均为空，即未定义。

子字段表：

子字段标识符	子字段内容	注释
＄a	附注内容	不可重复

例：300　##＄a另一交替题名：三剑客
　　300　##＄a原图比例尺为1∶25000

（2）304字段（题名责任者的附注）

本字段包含有关在编文献200字段的题名或责任说明的附注，对电子文献，本字段为必备，即在编文献为电子资源时，其题名出处著录在本字段；对其他文献类型，本字段选择使用可重复。指示符1、2均为空。

子字段表：

子字段标识符	子字段内容	注释
＄a	附注内容	不可重复

例：

200　1#＄a 新经济新生活＄9xin jing ji xin sheng huo＄e 分时度假在中国＄f 杨立娟等编著

304　##＄a 封面题：杨立娟，阳希等编著

例：

200　1#＄a 汉语训诂学史＄9han yu xun gu xue shi＄f 李建国著

205　##＄a 修订版

305　##＄a 初版：安徽教育出版社 1986

例：

200　1#＄a 民商法理论与实践＄9min shang fa li lun yu shi jian＄f 李雅云著

306　##＄a 与中国法制出版社合作出版

例：

307　##＄a 附光盘：光盘1，素材和模板；光盘2，电视讲座教学

(3) 314 字段（知识责任者的附注）

本字段包含与在编文献的知识责任有关的附注，本字段选择使用可重复。指示符1，2均为空。

子字段表：

子字段标识符	子字段内容	注释
＄a	附注内容	不可重复

例：

200　1#＄a 线性系统理论＄9xian xing xi tong li lun d Linear System Theory f 郑大钟［编］

314　##＄a 郑大钟，浙江绍兴人，现为清华大学自动化系教授、博士生导师，参编有《控制与决策》、《信息与控制》等。

(4) 326 字段（出版周期的附注）

本字段包含有关连续出版物出版周期的附注，本字段选择使用，当要说明该连续出版物不同时期的出版周期时可重复，先后顺序为：最近的出版周期最先记入。指示符1，2均为空。

子字段表：

子字段标识符	子字段内容	注释
＄a	出版周期	不可重复
＄b	出版周期的起止年代	不可重复

例：326　##＄a 双月刊＄b1995 –

注：该刊物 1995 年起改为双月刊

（5）327 字段（文献内容的附注）

本字段包含有关在编文献内容的附注，本字段选择使用可重复。指示符 1 为完整程度指示符，指明本字段的附注是否完整地记录了所含文献的内容，赋值为 0 时，表示内容附注不完整；赋值为 1 时，表示内容附注完整；指示符 2 为结构指示符，赋值为#时，表示非结构式附注；赋值为 1 时，表示结构式附注。

子字段表：

子字段标识符	子字段内容	注释
＄a	附注内容	可重复
＄b	一级子章节（部分）	可重复
＄c	二级子章节（部分）	可重复
＄d	三级子章节（部分）	可重复
＄e	四级子章节（部分）	可重复
＄f	五级子章节（部分）	可重复
＄g	六级子章节（部分）	可重复
＄h	七级子章节（部分）	可重复
＄I	八级子章节（部分）	可重复
＄p	页码	可重复
＄z	其他信息	可重复

例：327　1#＄a 初刻拍案惊奇＄a 二刻拍案惊奇

注：该附注是题名《二拍》的完整子目。

（6）330 字段（提要或文摘附注）

本字段包含有关在编文献的提要或文摘附注，本字段选择使用，当需要作多个文种的提要时可重复。指示符1，2均为空。

子字段表：

子字段标识符	子字段内容	注释
$a	附注内容	不可重复

例：

330　＃＃＄a本书介绍了近两个世纪以来世界上最重要的交响作品，其中有法、英、美等16个国家82位著名作曲家的350多部作品。

例：

393　＃＃＄a ＝［亻母］（wu）

注：对系统外汉字字符的处理方法是在记录中系统外汉字的相应位置用符号"　"代替，然后在本字段对该字作描述性附注，可解决系统缺字问题（系统缺字时，不要空着）

六、4—字段（款目连接块）

款目连接块用以揭示相关记录间的层次关系、平行关系和时间关系。记录中的每个款目连接字段所包含的数据字段，均嵌入被连记录的字段标识符、字段指示符和子字段标识符。在款目连接字段中分两种连接技术：嵌入子字段技术、标准子字段技术；嵌入子字段技术目前较常用，它是指通过＄1连接数据子字段（可重复）连接被连实体的字段标识号、字段指示符和子字段代码及其完整数据；标准子字段技术是直接标识某一子字段，可以直接显示和检索某一个子字段。4—字段是用来标识套书、连续出版物等存在向上、向下连接记录的字段，款目连接字段介绍：丛编、补编等连接字段包括410（丛编）、411（附属丛编）、421（补编、增刊）、422（正编、正刊）、423（合订、合刊）等字段；其中，丛编字段包括410、411字段；补编字段包括421、422、423字段；410字段用于在编文献记录与含有该文献的丛编记录的向上连接，411字段仅用于连续出版物（丛编）记录对其附属丛编的向下连接；当一条记录存在两条及其以上410字段时，它不能区分向上连接的是一编目实体的丛编向上连接和附属丛编向上连接，还是向上连接的是一编目实体的两个丛编向上连接，为区分连接层次，可运用表示层次连接的46－字段来定义，即 461（总集）、462（分集）、463（单册）、464（单册分析）；新增字段有：481（还装订有…）、482（与…合装）；

但在一条记录中不能同时出现向上又向下的连接，低于最高层的记录只需连接最邻近的上一层记录，无需对处在链中间的记录同时做向上和向下的连接，只有最高层的记录才含有向下的连接。

（1）410 字段（丛编记录的连接）

410 字段用于实现在编文献记录与含有该文献的，当在编文献为一辑或专著时，410 字段包含对其丛编的向上连接，如需上连丛编及其附属丛编，则 410 字段可重复用于连接丛编及其附属丛编，较高层的先于较低层的；如果记录结构强调连接层次等级中的个别记录，则可通过 461 总集字段连接丛编，通过 462 分集字段连接附属丛编，目前，国家图书馆、深圳图书馆等编目中心已不在用 410 字段，而改用 461 字段或 462 字段。

（2）461 字段（对总集的连接）

本字段是对总集一级文献记录的连接，被连接的记录处于总集级，而含有本字段的记录处于单册或分集级。总集是指一组物理上独立的、由一个共同题名标识的文献，包括丛编、丛刊、配套文集、多卷专著等；从单册或分集到总集的连接总是向上的连接。

例：

200　1#　$ aIT 规划 $ 9IT gui hua $ f 朱战备等编著
225　2#　$ aAMT 信息动力丛书 $ h 第 2 辑
461　　#0　$ 12001#　$ aAMT 信息动力丛书

（3）462 字段（对分集的连接）

本字段是对分集一级文献记录的连接，用于单册或分集记录向上连接到更高但不是最高的层级，被连的记录处于分集级，含本字段的记录处于单册、分集或总集级。分集是指一组物理上独立的、由一个共同题名标识的文献，是总集一部分文献的集合。

例：

200　　##1　$ a 地狱的第 19 层 $ 9di yu de di 19 ceng $ f 蔡骏著
225　2#　$ a 萌芽书系 $ i 蔡骏心理悬疑小说
462　　#1　$ 12001#　$ a 蔡骏心理悬疑小说

七、5—字段（相关题名块）

本字段包含除正题名外，出现在出版物上的与在编文献相关的题名，专门用于检索除 200 字段第一个 $ a 正题名以外的而又通常出现在与所编文献相关的各种题名（无检索意义的相关题名在 312 字段做附注即可），5 字段可用于题名检索，也可自动生成相应的题名附注，包括统一题名（500、501、503）、不同题名（510、512、513、514、515、516、517、518）、其他相关题名（520、530、531、540、541、545）三大部分；新增字段有 518（现代标准书写题名）；常用字段有 500、510、512、516、517 等字段。

（1）500 字段（统一题名）

本字段包含书目机构选取的特定题名，不同机构在统一题名的使用上也大不相同，统一题名若用 500 字段录入，则该统一题名只做检索点而不做主款目，本字段可重复使用。

500 字段指示符 1 指明是否将统一题名作为独立的题名检索点处理；为"0"时，题名不做检索点；为"1"时，题名做检索点。

500 字段指示符 2 指明统一题名是否为主款目，如果是，将不以著者作为主款目；为"0"时，统一题名不做主款目标目；为"1"时，题名做主款目标目。

常用子字段表：

子字段标识符	子字段内容	注释
$a	题名	不可重复
$h	分卷（册）次	不可重复
$I	分卷（册）名	不可重复

例：200　1#＄a 石头记
　　500　10＄a 红楼梦
　　200　1#＄a 金玉缘
　　500　10＄a 红楼梦

（2）510 字段（并列题名）

本字段包含并列题名，即不同语言或文字的正题名，用于生成附注或检索点，可重复使用；如果指示符 1 为题名检索意义指示符，赋值为 0 时，表示并列题名无检索意义；赋值为 1 时，则表示并列题名有检索意义，即由并列题名生成检索点；指示符 2 为空，即未定义；510 字段书名原文和并列题名要录入语种。

222

子字段表：

子字段标识符	子字段内容	注　释
＄a	并列题名	不可重复
＄e	其他题名信息	可重复
＄h	分辑（册）、章节号	可重复
＄I	分辑（册）、章节号	可重复
＄j	与题名有关的卷号或日期	不可重复
＄n	其他信息	不可重复
＄z	并列题名语种	不可重复
＄9	并列题名汉语拼音	不可重复

例：

200　1#＄a自磨自砺＄9zi mo zi li＄d＝Selfperfectness＄f（美）阿尔伯特·哈伯德著＄g韩可译

500　1#＄a Selfperfectness＄zeng

（3）512字段（封面题名）

本字段包含出现在文献封面上的，明显不同于200字段正题名的封面题名，用于生成附注或检索点，可重复使用；指示符1为题名检索意义指示符；赋值为1时，表示封面题名有检索意义，由封面题名生成检索点；赋值为0时，表示题名无检索意义；指示符2为空，即未定义。只有当封面题名明显不同于正题名时，方可使用本字段。

子字段表：

子字段标识符	子字段内容	注　释
＄a	封面题名	不可重复
＄e	其他题名信息	可重复
＄9	封面题名汉语拼音	不可重复

例：

200　1#＄a第16届国际包虫病会议＄9di 16 jie guo ji bao chong bing hui yi＄e1993年10月12~16日

300　＃＃＄a 封面题名：第 16 届国际包虫病会议论文摘要集

512　1＃＄a 第 16 届国际包虫病会议论文摘要集＄9di 16 jie guo ji bao chong bing hui yi lun wen zhai yao ji

注：封面题名《第 16 届国际包虫病会议论文摘要集》用作检索点

(4) 516 字段（书脊题名）

本字段包含出现在书脊上的明显不同于 200 字段正题名的书脊题名，用于生成附注或检索点，可重复使用；指示符 1 为题名检索意义指示符，赋值为 1 时，表示书脊题名有检索意义，由书脊题名生成检索点，赋值为 0 时，表示书脊题名无检索意义，即不由书脊题名生成检索点；指示符 2 为空，即未定义。

子字段表：

子字段标识符	子字段内容	注释
＄a	书脊题名	不可重复
＄e	其他题名信息	可重复
＄9	书脊题名汉语拼音	不可重复

例：

200　1＃＄a 中国人物年鉴＄9zhong guo ren wu nian jian＄h2003（总第 15 卷）＄f 李维民主编＄g 中国人物年鉴社编辑

516　1＃＄a2003 中国人物年鉴＄92003 zhong guo ren wu nian jian

(5) 517 字段（其他题名）

本字段包含除 510－516 字段以外的其他不同题名，可重复使用，指示符 1 为"1"时，其他题名有检索意义，需要为此题名作附注时，可记入 312 字段。

例：

200　1＃＄a 中国传奇谱＄9zhong guo chuan qi pu＄i 乞丐传奇＄f 卢惠龙等主编

517　1＃＄a 乞丐传奇

八、6—字段（主题分析块）

本字段包含从不同主题表和分类表选取出来的、用以描述文献主题内容的数据，可重复使用；本字段可分为主题标目（600、601、602、604、605、

606、607、608、610、615、616、620)、主题分析(660、661)、分类法(675、676、680、686、690、692、696)三大部分；其中，新增字段有：608(形式、体裁或物理特性标目)、616(商标主题)、660(地区代码)；常用主题分析字段有 600、601、605、606、690、692 等，均可分别录入以个人名称、团体名称、题名、论题和地名为主标目的主题词，主标目不同，则各自包含的子字段也不相同；606 字段是使用频率较高的字段。

(1) 600 个人名称主题

本字段包含的个人名称是在编文献的主题，记录个人名称主题标目作款目要素时采用 600 字段，它的构成形式与对文献内容负有责任的个人名称标目相同，子字段 $a、$b、$c、$d 和 $f 的形式与 70—字段中对应的子字段形式相同，但包含内容比个人名称和名称附加更多，可依据所用主题标目系统或主题词表的规定给主题标目添加词语。本字段可重复使用；指示符 1 未定义；指示符 2 定义为名称形式指示符：为 "0" 时表示名称按直接方式录入；为 "1" 时表示名称按倒叙方式录入即按姓氏或相当于姓的成分著录(如将西方人名中的姓作为款目要素)；

子字段表：

子字段标识符	子字段内容	注释
$a	款目要素	不可重复
$b	名称的其余部分	不可重复
$c	名称附加	可重复
$d	罗马数字	不可重复
$f	年代	不可重复
$g	名字首字母的展开形式	不可重复
$p	任职机构/地址	不可重复
$j	形式复分	不可重复
$x	论题复分	可重复
$y	地理复分	可重复
$z	年代复分	可重复
$2	系统代码	不可重复
$3	规范记录号	不可重复

例：
200　　1#＄a 从文自传＄9cong wen zi zhuan＄f 沈从文著
600　　#0＄a 沈从文＄x 回忆录
例：
200　　1#＄a 公关大师＄9gong guan da shi＄e 罗伯特·盖瑞成功捷径＄f 彭君译
600　　#1＄a 盖瑞＄c（R.）＄x 生平事迹

（2）601字段（团体名称主题）

以团体名称作为款目要素时采用本字段，用于记录团体名称主题标目，这些标目构成形式与对图书内容负有责任的团体名称标目相同；本字段可重复使用；指示符1为"0"时，表示团体名称主题，为"1"时，表示会议名称主题；指示符2指明团体名称的著录形式，为"0"时，表示以倒序方式著录，为"1"时，表示以地区或辖区著录，为"2"时，表示以直序方式著录；常用子字段与600子字段相比增加＄e（会议地点，不可重复）、＄h（款目要素和倒置部分之外的名称部分，不可重复）。

例：
200　　1#＄a 新编党务干部工作手册＄9xin bian dang wu gan bu gong zuo shou ce＄f 本书编写组编
601　　02＄a 中国共产党＄x 工作＄j 手册

（3）606字段（论题名称主题）

本字段用于作主题标目的普通名词或短语，包含根据所用主题标目系统规定记入的数据；指示符1指明主题词层级指示符，指明主要词和次要词，为"0"时，表示未指定级别，即不分主要词和次要词，为"1"时，表示主要词，即所选词语涵盖图书主题，为"2"时，表示次要词，即所选词语涵盖图书次要内容即次要词，为"#"时，表示无适用信息。

子字段有＄a、＄j、＄x、＄y、＄z、＄2、＄3，与600中的内容注释相同，需要指出的是，其中，＄a款目要素子字段是主题标目的主要成分，同时也是主题检索的入口词，是主题词的主要排检依据；如选用600字段，则本字段必须出现，不可重复；＄2为系统代码，指主题标引所用的主题规范表代码，我国图书馆使用《中国分类主题词表》（含《汉语主题词表》）；＄3为规范记录号，指主题标目在规范档中的规范记录号，本子字段可与规范格式数据一起使用，不可重复；＄x为论题复分（附加于主题标目，以进一步说明该主题标目所描述的论题方面的词语），＄y为地理复分，＄z为年代复分，分别从论述方面、地区、年代对主标目进行限定。

226

例： 200　1#＄a 交通环境保护＄9jiao tong huan jing bao hu＄f 刘天玉主编
　　　606　0#＄a 交通运输业＄x 环境保护＄x 高等学校＄j 教材
例：
　　　606　0#＄a 华侨＄x 历史＄y 世界＄j 百科全书

（4）690 字段（中图分类号）

本字段包含《中国图书馆分类法》所赋予图书的分类号及版次，选择使用并可重复。指示符1，2均为空，未定义。

子字段表：

子字段标识符	子字段内容	注释
＄a	分类号	不可重复
＄v	版次	不可重复
＄3	分类记录号	不可重复

例：
　　　200　1#＄a 临床疼痛治疗学＄9lin chuang teng tong zhi liao xue＄f 李仲廉主编
　　　690　##＄aR441.1＄v4
例：
　　　690　##＄aTP391.72＄v2

（5）692 字段（科图分类号）

690、692 字段属于分类号字段，是目前国内普遍使用的两大分类法字段，其余分类号字段还有 675（国际十进分类法分类号 UDC）、676（杜威十进分类法 DDC）、680（美国国会图书馆分类法 LCC）、686（国外其他分类法分类号）、696（国内其他分类法分类号）；690、692 字段指示符均未定义，且子字段的设置也完全相同：

子字段表：

子字段标识符	子字段内容	注释
＄a	分类号	不可重复
＄v	版次	不可重复
＄3	分类记录号	不可重复

其中＄3为分类记录号，用作标目分类记录的控制号，可与分类格式的数据一起使用。

例：
200　　1#＄a 上海商业史＄9shang hai shang ye shi＄f 朱国栋，王国章主编
692　　##＄a29.4304＄v2

九、7—字段（知识责任块）

包含对在编图书的创作负有某种知识责任形式的个人或团体名称，需建立检索点的知识责任包括个人名称（700、701、702）、团体名称（710、711、712）、商标名称（716）、家庭名称（720、721、722、730），其中，新增字段为：716（商标）、730（名称—知识责任）；常用字段为：701（个人第一责任者）、702（个人其他责任者）、711（团体第一责任者）、712（团体名称—次要知识责任）。

个人、团体和家族可以被选择为对图书负有主要责任，其他具有同等责任的个人、团体或家族被认为负有等同责任，而就我国目前著录标准规定，中文出版物著录不使用主要知识责任字段，即 700、710、720 字段仅用于标识外文出版物，个人名称、团体名称或家族名称作主款目标目时，采用 700、710、720 字段，等同知识责任采用 701、711、721 字段标识，次要知识责任则采用 702、712、722 字段标识；图书主要知识责任者和次要知识责任者不一定要与 200 字段中第一责任说明和其他责任说明中的知识责任者一致；除 730 字段外，其余 7—知识责任字段均用于标识经严格标目规范的责任者名称。

例：700　　#0＄alee Kuan Yew

（1）701 字段（个人名称、等同知识责任）

本字段包含以检索点形式出现的对图书负有等同知识责任的个人名称，即用作检索点的负有主要知识责任的个人名称要用本字段加以标识，可重复使用；指示符 1 未定义，指示符 2 为"0"时，表示直序方式，为"1"时表示倒序方式。

子字段表：

子字段标识	子字段内容	注释
＄a	款目要素	不可重复
＄b	名称的其余部分	不可重复

续表

子字段标识	子字段内容	注释
＄c	名称附加	可重复
＄d	罗马数字	不可重复
＄f	年代	不可重复
＄g	名字首字母的展开形式	不可重复
＄p	任职机构/地址	不可重复
＄3	规范记录号	不可重复
＄4	关系词代码（责任方式）	可重复
＄9	款目要素汉语拼音	不可重复

例：701 #0 ＄a 王松林 ＄4 编著
　　701 #1 ＄a 泰哲兹 ＄4 著
　　701 #1 ＄aTeicholz ＄bB. ＄4 著
　　701 #0 ＄c 明 ＄a 汤显祖 ＄4 撰
　　701 #1 ＄a 霍夫曼，＄b W. ＄g (Hoffman, William) ＄4 著

（2）702 字段（个人名称、次要知识责任）

本字段包含以检索点形式出现的对图书负有次要知识责任的个人名称，可重复使用，指示符与 701 相同，子字段除 701 字段所有的子字段外还增加 ＄5，子字段 ＄5 通常用于古籍；

例：702 #0 ＄a 陈安全 ＄4 译
　　702 #0 ＄a 缪荃孙 ＄4 校 ＄5 中国国家图书馆善本部：NLC/00835

（3）711 字段（团体名称、等同知识责任）

711 字段包含以检索点形式出现的对图书负有等同知识责任的团体名称。
712 字段包含以检索点形式出现的对图书负有次要知识责任的团体名称。

这两个字段均可重复，指示符定义与 601 字段指示符完全相同，这里不再介绍，711 子字段与 701 相比，增加 ＄e（会议地点，不可重复）、＄h（款目要素和倒置部分之外的名称部分，不可重复），712 子字段与 711 相比，增加 ＄5（通常用于古籍）。

例：711 02 ＄a 中国图书馆学会 ＄4 主办
　　712 02 ＄a 戏剧电影报社 ＄4 出版

十、8—字段（国际使用块）

本国际使用块包括 801（记录来源）、802（ISSN 中心）、830（编目员一般附注）、850（馆藏机构代码）、856（电子资源地址与检索）、886（无法被包含的源格式数据）等 6 个字段，主要用于国际间交流，新增字段有 830、850、856、886；

（1）801 字段（记录来源）

本字段包括产生数据的机构、将数据转换成机读形式的机构、修改原始记录或数据机构以及发行当前记录的机构，为每条记录的必备字段，用以标识记录来源，本字段可重复；指示符 1 未定义，指示符 2 为功能指示符，为"0"时，表示原始编目机构，为"1"时，表示转录机构，为"2"时，表示修改机构，为"3"时，表示发行机构。

子字段表：

子字段标识符	子字段内容	注　释
$a	国家	不可重复
$b	机构	不可重复
$c	处理日期	不可重复
$g	编目规则	可重复
$2	系统代码	不可重复

例：

801　#0 $ Can $ bPUL $ c20031205（注：PUL 为北京大学图书馆代码）

（2）830 字段（编目员一般附注）

本字段用于记载编目员工作附注，内容可涉及对信息源的选择、对有疑问的数据、对特殊规则的应用及对特殊数据的选择等方面的说明。

例：

830　## $ a 本系统尚未出齐，以后还要补充数据

（3）850 字段（馆藏机构代码）

本字段用于记录拥有在编图书一个或多个复本的机构代码，每个子字段仅记录一个机构代码，它是针对 MARC21 馆藏数据代码的字段，当一个记录为多个图书馆收藏时，主要用于馆际互借，可重复使用。

例：

850   ## $ aNLC $ a PUL $ Aruc

（4）856 电子资源地址与检索

本字段包含记录所描述的电子文献的获取信息，为连接电子资源的指针，包括可获取文献的电子地址和该文献的检索方法，可用于生成与检索方法相关的 ISBD（ER）电子资源附注；对电子资源来说，如果不用 337 字段标识，则必须用 856 字段；指示符 1 为检索方法指示符，为"#"时，表示未提供信息，为"0"时，表示电子邮件，为"1"时，表示文件传输协议（FTP），为"2"时，表示远程登录，为"3"时，表示拨号入网，为"4"时，表示超文本传输协议，为"7"时，表示在 $ y 子字段说明检索方法，指示符 2 未定义；地址数据元有变化和使用多种检索方法时，本字段可重复。

856 字段在两种情况下可启用：

所编文献资源本身或其子集是电子版，可由电子方式获取时；

所编文献是非电子资源，但具有相应的电子版本或相关电子资源时；

例：

856   4# $ uhttp：//www.hebust.edu.cn/

856   4# $ uhttp：//www.gov.hk.hi.cn/pandect/index.html $ qtext/html $ 2 海口年鉴（电子版）$ z1996—

856   2# $ aanthrax.micro.umn.edu $ b128.101.95.23

856   1# $ uftp：//harvarda.Harvard.edu $ kguest

第三节　都柏林元数据（DC）与编目

一、元数据及其类型

元数据（Metadata）是随着 Internet 的发展而产生的，元数据的元（Meta）来源于一个希腊词语，指某种更高或更基本的特质，对它的一个较为广泛认可的理解是"data about data"即"关于数据的数据"，或者说是关于数据的结构化数据。元数据又叫"描述数据"，指任何用于帮助网络电子资源的识别、描述和定位的数据，例如，传统的图书馆目录卡片，图书的版权说明，磁盘的标签等都属于元数据范畴。

一个完整的元数据体系，可以包含三个方面的内容：语义、句法以及结构的定义与描述。在不同的时期，为了不同的目的，自 90 年代以来产生了应用于不同领域的元数据格式，他们在内部结构、应用领域、编码标记方式、

231

开发设计角度、通讯协议等方面存在一定的差别。主要有以下几种：

1. 艺术作品描述目录

艺术作品描述目录（The Categories for the Description of Works of Art），由AITF（the Art Information Task Force）开发，主要为提供和使用艺术信息的团体（如博物馆和档案馆）描述艺术作品（包括其图象）提供结构化工具。它的描述重点在于"可动"的对象及其图像。该元数据有 26 个主要类目，每一个类目有其子类目，包括主题、记录、管理等项目。

2. 柏林核心元素集

都柏林核心（Dublin Core，DC），全称为都柏林核心元素集，格式描述的对象是网络资源，是用来描述网络资源的最小元数据元素集。最早由美国OCLC公司发起，希望该元素集可以描述任何网络信息资源，并足够的简单以至任何作者无需专门的培训就可以创建自己文件的元数据，它是目前应用最为广泛的元数据格式，基于都柏林核心元素的简练、易于理解及可扩展等特性使得其能较好地解决网络资源的发现、控制和管理问题，对数字图书馆的应用研究有很大意义。

3. 编码文档描述

编码文档描述（Encoding Archival Description，EAD）是 SGML 的一个专用数据类型（DTD）。美国国会图书馆网络开发 MARC 标准办公室是它的维护机构，美国档案管理员协会（SAA，the Society of American Archivists）是该标准的所有者。EAD 主要用于描述档案和手稿资源（manuscripts collections），包括文本文档、电子文档、可视资料和录音资料。

4. 联邦地理数据委员会

联邦地理数据委员会（FGDC，the Federal Geographic Data Committee）美国于 1990 年成立该委员会，由 17 位专家组成。并在 1994 年通过数字化地理元数据的内容标准（Content Standards for Digital Geospatial Metadata），名为CSDGM，但通常仍叫做 FGDC。FGDC 包括 300 多个元素，包括 7 个主要段和 3 个辅助段。目的是确定一个描述数字地理空间数据的术语及其定义集合。

5. 政府信息定位服务

政府信息定位服务（the Government Information Locator Service，GILS）由美国联邦政府建立，目的是为公众提供可以方便地检索、定位、获取公共联邦信息资源的服务。它是一个分布式信息资源利用体系。

6. 机读目录格式

机读目录格式（MARC）是图书馆描述、存储、交换、处理以及检索信息的基础，是一种详细描述的目前发展最成熟的元数据格式。它由记录头标区、地址目次区、数据字段区以及记录分隔符四部分组成。但由于今天网络、通信技术的发展，最近，有关机构也开始了 MARC 与 XML 等元数据格式互操作的试验。

7. 文本编码计划

文本编码计划（the Text Encoding Initiative，TEI）元数据标准是用于电子形式交换的文本编码标准，使研究者能交换和重复使用资源，不受软件、硬件和应用领域的限制。其中规定了对电子文本的描述方法、标记定义和记录结构。

1998 年美国 Getty 信息研究所曾就元数据进行过一次专项研究，将元数据划分为管理型元数据、描述型元数据、保存型元数据、技术型元数据和使用型元数据 5 种类型：

管理型元数据：是指在管理信息资源中利用的元数据。如采购信息、版本控制、用于检索的文献等。

描述型元数据：是用来描述或识别信息资源的元数据。最典型的描述型元数据是都柏林核心（Dublin Core）元数据，用于数字图书馆完成网络资源的编目记录。

保存型元数据：是指与信息资源的保存管理相关的信息。如：保存资源的物理和数字版本中所采取行动，包括数据更新和移植方面的文献和资源实体方面的文献。

技术型元数据：是指与系统如何行使职责或元数据如何发挥作用的相关的元数据。如数字化信息，如格式、压缩比例、缩放比例常规。

使用型元数据：是指与信息资源利用的等级和类型相关的元数据。如内容再利用和多个版本的信息。

二、都柏林核心元素集（DC）

1. DC 的产生

1995 年 3 月，由 OCLC（Online Computer Library Center）和 NCSA（National Center for Supercomputing Applications，美国国家超级计算应用中心）联合在美国俄亥俄州的都柏林镇召开的第一届元数据研讨会上，产生了一个精简的元数据集——都柏林核心元素集（Dublin Core Element Set），简称 DC。

围绕如何用一个简单的元数据记录来描述种类繁多的电子信息，使非图书馆专业人员也有能够了解和使用这种著录格式，达到有效地描述和检索网上资源。

2. DC 的基本元素

DC 由 15 个基本元素组成，这 15 个元素依据其所描述内容的类别和范围分为 3 个广为认可的大类：资源内容描述类元素、知识产权描述类元素、外部属性描述类元素，下面对 15 个元素作一详细介绍：

资源内容描述类：

（1）题名项（Title）：由作者或出版者给出的资源对象的名称；

（2）主题词项（Subject）：能够提示资源对象主题内容或学科内容的关键词；

（3）描述项（Description）：对资源内容所作的文字描述；

（4）语言项（Language）：资源对象所采用的语种；

（5）来源项（Source）：信息与源文件的联系，如二次资源的出处信息；

（6）关联项（Relation）：二次资源及其与当前资源的关联标识，如再编目自、翻译自、节选自、格式转换自等；

（7）盖范围项（Coverage）：资源对象的时空特性，如它的生命期或地理区域范围；

知识产权描述类：

（8）著者项（Creator）：对资源内容负主要责任的个人或团体；

（9）出版者项（Publish）：负责使资源成为当前形态的责任者，如出版者，公司实体等；

（10）合作者项（Contributors）：为资源创作作出次要贡献的个人或团体，如编辑、美工；

（11）权限项（Rights）：资源对象的出版声明和使用规范；

外部属性描述类：

（12）日期项（Date）：资源对象公开发表的日期；

（13）类型项（Type）：资源对象的类型或所属范畴，如图像、声音、文字、软件；

（14）识别符项（Identifier）：唯一识别资源对象的字符串或数字，如 URL，URN；

（15）格式项（Format）：资源对象的数据格式，用来告诉检索者在显示或操作该资源时所必须的软件和硬件。

3. DC 的编码标准

结构性元数据的主要用途就是定义各种描述性元数据的句法结构，即定义各种描述性元数据的结构以及如何描述这种结构。元数据的描述格式除数据描述项目外，还包括编码标准、描述标准、主题分析、规范控制等问题，大多数的元数据都是以 SGML 为编码的，目前已趋向于以 XML 为编码标准，少数以 ASCII 格式编写。SGML（Standard General Markup Langue）标准通用标记语言，是一种用来文献标记的国际标准，它非常灵活，足以定义无数的标记语言，符合国际标准 ISO 8879，对于高度复杂的数据描述及表现，SGML 具有其他标记语言不可替代的作用，在欧美，SGML 在文献管理方面得到广泛应用。HTML（Hypertext Markup Langue）是 SGML 的一种应用，是为编制网页而开发的一种基本的超文本标记语言，它结构简单，使几乎任何人都成为网页的制作者。HTML 虽然简单、易学、易用，但在描述比较复杂的文档方面还存在欠缺。XML（Extensible Markup Langue）是一种可扩展的标记语言，是 SGML 的一个子集，它解决了 HTML 在编制网页中所存在的种种缺陷使信息更加结构化，并继承了 SGML 的强大功能，又兼顾了 HTML 的易用原则，省略了 SGML 的许多属性，还具备阅读非 ASCII 文本的手段，是目前元数据编码较为常用的一种编码标准。

RDF 是由万维网联盟支持开发的一种通用的元数据描述结构，它是一个增加语义的 XML 应用程序，用 XML 作为元数据的表达形式，适用于各种元数据体系，RDF 的使用可以实现元数据在不同体系间的交互和利用，为实现不同数字图书馆系统间的数据交换，提供了一种可行的方法，RDF 由资源、属性类型、属性值构成。

XML 实例：

莎士比亚是话剧《哈姆雷特》的作者，这句话在 Dublin 核心元数据中可以表现为：

资源	属性	属性值
哈姆雷特	dc：creator	莎士比亚
	dc：Type	话剧

dc：creator 代表 DC 所定的著者和作者，其属性值是莎士比亚，信息资源是"哈姆雷特"，如果它是通过 http：//hamlet.org/引用，那么用 XML 标记的完整记录如下：

＜？xml version ＝ "1.0"？＞ ①
＜rdf：RDF

xmlns：rdf＝"http：//www.w3.org//1999/02/22
--rdf-syntax-ns#"
xmlns：dc＝http：//purl.org/DC/＞…..②
＜rdf：Description.about＝http：//hamlet.org/＞….③
＜dc：creator＞莎士比亚＜/dc：creator＞….④
＜dc：Type＞话剧＜/dc：Type＞….④
＜/rdf：Description＞….③
＜/rdf：RDF＞…..②

这是个简单的RDF，语句以标准的XML格式表示，遵循XML的语法规则。其中，①是XML的声明语句，②是RDF的根元素rdf：RDF，用来封装文档。文档的开头把rdf.dc定义为XML的名字空间，句中网址提供rdf.dc词汇表在元素属性类型和值方面的解释，③是rdf的Description元素，指明资源通过http：//hamlet.org/引用，④用dc的creator、Type来表示作者和类型，并附值给莎士比亚和话剧

4. DC的特点

DC在描述网络昂落信息资源时，有以下特点：

（1）简易性。DC只有15个元素，通俗易懂，如题名项不分正题名、副题名还是并列题名等统统称为题名即Title；著者项也没有细分第一责任者、其他责任者等而统一用著者即Creator加以标识，使用起来非常简单。都柏林核心希望能够同时为非编目人员及资源描述专家所用，且多数元素的语义都能被普遍理解，这正适应了数字图书馆信息量迅速膨胀，由专业人员进行著录已是不可能的事实。

（2）通用性。不针对某个特定的学科或领域，支持对任何内容的资源进行描述，这个有助于统一其他内容标准并普遍为人们所了解的描述符集合增加了跨学科的语义互操作性的可能。

（3）可选择性。著录项目可以简化，只要确保最低限度的7个元素（题名、出版者、形式、类型、标识符、日期和主题）就可以了。

（4）可重复与可修饰性。其所有元素都可重复使用，解决了多著者与多出版等重复元素的著录问题，对于需要详细著录的资料，引进了DC修饰词。

（5）国际通用性。获得万维网上资源发现界国际范围的认同，对有效的发现架构之发展非常关键。

（6）灵活的可扩展性。提供了更加精心制作的描述模型（如MARC编目）以外的经济的选择，既可以嵌入在HTML（RFC2731）中，也可基于

XML进行描述，与目前互联网上的相关置标语言标准有很强的亲和性；允许资料以地区性规范出现，并保持元数据的一些特性，从而适应更丰富的资源标准内部的结构和更详细描述的语义编码。

美国国会图书馆的 Rebecca Guenther 曾在第一次都柏林核心元数据研讨会上指出都柏林核心集具有的 4 个优点为：都柏林核心鼓励作者和出版者以自动资源发现工具能收集的形式提供元数据；创建包含有元数据元素模块的网络出版工具，进一步简化元数据记录的编制工作；都柏林核心尽可能将生成的记录作为更详细的编目记录的基础；如都柏林核心成为标准，则元数据记录就能被各用户所了解。

基于上述元数据的优点及特征，都柏林核心（DC）目前不仅成为因特网界事实上的工业标准 RFC 2413，也成为美国国家图书馆标准 NISO I39.85，而且也会逐渐发展成为世界各国都接受的国际标准，在电子资源描述方面起到决定性作用。都柏林核心中任一元素都是独立描述的，不依赖于具体的编码方法，与任何具体的传输结构都没有必然联系。这种设计的目的在于可以将都柏林核心映射转换为其他数据结构，而且可以将所包含的传统字段通过映射转为 MARC 格式，与图书馆编目联系起来。

三、DC 与 MARC 的关系

都柏林核心是目前世界上使用最广泛的元数据格式之一，是在网络环境中帮助发现信息对象所需要的最小元数据元素集，已有众多项目将其作为资源描述的基础，然而，都柏林核心是否能够最终取代机读目录格式是最为广泛关注的议题之一；虽然都柏林核心有其简单明了、语义明确等特点，但机读目录格式描述的信息并非都柏林核心所能够完全包括的，所以图书馆界的大多数人普遍认为，都柏林核心不可能完全取代机读目录格式，且两者在很长一段时间内会共存。随着网络信息资源的飞速增长，采用都柏林核心作为描述网络电子资源的方法已成为最有效的解决办法。

1. DC 与 MARC 的区别

都柏林核心（DC）与图书馆编目数据（MARC）之间还存在区别，具体表现在：

（1）创建者不同。DC 元数据产生的最初动机是为网络资源的作者自己描述其资源而提供的一种格式，因此 DC 元数据的制作者的范围比较广泛，包括内容提供者、作者、出版发行者等，而且这些人员不需要经过专业培训。而编目数据的制作者则是经过专门培训的图书馆编目人员。

(2) 可靠程度不同。编目数据运用版本的概念来提高用户识别和选择所需资源的能力，对原始数据进行了增值处理。而 DC 元数据没有建立规则和过程来控制数据元素的内容，且所有元素都是可选的。因此 DC 元数据的可靠性低于编目数据。

(3) 知识检索有效度不同。DC 元数据整体框架简洁明了，主要由 15 个核心元素构成，只能大略反映资源状况。而编目数据一直追求著录完整、详尽，对著录源的描述更为丰富。因此编目数据的知识检索有效度比 DC 元数据高。

(4) 适应对象不同。DC 元数据是用来描述网络信息资源的，是分布式的，它们并不存储于同一个地方，而是可能分布在不同的数据服务器上，具有严格的格式化特征。而编目数据则是基于传统的印刷型图书的。

(5) 标准化程度不同。目前，DC 元数据标准仍处在不断发展研究之中，而编目数据的标准化发展已相对成熟，它遵循已被接受的规则和国家标准，如 ISBD 系列、LCSH、DDC、UDC、MeSH 等。

2. DC 与 MARC 的对应关系

DC 与 MARC 两种元数据是目前发展比较成熟的，并且在图书情报界及网络界得到广泛的认可。MARC 设计精确，已解决了许多资料著录和检索上的问题，其著录也比较复杂，详尽细致。而 DC 是在简洁性和灵活性的原则下设计的，它避免了 MARC 的过分专业化和复杂化，使得作者、出版者和信息提供者等非图书馆专业人员不需经过专业训练就能对信息资源进行合理的著录。

DC 元数据与 CNMARC 的对应关系表：

DC	CNMARC
Title （题名）	200 ＄a 正题名 200 并列题名 510 ＄a 并列正题名 200 ＄e 副题名及其他说明题名文字 517 ＄a 其他题名 532 ＄a 完整题名
Creator （创作者）	200 ＄f 第一责任者 700 ＄a 人名—主要责任者 701 ＄a 人名—次要责任者 710 ＄a 团体名称—主要责任者 712 ＄a 团体名称—次要责任者

续表

DC	CNMARC
Subject （主题）	610 ＄a 非控制主题词 606 ＄a 普通主题 675 ＄a 国际十进分类号（UDC） 676 ＄a 杜威十进分类号（DDC） 680 ＄a 国会图书馆分类号（LCC） 686 ＄a 其他分类法分类号 690 ＄a 中图法分类号（CLC） 692 ＄a 科学院图书馆图书分类号
Description （描述）	330 ＄a 提要或文摘
Publisher （出版者）	210 ＄c 出版、发行者 210 ＄a 出版、发行者
Contributor （其他参与者）	701 ＄a 人名—等同责任者 711 ＄a 团体名称—等同责任者 200 ＄g 其他责任者
Date （日期）	210 ＄d 出版、发行日期
Type （类型）	200 ＄b 一般资料标识
Format （格式）	300 ＄a 一般性附注
Identifier （标识符）	010 ＄a 国际标准书号（ISBN） 011 ＄a 国际标准连续出版物号（ISSN） 020 ＄a 国家书目号 856 ＄u URL
Source （来源）	300 ＄a 一般性附注
Language （语言）	101 ＄a 作品语种
Relation （关联）	300 ＄a 一般性附注
Coverage （覆盖范围）	122 ＄a 作品内容时间范围 661 ＄a 年代范围代码 660 ＄a 地区代码
Rights （权限管理）	300 ＄a 一般性附注

3. DC 用于电子资源编目中存在的问题

DC 在电子资源著录上还存在以下问题：

（1）字段定义模糊。都柏林核心在著录上有一定的弹性空间，其字段定义相对简练，但这样简练的说明对使用者来说，容易造成对字段定义的不同理解，在判断资料字段时出现格式不统一；

（2）限定词的制定是否使都柏林核心变得复杂化。著录标引上的弹性空间，容易增加检索网络资源的难度。为了能更为明确和精确地检索资料，都柏林核心近期的发展着重于限定词与著录控制表的制定，这虽然能解决前面所述的问题，但也相对增加了著录者的负担，并且发展到一定程度著录者恐怕也要进行相当的训练和依赖著录说明才能完成资料的著录；

（3）著录格式存在不稳定性。都柏林核心发展到目前仅十几年时间，许多字段的制定与著录规范都还在变化之中，著录时必须考虑到可能的变动，预留修改空间，从长远来看，数据库将存在格式不统一的问题。

数字图书馆是图书馆发展的必然趋势，馆藏资源数字化和提供网上服务是向数字图书馆方向发展的一个重要过程。都柏林核心是在网络环境中帮助发现信息对象所需要的最小元数据元素集，是数字图书馆应用较为突出的领域之一，目前国内清华大学数字图书馆的元数据基本上采取的是都柏林核心，国家图书馆、北京大学图书馆及上海图书馆等在元数据标准的研究方面取得了很大成果。

第四节 联机编目

随着书目信息作为商品被图书馆普遍接受，特别是随着联机或网络方式获取书目信息成为可能，编目工作形态也从过去完全靠自己给文献编目转为参考别人完成较好的书目记录或直接利用他人的编目成果，即编目工作将逐渐发展为以套录数据为主，原始编目为辅的模式。

一、合作编目

传统的图书馆的编目工作分散在各图书馆中进行，各馆各自为政，自编自用，这种落后的工作方式给图书馆带来了很多问题。例如，

（1）同一本书在每个馆中都要进行编目工作，重复劳动现象十分严重，浪费了大量的人力、物力；

（2）编目工作只有在图书到馆后才能进行，有的馆编目工作效率低，耽

误了图书上架的时间；

（3）各馆的业务实力不同，编目不平也参差不齐，编目成果的质量不能保证；

（4）由于各馆对文献编目规则的理解及要求标引详尽程度不一致，各编目员对每一种文献的理解不同造成文献标引不一致，使各馆的编目结果不统一，目录信息无法在各馆中进行自由处理，阻碍了文献信息资源共享。

1. 传统的合作编目形式

为了减少文献资源建设中的大量重复性劳动，提高整体水平，图书馆开始合作编目，走上文献资源共建共享的发展道路。传统的合作编目的形式主要有：

（1）集中编目

集中编目（Centralized Cataloguing）是指由一个中心机构为多个图书馆提供服务，中心机构把自己的编目成果通过发行目录卡片、书本式目录和机读目录等形式提供给成员馆共享。实行集中编目，可以节省人力，降低成本，避免重复劳动，规范编目数据，提高编目质量，提高文献资源的开发和利用水平。集中编目不仅要有全国的集中编目中心，还要有地区编目中心、专业编目中心、商业编目中心，以形成一个多层次的集中编目体系。

（2）联合编目

联合编目（Cooperative Cataloguing）是指由数个图书馆分担编目工作，而不是由一个中心机构集中操作，编目成果由各个图书馆共享。开展联合编目，有助于加快编目速度，扩大文献覆盖面，利于编制联合目录，为下一步开展馆际互借、藏书协调、充分开发文献资源打下良好基础。开展联合编目是编辑联合目录的重要手段，各个图书馆的编目工作独立进行，由一个中心机构进行集中、协调，编辑出版反映各馆藏书情况的联合目录。

（3）合作编目

合作编目（Shared Cataloguing）是集中编目和联合编目的融合，也叫共享编目。指以一个权威机构的编目数据为主，其他参与合作机构的补充编目数据为辅，各机构通力协作共同完成文献编目工作，共同分享编目成果。合作编目与联合编目并无本质区别，只是范围从一国发展到数国乃至全世界。目前，我国正在开展合作编目工作，逐步建立国家图书馆全国合作编目中心和各省（区）合作编目中心。

（4）在版编目

在版编目（Cataloguing in Publication，简称 CIP）是指图书在编辑出版过

程中，先由图书馆或其他部门根据出版机构提供的出版物校样进行编目，然后再由出版社将编目资料印刷在图书上，使图书的编目资料能同时为出版机构、图书馆、文献发行部门所利用。目前，全国版本图书馆正在大力开展在版编目工作，促使我国出版的图书具有在版编目款目的情况越来越多，其中不少出版社也自行编目，质量有所提高，取得了良好的社会效益。

集中编目、联合编目、合作编目是比较传统的文献信息资源共建共享的形式，存在着编目成果传输途径少、传输速度慢、编目周期长、成本高等缺点。虽然现在大多数图书馆都实现了计算机编目，编目速度较以前的手工编目已有了很大程度的提高，但面对读者对信息需求的及时性、动态性，这还是远远不够的。随着大量的图书、期刊以及图像、声音等各种类型的信息的涌现，只靠少数图书馆承担文献信息资源建设的任务几乎是不可能的。尽管现在有许多利用计算机编目的图书馆在套录一些编目中心的书目数据，大大缩短了编目工作的周期，但由于外来数据（以磁盘或邮件等形式发送）在编目中心要累积一批数据才往外发送，这意味着有大部分数据要在编目中心滞留一段时间，另外还存在邮寄时间长、邮寄时间不确定等因素，不能很好地解决编目与读者利用信息资源实时性需求的矛盾。而在版编目的数据比较简单，也不是机读目录格式，不能直接利用，还要重复录入，另外它是利用出版物校样进行编目，也存在编目成果不精确的缺点。造成这些问题的原因主要是以往编目成果共享的成本较高，往往大于各馆自己编目的成本，现代图书馆网络的建设便得编目成果可以自由通过网络传递，图书馆可以以较低的费用实施联机编目，快速实现编目成果的共享。

2. 联机合作编目

联机编目，是电子计算机技术、现代通讯技术和多媒体技术相结合，通过网络实现的一种新的编目形式。它是一种远程信息处理及资源共享的活动，是不同地点或地区图书馆之间联合起来，以减少重复劳动，共同分担日常任务的编目工作方式。网上各馆在编目时，通过统一规划和分工合作，利用中央书目数据库中的全部或部分数据来完成自己的作业，同时向其提供各自的馆藏信息，构造网上联合目录，为馆际互借、文献传输奠定物质基础。联机编目的数据库建设既可以由各成员馆输入原始数据，也可将编目中心所发行的机读目录数据直接作为数据库的一部分加以利用。联机编目使繁重的编目工作分担于许多图书馆，而不是由一个图书馆承担或集中于某中心机构，同时，也使集中编目成果（机读目录）得到了充分利用。可以说，联机编目是计算机化的合作编目，也就是联机合作编目。

与传统的合作编目形式想比较，联机编目最现实可行的。要实现文献信息资源共享的关键环节就是设计和建立网络联机编目系统。然而，我国大多数图书馆一开始都是在用自己的图书馆自动化集成系统，这些相对独立的网络，在各自的系统及局域网内只能提供单一的检索服务，而且检索数据资源匮乏，交互性差，检索过程缺乏顺畅及延展性。由于各系统的数据库类型、规模和数据结构不尽相同，数据存储、数据组织和标识系统设计等方面也有差异，有的采用自定义格式，并且没有与标准 MARC 进行交换的接口软件，使得部分 MARC 数据不能相互兼容，给直接交换与合并数据造成困难，必须使用专门的应用软件才能转换书目数据格式，如 USMARC、CNMARC、UNIMARC 之间的转换软件。另外，各系统的书目检索界面与检索方法也各自不同，即使各图书馆之间实现联网，用户也难于实现书目数据的上传、下载。如何建立一种能够在不同的检索系统和数据库之间，以超文本链接进行自由查询，检索结果广泛、准确且可以无障碍的返回客户端的高性能网络系统，业已成为图书馆资源共享急需解决的课题。

二、国外联机编目的发展

1. Z39.50 网络检索协议在联机编目中的应用

Z39.50 网络信息检索的标准协议，最初提出是在 1984 年，1988 年美国国家信息标准组织（简称 NISO）正式批准 Z39.50 标准；1989 年，在美国国会图书馆设立了 Z39.50 维护局。此后，Z39.50 的应用开始受到广泛重视。从 1989 年到 1995 年，Z39.50 先后通过了第二版和第三版，目前其最新版本为 ISO 23950。目前的 Z39.50 标准，是按典型的客户机/服务器体系结构定义的。在 Z39.50 标准术语中，二者分别被称为"源端"和"目标端"。依据此标准构成的检索系统，客户端可以在不知道对方的检索命令与方式的情况下，对因特网上同样采用该协议的多个异构数据库系统进行检索，并且能够在不同的网络环境之间实现数据交流。它具有丰富的信息资源共享接口规范，良好的互操作性和严谨的体系结构。

Z39.50 的根本作用是实现网络系统数据库应用程序之间的通讯，如公共目录查询，建立联合目录，馆际互借，定题服务等，为图书馆界多年积累的文献资源提供了一种便捷有效的交流环境，为开展联机编目创造了一个良好的网络环境。在通讯过程中客户端可以是业务人员的个人终端或公共目录查询终端，而服务器则是图书馆管理系统服务器。客户端与服务器可能处在不同国家的不同网络系统中，两者借助一种标准的相互认同方式进行通讯，从而实现不同网络平台和异构系统之间的互联及查询。

Z39.50 的工作流程是：客户端作为查询请求的发动者发出检索请求，随后服务器端接收并分析检索式，接着从系统数据库内搜寻查找出满足检索条件的记录，最后将检索结果返回客户端。Z39.50 在通讯过程中提供的服务可以通过 11 个基本结构块表述，即：初始化、搜索、获取、删除结果集、浏览、排序、访问权限控制、账户与资源管理、解释、扩展服务和终止。每一种结构块分为一种或若干种服务，并且每一种服务都设置了源端与目标端之间特定类型的操作。从许多国家及地区图书文献资源共享组织的试验及应用情况来看，发展到今天功能日趋完善的 Z39.50，无疑已成为目前全球最为严谨有效的网络文献信息传送协议。

2. 国外联机编目的发展

发达国家的图书馆的文献收集状况要比我们好得多，但他们仍然非常重视文献信息资源的共建共享。在美国有 OCLC、RLG/RLIN、WLN 三个著名的联机编目网络，它们的作用不只在美国，而且已经扩展到了世界各国的许多地方。

（1）世界最大的联机编目中心 OCLC

世界最大的联机编目中心 OCLC，于 1967 年由俄亥俄学院（OCA）协会创建，1971 年实现联机编目。起初，它的成员开始只限于俄亥俄州院校图书馆，到 1981 年其成员馆已达 1400 多个，遍及美国 49 个州以及加拿大和欧洲等地。到 1981 年 2 月，它的数据库规模已超过 7199000 条书目数据，所有记录按照 AACR2 编目条例，USMARC 标准著录格式，美国国会主题及名称规范文档实行标准化著录，并提供给美国国会分类号、杜威分类号及馆藏单位。各成员馆可直接在网上进行套录或原始编目，检索与馆际互借。它是世界上历史最长、规模最大且最著名的联机编目网络。

（2）研究图书馆组织——研究图书馆情报网络 RLG/RLIN

研究图书馆组织 RLG/RLIN，于 1976 年由哈佛大学、耶鲁大学、哥伦比亚大学和纽约州公共图书馆共同发起成立的。1978 年，该组织决定采用斯坦福大学的 BALOTS 计算机系统，以建立电子计算机编目网络，设于斯坦福大学，它是美国另一全国性联机编目数据库。该编目中心的一个突出特点是特别注意数据库的质量。RLIN 按文献类型共分 7 个数据库：普通书目数据库；美国文学与文化类数据库；手工印刷本数据库；全文数据库；艺术与珍本数据库；档案数据库；AMICO 收藏数据库。

（3）华盛顿州图书馆网络 WLN

华盛顿州图书馆网络 WLN，设于华盛顿州立图书馆，1977 年开始联机运行。其服务对象主要是美国邻太平洋西北部地区的图书馆。

目前，电子计算机联机编目网络的服务范围正在日益扩大。WLN、RLIN和国会图书馆将连成一个网络；OCLC 与 RLIN 之间开展了合作关系，可互换数据，各自的成员馆也可有偿向另一系统借鉴数据；另外，OCLC 也已向欧洲提供服务。

除美国外，其他国家也正在致力于创建自己的电子计算机联机编目网络。加拿大的多伦多大学图书馆自动化系统（UTLAS）已有几百家用户；英国1977 年 4 月建成的联机编目网络（BLAISE）也已有几百个用户，现已成为欧洲经济共同体 EURONET 联机检索网络的重要组成部分；法国和日本也正在规划全国性的计算机联机编目网络；瑞典的 LIBRIS 计划，已发展到可为瑞典 13 家最大的研究图书馆提供联机编目服务。

三、国内联机编目的发展

1. 联机编目系统的建立

从 1997 年开始，我国图书馆界广泛引入并推广 Z39.50 标准及相关协议的应用，教育界也开始着手筹建教育科研网络，图书馆借助于计算机网络实现文献资源共享，已经成为图书馆及社会各界广为关注的问题。一些知名的国内图书馆专家通过考察了解，开始向图书馆界推荐 Z39.50 标准，而部分高校图书馆通过国外图书馆微机系统的引进，也开始全面接触 Z39.50 技术的应用。近年来，国内也开始注重建立联合编目系统。

2000 年 10 月，在国内文献资源共享方面始终走在前列的中国国家图书馆，通过采购国内系统提供商的 Z39.50 服务器，率先在图书馆界开通了书目数据下载服务。不久，国内众多规模较大的公共图书馆，也陆续开通了 Z39.50 服务器，开始提供全面的数据下载服务。与此同时，中国高等教育文献保障系统（简称 CALIS）项目在报批获准后正式启动，CALIS 项目按照 Z39.50 标准建立图书馆联合编目系统，通过专用的数据上载接口，汇集国内 20 余所重点高校的书目数据，经过集中整理和查重，最终建立集中式的联合目录。参加该项目的其他高校图书馆，可以利用 Z39.50 客户端有偿下载联合目录数据。CALIS 项目在国内高校图书馆界为推广 Z39.50 标准的实施起了极为关键的作用。从 1998 年起，许多高校图书馆将这一标准的实现作为选购网络集成系统的先决条件。还有，深圳市图书馆研制的 IALS 系统联机编目软件也采用 Z39.50 标准开发了技术相当成熟的联机编目软件，正在被多个编目中心运行着。随着我国图书馆自动化集成系统对 Z39.50 标准的支持，以及网络技术和通信技术的发展，我国大多数图书馆开展远程联机编目的条件已经具备。联机编目网络正在向全国性、国际性网络发展，同时，联机目录数据库也正在向综合性、多学科系统发展，向着通用性方向发展。

目前已经形成了下列几个初具规模的联机编目系统：

（1）国家图书馆联合编目中心。由国家图书馆牵头成立的"国家图书馆联合编目中心"已经建立和投入运行，并已开始在全国各地建立联机编目分中心。各省的省级图书馆也作为二级编目中心陆续加入了"国家国书馆联合编目中心"，成为本省的分中心。

（2）地方版文献联合采编协作网。深圳图书馆建立的"地方版文献联合采编协作网"（CRLNet）已初见成效，并对深圳市的多个图书馆实行采访、编目、加工等多方位的服务。

（3）CALIS 联机编目中心。中国高等教育文献保障体系（CALIS）的联机编目中心，规模也日益壮大。

（4）中关村地区书目文献共享系统。北京"中关村地区书目文献共享系统"（APTLIN），以统一的界面和命令对三大图书馆（中科院文献情报中心、北京大学图书馆、清华大学图书馆）提供咨询服务、网上预约服务、联机合作编目和馆际互借服务。

（5）广东高校文献信息网络系统。由广东省高教局牵头组织建立的基于中国教育科研网（CERNET）的"广东高校文献信息网络系统"已实现省内高校广域网的联机编目和书目信息资源共享。

（6）广东省文献编目中心。广东省中山图书馆1997年1月依托169中国公众多媒体信息网在本馆采编部基础上开展网上实时联机编目业务，组建了"广东省文献编目中心"，它是国内第一家进入实用化的网络环境下的联机编目机构，现已成为"国家图书馆联合编目中心广东省分中心"。

通过联机编目，实现了书目数据资源的共建共享，避免了书目数据的重复劳动，减轻了各图书馆的新书分编负担，提高了文献分编、加工的效率，加快了图书馆新书上架的速度，降低了各成员馆的编目成本，提高了编目工作质量，进一步推动了数据的规范。同时，跨地区的网上馆藏联合目录数据库的扩大，为网络环境下的联机检索、馆际互借、文献传输奠定了坚实的基础。国内影响比较大的联机编目中心有全国图书馆联合编目中心、地方版文献联合采编协作网、CALIS 联机编目中心等，下面具体介绍。

2. 全国图书馆联合编目中心

全国图书馆联合编目中心，于1997年10月正式成立，隶属国家图书馆，为非赢利性组织。其服务宗旨是在全国范围内实现书目数据资源的共建共享，运用现代图书馆的理念和技术手段，将各级各类图书馆丰富的书目数据资源和人力资源整合起来，以国家图书馆为中心，实现书目数据资源共建共享，降低成员馆及用户的编目成本，提高编目工作质量，避免书目数据资源的重复建设。

全国联合编目中心的任务为：

（1）在全国范围内积极、有效地组织和管理各系统、各类型图书馆联合编目工作，降低成员馆及用户的编目成本，提高编目工作的质量，努力减少书目数据的重复制作；

（2）建立健全中文图书联合目录、中文目次、学位论文和港台图书等书目数据库，向各成员馆提供标准、规范的数据；

（3）建立地区性的分中心，以推动全国图书馆联合编目事业的发展；

（4）负责本中心联合编目网络系统的软硬件的开发、维护和正常运行；

（5）制定相关数据库标准、数据质量控制的标准；

（6）负责中心数据库的维护；

（7）努力发展成员馆，壮大全国图书馆联合编目中心的队伍；

（8）负责各成员馆之间的编目工作协调和业务人员培训。

标准化、规范化是联合编目的一项基础性工作，是书目数据资源共享的前提。为确保书目数据制作的标准化、规范化，中心组织专家编写和修订了《中文图书机读目录格式手册》、《中国机读规范格式手册》、《中文图书名称规范数据款目著录规则》、《中文图书规范数据款目著录规则》等，使之成为全国联机联合编目工作共同遵守的标准。同时，国家中心把对成员馆编目人员的培训工作作为一项重要工作，宣传推广相关的联合编目的业务标准和规范，举办《中文图书机读目录格式》、《电子资源著录规则及著录格式》、《连续出版物机读目录格式》等各类型出版物培训班以及文献编目规则、规范控制等培训班，使之成为联合编目中心在各地的骨干力量。

全国图书馆联合编目中心非常注重联合编目的宣传工作，在有条件的省（市、自治区）设立二级中心，负责本地区出版物以及地方文献的编目工作，推广和使用联合编目中心的数据，并发展新的联合编目中心成员馆；积极组织区域范围内书目数据编目规范标准的培训及业务研究工作。目前，全国图书馆联合编目中心已有 10 家分中心，这些分中心在不同的系统和地区中发挥着越来越大的作用。

为保证编目数据的质量，全国图书馆编目中心实行执证编目员制度，只允许经过中心培训并通过考试获得执证编目员资格的编目员本人进行数据上载。对于执证编目员的培训，国家中心经常举办上传数据资格认证培训班，帮助各馆编目人员了解和掌握上传数据软件的使用及上传数据的要求。这一方面使联合编目成员馆的队伍在业务上得到了培训，在思想观念上由脱机作业向联机编目转变，使他们在更加广阔的空间范围内施展自己的编目技能；另一方面又促进了成员馆编目工作的标准化和规范化，为中心数据库上传数据的质量提供了根本保证。

全国图书馆联合编目中心提供的书目数据产品很多。具体包括：建国五十周年以来的中文书目数据、中国博士学位论文书目数据库、民国时期中文图书书目数据库、国家书目规范数据库、国家图书馆馆藏港台图书书目数据库、国家图书馆馆藏西文图书书目数据库、中西文报刊数据库、港台报刊数据库、善本古籍书目数据库、金石拓片书目数据库、地方志书目数据库、中文地图书目数据库、中国年鉴篇名数据库等多种数据库。

书目数据库产品提供形式有软盘、光盘、E－mail、网上数据传输等多种，用户可以根据根据自己馆的具体情况（如年入藏量、人员素质等等）任意选择。网上下载数据用户，可以使用全国图书馆联合编目中心提供的具有Z39.50协议的编目软件，直接下载各类书目数据。各类书目数据库均可以光盘形式提供，光盘分为带检索功能（支持Z39.50协议）和不带检索功能两种形式，供用户选择。即时版数据用户，订购当年中文普通图书书目数据，每月发行两次（月中及月末），通讨邮局邮寄或电子邮件发送。对于按提供的ISBN号和统一书号检索数据的用户，需以文本文件形式将ISBN号和统一书号录在电子文件上，通过邮寄软盘或通过互联网发送，提供的书号格式为从头起每行一个书号，书号的内容必须完整，除书号外，不能再加入其他任何字符。

尽管全国图书馆联合编目中心已取得了很大的成绩，但仍一些方面有待改进和加强：分中心的工作应进一步加强，切切实实的发挥它应有的作用；进一步加强书目数据共建共享的宣传力度，采取切实可行的措施扩大联合编目工作的影响，提高对联合编目工作重要性的认识，促进观念的改变；增加书目数据的时效性和网络服务的稳定性；加强联合编目工作的标准化、规范化工作；改变现在大多数数据库只能下载、不能上载的状况，尽量增加支持数据上载的数据库，把我国文献信息资源共建共享工程进一步深化。

2. 地方版文献联合采编协作网

地方版文献联合采编协作网（CHINA REGIONAL LIBRARIES NETWORK 简称CRLNet），它是由深圳图书馆、湖南图书馆、福建省图书馆、上海市图书馆、天津市图书馆、辽宁省图书馆六家图书馆（称为协作馆）联合发起创建，于2000年月12月正式开通的，属非营利性公益机构。网络中心设在深圳市图书馆，后来又发展了香港、广西、浙江、北京、吉林、黑龙江等地的多家成员馆。中心现已形成一个达160多万条记录的网上书目数据库，据统计，数据覆盖率回溯数据可达90%，新出版图书可达70%。新加入的用户可以利用已有数据，快速建成自己本地的书目数据库。

CRLNet设有管理委员会、网络中心、用户委员会。管理委员负责审查中心的筹建方案；制定发展规划、目标及实施方针；对中心管理工作提出建设性意见。网络中心设在深圳市图书馆，负责管理CRLNet日常事务的运作，网络中心对管理委员会负责，中心下设技术组、业务组，技术组负责整个网络系统的硬件、软件及网络的开发、维护工作，业务组全面承担质量控制、业务培训及日常数据维护。用户委员会由成员馆代表组成，用户委员会代表用户的利益，反馈用户信息。

CRLNet是完全基于网络的联合采编系统，按照Internet上通行的客户端/服务器（C/S）模式，目前支持客户端的程序是ILAS II和LACC。CRLNet采用先进的分布式数据库系统，只要通过"执证编目员"培训，各成员馆都可以24小时进行上传、下载数据，是目前国内唯一的实现书目数据实时交换的网络。地方版文献联合采编协作网采取联合联机编目的方式，遵循ISBD及中国文献著录标准（GB 3792系列），依据IFLA于2000年修订的《UNI－MARCManual》，并吸收国家图书馆《中文图书机读目录格式使用手册》（2000年4月定稿）修改的内容，CRLNet制定了《中文图书数据处理规程》，并对所有上载用户进行"执证编目员"培训，从而保证了书目数据的规范化和高质量，为数据共享奠定了坚实的基础。

自从CRLNet成立以来，CRLNet的成员馆总数约70家，覆盖了全国18个省、直辖市、自治区，成为国内举足轻重的联机联合编目中心之一。另外，CRLNet也鼓励在地理环境、软硬件环境有优势的图书馆作为网络中心的二级中心发展自己的用户，如福建省图书馆做为CRLNet的二级中心已发展了多家用户。成员馆可根据实际情况，选择网络的上传下载用户，也可成为单纯的下载用户。对上载用户，CRLNet实行"执证编目员制度"，只有经过培训通过考核获得执证编目员资格的编目员。培训内容除中心规定的编目规则、机读目录格式、联机编目系统UACN的使用及数据上传、下载具体工作流程外，还要对联机环境下的编目理念进行培训。经过考试合格后，中心为编目员发放执证编目员资格证书，经系统注册、认证，为其开通书目数据上载权限。

为保证书目数据的质量，编目中心对所有上载书目数据进行质量控制，并要求所有成员馆进行监督,对不合格的执证编目员及时收回其上载权限,以确保中心书目数据库的数据质量;书目数据处理是一项复杂、细致的工作,为保证中心书目数据的一致性,CRLNet 对文献编目的细节要求的非常细致,包括对机读目录格式的理解、对文献著录及文献标引规则的理解,甚至对西文字符大小写、标点符号的全角半角的选取,都做出具体的解释及要求;中心还经常对成员馆进行业务培训和交流,定期召开年会,对 CRLNet 的工作进展和成果及存在的问题向各成员馆及协作馆汇报,尤其是在数据质量方面的一些问题和各成员馆进一步达成共识,以保证整个网络的书目数据标准、规范的一致性,确保书目数据的质量;此外,网络中心还应进一步改革数据质量奖惩制度,把网络中心的意见排行榜充分利用起来,把质量评比落到实处,真正形成相互监督、良性竞争的局面;网络中心也要提高技术保障能力,在应用系统上设置较强的纠错校对功能及其他识别后处理功能,并配备一些知识库与系统建立链接以供参考。

  CRLNet 要求上载成员馆收全、收齐当地出版社的所有出版物,并以最快速度分编上传供大家共享,各成员馆之间相互协作,共享编目成果,避免重复劳动。成员馆上传本馆馆藏信息,以建立网上联合馆藏目录,为网上文献传输、馆际互借、资源共享创造条件。系统将提供链接,适时推出供社会公众查询的检索页面,以进一步提高各成员馆馆藏文献信息资源的利用率,更好地发挥各成员馆的社会效益。CRLNet 成立几年以来,在正式出版图书的联机编目和馆藏联合目录的建设方面取得了很大的成绩,数据实时上下载、馆藏目录实时查询等服务惠及越来越多的图书馆和书商用户以及广大读者。

  CRLNet 的目标是建立一个统一高效的地方文献发布系统。通过搭建统一的信息平台,为分散在各馆的地方文献提供一个宣传、展示的窗口,并通过对其目录进行重新整理和集中发布,配合今后将要开展的文献提供等服务手段,形成地方文献保障体系,从而促使我国地方文献整体服务水平的提升。在文献信息资源共享的大环境下,越是自己的、越有特色的,就越是世界所需要的。收集、整理地方文献是图书馆承担的主要任务之一,各馆都把所在地区的地方文献作为主要收藏范围,该部分文献的整理、加工及发布也仅限在本馆的业务范围,因此从整体上来看,我国地方文献管理的特点可以归结为"资源丰富,松散分布",从而使它的利用受到了很大的局限。另一方面,地方文献品种繁多、类目交错,现行的管理体制仅能实现"对点查询"(即某地区某方面文献的查询需求),跨地区文献查询利用由于缺乏集中管理发布机制而难以实现,馆对馆的文献信息交换使地方文献的实际利用效果甚微,同时也无法给使用者提供一个整体的查询入口。CRLNet 将利用联机、联合的机制共建中国的地方文献数据库，发挥各成员馆的地方文献的作用、构筑地方文献发布平台，将最有特色的中国文化推向世界。

为了和国际接轨，推进联合编目事业的国际化发展，CRLNet 也在研究 CRLNet 中心数据库与 OCLC 的连接问题及国内、国际馆际互借机制。经过反复协商，CRLNet 中心数据库与 OCLC 连接的数据格式和内码转换等技术问题已经解决。由于中心数据库与 OCLC 连接以后，OCLC 只能反映 CRLNet 中心数据库地点，所以如果有馆际互借需求，还需要各成员馆协调和配合。

目前，地方版文献联合采编协作网仍存在一些问题。例如：

成员馆发展相对缓慢，用户发展不平衡，中西部用户偏少。这除了地理客观因素外，也是因为 CRLNet 网络中心人力不足、宣传力度不够。中心应该投入更大的人力与精力，充分利用市场经济手段，做好宣传，扩大影响，鼓励和吸引更多的图书馆界和出版发行界用户加入到书目数据共建共享的行列中来。只有发展众多的成员馆，缩小收支差额，CRLNet 才有强大的生命力。

部分成员馆在发展过程中遇到一些困难，尤其是在技术保障方面出现了一些问题，计算机软硬件及网络系统不够稳定影响了工作的顺利开展。针对这种情况，除网络中心给予积极支持和帮助外，各成员馆也需加大工作和宣传力度，争取主管部门的经费支持，以建立起高性能的计算机硬件、软件系统和网络环境，形成具有稳定性、操作易用性、兼容性及安全性的地区数据中心或单用户结点，为联合采编业务的发展奠定坚实的基础。

中心本身也应进一步完善联合采编系统软件，各成员馆也应把工作中出现的问题和需求及时反馈给中心，从而提高工作效率。

数据质量有待提高，由于各成员馆具体情况不同，各馆之间业务交流少，所以书目数据质量仍存在一些问题。这需要中心和各成员馆的密切配合，通力合作，做到书目数据的标准化和规范化，共同来提高数据质量，为书目数据的共建共享奠定良好的基础。

地方版文献联合采编协作网的一个重要功能是推动我国地方文献资源的建设，地方文献具有地域性，各馆所收藏的地方文献各有特色，但由于有的馆思想保守，不想把自己的珍品拿出来和其他馆共享，再加上地方文献往往不是正式出版物，其 MARC 数据格式、标准、规范等没有确定，CRLNet 的地方文献的资源共享仍然面临艰巨的任务。

CRLNet 提供的主要是中文图书的共建共享服务，其他文献信息资源的共建共享工作还没有全面开展起来。CRLNet 要突出特色化和多样化，提供个性化服务，并注意规范化动作。

书目数据是开展联合编目工作的基础，CRLNet 要在已有的书目数据基础上，注重多种文献信息资源的开发和利用，支持作为数字图书馆基础的元数据联合目录，把 CRLNet 联合目录数据库从一个图书和期刊联合目录数据库转变为包括文字、图片、声音和影像的多媒体联合目录数据库，为联合编目工作的持续发展增添后劲。

3. CALIS 联机编目中心

中国高等教育文献保障系统（China Academic Library & Information System，简称 CALIS），是经国务院批准的我国高等教育"211 工程"总体规划工程。CALIS 的宗旨是，在教育部的领导下，把国家的投资、现代图书馆理念、先进的技术手段、高校丰富的文献资源和人力资源整合起来，建设以中国高等教育数字图书馆为核心的教育文献联合保障体系，实现信息资源共建、共知、共享，以发挥最大的社会效益和经济效益，为中国的高等教育服务。

CALIS 项目管理中心设在北京大学，建设了 4 个全国性文献信息中心、7 个地区性文献信息中心和 1 个东北地区国防信息中心。4 个全国性文献信息中心为文理中心（设在北京大学图书馆）、工程中心（设在清华大学图书馆）、农学中心（设在中国农业大学图书馆）、医学中心（设在北京大学医学部图书馆），构成 CALIS 三层结构中的最高层，主要起到文献信息保障基地的作用。七个地区性文献信息中心为华东北地区中心（设在南京大学）、华东南地区中心（设在上海交通大学）、华中地区中心（设在武汉大学）、华南地区中心（设在中山大学）、西北地区中心（设在西安交通大学）、西南地区中心（设在四川大学）、东北地区中心（设在吉林大学），另外，东北地区国防工程信息中心设在哈尔滨工业大学，构成了 CALIS 的第二层。在各校图书馆所不能满足的一大部分文献信息需求将通过地区中心的协调服务得到解决。

CALIS 成立了联机合作编目中心和文献信息服务中心，CALIS 采用独立自主开发与引用消化相结合的道路，开发了联机合作编目系统、联机公共检索（OPAC）系统、馆际互借与文献传递系统等。面向图书馆的服务包括联机合作编目、文献采购协作、培训服务、数据库服务及存档服务和技术支持等；面向读者的服务包括公共检索、馆际互借、文献传递、电子资源导航、数字化文献信息服务等，对保障"211 工程"各高校的重点学科建设、培养高层次人才、支持科研创新等发挥了重要的作用。

（1）联机合作编目，合作建立具有统一标准的书刊联合目录数据库，在此基础上实现联机共享编目，即任一授权成员馆对入馆新书（刊）编目上载以后，其他馆就可从网上查询并下载，从而大大减少书刊编目工作中的重复劳动，提高编目工作效率和书目数据质量，实现书目资源的共享。目前国内大多数联机编目软件都提供了 CALIS 的数据接口，凡经过授权的图书馆或文献服务机构都可以通过该接口实现和 CALIS 的联机编目。其具体流程和国家图书馆联合编目中心的操作流程大同小异，这里不再复述。

（2）文献采购协作，根据各校重点学科建设的需要进行资源分工和布局，在 CALIS 系统内首先实现国外文献订购前的查重与协调，减少不必要的重复，保证必要的品种，达到文献信息资源的合理分布与经费的合理使用。

（3）培训服务，每隔一定阶段，针对 CALIS 提供的各种服务，CALIS 管理中心将组织免费或少量收费的培训。目前的培训服务主要集中在：联机编目人员的培训、馆际互借与文献传递的培训、系统管理员的培训。

（4）数据库服务及存档服务，CALIS 可以对各图书馆或信息服务机构的特色资源提供数据库建设与加工服务；对各图书馆或信息服务机构需要保存的资源提供存档服务。

（5）技术支持，CALIS 对各图书馆或信息服务机构的自动化系统建设和数字图书馆建设提供完整的技术解决方案，依据提供咨询的深度收取费用或免费；CALIS 对使用 CALIS 软件的各图书馆或信息服务机构提供完全的技术支持。

（6）公共检索，用户可以按照本校－本地区－邻近地区－北京－国外的顺序，在网上查找全国性或地区性的书刊联合目录数据库，了解所需文献是否有及在哪里收藏。也可以通过联机（或委托）检索 CALIS 国内外各种类型的文献数据库，得到某一学科或专题的详尽的文献线索乃至电子版全文。

（7）馆际互借，对于本馆没有的文献（如图书），在本馆用户需要时，根据 CALIS 统一的制度、协议和办法，向其他馆借入；反之，在其他馆用户提出互借请求时，借出本馆所拥有的文献，满足用户的文献需求。

（8）文献传递，对于本馆没有的文献（如期刊文章或学位论文），在本馆用户需要时，根据 CALIS 统一的制度、协议和办法，向其他馆获取；反之，在其他馆用户提出请求时，将本馆所拥有的文献传递给对方。

（9）电子资源导航，根据各校重点学科建设的需要进行统筹规划和分工，对网上的电子资源（如研究进展报告、电子期刊论文、研究机构、专家学者等）按图书馆学的原理和方法进行收集、加工和整序，形成虚拟图书馆资源，补充和扩大 CALIS 的文献资源，提供用户浏览和查询。

CALIS 联机合作编目中心是 CALIS 的两大服务之一，CALIS 联合目录数据库建设始于 1997 年，2000 年 3 月正式启动，以联合目录数据库为基础，以高校为主要服务对象，开展了联机合作编目、编目数据批量提供、编目咨询与系统培训等业务，方便了成员馆的编目工作，提高了书目数据库建设效率。

目录数据库涵盖印刷型图书和连续出版物、电子期刊和古籍善本、非书资料、地图等多种文献类型；覆盖中文、西文和日文等语种；书目内容囊括了教育部颁发的关于高校学科建设的全部71个二级学科，226个三级学科（占全部249个三级学科的90.8%）。CALIS联机合作编目中心目前有成员馆500余家，已经形成了相对稳定的数据建设队伍。CALIS联机合作编目中心是CALIS管理中心下设的子中心，该中心由专家委员会行使编目业务规范制订及监督职能，用户委员会参与并民主协商中心开展的各项服务工作，下设联合目录部、业务发展部和技术支持部三个部门负责日常工作。

四、联机编目的方法与程序

联机编目系统，是通过根据统一的标准、规范和格式对文献信息资源的内容特征和形式特征进行著录、标目、分类标引、主题标引等工作，并结合大型数据库技术存储在计算机中，使之通过网络提供给不同地理位置的用户查询和使用。一个网络联机编目系统需要在网络环境下，多个用户共同在编目中心建立并共享一个或多个数据库，实现资源共享。

联机编目系统包括查询和编目两大模块，用户通过查询模块决定是否下载所需信息资源和是否将自己的信息上传；通过编目模块完成文献信息资源的标准数字化著录并存入数据库，以及完成向编目中心上传和从中心下载的工作。编目中心要配置相应的服务器并安装联机编目中心管理软件，并以中心图书馆为依托建立中央书目数据库系统，中心图书馆除担负文献编目工作外，还要承担数据的质量控制与维护、计费等大量的工作，使网络环境下的图书馆各项工作能顺利开展；成员馆要安装相应的客户端软件，以自己的局域网通过公共网实现和中心图书馆的链接，使自己成为该网络中的一个结点。通过远程联机编目软件和本地图书馆编目软件的无缝连接完成查重、编目、下载和书目数据库维护等任务。联机编目的基本操作程序有下列几步：

启动联机编目拨号程序，成功注册所联网的编目中心；

启动联机编目客户端软件；

选定编目工作数据库；

输入书名或ISBN等检索点进行查重，套录命中记录；

新书进行联机编目，系统自动更新有关数据库；

下载套录的书目数据到本地硬盘；

更新本地编目系统的书目数据库；

完成所编文献的加工。

各成员馆的文献信息资源到馆后，首先在本地数据库查重，如本地没有再通过网络查找编目中心书目数据库，如果有该文献的书目数据，就请求下载，然后将下载数据复制到本地数据库，经过审校后再加进本馆的财产登记号、索书号及其业务注记等内容即可，不必另行编目。如果没有，则可以先在编目中心查实无其他馆登记后再登记，再按照统一的编目标准对文献进行编目，并在规定时间内将完成的书目数据上传给编目中心书目数据库，供其他图书馆共享，如果超过规定时间，其他图书馆可以超载。另外，为了在联机编目的同时生成联合目录，各成员馆在从编目中心下载、上传数据时，应同时上载自己的馆藏，为以后联机检索、馆际互借奠定良好基础。

例如，全国图书馆联合编目中心是以客户端/服务器（C/S）模式运行的，服务器使用的是深圳市图书馆研制的联机编目管理软件，客户端采用ILAS系列产品，目前支持客户端的程序是ILASⅡ和LACC。ILAS产品的强大功能和广泛普及为各馆加入全国联合编目中心提供了强大的技术支持。下面以客户端为ILASⅡ2.0为例介绍联机编目工作的具体步骤。

（1）申请加入全国联合编目中心。只有通过培训、考核成为其成员馆获得用户ID及密码后才有从中心上、下载书目数据的权限。

（2）进行客户端设置。在客户端按编目中心提供的用户ID、用户密码、编目中心IP地址、数据库名称等设置地址簿。首先要在客户端程序进入联机编目界面，ILASⅡ2.0图书馆自动化集成系统提供了四个Z39.50接口（如图6-1），我们进入联机编目（ILAS-Z39.50），回溯建库（ILAS-Z39.50）是

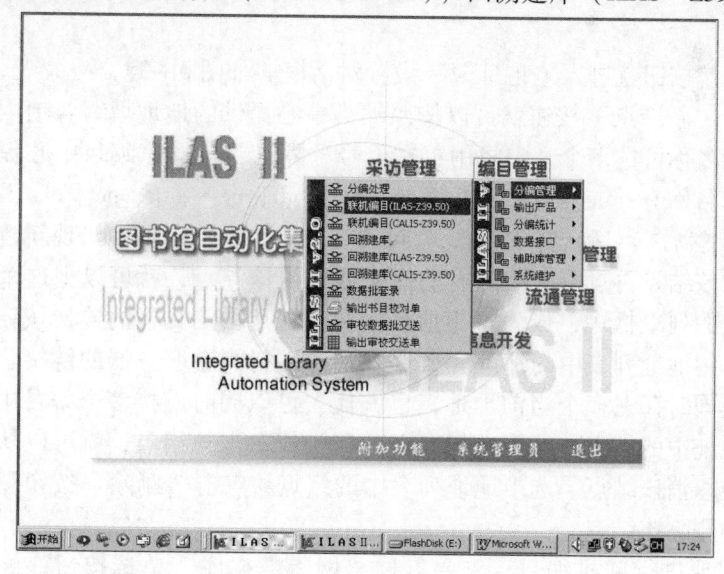

图6-1

为新用户回溯建库准备的，可以在对旧书完成著录后直接加馆藏，另两个接口是为链接 CALIS 编目中心准备的。

在进入联机编目界面之后，选择"网上数据库"单选按钮，就会切换界面出现"地址簿按钮"（如图 6-2）。

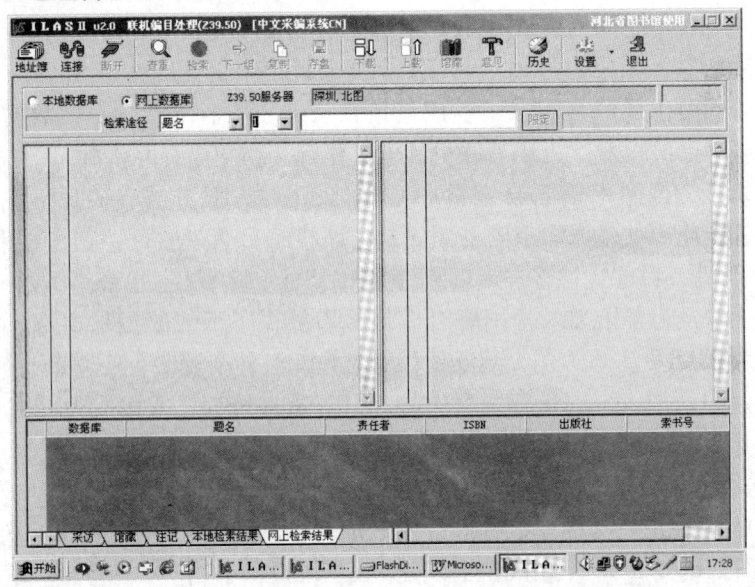

图 6-2

点击该按钮就进入"地址簿"设置对话框（如图 6-3），

点击"新结点"按钮就可以按照编目中心提供的地址填写各项内容，其中数据库名称可选多个，中间用英文逗号分隔（目前国家编目中心提供的常用数据库名称有：uc_ gt、uc_ xikan、uc_ bib、uc_ guji、uc_ bao、uc_ gt-kan 等)，然后点"确定"按钮，就可以在上边的左列表框中出现新建的结点了。选中该结点再点击中间向右的箭头或双击该结点，就可以把这个接点添加到右边的列表框中，成为常用地址。此时若点击工具栏的连接按钮，就可以按照常用地址列表中的地址完成客户端和编目中心服务器的链接。一个客户端可以同时存在多个当前地址，也就代表可以同时链接多个编目中心。选中常用地址中的结点，点击中间向左的箭头或双击该结点，就可以从常用地址列表中取消该结点。选中地址列表中的结点，点击"删除"按钮就可以从地址簿中删除该结点。

（3）要进行联机编目，先要点选"网上数据库"单选按钮，再点"连接"按钮，实现客户端与编目中心的网络链接。

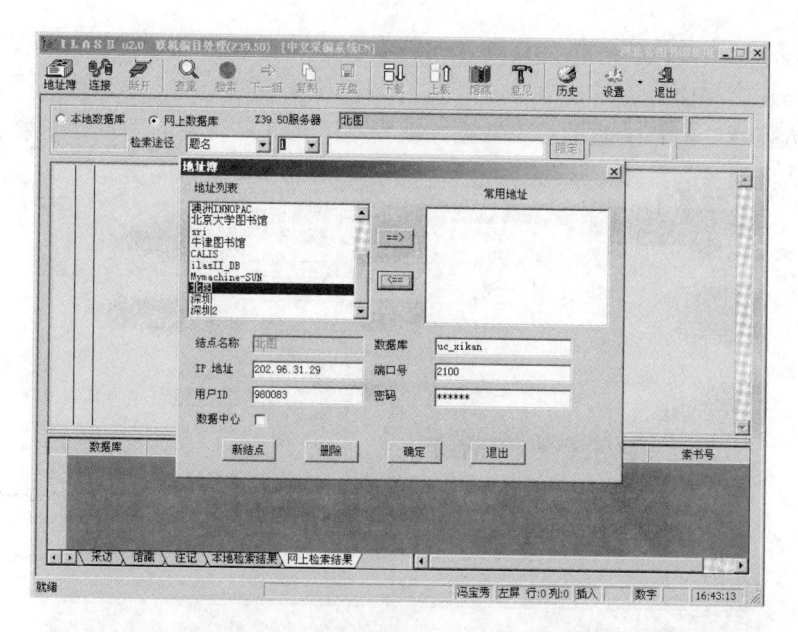

图 6-3

（4）编目员拿到新文献后，首先点选"本地数据库"单选按钮（如图6-4），进入本地数据库查重。

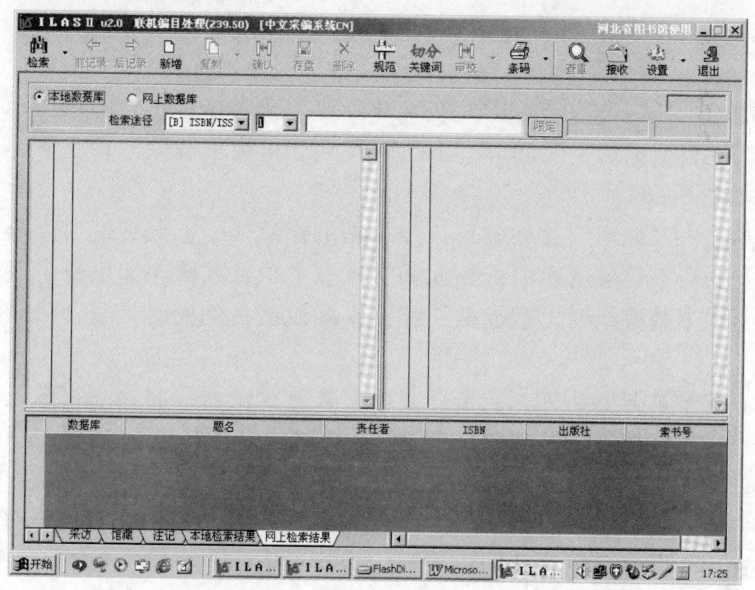

图 6-4

如本地有，则作脱机编目处理。若没有则点击"网上数据库"进入网上数据库检索界面，点"检索"按钮进行联机检索，如果网上数据库（即编目中心数据库）有该文献的书目数据，就会显示在屏幕下方的书目数据列表中，在列表的第一列是该记录所在数据库名（如图6-5）。

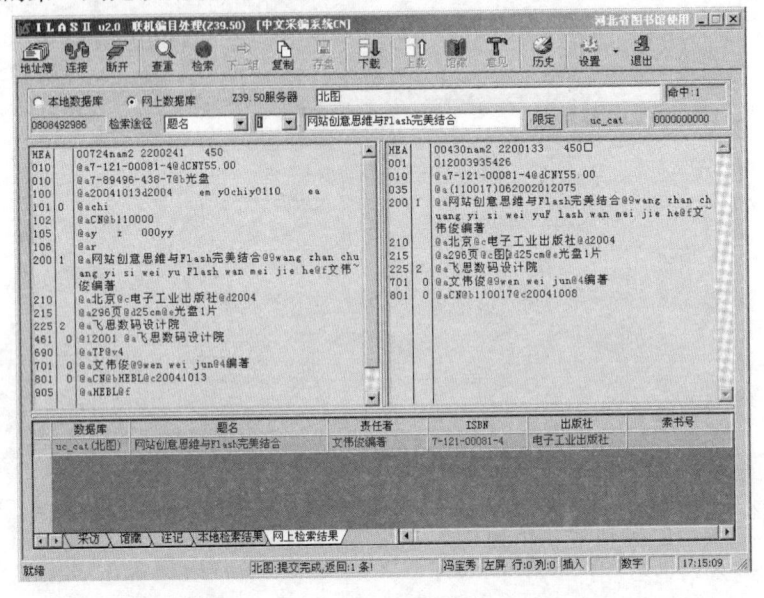

图 6-5

此时双击任一条记录，其简单 MARC 数据就会显示在右屏，在确认该记录是所需书目数据后，再点击"下载"按钮就可以下载该记录完整的书目数据了（如图6-6）。

然后点击"馆藏"按钮就可以将本馆的馆藏代码上载到编目中心，这样就可以从中心书目数据库中查到此种文献在本馆已入藏，如果每个成员馆都能做到上、下载数据时上载馆藏，那么在联机编目的同时，联合目录也就形成了。

（5）转到本地数据库，点击"复制"按钮，就可以将该书目数据复制到本地库进行脱机编目了（如图6-7）。

（6）如果在网上数据库没有查到该文献的书目数据，则应点工具栏的"查重"按钮，在查重对话框中输入查重内容（如图6-8），查一下有没有其成员馆在中心已经登记编目。

若有则等其完成编目上载到中心后再下载。如果没有其他馆登记，系统会自动提示编目员是否进行登记。点击"是"按钮就可以进入登记对话框

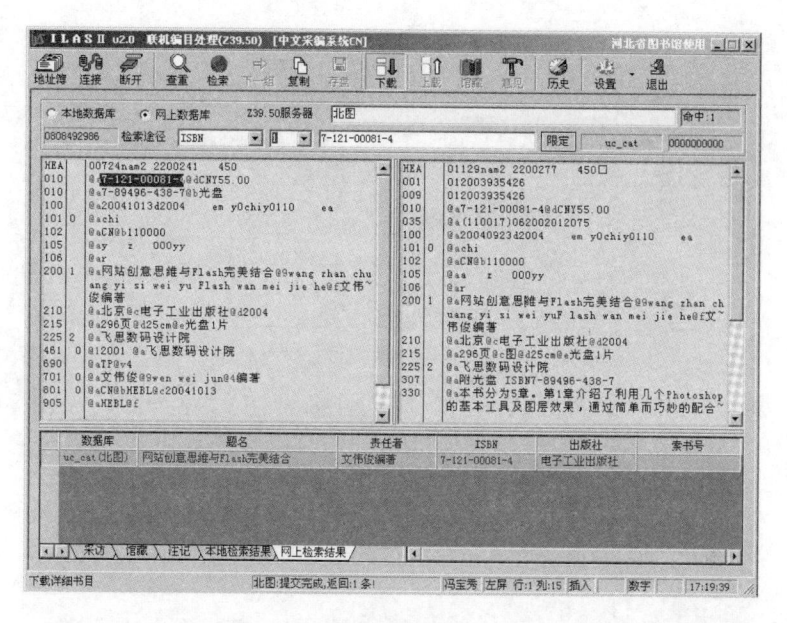

图 6 – 6

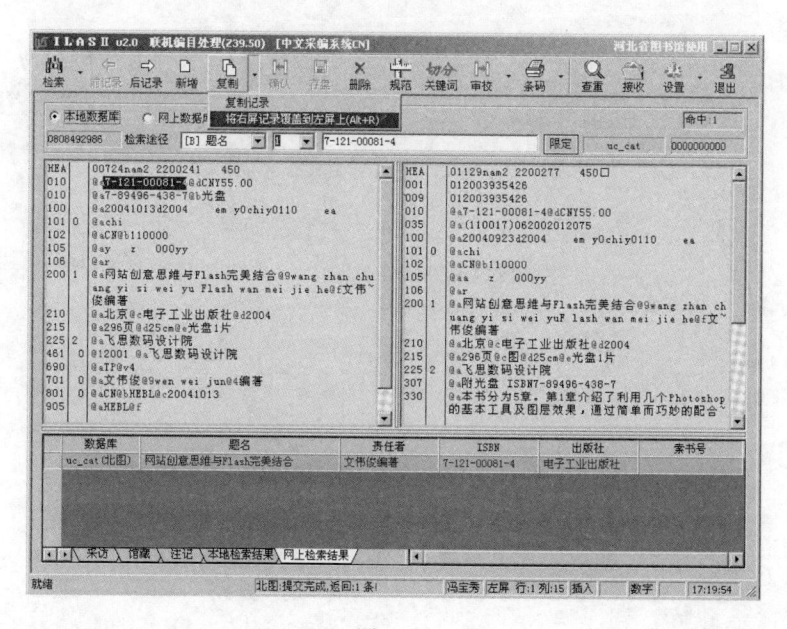

图 6 – 7

（如图 6 – 9），输入相应内容点击"开始登记"按钮就可以完成登记，然后编

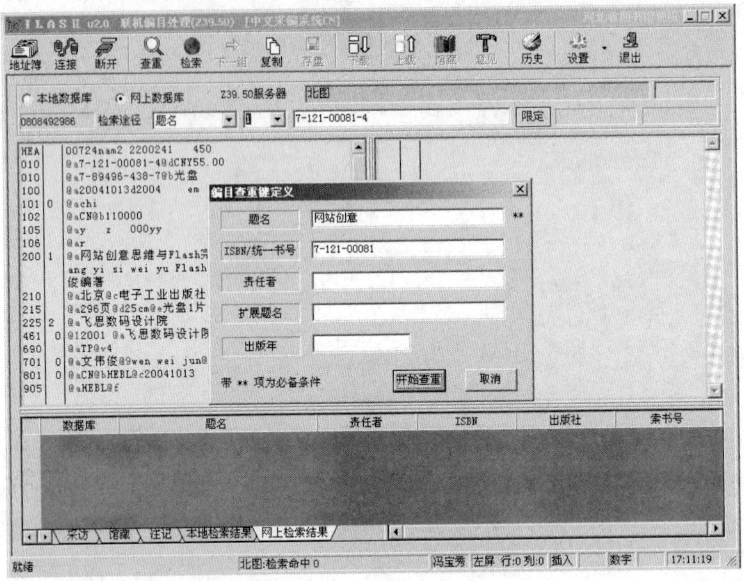

图 6-8

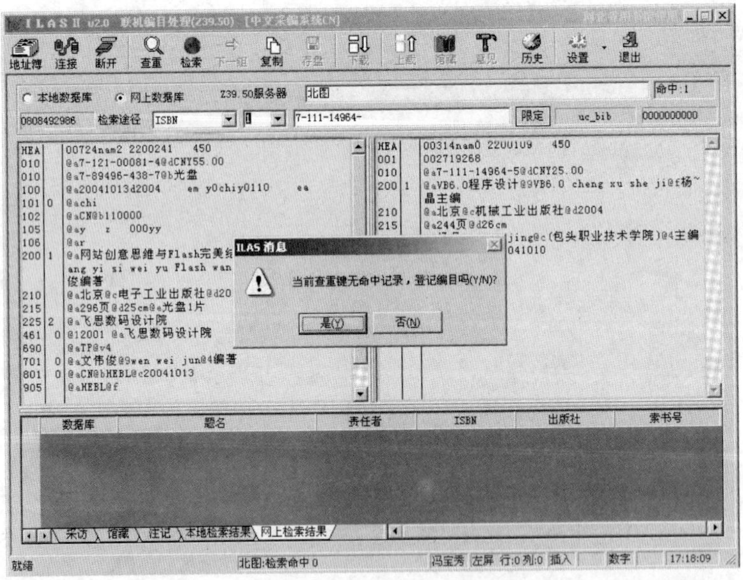

图 6-9

目员应在中心规定时间内完成该文献编目并上载到编目中心（只有交送到本

地中央书目数据库的数据才能上载),超过规定时间不能上载数据时,其他成员馆可以超载。

(7)上载数据时,只要将完成编目、审校、交送的书目数据从本地数据库检索出来,转到网上数据库点"上载"按钮就可以了,上载用不用点馆藏按钮,系统自动上载该文献馆藏代码。

图书馆之间通过联机编目进行编目合作,有利于增加编目工作的规范程度,从而也提高了编目人员的素质,使编目工作标准化与书目规范控制工作更为深化,提高了书目数据的质量,为以后与国际接轨打下良好基础。同时也实现了文献信息资源的共享,减少人力物力的投入,从而节省了各馆有限的经费,提高了工作的效率,更好地发挥了文献信息资源的时效作用,最大限度地满足了读者对文献信息资源的需求。联机编目的实现更有利于图书馆的各项工作向更高更深的层次发展,充分满足读者对文献资源不同层次的需求,如可以在联机编目的同时生成联合目录,实现各馆之间的联机检索,进而实现馆际互借,进一步把资源共享落到实处,更好地发挥图书馆的社会效益。相信在不久的将来,随着计算机技术、网络技术的不断发展,使用网络联机编目系统的我国图书馆必将成为人们获取各种信息的重要途径,为现代信息产业的发展做出巨大贡献。

五、联机编目书目数据质量控制

书目数据处理是一项非常复杂、细致的工作,文献的分类、著录、标引必须严格采用标准工具。此外,编目时还要特别注意数据的规范化处理、文字及标识符号录入问题、机读目录格式理解一致性问题、书目记录唯一性问题等等。在全国图书馆的联机编目工作普遍开展,并且逐步走向正规化的今天,文献信息资源联机编目的数据质量控制问题已是迫在眉睫的事了。

目前,编目中心存在的书目数据质量问题,既有客观原因,也有主观原因。

在客观方面,我国书目数据制作中的规范控制起步较晚,目前还没有一部权威性的可让大家共同遵守的规范数据标准,致使文献标目的选取和标目形式也不一致,文献标引的不统一。

主观方面,编目人员的素质、工作态度影响着编目质量。一方面,每个编目员对编目规则及具体文献特征的理解存在差异,对格式理解上的认识和差异,导致对著录规则执行上的见仁见智,使用同样一本书的著录五花八门;另一方面,编目员没有意识到联机编目数据质量的重要性,疏忽大意造成的质量问题也不容忽视。编目员对题名项中的正题名、副题名、并列题名、交替题名、合订题名等理解的角度不同,在查重时可能出现漏查。编目数据上载到中心数据库后,因自己的数据同中心数据库的数据存在一些差异,系统会认为是两条数据,从而造成数据重复;文献著录时的错误,比如ISBN、题名、责任者中出现错字,甚至是标点符号和西文字符的全角半角等细微差异,也会使书目数据错误率升高。

要提高书目数据质量,首先要提高编目人员的素质。对数据质量起决定作用的,是日复一日、年复一年从事着这项工作的每一个编目员。编目人员的素质包含着编目员对机读目录格式的理解,表现着编目员掌握各种标准、规则的熟练程度,揭示着编目员的知识结构和标引能力,更凝聚着编目员的职业道德和性格修养,所以提高编目人员的素质是保障数据质量的关键。编目中心一般实行执证编目员制度,对各成员馆上载的编目员要进行上岗资格认证培训,通过培训以求编目员对联机环境下的编目理念达成共识,对编目规则、机读目录格式、联机编目系统的使用数据上传、下载等方面有统一的认识。培训后要考试合格才能发放执证编目员资格证书,经系统注册、认证后成为执证联机编目员,才能向中心数据库上载书目数据。

由于联机编目的各成员馆呈分散状态,联机编目中心主要通过调控手段和规章制度来控制数据质量。各成员馆必须遵守相同的规则、标准和规范,对自己的书目数据质量严格把关,在确保数据正确无误的情况下再上传,不要为了一己利益,一味追求上传数量而降低数据质量。在下载书目数据的同时,也要监督其他成员馆的数据质量,发现问题要及时向编目中心反馈,以免一错再错。每个成员馆都是编目中心的一分子,每一分子的数据质量都会影响整个编目中心数据库的数据质量,也就直接影响了各成员馆书目数据的质量,所以每一个成员馆都要真正负起责来,维护大家的利益,也就维护了自己的利益。在此,编目中心要制定相应的数据质量奖惩制度,提高技术保障能力。比如,可以在网络中心设置意见排行榜,各成员馆在发现问题或有争议时,可以以意见的方式通知网络中心的质量控制机构,网络中心应对发现问题的编目员进行奖励,并通知上传编目员进行修改,各编目员既要比速度,又要比质量,真正形成相互监督、良性竞争的局面。对错误率达到一定程度的编目员要坚决取消其执证编目员资格,收回其上传书目数据的权限,以保证中心书目数据库的数据质量。

其次,网络中心还要在应用系统上设置较强的校错校对功能及其他识别后处理功能,还要配备一些知识库与系统建立链接以供参考。

此外，数据更新速度是联机编目中心持续发展的前提保障，编目中心要从增加书目数据的时效性入手，提高联机编目的效益，使各成员馆能及时套录到所需数据，及时完成文献编目，争取文献早日与读者见面。目前大多数据中心只是对普通中文图书实现联机合作编目，其他文献仍局限于集中编目，希望有条件的图书馆或编目中心早日致力于其他文献信息资源的共建共享，建设更多更好的书目数据库。

总之，联机编目数据质量的控制，必须引起有关部门的重视，加大投入并组织权威机构用行政的、经济的手段来指导、规划和协调，由相对的具有权威性的组织牵头，从基本的数据质量控制问题切入，使用统一的机读目录格式，使用统一的编目手册，按照统一的编目细则，严格管理，严格数据生产全过程的控制。使我国图书馆界由各自为政的状态转向在整体优化，各馆通力合作，更好地发挥图书馆的社会效益。

六、联机编目发展过程中存在的问题

目前，我国只有部分图书馆实现了联机编目，但真正意义上的跨地区大规模联机网络还寥寥无几。大多数图书馆只能以各自分别编目，通过脱机（软盘存储数据）或通过 E–mail 传输通讯格式数据文件的形式向中心馆上缴数据，再由编目中心合并数据，提交到编目中心的书目数据库，提供网络检索服务。要想大范围的推广网络联机编目，我国当前的现状还是有一些条件限制。

1. 技术方面

与国外发达国家相比，我国图书馆界的网络建设仍处于一个相对滞后的阶段。大量的中小型图书馆还没有与因特网链接，丰富的网络信息资源还无法提供给图书馆界和社会公众。在自动化系统方面，不同服务器和数据库，支持不同的 Z39.50 检索词属性及其组合，在对不同的服务器进行检索的过程中，检索请求式只能兼容最基本的检索标准，否则很难保证检索的成功。软件提供商所提供的产品，除作者、题名、主题词等基本检索点外，而修改或重新设置检索点，不但需更改数据库，甚至要重新设计系统。在分布式联合目录中，一些软件提供商在 Z39.50 服务器中，并未提供对馆藏地及馆藏状况的查找功能，用户在检索馆藏信息时，只能看到简化的目录信息。另外，当客户端的用户对联合目录服务器的资源或对多个服务器的资源进行检索时，有可能会得到大量重复记录。若想避免类似情况的发生，客户端应用程序应具备过滤机制，但过于复杂的计算方式会产生诸多副作用，如系统臃肿、成

263

本过高、响应速度降低等等。编目软件升级不及时，部分 MARC 必备字段不能录入。软件制作人员应积极掌握有关机读目录格式的各项标准的动态，所制作的编目软件，应具备良好的灵活性及适应性。各图书馆也应及时对自己的编目软件的参数设置及时更新，对编目软件及时升级，以适应文献编目工作的需求。在机读目录的格式，语言及字符集标准，以及 Z39.50 标准的推广工作中，国内图书馆界都存在着不少潜在的问题，这无疑会给国内图书馆界实现文献信息资源的共享构成障碍。在今天的全球范围内，Z39.50 在文献资源共享网络建设中占据着极其重要的地位，动员图书馆界及社会各界的力量，尽快研制出基于 Z39.50 支持的符合中国国情的文献资源共享网络系统，将成为我国图书情报工作早日与国际化接轨的重要一环。

2. 经费问题

前期经费短缺。实行联机编目，首先需要投资软硬件支撑设施，对图书馆来说，这是一笔很大的投资。其次需要对馆藏资源进行回溯建库。由于编目人力、技术与经验不足会严重影响书目数据的质量与数量，必须借助于外来数据库进行套录，与此同时，还需要对图书进行一系列的加工，无论对何种规模的图书馆都是一项耗资、费时的巨大工程。当然，充分利用国内外的编目数据资源，不仅能决定数据库的实际效果，而且对编目人员思想观念的转变和工作技能的提高都会起到很好的推动作用。

3. 管理问题

国内图书馆目前大多采用集中式馆藏目录，因而馆藏信息的及时更新就成为一个突出的问题。如果联合目录中的记录没有提供详细的数据或反映全部馆藏状况，客户通过网络检索到的就只能是图书馆馆藏或特定文献资料的局部信息，进而导致检全率或检准率降低。果真如此，即使 Z39.50 标准提供再丰富的检索选项，用户检索后的结果也难以令人满意。一些实现了计算机编目的图书馆，由于从思想观念、工作方法与管理形式上仍没有跳出传统图书馆的模式，没有数据库意识、网络意识，只满足于能够以计算机来完成卡片目录状态下的检索途径，对机读目录书目数据的编制，仅局限于目录状态下著录单元的内容。特别在建库初期或某一系统新上马时，往往由于数据量不足的压力、待编新书累积的压力会不自觉地降低编目质量的要求。另一方面，编目人员素质参差不齐，不能正确掌握著录规则及检索点的选取方法，各行其是，势必影响到联机编目的准确性。由于对 MARC 格式各个字段与著录单元之间的关系、字段指示符的特殊意义等的理解不准确，导致数据过于简单、检索点不全、必备字段不完整，甚至字段识标符、指示符错误等。此外，各馆采用的分类与主题标引工具不同，中文图书编目尚未制定出名称规范的国家标准，绝大多数图书馆都没有采用规范文档来进行书目数据的质量控制。这样，因著录不标准或著录级次太低都会影响查全率与查准率，影响文献信息资源的利用。

第七章 图书标目工作

图书标目工作就是在文献著录的基础上,为编制书目款目而选择标目及其规范形式,提供标目间的参照关系,对目录进行规范控制,以实现图书目录的检索功能,提高目录的查准率和查全率。

第一节 规范控制概述

一、规范控制的涵义

1. 图书标目

图书馆任何文献的形式特征与内容特征,包括系列文献和整本文献所含的某一文献的各项特征,无不借助于各种目录形式获得详尽揭示,并提供各种检索途径供读者用户迅速、准确地查询和利用。款目,是组成图书目录的最小单位,其主要组成部分是描述文献形式及内容特征的著录正文。馆藏目录是由一张张的目录卡片构成,每一张著录卡片就是一条款目。在计算机编目中,款目又称为书目记录或记录。

标目是图书著录项目中可以提供排检途径的著录项目,是图书最显著标识的总称。标目的类型与内容决定着款目的性质及其在目录中的位置。图书著录过程中产生的是通用书目款目,虽然通用书目款目对图书形式特征和内容特征进行了描述,但不能直接排列到馆藏目录中,还需将形式特征或内容特征中被用以检索特定文献及某些特定部分做成标目。在馆藏目录中,每条款目左上角用来排序的排检点,就是标目。标目决定了图书款目的性质及其在目录中的位置,是各种书目工具检索功能的具体体现。

可以用作标目的多个著录项目,统称为检索点。标目与检索点的相同之处在于:(1)形式相同,二者都可以是一个名称、一条术语或一个代码。(2)都反映了文献某一方面的特征,可能是文献在学科属性或主题方面的特征,也可能是文献在题名、责任者等形式方面的特征。(3)都有一个共同的作用,就是为读者或图书馆工作人员提供检索途径。二者的区别在于:(1)

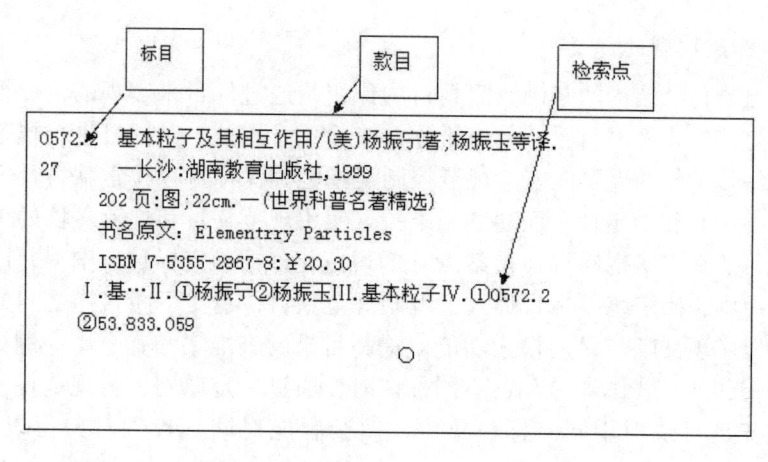

```
                    ┌──────┐        ┌──────┐              ┌──────┐
                    │ 标目 │        │ 款目 │              │检索点│
                    └──────┘        └──────┘              └──────┘
     0572.2    基本粒子及其相互作用/(美)杨振宁著;杨振玉等译.
       27         —长沙:湖南教育出版社,1999
                  202页:图;22cm.—(世界科普名著精选)
                  书名原文:Elementrry Particles
                  ISBN 7-5355-2867-8:￥20.30
                  Ⅰ.基…Ⅱ.①杨振宁②杨振玉Ⅲ.基本粒子Ⅳ.①0572.2
                  ②53.833.059
```

图7-1　款目、标目与检索点示例

在款目上的位置不同。标目位于款目的开端，居于整个款目的第一行，而检索点作为待作标目的项目被集中于排检项置于整个款目的最后。只有将检索点置于款目卡片之首的标目位置，各类检索点才能成为检索文献的"入口"。
（2）二者的作用不同。标目具有决定款目性质及其在目录中的位置的作用，而检索点则不具备这个功能。

用不同的文献特征作标目，就会产生不同性质的款目，不同性质的款目要分别组织到不同种类的目录里。在计算机编目中，不同的检索途径就等同于不同种类的目录，标目就是规范化的检索健值。要充分发挥图书馆目录的检索功能，标目作为查找文献的起点，即检索入口，必须认真研究，使其达到科学、规范、实用的目的，以提高文献的检索效率。书目或书目系统的检索功能，取决于它所包含的检索用标目的数量及其具体类型。一种书目或书目系统所包含的标目类型与数量越多，与读者用户的检索习惯越吻合，书目或书目系统的检索功能便越齐全，检索作用也越显著，当然读者的利用率也就更高。

在机读目录里，检索点是指排列和存取文献书目记录的数据单元，是图书馆自动化系统设置的任一个可以提供检索的子字段。在机读目录的书目数据是按其特有的格式存储的，是多种款目集中于一条记录，只要它对一种文献进行比较详尽的著录，就可以通过检索字段的控制，使任何一个著录项目或单元成为一个检索点（如题名、责任者、ISBN号等），能满足各方面的检索需求。另外，机读目录还可使用组配方法灵活地进行文献检索，如题名+责任者、主题+出版日期等。

2. 规范控制的涵义

款目是目录结构的基础，而款目的作用是通过标目来实现的，标目的混乱，会直接影响着书目系统的查准率和查全率，因此，对标目进行规范化控制成为编目工作的重要内容。规范控制是指为确保标目在检索款目及书目系统中的唯一性和稳定性，而建立、维护、使用规范款目和规范文档的工作过程。其目的在于实现标目（检索点）的规范化，即确定标目范围，并以一定理论、原则，确定统一标目形式，编制规范款目，建立不同名称之间的参照关系，以实现文献目录的检索功能，提高目录的查准率和查全率。例如，当同一图书、同一著作者等存在不同称谓时，通过一定原则进行规范控制，以保证在各自目录中用同一标目集中，使读者能对同一检索对象得以查准、查全。

由于各种类型的文献在文献实体描述、著录项目设置及其排列顺序、著录项目标识符号方面是完全相同的，只是在著录细则上的差别，所以目前编目工作的重点主要在于解决检索标目的规范化。也就是说著录方法的原则性问题已经解决，从书目控制的观点而论，编目工作重点应该实现从描述控制到规范控制的转移。编目人员在依据编目规则编制检索款目时，因受编文献所载资料往往不尽相同（如个人著者有不同的笔名、外国人名或书名原文的翻译不同、团体名称有时变更等），为使标目在款目中的形式完全一致，需要对标目进行规范化控制，建立、维护和使用规范化的款目和规范化的文档。

二、规范控制的对象

规范控制的对象是文献著录所形成的款目。款目的类型多样，有书目款目、规范数据款目、索引款目和文摘款目四大类，其中书目款目和规范数据款目在图书馆中用的最多。

1. 书目款目

书目款目是组成文献目录的最小单位，在计算机编目中又称为书目记录或记录，其主要组成部分是描述文献形式及内容特征的著录正文，在计算机编目中则称为文献数据。书目款目常用的有通用书目款目和检索书目款目两种。

通用书目款目，又称一般书目款目，没有标目，不能作为检索使用的款目，如出版发行书目等。检索书目款目，有标目，是专供文献检索用的款目。检索款目按标目类型分为题名款目、责任者款目、分类款目、主题款目四种基本类型，也可以其他文献特征作为标目，如以出版者为标目的出版者款目、以 ISBN 或 ISSN 等为标目的文献编号款目等。索引款目和文摘款目是对文献信息资源进行二次加工产生的二次文献。

检索书目款目（以下简称书目款目）一般由著录项目和标目组成。著录项目构成通用款目，通用款目加上标目就构成书目款目。我国中文文献已基本上废止了传统意义上的主要标目、主要款目、附加标目、附加款目等概念。目前卡片目录大多采用交替标目法，它是指不以固定的标目形成款目的方法，它将排检项中的题名、责任者、主题词和分类号等检索点根据需要轮流著录在标目位置形成各类书目款目，再按目录规则排入相应的目录中提供检索，各类型款目不再有主次之分；在现行的西文文献编目法中，仍是沿续了先编制主要款目，并以其为基础编制其他附加款目的方法，其标目的选取应首先确定主要款目标目，然后再选择附加款目标目。西文文献著录中，可以作为文献主要款目标目的文献特征有责任者名称、会议名称、文献题名或统一题名，但多数以责任者为主要款目。

中文文献书目款目的制作是在中文通用款目（分段著录格式或连续著录格式）的基础上，根据制作不同款目的需要，将有关排检点（即标目）著录于整个款目的第一行，较正题名突出一字的位置，移行时往右缩进一汉字字符位置与正题名首字齐平，但分类标目著录于款目左端中间，这种款目加工的方法称为提上法。

西文文献责任者主要款目的标目著录在整个款目的首行，标目移行时需缩进四个西文字符，其他各段开始著录时均缩进两个西文字符，移行时再突出两个西文字符，与标目齐行。如以题名做主要款目的标目，应采取悬行著录格式，即直接用款目著录项目中的题名与责任者项中的题名做标目，第一段各行移行时，均需缩进题名两个西文字符。西文文献款目中，类似于中文文献款目的排检项，附加款目标目著录在款目的根查项中，包括主题附加标目、责任者附加标目、题名附加标目、丛编附加标目，著录时，主题标目用阿拉伯数字标识，其他附加标目均用罗马数字标识。西文文献编目中使用提上法是将附加款目标目著录于主要款目标目之上，并退后 2 个西文字符，移行时再缩进 2 个西文字符，如需编制分类款目，也将分类号著录于标目左侧空白处。

在用单元卡片制作各种款目时，往往不去真正在通用款目上加上题名或责任者标目，而是采用划红线法，在著录正文的有关项目（如中文通用款目的排检项和西文主要款目的根查项）下划一条红线，用以表示款目标目。组织目录时，按照红线指示的标目排列款目。对以著录正文的正题名作标目时，甚至不用加红线就直接进行目录组织；在藏书分类排架的图书馆，对于以主要分类号为标目的分类款目,一般也不另加标目,也不划红线,就将索书号中的分类号作为分类标目。但在排目录时,一定要和不加任何标示的以正题名为标目的题名款目区别开来;书本式目录根据款目的不同性质,将标目固定著录在整个款目的第一行,并且不必像卡片式目录那样设立排检项;各图书馆可根据需要确定是否为标目加上汉语拼音。

例如,

```
    O572.2    基本粒子及其相互作用/(美)杨振宁著;杨振玉
译.27    .—长沙:湖南教育出版社,1999
    202页:图;22cm.—(世界科普名著精选)
            书名原文:Elementry Particles
            ISBN 7-5355-2867-8:¥20.30

        Ⅰ.基…Ⅱ.①杨振宁②杨振玉Ⅲ.基本粒子Ⅳ.O572.2
②53.833.059

                        ○
```

中文通用款目

```
基本粒子及其相互作用
    O572.2    基本粒子及其相互作用/(美)杨振宁著;杨振
玉译.
    27    .—长沙:湖南教育出版社,1999
    202页:图;22cm.—(世界科普名著精选)
    书名原文:Elementry Particles
    ISBN 7-5355-2867-8:¥20.30

        Ⅰ.基…Ⅱ.①杨振宁②杨振玉Ⅲ.基本粒子Ⅳ.①O572.2
②53.833.059

                        ○
```

中文题名款目

O572.2

　　O572.2　基本粒子及其相互作用/（美）杨振宁著；杨振玉等译.

　　　27　.—长沙：湖南教育出版社，1999

　　　　202页：图；22cm.—（世界科普名著精选）

　　　　书名原文：Elementry Particles

　　　　ISBN 7-5355-2867-8：￥20.30

　　　Ⅰ.基…Ⅱ.①杨振宁②杨振玉Ⅲ.基本粒子Ⅳ.①O572.2
②53.833.059

○

中文分类款目

（美）杨振宁

　　O572.2　基本粒子及其相互作用/（美）杨振宁著；杨振玉等译.

　　　27　.—长沙：湖南教育出版社，1999

　　　　202页：图；22cm.—（世界科普名著精选）

　　　　书名原文：Elementry Particles

　　　　ISBN 7-5355-2867-8：￥20.30

　　　Ⅰ.基…Ⅱ.①杨振宁②杨振玉Ⅲ.基本粒子Ⅳ.①O572.2
②53.833.059

○

中文责任者款目

基本粒子
　　O572.2　　基本粒子及其相互作用/（美）杨振宁著；杨振玉等译.
　　27　　—长沙：湖南教育出版社，1999
　　　　202页：图；22cm.—（世界科普名著精选）
　　书名原文：Elementry Particles
　　ISBN 7-5355-2867-8：￥20.30

　　Ⅰ.基…Ⅱ.①杨振宁②杨振玉Ⅲ.基本粒子Ⅳ.①O572.2 ②53.833.059

○

中文主题款目

Day-lewis, Cecil
Iron and its compounds / Cecil Day-Lewis. -3 rd ed., rev. /Revised by Philip Francis. - London: George Allen & Unwin, 1995.
　　x, 204p.; 18cm. - (American chemical society scientific monograph series; no. 3)
　　1. Subject heading - subheading.　Ⅰ. Francis, Philip.　Ⅱ. Title.　Ⅲ. Series.

○

西文责任者主要款目

Mechanics for engineers: statics and dynamics / by Edward R. Maurer… [et al]. - New York: Grove Press, 1956.
　　192p.: ill.; 21cm
　　Includes bibliographies.
　　1. Subject heading - subheading.　Ⅰ. Maurer, Edward R.

○

西文题名主要款目

> Francis, Philip
> Day－lewis, Cecil
> 　Iron and its compounds / Cecil Day－Lewis. －3 rd ed. , rev. ／Revised by Philip Francis. －London：George Allen & Unwin, 1995.
> 　x, 204p. ; 18cm. － （American chemical society scientific monograph series; no. 3）
> 　1. Subject heading－subheading. Ⅰ. Francis, Philip. Ⅱ. Title. Ⅲ. Series.

○

西文责任者附加款目

> Iron and its compounds
> Day－lewis, Cecil
> 　Iron and its compounds / Cecil Day－Lewis. －3 rd ed. , rev. ／Revised by Philip Francis. －London：George Allen & Unwin, 1995.
> 　x, 204p. ; 18cm. － （American chemical society scientific monograph series; no. 3）
> 　1. Subject heading－subheading. Ⅰ. Francis, Philip. Ⅱ. Title. Ⅲ. Series.

○

西文题名附加款目

> American chemical society scientific monograph series
> Day－lewis, Cecil
> 　Iron and its compounds / Cecil Day－Lewis. －3 rd ed. , rev. ／Revised by Philip Francis. －London：George Allen & Unwin, 1995.
> 　x, 204p. ; 18cm. － （American chemical society scientific monograph series; no. 3）
> 　1. Subject heading－subheading. Ⅰ. Francis, Philip. Ⅱ. Title. Ⅲ. Series.

○

西文丛编附加款目

> SUBJECT HEADING – SUBHEADING
>
> Day – lewis, Cecil
>
> Iron and its compounds / Cecil Day – Lewis. – 3 rd ed., rev. /Revised by Philip Francis. – London: George Allen & Unwin, 1995.
>
> x, 204p. ; 18cm. – (American chemical society scientific monograph series; no. 3)
>
> 1. Subject heading – subheading. Ⅰ. Francis, Philip. Ⅱ. Title. Ⅲ. Series.
>
> ○

西文主题附加款目

> Day – lewis, Cecil
>
> Iron and its compounds / Cecil Day – Lewis. – 3 rd ed., rev. / Revised by Philip Francis. – London: George Allen & Unwin, 1995.
>
> x, 204p. ; 18cm. – (American chemical society scientific monograph series; no. 3)
>
> 1. Subject heading – subheading. Ⅰ. Francis, Philip. Ⅱ. Title. Ⅲ. Series.
>
> ○

西文分类附加款目

2. 规范数据款目

规范数据款目是描述标目的项目及其相关说明的逻辑组合，它在规范表和目录中是一个独立的排检单位。规范数据款目与目录款目不同，前者的描述对象是标目，后者描述的对象是受编文献。规范控制就是通过编制规范数据款目来实现的，建立规范数据款目的目的是为了实现书目款目中标目（即检索点）的标准化，使标目按照规定的原则，确定其统一标目的形式，并记载其不同的参照关系，以实现书目的检索功能和集中功能，保证书目的查准率和查全率。值得一提的是，规范控制的范围并不是目录中使用的所有标目，原则上它只适用于那些在不同目录款目中使用的、或具有多种关系的标目。也就是说，对于多次使用或具有参照关系的标目，如责任者名称、丛编题名等，必须进行规范控制。而对那些只作用一次，为某种目录款所特有的标目，如普通题名,就无需进行规范控制了。

规范数据款目有规范款目、参照款目和说明款目三种类型。说明款目也称一般参照款目,也可以归类到参照款目中(以下将其归入参照款目),它说明标目的选择方法、组织原则、目录使用方法,指导读者查找和选择有关标目。

(1) 规范款目

规范款目是以统一标目及有关说明所构成的款目,它包括个人名称、团体/会议名称、著作题名、主题词等类型的统一标目,做根查的各种非规范标目和相关标目以及其他说明。

规范款目的作用主要表现在：规范款目上记录的规范标目,是按照标目法的原则和规定选取和构成的,在词义及构成上经过了规范,它能指引编目人员选择规范的标目,提高用户检索的查准率和查全率,便于计算机联网后的资源共享。因此这种规范标目的统一使用有利于提高目录款目的质量,有利于标准化书目数据的交换,促进书目资源的共享；规范款目用于规范文档,是编目原则选取标目的工具。编目员在选取标目时,借助于它发现所需要的标目,或直接选取使用,或参考相关标目的结构形式,去建立类似的标目；由于规范款目中的规范标目,保证在目录中的唯一性和一致性,使具有相同标目的书目款目在目录中集中,读者利用这种检索点查找目录,就可以准确而快速地获得有关文献,从而完善目录的查询功能和汇集功能；规范款目以参照根查的形式记录各种标目之间的联系,这就有可能在规范文档里维护完善的款目参照结构。读者可以从各种不同的检索点入手,最终从目录中查出所需要的特写文献或相关文献。

规范款目格式如下：

```
统一标目
＝并列标目
标目附注
＜单纯对照根查
《相关对照根查
编目员注释
编目机构名称；编目条例或标准,日期
标目规范数据号
```

275

此格式用于建立编目工作用的规范控制目录、编制规范表。每个著录项目和项目内重复的著录单元，各处单独分段，彼此明确分隔，回行时缩进格；重复著录项目时，需要重复添加规定的前置标点符号，符号的前后各留一个空格；凡不使用的著录项目，与其相应的标点符号一并省略；各著录项目及其内部使用的标点符号、大小写等，应按《中国文献著录规则》和本格式要求著录；在一般的规范表、检索目录中，规范数据款目可以省略编目员注释项和来源项；规范款目的卡片格式和书本格式基本相同。当一张卡片著录不完时，需续片著录，并在其最后注明"（接下卡）"字样，并在各卡片右上角用阿拉伯数字注明顺"序号/卡片总张数"，如"1/2"表示该款目共两张卡片，此为第一张。

其中，统一标目项也就是规范标目，是根据一定的原则选择确定的统一形式的标目。统一标目的选取、形式的确定，应根所标目法的规定。除了标目的基本成分外，还应补充必要的附加成分，必须保证它们的唯一性和一致性。如个人名称标目的性别、国别、朝代、生卒年等；并列标目仅用于重要著作的不同语言形式，一般单语种规范文档或单语种目录不予采用；标目的附著项主要用以解释统一标目和参照根查之间的关系，如责任者简介、解释个人名称标目之间的关系、说明团体会议名称的历史沿革、注记多卷集题名标目与分卷题名标目之间的关系等；单纯参照根查项是记载各种形式的非规范标目，是指具有检索意义、与统一标目描述对象相同、但形式不同的、没有经过规范控制的标目。如简称与全称、原名与别名、不同的译名、出现在不同位置的题名等；相关参照根查项是记载与统一标目在意义上或概念上相关的其他统一标目。在同一规范表里，它们都有自己的规范款目，但描述的对象不同，这种相关标目，包括概念相关的主题标目以及在规范表里同时有效的新旧名称标目或形式不同的名称标目；编目员注释项记载建立款目的参考数据源、标目的历史沿革、类似标目的区分、使用方法和限制等；来源项记载规范款目建立的编目机构、标目建立所依据的条例、编制和修改款目的日期等；规范控制号是唯一标识本规范款目的顺序编号，是供国内外交换和控制识别用的唯一标准号（可暂行不著录，待完成后再统一编号）。例如，

> 白杨（女，1920－1996）
>
> 著名电影演员。湖南湖阴人，主演剧目主要有《十字街头》、《一江春水向东流》、《祝福》等，建国后任中国电影家协会副主席，著有《落入满天霞》、《电影表演探索》等。
>
> 《 杨成芳
>
> 北京图书馆；中国文献编目规则，1997.01.10
>
> A9700001

在这张规范款目中，第一项统一标目"白杨"，注明了她的性别、生卒年，如果以后万一出现同名情况可以区别开来；第二项为标目附注项，介绍了白杨的主要特征，注意这一项回行时缩进了一个汉字字符的位置；第三项为单纯参照根查项，记载了白杨的本名，因这个名字不是人们所熟知的，所以没有做为规范标目。但是可以拿它做单纯参照，指引检索"杨成芳"这个人名的读者查找到"白杨"这个规范标目，进一步用"白杨"进行文献检索，从而找到自己所需的文献；第三项是来源项，表明这个规范款目是北京图书馆1997年1月10日依据《中国文献编目规则》编制的；最后一项是规范控制号，是指北京图书馆的规范表（或规范文档）中本规范款目的唯一的顺序编号。

> 周作人（1885－1967）
>
> 1949年后多用"周启明"署名，1949至1967年，其著作曾按"周启明（1885－1967）"排检。
>
> 《 周启明（1885－1967）
>
> 北京图书馆；中国文献编目规则，1997.01.10

在这张规范款目里，标目附注项是说明在规范表里使用了"周作人"和"周启明"两个新旧标目，只是使用时间段不同。并且在第三项也作了相关参照根查。

在编制规范款目时，名称规范款目应首先编制在编文献中出现的个人名称、团体/会议名称、著作题名、丛编题名、统一题名等，对于非在编文献（如杂志或内部资料等）中出现的具有检索可能性的责任者名称，可有选择地编制名称规范款目；当文献本身提供的规范信息不充分时，可参考各类工具书，如人名录、团体机构名录、辞典、手册、百科全书、有关规范表以及其他有权威性的参考资料。另外，规范表除本馆自己建设外，应该积极采用外来资料。对于自建的规范款目应当通过地区或全国的编目中心审定确认，以保证质量，提供全国各图书馆共享，达到横向的一致性。目前，我国国家图书馆建立的规范数据文档已有相当规模，而且已制成光盘发行，可以直接使用，对于那些条件稍差的图书馆最好购买现成的规范文档，以提高其书目款目及规范款目的质量。

（2）参照款目

参照款目用于表示标目之间关系，并指引目录排检途径的款目，它包括引导读者从非规范标目去查检统一标目的单纯参照和从某一统一标目去查相关标目的相关参照。参照又称"参见"、"引见"或"见"等，是指引读者从目录中的一条标目或一部分，去查找另一条标目或另一部分。参照的作用在于：指引读者从不用用标目的词（非规范标目）或分类号和类名去查找用作标目的词（规范标目）或分类号和类名；表示一目录内容或各目录之间的联系；说明文献编目规则或目录组织规则。参照款目按其作用不同区分为单纯参照款目、相关参照款目、说明参照款目，其中任何一种参照款目按其性质又可以分为题名参照款目、责任者参照款目、分类参照款目、主题参照款目。

① 单纯参照款目（See Reference）

单纯参照款目又称直接参照款目，它指引读者从不用作标目的词或分类号、类名去查找用作标目的词或分类号和类名。在两者之间用">"标识或用"见"（西文文献用"see"）字连接。

用">"标识的款目格式为：

```
参照标目
标目附注
说明语
 > 统一标目
```

这里参照标目是指种参照款目中出现的作为参照的非规范标目，统一标目就必须是规范表里用作标目的规范标目；标目附注是某一规范的标目和参照根查之间作出必要的附注，它主要记录个人名称之间的关系、团体及会议名称的沿革、著作题名标目与其分卷（辑、册）题名标目之间的关系等。

例如，

> 陈平（1943 – 1991）
> 1972 年改用"三毛"作统一标目。
> > 三毛

用"见"字连接的款目格式为：

> 参照标目
> 标目附注
> 说明语
> 见
> 统一标目

此格式中统一标目要向左突出一个汉字字符的位置。
例如，

> 舒舍予
> 见
> 老舍

用"see"字样连接的西文文献单纯参照款目格式为：

>   不用作标目的名称形式
> see
>   用作标目的名称形式

例如，

```
    Smith, J. C.

    See

    Smith, John C., 1922 -
    Smith, John Clegg
    Smith, Joseph C., 1930 -
```

这两个例子按其性质说是责任者单纯参照款目。对于个人责任者名称未被选用为规范标目的（例1）、不同个人责任者使用同一名称（例2），又未作为规范标目的都应编制个人单纯参照款目分别引见规范标目；机关团体责任者的不同名称未被选用为标目的、应编制团体责任者单纯参照款目以引见其规范标目（例3）。某一机关团体在同一时期因某种需要而使用两个意义等同的名称，应以著称者为标目，为另一名称编制机关团体责任者单纯参照款目（例4）。凡机关团体责任者中的不同地名未被选区用为标目时，应编制地名单纯参照款目，以引见地名规范标目（例5）。

例1：

```
    高拜生
     ＞ 古春风楼主
```

本参照是以斋室名为标目
例2：

```
    二残
     ＞ 王文兴
     ＞ 刘绍铭
```

例3：

```
    新华通讯社
      > 辛华
```

例4：

```
    北京图书馆
      > 中国国家图书馆
```

例5：

```
    迪化
      > 乌鲁木齐
```

对于题名参照，凡某一著作的不同名称未被选用为统一题名标目时，也要编制题名单纯参照款目以引见统一题名标目，利于读者检索到自己所需的文献。

例如：

```
    金玉缘
      > 红楼梦
```

它告诉读者，《红楼梦》有许多名称，如《石头记》、《金玉缘》等，而本馆是采用《红楼梦》为标目的，在目录中只把《红楼梦》做为检索点。如果不设这个参照款目，读者是在目录中找不到《金玉缘》这种文献的，但有了这个参照，读者就可以从这个参照款目知道要用《红楼梦》这个题名标目到目录中去查找该文献。

对于分类参照，在分类法中对需要做直接参照的分类号都有明确注释，如《中图法》中的"［H018.3］歌咏舞台发音"下已注明"宜入 J616.1"，我们就可以为其编制分类单纯参照款目，告诉读者，本馆有关歌咏发声理论方面的文献入 J616.1，而不入 H018.3。其款目格式如下：

281

```
H018.3 歌咏舞台发音
  ＞ J616.1 声音发声法理论
```

或

```
H018.3 歌咏舞台发音
见
J616.1 声音发声法理论
```

对于主题参照，需要为常用但未被收入本馆所用主题词表的词编制主题单纯参照款目。因为读者大多对所谓的主题词一无所知，它检索时只会用常用的词去检索，而有相当一部分常用词由于各种原因没有被收入主题词表（例如由于主题词表有更新有延迟性，一些新生词汇还未来得及收入主题词表），这样就会有相当一部分的馆藏文献出现漏检而影响其利用。

例：

```
领地
  ＞ 采邑
```

它告诉读者有关这个主题的文献，本馆用"采邑"为标目，而不用"领地"。

② 相关参照款目（See also Reference）

相关参照款目又称兼互参照款目或相互参照款目，这种参照用于两个标目下或两部分内容有着相互联系的关系，其内容可以相互参考、相互补充，它指引读者从款目的某一相关标目参见另一相关标目。相关参照以"》"标识或用"参见"（西文文献用"see also"）连接，即指引从某一规范标目查检、参考相关的另一规范标目。

用"》"标识的款目格式为：

```
规范标目（甲）
标目附注
》相关的规范标目（乙）
```

```
规范标目（乙）
标目附注
》相关的规范标目（甲）
```

用"参见"连接的款目格式为：

```
规范标目（甲）
标目附注
参见
相关规范标目（乙）
```

```
规范标目（乙）
标目附注
参见
相关规范标目（甲）
```

例如，

```
周作人（1885 – 1967）
1949年后多用"周启明"署名，其著作曾按"周启明（1885 – ）"排检。
》周启明
```

> 周启明（1885 – 1967）
> 周作人笔名，其著作从1949 – 1967曾按"周启明（1885 – ）"排检。
> 》周作人

用"see also"字样连接的西文文献单纯参照款目格式为：

> 标目甲
> see also
> 　标目乙

> 标目乙
> see also
> 　标目甲

例如，

> International Congress on Acoustics
> see also
> 　International Commission on Acoustics

> International Commission on Acoustics
> see also
> 　International Congress on Acoustics

可见，相关参照款目是对两个有着相互联系的标目的互相参照。但为了避免参照系统冗余，一般情况下只为具有检索意义的标目编制到另一相关标目的相关参照款目，不必两个都互相编制相关参照款目。相关参照款目也可和其性质结合而区分为题名相关参照款目、责任者相关参照款目、分类相关参照款目、主题相关参照款目。

对于责任者相关参照款目的编制，凡是个人责任者名称在不同历史时期使用，都较为著称，且都已建立相应有检索标目，为读者所熟知，就应为其编制相关参照款目，以互相参见（例1）；某一机关团体在不同时期使用的不同名称均被作为规范标目使用时，也应为其编制名称相关参照款目以互相引见名称规范标目（例2）。

例1：

光未然（1913 - ）
》张光年（1913 - ）

张光年（1913 - ）
》光未然（1913 - ）

例2：

航空航天部
》第七工业机械部

第七工业机械部
》航空航天部

对于题名相关参照款目，当某一知名著作具有两个及其以上交替题名，或者多种版本的不同题名已被分别作为规范标目时，应为其编制题名相关参照款目以互相引见题名规范标目。

例1：

```
脂砚斋重评石头记
》红楼梦
```

```
红楼梦
》脂砚斋重评石头记
```

例2：

```
红星照耀中国
》西行漫记
```

```
西行漫记
》红星照耀中国
```

当一个国家或地区在不同时期使用不同的名称，应为其编制地名相关参照款目以互相引见地名规范标目。

例如：

```
锡兰
》斯里兰卡
```

```
斯里兰卡
》锡兰
```

它们属于地名主题相关参照款目。

对于分类相关参照款目，也像单纯参照款目那样依据分类法的注释，对于一个类目下注明了要"参见"另一个类目时，可以为其编制分类相关参照款目。如在《中图法》中"G41 思想政治教育、德育"类目下注明"参见 D64"，也在"D64 思想政治教育"类目下注明了"参见 G41"我们就要为它们编制分类相关参照款目。

其格式如下:

> G41 思想政治教育、德育
> 》D64 思想政治教育

> D64 思想政治教育
> 》G41 思想政治教育、德育

③ 说明参照款目（Explanatory Reference）

说明参照款目又称一般参照款目、普通参照款目或概括参照款目。它向读者提供关于某一著录事项或编目规则的一般说明，一般不需要添加标识符或连接字。其第一行为说明标目，另换行缩进一个汉字字符作标目附注，附注再回行时与说明标目齐平。

其中、西文的款目格式均为:

> 说明标目
> 　标目附注

说明标目是指需要说明的某一著录事项或某一编目规则的字、词、名称标识符号等，是引导读者查找一般性或特定性的标目；标目附注是指对说明标目进一步解释说明的文字，它不表示标目之间的关系。

说明参照款目也可分为题名说明参照款目、责任者说明参照款目、主题说明参照款目和分类说明参照款目等。如:

> 袖珍
> 　凡题名以"袖珍"起始的冠词，本目录均除去不计，如《袖珍英汉辞典》，应从"英"字查起。

> 易戈羊
> 　汤甲荣、戴祖谋、麦群忠三人合用笔名。

287

> 中华人民共和国国务院所属各部
> 凡中华人民共和国国务院所属各部的著作，均依各部名称为标目，如中华人民共和国文化部编著的著作，该从"文"字查起。

> 绣像
> 凡题名以"绣像"起首的冠称，本目录均不排检。例如《绣像三国演义》，应从"三"字查起。

> De la
> Some names beginning with this prefix are also entered under "La" (e.g., la Breteque Pierre de) and others under the name following the prefix (e.g., Torre, Mare de la).

个人责任者说明参照款目编制时，选用规范标目的个人责任者姓名相同时，应分别在各责任者标目下给出说明（例1）；团体责任者说明参照款目编制时，对于机关团体责任者标目排检规则，应在相关标目下予以说明（例2），机关团体责任者标目名称变更时，应在相关标目下予以说明（例3），机关团体责任者标目名称中不作为排检成分的"私立"、"有限"、"财团法人"等字样，应予以说明（例4）；题名说明参照款目编制时，题名标目中不作为排检成分的"新编"、"实用"、"钦定"、"增订"、"笺注"等字样应予以说明（例5）。

例1：

> 许杰
> 地质学家

> 许杰
> 作家

例 2：

> 中国共产党
> 党中央，以"中国共产党中央委员会"为标目；党的中央组织，以其前冠简称"中共中央"为标目，例如"中共中央政治局"、"中共中央军事委员会"；党的各级组织，将"中国共产党"简称为"中共"，例如"中共河北省委宣传部"。

例 3：

> 中国民主政团同盟（1941.3－1944.9）
> 1944 年 9 月改名为：中国民主同盟（1944.9－）

例 4：

> 私立
> 凡冠有"私立"字样的机关团体名称，应省略"私立"二字进行检索。

例 5：

> 增订
> 凡冠有"增订"字样的题名，应省略"增订"二字进行检索。

④ 参照的使用范围及参照的基本原则

参照款目对目录系统是不可缺少的组成部分，作为在目录中起指引作用的检索标目及其参照系统，除用以减少重复、平行等弊端外，还有利于指引读者从某一检索标目转入另一检索标目，从而扩大检索视野，增加检索途径。但它们只在指引排检标目方面起着辅助作用，较之全面反映文献特征的款目而言，仍然处于从属地位，参照不可或缺，但也并非多多益善。此类间接标目数量益少不益多，应以"不可不用，不可滥用，适当使用"为原则。如果只求完备，编制太多的不具备检索意义或检索意义不明显的参照，不只浪费人力物力财力，还会造成目录系统冗余繁杂，不仅不能方便读者，反而使读者无从下手，影响目录的排检效果。因此在编制参照款目时必须目的明确，不能滥用，应严格规定参照的使用范围及编制原则。

  参照的使用范围：一题名标目需要表示与其他方面还存在着排检关系时（如一文献的简名），在它们之间做单纯参照；一文献具有两个或以上题名标目时（如交替题名标目），在它们之间做相关参照；一责任者标目需要表示与其他方面还存在着排检关系时（如未被作为标目的笔名、别名等），在它们之间做单纯参照；一责任者标目，因个人姓名、机关团体及会议名称更改，而采用新的责任者标目时，在它们之间做相关参照；一主题标目，需要表示存在与其他关连主题的标目时，从这一标目引向其他标目或各个标目之间做单纯对照或相关参照；一分类标目，需要表示存在与其他关联的分类标目时，在各标目之间做单纯参照或相关参照；一文献著录规则或目录组织规则，需要进一步说明时，做说明参照。

  参照的基本原则：以读者检索需要为出发点，编制参照款目的主要目的是方便读者检索，其主要根据也应是读者查找文献的实际需要，不能凭自己的主观臆想或某种偶然因素决定取舍。应该通过调查研究，掌握读者对同一对象可能提出的不同检索途径、需要进一步提供的其他线索、可能出现的检索疑难等。对那些不具备检索意义或不常见的名称词汇，一般不编制参照款目。例如，周树人有百余个笔名，我们只选人们所熟知的几个笔名如"鲁迅"等做参照；以入藏文献特征为对象，虽然参照款目不能全面反映文献的内容和形式特征，但其标目却揭示了文献可作为排检的主要特征。所以它所揭示的项目都必须是图书馆自己已经入藏的文献，达到"引而可得"的目的；以规范数据库为依据，各类目录使用的参照款目，应以目录规范数据库为依据。参照款目的语言是检索语言，必须规范化，一般应按图书馆采用的分类法、主题法、著录法进行规范；单纯参照以直接引见为准，不可辗转反复或间接连续引见，如：A、B、C是同义词，当确定用A作为标目时，不可编制"B见C"、"C见A"间接连续引见的参照款目；相关参照以"普通"至"专门"引见为主，为提高参照款目的实用性，不必对所有的相关参照标目分别编制相互的参照款目，应根据排检的实际价值及读者的检索习惯，遵循从"普通"至"专门"引见为主原则，加以选择；参照系统必须具有实用性，参照款目之间紧密相联，自成体系，又与书目款目相辅相成，密不可分。对参照款目要像对书目款目那样，经常检查、校订、调整、保养、维护，及时剔旧更新。

  规范数据款目中的规范款目是最重要的，是编目工作进行名称规范控制的工具、档案。通常设于采编工作部门，并负责日常的维护与管理。而参照款目（含说明款目，下同）是由规范款目派生、演化出来供读者使用的。在规范款目和参照款目中，每个著录项目必须自然分段，彼此分隔明确，重复著录时需重复添加规定的标识符号，不同文种的款目应分别使用相应的文种著录。

3. 机读规范数据

（1）机读规范数据的格式

在计算机编目中，书目数据按《中国机读目录格式》著录，规范数据按《中国机读规范格式》处理。由于这两种数据要配合使用，所以它们的机读格式都具有相同的记录结构，并遵守共同的设计原则，以相互兼容。但由于机读书目数据和规范数据两者描述对象不同，数据使用要求不同，所以它们的机读格式也各具特色。随着计算机编目的普及，《中国机读目录格式》已越来越被广大编目工作人员所熟悉，然而使用图书馆自动化系统来进行规范控制的图书馆还是为数不多，熟悉《中国机读规范格式》的也就更少了。《中国机读规范格式》是供中国国家书目机构同国内外图书馆、情报部门之间以标准的计算机可读形式交换规范数据使用的。它规定了机读形式的规范记录、参照记录和说明记录的标识符、指示符和子字段标识符。规范类型包括：个人名称、家族名称、团体和会议名称、地理名称、各种统一题名、丛编题名和主题词等书目记录的标目。编制规范数据是一项非常严谨、繁重的工作，再加上其对工作人员素质要求较高，为了实现文献信息资源的共享，建议中小型图书馆最好购买权威机构的规范数据库（如国家图书馆的规范数据库已具有相当规模，买回来挂接在自己的图书馆自动化系统上就可以直接利用了，其费用远要小于自己建立规范数据库），不要自己编制规范数据。

（2）机读规范数据的类型

规范数据记录分规范记录、参照记录、说明记录三种记录类型。

① 规范记录

规范记录是以统一标目、非规范标目或相关标目的根查及有关说明文字构成的记录。如：

210　02＄a共青团中央

（统一标目，做规范标目）

410　02＄a中国共青团中央委员会

（非规范标目，做单纯参照根查）

510　02＄a青年团中央

（相关标目，做相关参照根查，这是仍在使用的旧标目）

② 参照记录

参照记录，在计算机编目的规范控制中，由于各种参照款目都是由规范款目派生出来和演化出来的，所以大多数参照记录都能通过机读规范格式的字段控制从规范记录数据的参照根查由机器自动生成，无需单独做参照记录。但当单纯参照比较复杂，由规范记录数据里的单纯参照根查还难以说明清楚时，可以为非规范标目做参照记录。参照记录含有一个2——参照标目字段和一个310附注字段，在2—字段里记录非规范标目，在310字段里，用文字说明这个非规范标目和其他统一标目之间的关系。如：

200　#0＄a周奎绶＄f（1885－1967）

（非规范标目，做参照标目）

310　0#＄a该著者即周作人，新中国成立后常署名周启明。他的著作应按时间段限分别检索：＄b周作人（1885－1967），＄b周启明（1885－1967）

（单纯参照注）

③ 说明记录

说明记录，当需要为说明标目作解释时，就为其建立一个说明记录。通常用于说明标目的选择方法、组织原则、目录使用方法，指导读者查找和选择有关标目的说明，如团体或会议名称和全称和简称的作用说明等。说明记录包含一个2—字段的说明标目和一个320字段的说明参照注。说明标目不在任何规范记录里做根查。如：

210　02＄a中国共产主义青年团

（说明标目）

320　##＄a1922年5月正式成立，原称中国社会主义青年团，1925年改称现名，1949年又改为中国新民主主义青年团，1957年再改称现名。凡"中国共产主义青年团"请查"共青团"。

（说明参照注）

（3）机读规范记录的输出

机读规范记录的输出主要是规范数据款目卡片和书本形式的规范表，同时，规范数据记录也可以和书目记录混排输出。由机读规范记录生成的规范数据款目应符合《规范数据款目规则》，遵循相应的格式并使用规定的标识符号。机读规范记录的输出一般以款目为单位，按字段分段落，回行缩进一个汉字。《规范数据款目著录规则》中规定的标识符号一律不使用，由系统设计在显示、打印时自动生成，其他的标点符号，按使用单位的规定输出。根查为单纯参照根查（4—字段）和相关参照根查（5—字段）。其字段标识符的第一个字符"4"、"5"分别提示，在显示和打印参照款目时"4"（单纯参照款目）需要使用">"符号、"5"（相关参照款目）需要使用"》"符号。而在规范款目中，4——和5——则提示，要显示和打印"<"或"《"符号。打印规范表时，应将规范数据款目、参照款目（包括自动生成的参照款目）和说明款目，按款目标目的汉语拼音和外文字顺混合排序后输出。

三、规范控制过程

规范控制是一项细致的工作，对编目工作的标准化，提高图书馆目录的质量具有重要意义，各图书馆应努力做好这一工作，以提高目录的查准率、查全率，提高文献的利用率，更好地发挥图书馆的社会效益。

1. 手工编目的规范控制过程

规范控制的全过程包括：编制规范款目与参照款目；将规范款目与参照款目组成规范档；建立规范档与图书馆目录之间的联系；规范档的维护。将规范款目和参照款目按照标目的字顺组织起来即成为规范档，它可将目录中正式采用的标目形式与同一个人或团体、题名、主题等其他未被用作标目的名称形式通过参照的方法集中起来，并加以全面的记录和说明。规范档是编目人员选取标目的权威性依据，编目人员在确定标目形式时应首先查检规范档，以保证标目形式的唯一性和一致性。建立规范档的意义和作用都非常重要，中、小型图书馆可以采取"拿来主义"的方针，构买权威机构的成品规范文档。即使一些大型图书馆，也应采取"一馆为主、各馆补充"的方针。否则各自为政，不只造成大量人力物力财力的浪费，还会造成各馆规范数据款目的不统一，致使规范数据不规范。不仅影响规范数据的交换，还会造成书目款目的不统一，进而造成书目资源交流的障碍，影响书目资源的共享。为保证规范档的质量，应特别注意保持规范档款目的标目与相应目录中款目标目的完全一致，规范款目的参照根查与相应的参照款目的标目在数量上和形式上完全相符，以免使用中出现混乱。为使读者在检索目录时使用规范的标目形式，提高查准率，将参照款目排进相应的目录里为读者指引正确的检索途径，以建立规范档和图书馆目录之间的联系，规范档中的参照款目应与目录中的参照款目在数量和内容上一致。

2. 计算机编目的规范控制过程

规范控制在计算机编目工作中的实现要比手工编目时简单的多，但其前提是本馆的计算机编目系统具有能够与规范文档数据库挂接的接口，或自身具备规范文档数据库建设功能。下面以普通中文图书的规范控制为例介绍计算机编目中的规范控制过程：(1) 文献著录，依据受编文献客观著录，完成 0－－、1－－、2－－、3－－、4－－、5－－字段内容。(2) 名称规范，在文献著录的同时，对需要进行名称规范控制者编制规范款目（即规范文档建设过程），选择和确定题名与责任者标目，维护名称规范表（规范文档）。选取书目记录中的各种名称（如个人名称、题名、会议名称等）和检索点，确定附注项的著录。规范名称应从名称规范表中选取，如果尚未建立名称规范档或现有规范表中没有，则应根据文献的内容设定新的名称标目，并建立临时名称规范记录。在编目过程中核查和完成书目记录中的以下字段：200、225、500、510、512、513、514、515、516、517、540 等字段及其指示符 1 的置值，701、702、711、712 等字段内容。同时，还应查找有关名称标目的新信息，及时建立、修改名称规范记录、参照记录和说明记录，及时地维护名称规范表。(3) 主题标目，在文献标引时，分析文献内容，给出相应主题词，维护主题规范表。根据文献主题内容及描述编目已完成的书目记录，从汉语主题词表或族首词表中，选取主题标目，确定书目记录的主题检索点。完成书目记录中的以下字段：600、601、602、605、606、607、610 等字段。同时，还应根据阅读文献所获得的新信息、新术语或新概念，及时维护主题规范表。(4) 分类标目，根据文献学科内容及描述编目已完成的书目记录，从分类表中选择分类号，确定书目记录的分类检索点，完成书目记录中的 690、692 等字段。(5) 目录组织，将书目数据和规范数据按目录组织的原则，排列和整理为相应的各种检索途径。目录组织由计算机辅助完成，采取与卡片目录及书本目录相同的方法。如混合组织，将各种款目按规范款目、参照款目、说明款目、书目款目的顺序组织起来，提供检索。

在实际工作中，我们要认真分析编目数据，以增加标目的检索功能，并建立和维护规范文档。精心设计书目规范数据库，以加强文献编目管理功能，不断完善文献编目系统，使我国的文献编目自动化程度得以进一步提高。目前，我国有些大型图书馆自动化集成系统已经可以和一些规范文档数据库挂接，实现了规范控制自动化。如深圳市图书馆研发的 ILAS 系统就可以实现责任者标目自动规范和自动切分关键词的功能，如：在 ILASII 2.0 的编目处理界面中，检索出待规范的书目数据，点击"规范"和"切分关键词"按钮，就可以根据规范库中的规范数据自动完成责任者规范和关键词切分。目前深圳市图书馆、国家图书馆等一些大型图书馆的普通中文图书书目数据已经实现与规范库的挂接，规范数据中的部分内容直接连接到书目数据的有关字段或子字段中，从而规范了知识责任块、主题标引块等检索点的著录。

3. 规范档的维护

规范档是为文献编目和检索服务的，也要向书目款目那样在使用过程中不断地进行维护和更新。无论是主题规范档还是名称规范档，当它的记录数据达到一定的程度后，其增长速度都会逐渐地减缓下来，但这并不是意味着规范档的维护工作已结束，随着社会的进步、科学的发展，新学科、新技术、新事物不断出现，它们还需要进行经常性的更新、动态的发展。例如，一些新概念、新名称、新术语在文献中出现的频率很高，也具有较强的检索意义，但主题词表中没有，我们只能将其以非规范的形式著录在 610 非控主题词字段提供检索。因为没有经过规范，同一概念、术语可能就会被不同的编目人员表达成不同的形式，如"Visual Basic"可能被著录成"VB"或"V. Basic"和"Visual Basic"等形式而影响检索。由此可见，规范主题词表必须及时增加新的主题词，将某些不再用的、陈旧过时的词进行删改，并对使用频率较高的词进行调整。名称规范档由于新的个人责任者、新的机关团体、新的著作不断出现在文献中，不断地增加新的标目是不可避免的，旧的标目由于名称变化、组织机构撤销、合并和调整，也需要为其增加各种参照关系。在使用过程中会不断发现现有标目的新的信息，为使标目不断完善，也必须不断补充、修改其规范数据。

无论是手工编目还是计算机编目，规范档建立以后，都要注意对其规范档进行必要的维护。其维护工作包括：对已有的规范款目补充参照根查及相应的参照款目。当某个规范款目完成之后，在编目过程中还可能出现新的非规范名称形式，这时，应将这一非规范名称记录于规范款目的参照根查项，并在规范档和目录中增加相应的参照款目；补充、修订原有的规范款目与参照款目的疏漏与错误；当原规范名称需要改变时，应及时编制新的规范款目与参照款目。规范档的维护工作繁重，对工作人员素质要求较高，编目部门一定要认真对待，列为其主要任务，作为日常性工作，持之以恒。规范档的维护是必须的，但我们一定的仔细、慎重，严格按规程操作，不得带有半点随意性，坚决杜绝凭主观意志进行技术处理。另外，对规范款目的建立、修改最好经过地区或全国编目中心的审定确认。

第二节　图书标目的规范控制

图书标目规范控制的主要内容就是在反映文献特征的项目中，选择最具有检索意义的项目作为标目，并对标目名称加以规范化，其目的在于确保标目的正确性、一致性、关联性和稳定性。可以作为标目的著录项目一般有题名、责任者、分类号、主题词等，本节将主要介绍题名标目、责任者标目、分类与主题标目的规范控制方法。

一、题名标目的规范控制

1. 题名标目数量的确定

题名标目是以著作的各种题名构成的检索标识，它可以在目录中集中相同题名的著作和集中同一著作的各种不同版本。读者也可以在已知著作题名的条件下，找到所需的著作。文献的题名标目除同一著作的正题名标目为交替题名可选取两个外，一般不应选取两个或两个以上，其他题名标目数量可根据实际需要确定，析出题名标目的数量可不作限制。

2. 题名标目范围的确定

作为题名标目的题名通常包括正题名、交替题名、集合题名、丛编题名等；标准文献编号，可视作丛编号确定为标目；凡正题名属于概括人们熟知的著作名称，除以概括名称为标目外，还应分别以被概括的著作名称为标目，如"三言"、"两拍"，应分别以"警世恒言、醒世通言、喻世明言"和"初刻拍案惊奇、二刻拍案惊奇"为标目；其他题名信息比正题名更能反映著作的实质内容或具有明显的检索意义，可与正题名同时确定为标目，如《困学真知：历史学家罗尔纲》，应再以副题名为标目；单独编目的续篇、索引、连续出版物专号等相关著作，除以该著作题名为标目外，还应以相关题名为标目，如《续古文观止》、《续编新知识辞典》等分别还应以"古文观止"、"新知识辞典"为标目；一著作载有与该著作内容性质不尽相同，或由他人撰写的重要著作，应以其部分著作的题名为标目，如由河北少年儿童出版社出版的由美国詹姆斯·盖尔希著王晓波翻译的《大闹玩具店》一书中含有杨杰翻译的《海盗沉船》，那么我们也还要以"海盗沉船"为标目；著作的重要附录可以其题名为标目；著作集各类汇编本可根据需要析出某篇题名为标目；具有检索意义而非主要信息源中的著作题名，可用作题名标目。

3. 题名标目规范名称的规范控制

以文献形式特征中的题名特征作为标目时，最能发挥其检索功能的结构形式是具有独特检索意义的实质性题名或副题名，而不包括无实质涵义的通用题名、冠称、冗余字句等。为了实现在同一标目下集中相同文献的目的，题名标目的选择应按下述规定选取：

著作题名未发现别称的，以所见题名为标目，一般采用著录款目中的题名形式为标目。

同一著作题名具有数个，或不同版本、不同译本的题名出现差异，是否使用统一题名标目来集中统一文献以多种题名出版的各种版本或译本，应以著作如下情况为依据作出选择：（1）著作的知名度；（2）著作不同版本或译本的多寡；（3）著作原文是否为外文；（4）著作不同版本或译本有无必要集中检索。

统一题名标目的确定，以下列题名为序：（1）著称的题名；（2）常用的题名；（3）原题名。

中外古典作品具有不同题名，应以其著称者为标目，并为其他别称作单纯参照引见。

中外名著具有不同题名，应以其著称者为标目，并为其他别名作单纯参照引见。

题名前冠有说明著作形式特征的字样，作标目时可视情况将其省略，不作排检。包括说明一般著作刊刻或抄写年代的字样、说明著作刊刻者或抄写者的字样、说明图像特征的字样、说明著作出版装帧形式的字样等。如："钦定"、"增订"、"袖珍"、"绘图"、"绣像"、"插图"等；题名前冠有说明著作内容特征的字样，应作为标目的组成部分。包括说明地方志编写年代的字样、说明著作内容详略程度的字样、说明著作内容及其体系新旧的字样、说明对著作内容加工、改写、改编、刊正的字样等。如：简明、新编、通俗、白话等。

同一著作的"续"、"补"等表示著作连续性及多卷（册）的文字，如原题置于题名之前，应将其置于题名之后，作为从属题名标识。如：续古文观止．续（不用"续古文观止"）、金瓶梅．续（不用"续金瓶梅"）等。

凡年鉴、手册等以年代为序的出版物，其表示年代的文字，如发生变化，或置于题名之前或夹于题名之中，均应将其置于题名之后，作为从属题名标识。例如，

中国可持续发展战略报告．2004（不用"2004 中国可持续发展战略报告"）、中国产业发展报告．2004（不用"2004·中国产业发展报告"）等。

无专用题名而以某种乐曲形式（例如奏鸣曲、变奏曲等）或演奏形式（例如四重奏）为题名的乐谱，应取其乐曲形式或演奏形式为统号、调性的顺序，列于题名之后。如：奏鸣曲·长笛，钢琴，第2，作品3之2。

若在编乐谱为整部作品的组成部分，并具有独立题名，而以该题名为统一题名，应为整部作品的题名几相关参照引见。若组成部分无题名或其题名不足以识别该部分（如"第一乐章"、"第二幕"、"序"等），应以整部作品的

题名为统一题名，组成部分的题名为统一题名的附加部分。

著作集（含全集、选集、汇编）各分卷（辑）的总题名不相同，一般以首卷（辑）总题名或多数趋同的题名为统一题名。

著作题名标目可省略其中过于冗长的非主要文字。

一著作原无题名或题名不完整、题名含义不清时，可以编目员自拟题名形式为标目。

题名标目中的数序及编次的表示：古籍的卷（含集、编、章、节、回）数据以汉字表示；凡非数序的第次（例如甲、乙、丙……；A、B、C……）依原题表示，若各种第次标识复杂，取其主要者表示。题名标目中年代的表示：公元纪年以阿拉伯数字表示；凡非公元纪年依原题表示。题名的汉语拼音以词为单位拼写，每一词的首字母大写。一著作具有年代连续性，应将年代标识置于题名后部，以便按时序检索。会议录题名所含会议届次或年代，应一律置于题名之后。一著作的续篇，其题名所含"续"字样，应置于题名之后。

4. 计算机编目中的题名标目

在计算机编目中，机读目录可以对文献提供更多的检索点，较之传统的目录具有更强的"集中"效果。在机读目录中，200字段除＄a正题名外，其余题名皆不可检索，只能在目录产品中显示，当需要把其中某一不可检题名用作检索点时，或者，使同一作者不同题名的同一作品能从不同的题名检出时，可使用具有检索意义的有关字段，如500、510、512、516、517、540等字段，这些字段都是可重复的，必要时可重复著录，为读者提供更多的检索点。

可利用有检索意义的"500统一题名字段"来集中多种题名的同一文献，500字段用来著录不同于题名与责任者说明项第一个题名的统一题名标目，这样我们在用统一题名检索时就可以把具有同一统一题名但正题名不同的文献全部检索出来。例如，具有不同题名的《红楼梦》：①、2001 ＄a 石头记 50011 ＄a 红楼梦；②、2001 ＄a 金玉缘 50011 ＄a 红楼梦；③、2001 ＄a 风月宝鉴 50011 ＄a 红楼梦；具有不同题名的《简爱》：①、2001 ＄a 简爱自传 50011 ＄a 简爱；②、2001 ＄a 孤女飘零记 50011 ＄a 简爱。

当文献具有其他语种的题名时，可利用510字段为其他语种题名作标目，为读者提供其他语种题名的检索途径，也可借此来集中同一作品不同译名的文献。例如，2001 ＄a 中国机读目录通讯格式使用手册 ＄dChina MARC Format Manual　　5101 ＄aChina MARC Format Manual。

当文献的封面题名和题名页题名不一致时，为方便读者检索，可用512封面题名字段来为封面题名作标目以提供检索。例如，2001 ＄a 太平御览引得　　 5121 ＄a 太平广记篇目。

当文献的书脊题名与题名页题名不一以致时，也应为读者提供检索点，这时就用到了516书脊题名字段。例如，2001 ＄a 抗日战争时期晋察冀边区财政经济史料选编 5161 ＄a 晋察冀边区财政经济史料选编。

题名标目的选择还应遵循"多面引向"的原则，即充分考虑到读者查找文献的各种可能性，提供尽可能多的标目以引向多途径检索，机读目录中的"517其他题名字段"可以实现这一检索目的。例如：① 为交替题名作标目：2001 ＄a 西行漫记＄a 又名，红星照耀中国　　 5171 ＄a 红星照耀中国，② 为具有检索意义的副题名、分辑题名作标目：2001 ＄a 东方之珠＄e 香港城市简介　 5171 ＄a 香港城市简介　 2001 ＄a 基础物理教程＄h＄I 力学　 5171 ＄a 力学，③ 为人们熟知的被概括的著作名称作标目：2001 ＄a 三言＄f（明）冯梦龙原著　 5171 ＄a 喻世明言　 5171 ＄a 警世通言　 5171 ＄a 醒世恒言，④ 为合订题名作标目：2001 ＄a 闽小记＄f（清）周亮工撰＄c 闽杂记＄f（清）施鸿保撰＄g 来新夏校　 5171 ＄a 闽杂记。

在机读目录中，225字段和461、462字段是揭示丛书的字段，225丛编字段著录文献上出现的丛编题名形式，以应于ISBD的丛编项，反映在目录产品上，461、462字段用于实现著录实体与含有该实体的丛编的连接，具有检索意义的461、462字段，但必须当225字段的指示符2为"2"时，表示225字段的丛编题名与461、462字段中记录的检索点形式相同，461、462字段中的丛书名才是可检的。例如，2252 ＄a 中国西北文献丛书　　461 0 ＄12001 ＄a 中国西北文献丛书。

二、责任者标目的规范控制

1. 责任者标目数量的确定

责任者标目以责任者的名称构成检索标识，可以在目录中集中同一个责任者的所有著作。即便于进行专门研究的读者查找特定责任者的全部著作，也便于读者在已知著作的责任者名称时，查找所需著作。例如读者可以利用责任者标目在责任者目录中查找"鲁迅"的全部著作，也可以在已知《呐喊》的作者是鲁迅的情况下利用该目录查找鲁迅再查找《呐喊》。著作一般应提供一个或一个以上责任者标目，著作中未予列载者，应尽可能通过考证确定，无法确定者，可作为佚名著作，不设标目。责任者标目的数量的确定应区别不同著作的不同责任方式，按著作责任分层控制的原则，将个人责任者划分为直接责任者、整理加工与再创作责任（间接责任）和不负直接责任三个不同层次。著作的主要创作者（直接责任者如著、主编、编著等）可控制在三个以内，若著作列载四个以上，仅以第一个为标目；著作的加工整理者（间接责任者如编、译等）可控制在两个以内，若著作列载三个以上，以第一个为标目；对于析出文献的责任者数量一般不作限制；各类音像制品中对作品艺术内容进行再创造的表演者，可视作品的重要性、表演方式及检索需要确定责任者标目数量；对于不负直接责任的责任者一般不作为标目。

2. 责任者标目范围的确定

(1) 个人责任者标目范围的确定

凡著作的创作者，即对著作知识和艺术内容负有直接责任的责任者，如著者、主编、书法家、雕刻家、画家、摄影家、作曲者、作词者、地图绘制者等均应作为标目；凡对著作的知识和艺术内容进行加工整理或再创作的责任者可视其作用大小选取为标目。如著作的译者、注释者、编辑者、编译者、校点者、修订者、校订者、整理者、绘图者、制订者等及主要表演者、制作者、监制者等；凡对著作知识和艺术内容不负有直接责任的收藏者、校阅者等原则上不作为标目。例如：

道德哲学新论／宋兴武，于金秀，刘浩著……（以三个主要创作者为标目）

古代公案小说精选译文／牛宝彤主编；孙方恩等译注（以主编和译注者为标目）

(2) 团体责任者标目范围的确定

团体责任者是指对文献负有直接责任、间接责任和不负直接责任的团体、组织机构等，包括科研机构、党政机关、企事业单位、文化教育部门、国际组织、群众团体、会议、展览会等。团体责任者包括的范围虽广，但团体责任者著作却有严格的界定，编目人员一定要搞清楚。团体责任者著作一般应为：记载机关团体集体思想的出版物，如党政纲领、宣言、报告、政策、声明等；记载机关团体本身行政事务的出版物，如有关某机关的财务活动报告、人事资料等；法规、条约、制度、标准及其他政府出版物；以机关团体署名的学术著作，值得一提的是，国外团体责任者著作不包括以机关团体署名的学术著作；记录集体活动的出版物，如会议录、调查与考察报告、展览会及各种活动的记录等。

例如，

中华人民共和国司法协助条约集/外交部条约法律司编

中国货币政策执行报告．2003年第四季度：［中英文本］／中国人民银行货币政策分析小组编

文献工作国家标准汇编/全国文献标准化技术委员会编

中华人民共和国全国人民代表大会组织法/第五届全国人民代表大会通过

（3）各类型文献责任者标目范围的确定

为防止编目人员在理解上出现分歧，影响文献标目选取的一致性。《中国文献编目规则》还对各种类型文献著作责任者标目范围的确定做了细致描述：

以机关团体署名的学术著作，除以团体责任者为标目外，还应尽量以个人责任者为标目。例如，张之洞与中国近代化/苑书义，秦进才主编；河北省炎黄文化研究会，河北省社会科学院编

学位论文除以撰稿人为标目外，还应以论文的主要指导者为标目。

以党政领导人署名的公务性政治报告，应视其重要性另以团体责任者为标目。

百科全书、年鉴、手册、书目等工具书，除纯属个人承担主要责任而以个人名称为标目外，一般机关团体责任者为标目。例如，中国财政年鉴．1998/中国财政年鉴编辑委员会编。

会议录一般包括国际会议、全国性会议、专业性会议、党政机关会议、机关团体会议等形成的报告、文件、论文集、资料汇编。其责任者标目必须首先选定正式的会议名称，再根据不同情况选定机构会议名称、团体编者或个人编者；会议录除具有会议名称，又另有团体编者或个人编者，应同时以会议名称及编者为标目；无正式会议名称，以机构名称为标目；两个或两个以上会议名称，取其大会议名称及与会议主题较为密切的小会议名称为标目；文献仅其中部分为会议录，不以会议名称为标目，应选取团体责任者或个人责任者为标目；会议录突出会议专题名称，除以会议专题名称为标目外，仍应以会议名称为标目。例如，第62届国际图联大会会议录/《第62届国际图联大会会议录》编辑组编（应以"国际图书馆协会联合大会为标目"）。

属于改写、改编、修订、增补、释义的著作，应首先以原作者为标目，再根据需要选择其中的改写者、改编者、修订者、增补者、释义者为标目；但文艺作品被改写、改编成另一体裁的作品时，应首先以改写者、改编者为标目，再根据需要选择著录于附注项的原作者为标目。例如，聊斋故事演义续编/（清）蒲松龄原著；刘肇霖等改编；红楼梦：少年儿童版/（清）曹雪芹著；郑渊洁改写；红楼梦：越剧/徐进改编。

乐谱一般应以作词者及作曲者为检索标目，但乐谱经过改编，其改编者

在艺术创作上所起作用超过原作曲者，应首先以改编者标目，原作者可作参照。例如，思乡曲：小提琴独奏曲/马思聪曲；大提琴曲选：钢琴伴奏/董金池改编

插图的作者为名家，或者插图篇幅较多，或者属于著作重要组成部分，均应以插图者为标目。例如，插图本阿Q正传：汉英对照/鲁迅原著；杨宪益，戴乃迭译；丁聪绘图。

相关著作，包括续篇、索引、连续出版物专号等，若各自单独编目，在以相关题名为标目的同时，还应以其相关责任者为标目；一著作载有与该著作内容性质不尽相同的著作时，或由他人撰写的重要著作，在以其部分著作的题名为标目的同时，还应以其责任者为标目；一著作的重要附录，可根据需要析出编目，在以其题名为标目的同时，还应以其责任者为标目；著作集及各类汇编本的某篇著作，可根据需要析出编目，在以其题名为标目的同时，还应以其责任者为标目。例如，续红楼梦/（清）秦子忱撰；乐天标点。还要以《红楼梦》的题名及责任者"（清）曹雪芹，（清）高鹗"为标目。双忠记/（明）姚茂良著；王瑛点校。高文举珍珠记/（明）佚名撰；吴书荫点校。还要用《高文举珍珠记》的题名及其责任者作标目

著作集的主要信息源仅有编辑者，而未载个人责任者名称时，除以编辑者为标目外，还应以著作的个人责任者为标目。例如，柳亚子文集补编/［柳亚子著］；郭长海，金菊贞编。

艺术作品除以原创作者为标目外，其复制品亦应以复制者的个人或团体为标目。

录音制品，除以原创作者为标目外，亦应以主要表演者为标目（四个以上，以第一个为标目）。录音制品系某一表演者专辑，应首先以表演者为标目。

作品由一种载体改变为另一种载体，应首先以原作者为标目，再视不同情况以表演者、制作者为标目。

以题名与"编写组"、"编辑组"、"编辑委员会"字样组成的责任者的著作，若责任者前载有其上级机构或另有参预编写的机关团体或个人，可选定其中的机关团体或个人名称为标目，否则，不应以"编写组"等字样为责任者标目。例如，生态经济问题研究/中国社会科学院经济研究所《生态经济问题研究》编辑组编（应以中国社会科学院经济研究所为责任者标目）。中国城市发展全书/《中国城市发展全书》编委会编。（不设责任者标目）。

凡署名"无名氏"的责任者应以"无名氏"字样为责任者标目。例如，说唐薛刚传/（清）无名氏撰；荆仁整理.—北京：九洲图书出版社，1996

……（应为"无名氏"、"荆仁"作责任者标目）。

仅题"本社编"的责任者，应以其具体名称为标目。例如，中外民间故事选/本社编．—上海：上海教育出版社，1982……（应以"上海教育出版社"为责任者标目）。

仅题"集体创作"而无具体名称的责任者，不设标目。例如，续编新知识辞典/集体编辑．—上海：北新书局，1952……

3. 个人责任者标目名称的规范控制

（1）个人责任者标目规范名称的选择

个人责任者标目选择应以责任者常用且读者熟知的、著称的某一本名或笔名用作标目，以集中该责任者的全部文献。无法确定的依以下顺序优先选择：个人著作中最常见的名称；各种资料中最常用的名称；本人最近使用的名称；仍无法确定者照录。个人责任者标目规范名称可以是：个人的本名、笔名、表字、别号、别名；帝王、后妃、诸侯的庙号、年号、谥号、封号；宗教人士的法名或俗名或其他名号。未被选用的名称应另作参照引见。

个人责任者名称未发现另有别称的，以所见者为标目。

对于同一个责任者有多个不同名称的标目选择，根据本人著作主要信息源，选择其普遍为人所知的名称。若现代著者的著作中，同一著作的不同版本中用不同的名称，或一种版本中用两个或两个以上的名称，选择著作全部版本中最经常使用的名称。若难以确定，则选择现有版本中最新使用的名称，并为其名称作参照引见。如鲁迅、巴金、曹禺、老舍等。

非文字著作的著者（如画家、雕塑家）根据本国语言或居住、活动所在国的参考信息源确定其普遍为人所知的名称。

个人责任者取本名为标目者，除著称者外，一般以姓名全称为标目。若著录信息源中只提供了责任者的姓或名，一般应通过查考，采用其全称，无法查考时照录。如《经历》署名"韬奋"，但其标目用"邹韬奋"而不用"韬奋"，而"溥仪"不用"爱新觉罗·溥仪"。

不同独立书目实体的情形，若某人已建立有两种或两种以上书目实体，例如，他在一种类型的著作中用一种笔名，在另外一类型的著作中用另外的笔名或本人的真名，则以各组著作为依据进行选择，并且用参照将所用不同名称连接起来。

若责任者名称变更（如结婚、改变宗教信仰等原因改名，不含笔名），则选用最新的名称，除非有理由相信此人早先的名称更为著名。如：周作人1949年以后用"周启明"署名，当时以其为标目，但当他辞世后仍以"周作人"作标目，但应为二者作相关参照引见。

个人著作皆署同一笔名，或近期用同一笔名，均以其笔名为标目，并为其本名作参照引见，如"茅盾"不用"沈雁冰"、"冰心"不用"谢婉莹"等。

个人著作以不同笔名题署，或兼以本名、笔名题署，应择其著称者为标目，如："柏杨"不用其本名"郭衣洞"、"唐人"不用"严庆澍"、"巴人"不用"王任叔"。

帝王、诸侯、贵族个人著作者直接以其庙号、谥号、封号为标目。若本名较为著称时，以本名为标目。如："清高宗"不用"爱新觉罗·弘历"、"朱元璋"不用"明太祖"、"岳飞"不用"岳武穆"等。

具有法名、法号及俗名行僧尼责任者，以法名为标目，当俗名较为著称时，则以俗名为标目。如："范无病"著作以"海灯"为标目、"李叔同"这一俗名行世较广，不用其法名"弘一法师"。

已婚妇女姓名前冠夫姓者，一般省略其夫姓，按妇女姓名为标目，但冠夫姓的名称较为著称时例外。如"宋美龄"不用"蒋宋美龄"，"陈方安生"这一冠夫姓的名称较为著称，则不用其本人姓名"方安生"，另外还有"钱单士厘"不用"单士厘"、"范徐丽泰"不用"徐丽泰"、"吉胡红霞"不用"胡红霞"等。

外国责任者名称除为我国读者所熟知，按习惯称谓选取标目，并作相关参照外，其他均依他们的表述特征作为标目。某些外国责任者姓氏属于复姓或带有前缀形式，应保持其完整结构作为责任者标目。如："（英）莫伊·托马斯（Moy-Thomas, J. A.）"（复姓）、"（美）范德齐尔（Van Darziel, A.）"（带前缀）、"（法）罗曼·罗兰（Romain Rollan）"与"（法）罗兰（Rollan, R.）"可作相关参照、"（美）马克·吐温（Mark Twain）"与"（美）吐温（Twain, M.）"可作相关参照等。

外国责任者前后译名不同时，其标目可按该责任者已采用的名称为标目，如前者有误或不当，则按标准译法选择标目。只有原文时应参考有关工具书译出汉译名，以其常用者为标目。

外国责任者采用中文姓名，其标目按中国责任者方式选择。外籍华人责任者的标目应选其中文名称，如（美）杨振宁。

同名异人的责任者，除冠以朝代加以区别外，还应根据如下顺序加以说明：生卒年不同，如罗丹（1932－），罗丹（1921－）；国籍不同，如卢其卡，（匈）卢其卡；籍贯不同，如赖少其（广东），赖少其（福建）；职业不同，如刘国钧（图书馆学家），刘国钧（工商业家）。

我国清以前的个人责任者名称作为标目时，应著录朝代，朝代断限以责任者的卒年为准；外国个人责任者名称作为标目时，应著录国籍，国籍用易于识别的简称，但如果简称会产生异意时则用全称。如：英、美、法、新加坡、新西兰、印度、印尼等。

（2）责任者标目规范名称的表示

在书目规范控制中，不仅要解决个人名称的一致性和同姓名的识别问题，个人名称的表示法亦不可忽视。个人责任者标目由主要成分与附加成分组成，前者包括姓氏、本名、表字、别名、笔名、法名、封号等名称，后者包括生卒年、朝代、原文名称、性别、学科、职业、籍贯等。

中国汉族、回族、朝鲜族、外国著者用的汉语名称及台、港、澳已婚妇女带夫姓的汉语名称均采用汉语名称规定：凡同时具有姓名者均姓居前，名居后，无论是单姓单名、单姓双名、单姓组合、复姓单名或复姓双名都是姓氏与名连用，姓名之间不空格也不用逗号分隔。如李白、周恩来、范徐丽特、欧阳修、司马相如、郑律成等等。姓名以外的各种名称按原形式表示，如唐太宗（庙号）、玄奘（法名）、冰心（笔名）、班禅十世等。

鉴于我国少数民族不同的传统习惯，如藏族、维吾尔族、哈萨克族等只称名不称姓的民族，一般以父子连名形式，名居前，父名居后，间或加入家庭名、封号、职业称谓等，均以原形式表示；蒙古族姓名称姓或不称姓依原形式著录，称姓时常将父名作姓，有时还用父名的简略形式冠在本名前，中间用中圆点分隔，如娜仁（不称姓）、巴·布林贝赫（称姓）；除汉族、回族、朝鲜族姓名及汉化姓名外，其他兄弟民族姓名及其其他名称之间以中圆点分隔，如帕巴拉·格列朗杰·额杰德尼、其·茂尔根。少数民族名称，除遵守上述有关规则外，还应按"名从主人，约定俗成"的原则，根据本民族的习惯及本人著作中所采用的形式来选择，标目可能是责任者最常用的名或姓与名。如乌兰夫、才旦卓玛、克里木、阿沛·阿旺晋美，可直接采用。又如赛福鼎·艾则孜，用赛福鼎，马本斋的回族经名为尤素夫·马本斋，用马本斋，包尔汉全名为包尔汉·谢依德，用包尔汉。

中国人姓名的汉语拼音按姓、名分别拼写（中间空格，不加连字符或标点），不按单个汉字注音，姓与名的首字母大写。如：Zhang Ailing（张爱玲）、Du Fu（杜甫）、Zhuge Liang（诸葛亮）、Ouyang Zhizhong（欧阳治中）等；妇女姓名前附加丈夫姓氏的，将夫姓与妇女姓氏分别拼写（中间空格，不加连字符或标点）。如 Ji Hu Hongxia（吉胡红霞）、Chen Fang Ansheng（陈方安生）等；兄弟民族姓名按原形式顺序拼写，名称之间空格不加标点，各部分首字母大写。如 Se Baiyin（色·白音）、Apei Awangjinmei（阿沛·阿旺

305

晋美）等；笔名、法名连写，每个字首字母大写。如 JinYong（金庸）、HaiDeng（海灯）；历代谥号、封号、庙号等名称，将朝代单独拼写，其后空格再拼写其余名称，各部分首字母大写。如：Qing Gaozong（清高宗）、Tang Taizong（唐太宗）等；著名历史人物姓名的罗马拼音按国际惯用拼写法表示，如：Sun, yat-sen（孙中山）；外籍华人姓名的罗马拼音用本人常用拼写法表示，如：Chao, yuen Ren（赵元任）。

日本、朝鲜、韩国、越南、新加坡、匈牙利、柬埔寨等外国人及世界各国的华人姓名，其形式与中国汉语姓名相同，均为"姓+名"。其中匈牙利人汉译姓名仅以姓氏表示，柬埔寨人姓名之间以圆点分隔。如中山正、金日成、裴多菲、诺罗敦·西哈努克等。

西方语言及东方语言中的印欧语系国家（印度、巴基斯坦、孟加拉、伊朗、阿富汗等）、南岛语系国家（印尼、马来西亚、菲律宾等）的个人责任者姓名，一般姓与名或教名分隔，文献上姓名的表达形式为：名·姓。作标目时要将其倒置，仅以汉译姓氏及姓名原文（置于汉译姓名之后，并用圆括号）表示，括号内的原文姓名最好采用美国国会图书馆（LC）的规范形式；若无此条件，亦应用姓名全文。若只有姓的全文与名的缩写，则只好照录，但是，在有姓与名的原文时，千万勿将名缩写。若已有通用的汉译姓，如斯大林、罗斯福、丘吉尔、戴高乐等，则选用这些普遍为人所知的汉译姓。若文献上只提供姓名原文，则采用权威工具书上提供的汉译姓。如《简明不列颠百科全书》、《苏联百科全书》、新华社编的《世界人名翻译大辞典》等。若文献上只提供汉译名，又查不到此人原文姓名或名的缩写时，则根据文献主信息源，仍应采用姓在前名在后形式，中间用逗号分隔（汉译姓，汉译名）。如史密斯（Smith, John）、歌德（Goethe, F. W.）、莎士比亚（Shakespeare, William）等。

凡汉藏语系诸语言国家的个人责任者姓名，与中国人汉语姓名形式不同，以汉译原题顺序表示。如杜钦梅丹（缅甸）、奔·西巴色（老挝）、炳·廷素拉暖（泰国）等；外国知名作家的姓名或笔名以通用的习惯形式表示。如文学巨匠（美）马克·吐温、（美）杰克·伦敦、（法）罗曼·罗兰等以"名+姓"的称谓著称于世，标目时，应取他们著名的称谓，不必再采用倒序；以"本名·父名·祖父名"或"本名·父名"或"本名·祖父名"等单纯名字形式出现的阿拉伯人责任者名称，仅以本名特征作为检索标目，如"马海尔·阿卜杜勒·哈米德"以"马海尔"为标目。

个人名称标目的生卒年以阿拉伯数字表示，生年与卒年间用小短横（同西文的连字符），置于名称之后。外国责任者生卒年置于姓名原文之后，其前空一格，均用圆括号起。公元纪年形式的生年、卒年，是区分重名的重要成分，按国际惯例，它常常是个人名称标目的最后一个数据元素。如：莎士比亚（Shakespeare, William 1564－1616），如某人生于公元前 235 年，卒于公元前 151 年，应表示为：前 235－前 151，切不可省略后一个"前"字。若同名责任者生年或生年与卒年相同，可加著具体日期（年、月、日），如：三毛（1943.3－1991.1）。有明确生卒年，应首先选用，无确切生卒年的古代人，应选用生活时代的公元纪年或世纪，如：13 世纪。有疑问者加著问号（？），如：11 世纪？，仅知此人所处朝代时，应标明朝代及年号，如：清代（1636－1911），清康熙（1662－1723）等，若知道确切年代仍应优先选用具体年代。若责任者仅有出生年，其后用连字符并空两格，如：蒋子龙（1941－ ），如知其已故但不知确切卒年，可在卒年处用问号（？）表示已故，若生年不详而知其卒年者，可在生年处用问号（？）表示，著录其卒年。

清代及以前的中国人姓名前冠以夏、商、周、春秋、战国、秦、汉、三国、晋、南北朝、唐、五代、宋、辽、金、元、明、清各朝代名称，并置于圆括号内。僧人法名前冠以"释"字，并加圆括号，清代及以前的将朝代加在其前面。如：（清）蒲松龄、（唐）刘禹锡、（北魏）贾思勰、（释）破衲、（唐释）玄奘；责任者的头衔、学位、职务、职称等均不作标目的组成部分，但为了区别同名责任者时可适当著录。当无日期、原文姓名等可用以区分相同名称的附加成分时，可附加在本人著作中或参考信息源中出现的具有限定性的词语（如：称呼、职衔、官衔、学位简称、标明系某组织会员关系的简称等）。在西文文献内，个人名称中常包含有贵族头衔、荣誉称号、已婚妇女的称谓，如用教名著录的名称附加成分有：教皇、牧师等宗教职衔。即使在中文文献中，若是古代帝王、王妃或西方人士中的贵族或获荣誉称号的知名人物，名称标目也可含此类称谓词语。如：乾隆帝、居里夫人。

（3）计算机编目中的个人责任者标目

计算机编目中标目选取的范围、数量、规范及表示同手工编目的规则是一样的，只不过是在机读目录中的表现方式不同而已，在机读目录中的标目被称为检索点，它是指经过规范的、被设置为检索点子字段。在计算机编目中实现个人责任者标目检索的字段有记录中的 701、702 字段及在 461、462、463、464 等字段的 $1 子字段中嵌套的 701、702 字段等，这些字段都可重复的，其内容是根据标目规则经过规范的，其中 $a 子字段内容在记录中提供检索，著录中国责任者的姓名及外国个人责任者的姓，$b 著录外国个人责任者的名，$c 著录个人责任者的附加内容，$e 著录外国责任者的国别，$f 著录个人责任者所处的时代，$4 著录责任方式，如编著、主编、著、译、改编等，$9著录个人责任者名称（指$a子字段的内容）的汉语拼音，并用字段指示符2的置值来表示责任者名称的倒序、正序，如采用名+姓的外国责任者在200字段是按名、姓的顺序客观著录，在7—字段就要倒过来将其姓著录在$a子字段，而将其名著录在$b子字段，这时其第二个字段指示符就应为"1"，表示其名称为倒序方式著录，否则为"0"。记录中的701字段著录第一责任方式的个人责任者，同一责任方式的不同责任者重复著录701字段，它和200$f的内容相对应，嵌套在4—字段$1子字段的701字段则和225$f相对应，只不过200和225字段的内容是根据受编文献信息源客观著录的，701字段的内容是经过规范处理的。702字段著录其他责任者方式的个人责任者，不管是几种责任方式，只要不是第一责任方式，都重复著录在702字段，同一责任方式的不同责任者也重复著录在702字段，记录中的702字段内容对应200$g子字段内容，嵌套在4—字段$1子字段的701字段和225$g子字段的内容相对应。例如，2001 $a傅雷家书$f傅雷著$g傅敏编　701 0 $a傅雷$4著　702 0 $a傅敏$4编。

4. 团体责任者标目名称的规范控制

（1）团体责任者标目规范名称的选择

团体责任者标目的选择应根据标目之间的关系（隶属关系、全称与简称关系等）及人们的熟知习惯进行选择。在机关团体名称中，常出现同一责任者的简称和全称，选取标目时一般以全称为主，但为人们熟悉的习惯简略称谓亦可采用。团体责任者应从党政组织、政府机关、群众团体、学术机构、宗教社、企业单位等社会群众及其隶属部门名称中选取最为著称者作为标目，未被选用的名称，可视实际情况另作参照引见。

团体责任者原则上以该团体出版物中常用名称为标目，无别称的团体责任者名称，以所见者为标目。

一团体责任者名称有所变化时（不再使用过去名称），选到最近使用的名称，分别以前后不同的名称为标目，并制作相关参照。一团体责任者若同一时期使用两个及其以上不同名称时，应按惯用名称统一，选择其中著称者为标目，并为其他不同名称制作参照。无法确定时，依以下先后顺序优先选择：团体责任者著作中最常用的名称，各种资料中最常用的名称，团体责任者最近使用的名称。

某一题名与"编写组"、"编委会"、"编辑委员会"等字样相结合作为团体责任者名称时，除非另有机关团体名称则只以机关团体名称为标目，否则不作为责任者标目。如：简明政治学/《简明政治学》编写组编，其责任者不作标目；政治常识手册／南京师范大学《政治常识手册》编写组编，以"南京师范大学"为标目。

中国共产党责任者标目：党中央，以全称为标目。如：中国共产党中央委员会；党的中央组织，以前冠称"中共中央"为标目。如：中共中央办公厅、中共中央党校、中共中央纪律检查委员会、中共中央顾问委员会等；党的各级组织将"中国共产党"简称为"中共"、"委员会"简称为"委"。如：中共河北省委组织部、中共天津市委宣传部、中共唐山市委组织部、中共广东省委办公厅等。

国家及地方政权机关责任者标目：① 中央国家机关，省略"中华人民共和国"字样，直接以各级机关的全称为标目。如：全国人民代表大会、国务院、最高人民检察院、铁道部等；② 省、县级以及县级以下各级地方机关标目，应在机关名称前冠以省名、县名。如：河北省文化厅、上海市文化局等；③ 地方各级人民代表大会和人民政府，将"人民代表大会"简称为"人大"、"人民政府"简称为"政府"。如：河北省第三届人大第三次会议、北京市政府等；④ 地方各级人民法院和人民检察院，将"人民法院"简称为"法院"、"人民检察院"简称为"检察院"。⑤ 各专门法院和专门检察院以全称为标目。如：山东省法院、北京市海淀区检察院等；⑥ 党政部门如属于专门机构，为人们所熟悉者，直接以其名称为标目，否则应反映其所属部门。如：国家体制改革委员会经济管理司、国家标准局、中国人民银行、教育部干部司、对外经济贸易部条法司等。

中国人民政治协商会议责任者标目：中央机关以其全称为标目。如：中国人民政治协商会议全国委员会；各级组织以简称"政协"及各级委员会为标目。如：政协天津市委员会、政协德州市委员会、政协北京市委员会文史资料研究委员会等。

中国人民解放军责任者标目：中共中央军事委员会的工作机构及其下属单位，以前冠简称"解放军"为标目。如：解放军总政治部、解放军后勤部卫生部；中国人民解放军各军、兵种及各地方军区，将"中国人民解放军"简称为"解放军"。如：解放军陆军政治部、解放军北京军区、解放军装甲兵司令部、解放军北京军区总后勤部政治部、解放军第二炮兵后勤部等。

各级科学、教育、文化机构责任者一般可直接以其名称为标目，若隶属关系或名称意义不明确，则需冠以所属机构名称。如：紫金山天文台、中央电视台、新华社国际部、兰州大学、河北师范大学生物系、中国社会科学院科研局、中国社会科学院财贸经济研究所等。

各民主党派责任者一般以其全称为标目。如：中国人民救国会（不用

"救国会")、中国国民党革命委员会（不用"民革"）、中国民主促进会（不用"民进"）、九三学社（不用"九三"）、台湾民主自治同盟（不用"台盟"）等。

　　青少年、妇女、工人、学生等各种人民团体、群众组织，以惯用名称为标目。如：共青团（不用"共产主义青年团"）、全国总工会（不用"中华全国总工会"）、全国作协（不用"中国作家协会"）、少先队（不用"中国少年先锋队"）、全国青联（不用"中华全国青年联合会"）、全国文联（不用"中国文学艺术界联合会"）、全国侨联（不用"中华全国归国华侨联合会"）、全国妇联（不用"中华人民共和国妇女联合会"）等。

　　外国团体责任者标目应冠国别，国别不加括号。相同名称的不同团体责任者在国别不足以区分的情况下，应用创建年区分。如：美国IBM公司、新加坡志正马出版公司、韩国冲岩研究会等。

　　团体责任者中使用的国别及各种组织，应选择我国惯用名称为标目，并对具有不同名称者作单纯参照。如：英国、印尼、韩国、联合国教科文组织、国际图联等。

　　外国机关团体具有中文名称，以中文名称为标目。如：韩国财政经济部、英国地质勘察院等；若有多个名称，应以著称者为标目；无中文名称以其译名为标目，若前后不同，除前者有误或不当按标准译法选择外，一般以已采用的前者为标目；只有外文原名无中译名，可参考有关工具书确定。外国党政机关标目应反映国家及党政机关的惯用名称；外国军事机关、部队标目应反映国家及军、兵种名称；各国领事馆及驻外代表团直接以其名称为标目。

　　多层次团体责任者（即多级机构）在不影响其识别性的前提下，一般可简化著录，直接取其独立机构的名称为标目；无专用名称的机构，若其最高层次独立机构、其余层次机构为非独立机构，并能反映其中隶属关系，则以其最高及最低层次的机构名称为标目；若有可能出现重复时，仍需著录足以区别的中间层次机构名称。如：国家科学技术委员会中国科学技术信息研究所科学技术文献出版社以"科学技术文献出版社"为标目、河北省图书馆采编部中文采编组以"河北省图书馆中文采编组"为标目、兰州大学化学系八九级应以其三个层次的全称为标目。

　　团体责任者的国别、地区及机关团体的隶属关系不明确，应以国别名称、地区名称或上级机关名称（加方括号）作为标目；以代称署名的机关团体责任者，为尊重原作仍以代称为标目，但应作相关参照引见。如：中国三S研究会（不用"中国史沫特莱、斯特朗、斯诺研究会"）、辛华（不用"新华通讯社"）、边菊（不用"马克思、恩格斯、列宁、斯大林著作编译局"）等。

机关团体名称中的"私立"、"财团法人"、"股份有限"等字样，均须从标目中删除。如：广州奥凯信息咨询公司（不用"广州奥凯信息咨询有限公司"）、陕西华岳质量体系认证咨询公司（不用"陕西华岳质量体系认证咨询有限公司"）、贝思出版公司（不用"贝思出版有限公司"）等。

各种会议（含展览会）责任者以会议名称、届次、时间、地点为标目。如：国际植物病理学会议（5：1988：京都）；会议名称冗长或不为人熟知的，应以习惯称谓为标目。如：全国水文学术会议（5：1900：成都），其会议名全称为：中国地理学会水文专业委员会第五次全国水文学术会议；正式会议名称应保持前后一致，若中途变更，应作参照引见；会议录题名页未载会议名称，应从其他信息源选取规范名称。

机关团体及会议标目中地名的选择：同一国家、地区的简称或不同地名，应以我国有关部门正式公布的名称为标目，不用简称或别称。未被选用的名称，可另作单纯参照引见；国名、地名改变，应以不同历史时期的名称为标目，同时另作相关参照引见；外国地名以习用中译名为标目，若无法确定，可依有关权威资料确定；地名相同，应在其后用圆括号加注所属的国别名称或地区名称；乡镇地名应完以所属县名；地名不明确，并可能产生歧义的，应在其后用圆括号加注"市"、"县"等字样，如：吉林（市）文化局。

（2）团体责任者标目规范名称的表示

团体责任者名称标目包括党政中央或地方机构名称、群众团体名称及种类型的团体和隶属部门、会议名称、地理名称等。

因名称不明确而产生歧义者，应于其前后添加时代名称、地区名称、团体类型等词语，位置与括号视不同情况而定。凡方括号内词语为标目的主要组成部分，作为排检内容；圆括号内词语为标目的附加说明，不作排检。如：（清）［河南］财政清理局、［日本］国土厅。

团体责任者名称未能显示其实际意义，应在名称后加注说明，并置于圆括号之内，但不作排检。如：目击者编辑部（电视节目）、三鹿集团（牛奶）。

会议责任者名称以国际性、地区性、专业性会议的长期稳定的名称为主要成分，并在其后依次附加会议的届次、日期、地区名称，其间用冒号，并用置于圆括号内。会议届次用阿拉伯数字，会议时间按公元纪年，一般仅著录年份。如：全国法院系统学术讨论会（7：1995：南宁）；会议既有届又有次，应一并依次著录，其间用逗号分隔。如：全国人民代表大会（7，3：1990：北京）；会议无届次，仅有年份，只著录年份。若同一会议在同一年举行两次以上，应依次著录年、月、日，其间用圆点分隔。会议跨年份举行，应著录起讫年，其间用"-"分隔。如：国际磷块岩讨论会（1982：昆明）、中国图书馆学会年会（3：1990.4.3：北京）、世界特殊教育讲习会（1969-1970：东京）；会议地点为教育、文化机构，应著录机构名称。如：中日比较文化研讨会（1987：北京大学）、国际红楼梦研习会（1：1980：威斯康辛大学）；会议名称含会议地点，不应重复著录地点，会议在两地举行，应一并著录，其间用圆点分隔，三地以上公著录首列地点，后加"等"字。如：上海国际电影节（4：1990）、世界和平大会（1：1949：巴黎．布拉格）、国际生物学会议（15：1929：比勒陀利亚等）。

团体责任者名称汉语拼音的表示按词拼写，词间不加连字符，名称首字母大写。如：Hebeisheng caizhengting（河北省财政厅）。

(3) 计算机编目中的团体责任者标目

团体责任者标目在计算机编目中的字段是记录中的711、712字段及嵌套在461、462、463、464字段$1子字段中的711、712字段，这些字段都可重复的，其内容是根据标目规则经过规范的。其中$a子字段内容在记录中提供检索，著录团体名称或会议名称，$4著录著作责任方式，如主编、编、译、改编等，$9著录团体名称或会议名称（指$a子字段的内容）的汉语拼音，不同于个人责任者的是，其外国团体责任者的国别冠于该责任者名称之前，不再著录于$c子字段，并且国名也不用简称而用惯用名称。711、712字段用指示符1的置值来说明主标目是团体名称还是会议名称，用字段指示符2说明标识名称的著录方式是倒序、直序还是地区名称。记录中的711字段著录第一责任方式的团体责任者，同一责任方式的不同团体责任者重复著录711字段，它和200$f的内容相对应，嵌套在4—字段$1子字段的711字段则和225$f相对应，只不过200和225字段的内容是根据受编文献信息源客观著录的，711字段的内容是经过规范处理的。712字段著录其他责任者方式的团体责任者，不管有几种责任方式，只要不是第一责任方式，都重复著录在712字段，同一责任方式的不同团体责任者也重复著录在712字段，记录中的712字段内容对应200$g子字段内容，嵌套在4—字段$1子字段的711字段和225$g子字段的内容相对应，它们的区别也在于客观著录与规范处理的形式。

例：2001 $a西南民族问题新论$h第一集$f西南民族学院民族研究所编 71102 $a西南民族学院民族研究所$4编

例：2001 $a科技史上的今天$f本社编 210 $a北京$c知识出版社$d1989 71102 $a知识出版社$4编

三、分类与主题标目的规范控制

1. 分类标目范围的规范控制

分类标目的选取也应以文献分类标引为前提,其范围及数量的应按图书馆所选用的图书分类法中的有关规定及《文献分类标引规则》确定。

2. 主题标目范围的规范控制

主题标目是在对文献进行主题标引的基础上进行的,其标目的范围及数量应遵循 GB 3860-83《文献主题标引规则》确定。

3. 分类标目名称的规范控制

鉴于图书馆界有多种分类法在使用,因此在机读目录中,为目前流行多种分类法分别提供了专用的字段作为检索点,如 690 字段为《中图法》分类号字段、692 字段为《科图法》分类号字段、686 字段为《少儿法》分类号字段等。并且这些字段都是可重复的,满足了同一文献多个分类号同时反映的需求,并都能提供检索。由于各种分类法为适应社会的发展都需要经常的修订,致使同一文献应用同一分类法的不同版本会出现不同的分类号,为解决这一问题,机读目录中还在分类号字段中设置了@v 子字段,用来表示分类法的版本号。

机读目录是集多种款目于一身,它能很轻松地解决分类号的多重标引问题:(1)互见类号的多重标引问题,如依据《中图法》,恩格尔著的《美学》入 B83 互见 B516.35,标引为:690 $aB83 $v4 690 $aB516.35 $v4;(2)组配类号的多重标引问题,如依据《中图法》,《图书馆学论文索引》入 Z89:G25,标引为:690 $aZ89:G25 $v4 690 $aG25 $v4;(3)多重列类类号的多重标引问题,《中图法》在编列时,局部采用了多重列类法,即在同一划分阶段,同时采用了几个分类标准进行,这样,在一个类别中,就形成了几种性质不同的同位概念,并规定了"前标法"或"后标法"的归类方法。如《混凝土长跨度公路桥》,按《中图法》规定,采用前标法入 U448.14 公路桥,不入 U448.33 混凝土桥或 U448.43 长跨度桥。在机读目录中,其分类标引则完全可以摒弃传统的"前标法"或"后标法",进行多重标引,重复标引的三个 690 字段可以使读者从三个分类途径检索到该文献:690 $aU448.14 $v3 690 $aU448.33 $v4 690 $aU448.43 $v4。

4. 主题标目名称的规范控制

机读目录为每一类型的主题设置了不同的字段,如:600 为个人名称主题字段、601为团体名称主题字段、605为题名主题字段、606为普通主题字段、607为地名主题字段等,另外还有610是为那些规范表中还没有但具有检索意义的主题词设置的非控主题词字段。与卡片目录相比,机读目录有足够的空间对某些文献的主题内容从不同角度多重揭示。这就使得读者能从更多的途径检索到某一文献,或称某一文献能响应更多的主题。

以人物和学科主题多重标引。某一专业学科人物的传记,应以人物名称和人物所属的学科领域的主题词多重标引。例如,《刘伯承传》标引为:600 0＄a刘伯承＄x传记 6060 ＄a军事家＄x传记＄y中国＄z现代。对重要作家或艺术家的评论、研究,应以人名和学科主题词为标目多重标引。例如,《巴金研究》标引为:600 0＄a巴金＄x文学研究 6060 ＄a文学研究＄y中国＄z现代。某一历史人物的传记,除了作为传记资料外,如果该人物与某一历史时代或某一历史事件关系十分密切,可同时以相关的时代或历史事件的主题词多重标引。例如,《皖南事变中的叶挺》标引为:600 0＄a叶挺＄x传记 6060 ＄a皖南事变 6060 ＄a军事家＄x传记＄y中国＄z现代。

以地名和学科主题多重标引。研究、论述国家、地区的具体历史的图书,应以国家或地区名称和历史范畴的主题词重复标引。例如,《川蜀史稿》标引为:6060 ＄a地方史＄y四川 607 ＄a四川＄x地方史。以地区及其自然、地理、社会状况为研究对象的图书,应以地区名称和学科概念的主题词多重标引。例如,《新疆自然地理》标引为:6060 ＄a自然地理＄y新疆 607 ＄a新疆＄x自然地埋。

以机构、组织名和学科主题多重标引。有关社会、政治、经济、文化、科学等的机构、组织的活动,可用机构的专有名词为标目,也可视需要以其内容主题进行多重标引。例如,《中国妇女第八次全国代表大会记实》标引为: 60102＄a中华人民共和国全国妇女联合会＄x会议＄x概况 6060 ＄a妇女运动＄y中国。历史上某一政治与某一历史时代或某一历史事件关系十分密切,可以该组织的专有主题词或类称主题词和相关的历史时代或历史事件的主题词多重标引。例如,《同盟会研究》标引为: 60102＄a同盟会＄x研究 6060 ＄a辛亥革命。

以书名和学科主题等多重标引。当某一图书或著名作品被作为研究对象时,可以书名或作品名与相应的学科等作标目,多重标引。例如,《墨子浅析》标引为:600 0＄a墨翟＄x哲学思想＄x研究 605 ＄a墨子＄x注释＄x研究 6060 ＄a哲学思想＄x研究＄z先秦时期。

四、标目规范控制中需要注意的问题

首先，图书标目应以《中国文献编目规则》作为基本依据。《中国文献编目规则》第二部分"标目法"根据巴黎"原则声明"关于目录职能"集中"文献的原则要求，参照《英美编目条例》（第2版）（AACR2）确立的检索标目规范原则，对文献的责任者标目及题名标目的选择与确立作出规范化规定。

其次，标目选择一般以常用、惯用、通用为基本原则。常用指经常出现，为读者所熟知；惯用是指习惯自然，符合读者检索规律；通用指社会通行，被读者普遍采用。常用、惯用、通用密不可分。至于什么是"读者所熟知"和"符合读者的检索规律"，则要依靠编目人员的知识水平和工作经验作出判断。标目名称选择主要包括个人责任者标目、团体责任者标目、题名标目的选择，标目具有各种不同名称时必须选择规范名称作为集中排检的基础，并尽量为各种非规范名称作参照，予以引见；标目应从各种名称中选择为读者习惯认同者；难以按照"习惯认同"原则选择的标目，题名标目以最初使用的名称选取，责任者以最近使用的名称选取。

第三，标目名称的表示方式要统一。同一标目名称可能有多种表示方式，如果在款目中同一标目名称的表示方式不统一，会导致同一标目的款目在目录中的位置不同，往往会导致检索失败，给文献检索带来很大麻烦。尤其是在使用计算机检索，特别是全文检索时，一个字母大小写的错误也可能导致检索失败，这时，对标目名称规范表示就显得比手工检索时重要得多。标目名称的表示方式一般包括中国人姓名标目、外国人姓名标目，团体名称标目、会议名称标目以及题名标目等，责任者的著作责任方式（著、译、编、主编、绘、校注等）均不作标目的组成部分。标目名称的表示包括：个人责任者姓名空格与否、少数民族姓名的形式、外国责任者名称的形式、中国责任者的拼音表示、中国著名人物及外籍华人罗马拼音表示、同名异人的责任者区分、团体责任者产生歧义时如何添加附加成份、附加成分何时作为标目的组成部分、何时不作为标目的组成部分、团体责任者的拼音表示、各类文献题名的表示、文献题名的汉语拼音表示等等。标目名称的表示必须是社会习用形式，以利于国际书目信息交流；标目名称的表示应根据不同名称的特点，做到具体明晰，易于识别；标目名称的表示产生歧义时，应作出必要的附加说明；标目名称的表示（著录）文字来源于款目，有关文献的编次、数序、年代，除古籍的卷数用汉字著录外，其他均以原题文字表示。

第三节 馆藏目录的组织

我国古代学者认为读书得门儿如事半功倍，那么读书治学的门径是什么呢？清代的史学家王鸣盛在《十七史商榷》中说得好："目录治学，学中之第一要事，必从此门途，方能得其门而入，然此事非苦学精究，质之良师，未易明也。"可见，读书治学之门径是目录。目录学是开启人类智慧之门的钥匙，它教会人们怎样在浩瀚的文献和知识的海洋中，迅速、准确地找到自己所需要的知识的本领。

一、图书目录组织的原则

（1）思想性原则

图书馆目录的思想性原则不仅是必要的，而且是客观存在的。目录要以马列主义，毛泽东思想为指导，用唯物辩证的观点和方法处理编目中的问题。贯彻这一原则，要做好以下工作：在目录性质上划分读者目录和公务目录；在目录反映的内容上，划分适合于读者一般使用的公开目录和服务于读者特殊需要的参考性目录；在目录的组织结构上必须首先突出，多方面反映马列主义经典著作以及党和政府的指导性文件，同时突出反映先进科学技术，先进经验和先进思想的文献。

（2）科学性原则

图书馆目录的科学性是指按目录工作的客观规律编制目录。文献分类、文献著录及目录组织必须标准统一，具有系统性、逻辑性。使目录成为有效的检索工具。

（3）实用性原则

图书馆目录的实用性是指目录的使用效率。目录的实用性表现在查找准确、排检迅速，符合读者的检索习惯以及优先反映内容新颖，实用价值高的文献。

（4）形象性原则

图书馆目录的形象性是指目录必须具有简洁、鲜明、一目了然的外观。

（5）标准化原则

图书馆目录的编制标准力求统一，以利于编制图书馆联合目录，实现联机检索和馆际互借。

二、图书目录的类型

馆藏目录是按照一定的次序编排组织而成的一种揭示和报道图书信息的工具。目录组织就是运用各种手段，将分散在一次文献（原始文献）所含的知识、信息进行筛选、压缩、整序、揭示其内容，著录其外形特征，进行其科学的编排组织，使之转化为有序的、传递的二次文献。目录的主要作用在于以图书名称为核心，对原文进行压缩和整序，从而降低原文获取的成本，节省读者查找文献的时间，提高一次文献的传递速度和利用率，促进科学信息资源的公共获取。

按目录的使用对象可以分为读者目录和公务目录。读者目录，又称公共目录，是供读者使用的目录，一般设在目录室，借书处或阅览室等读者方便接触的地方；公务目录，又称工作目录或勤务目录，是供图书馆工作人员使用的目录，它反映全馆全部馆藏文献。

按揭示文献的特征可以分为题名目录、责任者目录、分类目录、主题目录。题名目录，是按文献题名的字顺组织而成的目录；责任者目录，是按责任者名称字顺组织而成的目录；分类目录，是按照文献的内容的学科体系，根据图书馆所采用的分类法组织而成的目录；主题目录，是按文献内容的主题词字顺组织而成的目录。

此外，按目录的物质形态可以分为卡片式目录、书本式目录、活页式目录、缩微目录、机读目录（MARC）；按目录收入文献的范围和侧重点可以分为总目录、部门目录、特藏目录、联合目录。

三、图书目录组织的方式

1. 分类目录的组织

分类目录是目前在多数图书馆起主导作用的目录，也是读者使用最多的目录。分类目录是按照文献内容的学科体系，根据图书馆所采用的图书分类法组织而成的目录。它将许多编制的款目加以分门别类的组织，使性质相同的款目编制在一起；性质相近的款目排列在相近处；性质不同的款排列在不同出，组成一个有理，有秩序的整体。分类目录在内容结构上有如下四个部分组织而成：

（1）一般分类款目，以主要分类号为标目所构成款目。它的分类号是索取号的重要组成部分，是读者查找文献和官员组织文献的主要依据。主要分类号通常著录在款目的左上角位置。

（2）分类分析款目，专门为反映从某一文献内分析出来的某项具体内容而编制的款目。它的分类号对于某一文献的主要分类号而言，被称为分析分类号。分析分来号通常著录在款目左边中间部分，据以排入读者分类目录中。

（3）分类互见款目，这是分类目录学科关联性的主要体现。当某种文献可以归入两类或两类以上时，为重复反映在其他类中而编制的款目，成为分类互见款目。它的分类号对于某种文献的主要分类号而言，被称为互见分类号。互见分类号通常著录在款目左边中间部分，右上角或右下脚。

（4）分类参照款目，为加强目录内部的有机联系和便于读者使用而编制的参照款目。这一部分自成体系，功能不同，一般称为分类目录的参照系统。

分类目录的内容结构和组织体系受着图书分类法的制约，而图书分类体系的层层隶属、逐级展开的单线，是无法将分散在属于各门不同学科中的同一事物或同一主体的文献集中在一起。因而分类目录人为地割裂了各类文献知识的内在联系，湮没了图书主要主题之外的其他内容。分类目录的检索途径主要是分类号，而分类号的确认，必须以掌握分类体系为前提。对不熟悉分类体系的读者，就不能发挥作用，分类目录存在的这些局限性，只有主题目录、题名目录各自独特的功能才能弥补。

分类目录具有学科系统性和关联系两个特点。所谓学科系统性，是指它的著录款目完全依照图书分类法的学科体系，依次系统的排列成若干大类，大类再分小类，从而构成一套有层次、有等级的线性款目系统，从而在读者面前展现出一幅科学内容的略图，便于利用。所谓学科关联性，是指它的某些款目在图书分类体系单级排列中，将具有相关关系，交替关系的类目，采用互见和类名参照的办法，表示各个知识门类之间相互关联，相互影响和相互渗透，以便读者在查找某一学科文献时，能够由此及彼，触类旁通。

2. 主题目录的组织

主题目录有主题款目、主题附加款目、主题分析款目、主题参照、主题指导片组成。主题目录组织就是将同一主题的所有文献集中在一起。具体组织方法如下：将主题相同的款目排在一起，先排单字主题，后排词组织主题；主题相同，再按副主题字顺排；主题和副主题完全相同，按文献题名或责任者顺序排。如果副主题为历史年代，则按年代顺序排；如果副主题为地名，则先按国家名称排，再按地区名称排。

3. 联机目录的组织

随着计算机技术应用于图书馆，机读目录也被广泛地使用。机读目录可以将众多文献进行各种有序排列，从而满足读者各种不同的检索需要。读者通过目录认识文献、分析比较文献，使馆藏文献中切合读者需要的文献得到选择。采用公共联机检索目录查找文献，具有检索效率高、检索入口多、查准率高等特点。公共联机目录（OPAC）从20世纪60年代中期开始研制，到70年代末已开始在图书馆少量出现，到80年代OPAC才在图书馆开始大量使用。

国家图书馆公共目录已不再局限于单一的书目数据库，而是采用跨库检索技术，实现了多个数据库的检索。目前通过联机公共目录可以检索外文文献数据库和中文文献数据库，外文文献数据库包括外文联合国资料库、外文工具书、西文图书、西文连续出版物等数据库，中文文献数据库包括学位论文库、中文报纸库、中文期刊库、海外中文图书库、缩微文献库、中文联合国资料库、分馆地方志家谱库、中文图书库、善本古籍库、音像电子出版物库等，如图7-2所示。

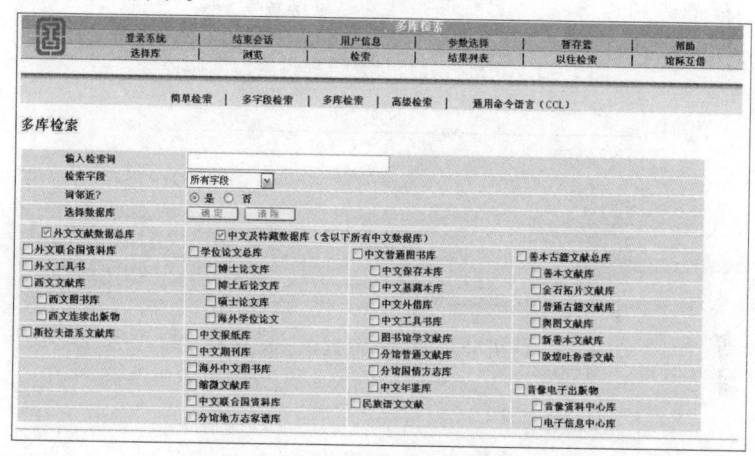

图7-2 国家图书馆公共目录检索界面

联机公共目录系统提供的检索途径很多，如可以从题名、著者、主题、ISBN号、中图分类号等途径进行检索，如图7-3所示。系统为读者提供了简单检索、高级检索、多字段组合检索和通用命令语言检索。用户进行简单检索时，输入所要查询的检索词，选择检索词所在的字段，就可以迅速查到检索结果，然后逐条选择查看详细的著录信息，如图7-4所示。当检索结果太多时，可以采用多字段检索进行，通过多个字段的组合检索使检索结果更精确，如图7-5所示。为了提高文献的查准率，系统还提供了高级检索功能，使用户能够实现多个检索词之间的逻辑组配检索，如图7-6所示。

319

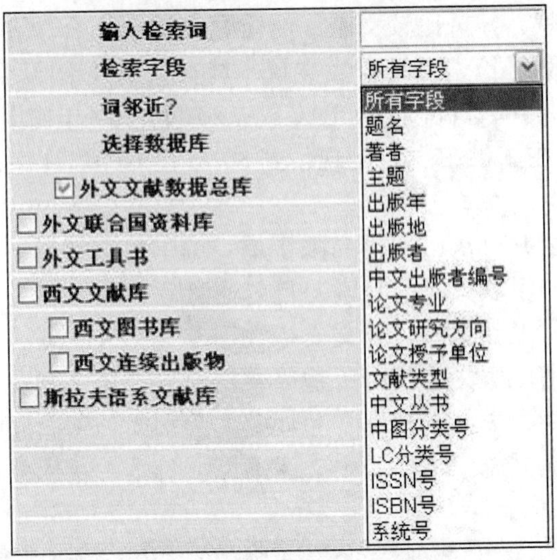

图 7 – 3　联机公共目录系统提供的检索途径

图 7 – 4　联机公共目录系统提供的简单检索模式

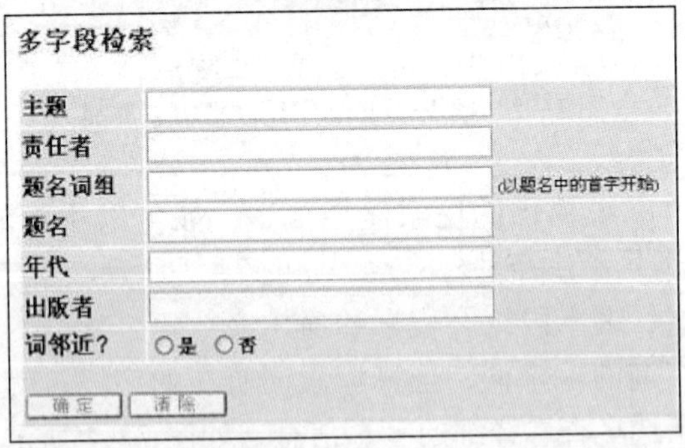

图 7 – 5　联机公共目录系统提供的多字段检索模式

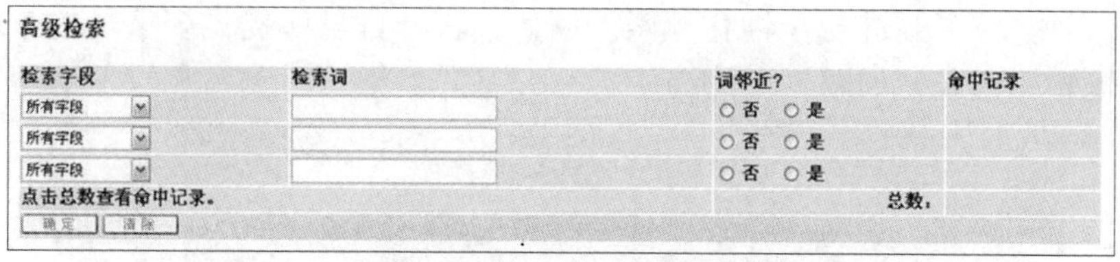

图 7-6　联机公共目录系统提供的高级检索模式

4. 联合目录的组织

联合目录是书目资源共享的基础。从联合目录的发展历史来看，它有两种模式：第一种是传统的集中式联合目录，即将来自多个图书馆的数据汇集在一个数据库中。这一模式经历了一个从手工到自动化的过程：最初是汇集卡片或编制书本式联合目录，到 20 世纪 70 年代初，OCLC 的联机编目系统开通，传统集中式联合目录数据库的发展进入一个新的阶段，即联机合作编目阶段。人们常提到的联机联合目录数据库通常指的都是这种模式，它在联合目录的发展史上一直占据主导地位。20 世纪 90 年代中期以来，由于网络和信息技术的飞速发展，一种新的联合目录的模式出现并对传统联机联合目录造成很大冲击，这就是虚拟联合目录。所谓虚拟联合目录，顾名思义，指的是书目数据库的虚拟组合即每一个书目数据库都是相对独立的，只是在用户检索时将它们视为一个整体，通过一个通用界面同步并行检索各个书目数据库，然后将检索结果返回。虚拟联合目录数据库的实现有很多方法，目前图书馆的书目数据库基本上都是采用 MARC 格式，由于 MARC 格式只能用于图书馆系统间数据交换，不能取代系统的内部格式，这些异构的图书馆系统要想在网络环境下实现互联、建立虚拟联合目录，必须采用 Z39.50 协议。下面以 CALIS 联合公共目录检索为例介绍联合目录的检索功能。

CALIS 联合书目数据库是全国"211 工程"100 所高校图书馆馆藏联合目录数据库，是 CALIS 在"九五"期间重点建设的数据库之一。它的主要任务是建立多语种书刊联合目录数据库和联机合作编目、资源共享系统，为全国高校的教学科研提供书刊文献资源网络公共查询，支持高校图书馆系统的联机合作编目，为成员馆之间实现馆藏资源共享、馆际互借和文献传递奠定基础。该检索系统提供了基于异构系统的资源跨库检索服务，用户可按学科、按数据库名称、按文种同时检索多个系统中的多种资源，包括数据库、电子期刊和电子图书。输入一个检索式，便可以看到多个数据库的查询结果，并可进一步得到详细记录和下载全文。与此同时，读者也可选择单个数据库，针对某种具体资源进行个性化检索。例如，联合目录库提供多字段的布尔逻辑组配检索模式，如图7-7所示。

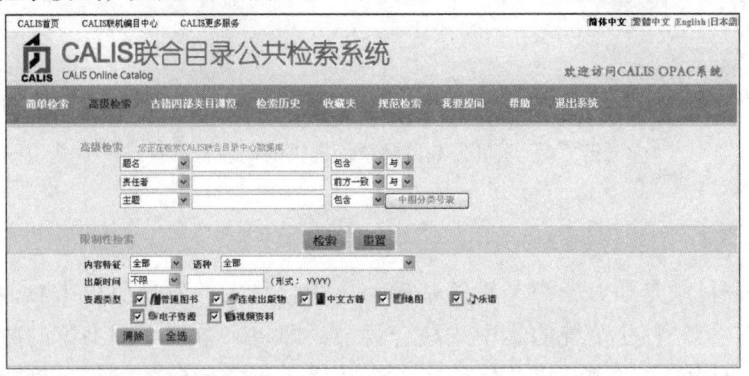

图7-7 CALIS联合目录公共检索系统

第八章 统计报表及书目产品输出

在藏书建设过程中，往往伴随着大量烦琐的统计报表（如图书订购分类统计、年度经费统计、工作量统计等）和各式各样的附加产品（如个别登记帐、总括登记帐、订单、书标、新书通报等）产生，供日后查询、检索或提供文献加工使用。本章将以 ILAS II 2.0 为例，对图书馆自动化系统中采编子系统中的各种统计及产品输出做简单介绍。

第一节 统计报表

统计是图书馆进行管理和控制的依据，用以提供工作人员查询及管理人员分析，以便及时发现问题、解决问题，也是图书馆办公自动化的重要组成部分。如通过馆藏分类统计，可得出各类馆藏文献在本馆馆藏中所占的比例，为文献的订购计划提供分析依据。

在传统的图书馆工作中，这些工作都是通过手工操作来完成，如手工登记、手工制表，手工计算，手写卡片、书标等。后来是通过刻印、打字印刷、四通打字机、电子计算机等越来越先进工具来完成制表、统计、编制卡片等工作，虽然这样效率有了很大程度的提高，但每一份报表、每一张卡片都得单独制作，出错率还是很高，工作也仍然繁琐、工作量也非常大，尤其对那些藏书量比较大的图书馆来说，这需要花费大量的人力、物力、财力来支持图书馆的运转。

随着图书馆自动化管理系统引进，这些工作就变的非常简单易行。在图书馆自动化管理系统中，将各种统计报表及产品输出按其规定的格式预先嵌入到系统中，并通过相应的参数设置将报表及产品中的每一项内容和系统中书目数据库中书目数据、采访数据、馆藏数据中的相应字段或子字段做好链接，就可以通过相应的检索途径进行数据提取，进行各种统计及产品的输出了。有些图书馆自动化系统设计的比较灵活，各图书馆还可以根据自己的特点、需求对这些格式稍作修改以更适应自己的情况。利用图书馆自动化系统进行统计及产品输出等于是对书目数据库中已有书目数据的再利用，即对一次录入的数据进行多次利用，进行各种统计及产品输出，这样即大大减少了劳动量，也避免了因多次手工操作带来的失误，减少了错误率，提高了工作质量及速度。不过正因如此，才要求采编工作的各步骤、每一种文献都要用图书馆自动化系统进行正确处理，否则统计时有些数据无从提取，也就影响了统计结果的正确性。

下面以深圳图书馆自动化系统 ILASII 2.0 为例，介绍常用的统计报表。

一、采访统计

由于采访统计主要针对财产与经费，所以采访统计对图书馆工作而言尤其重要。为全面揭示采访过程各个环节的整体状态，采访人员需要从多方面进行财产统计，各统计项目完成后都可输出文本文件或通过打印机等设备输出纸质统计报表。值得一提的是，这些统计所需的源数据都是从文献订购、验收的采访处理过程生成的采访记录中直接提取出来的，真正实现了一次录入，多次利用，简单、快捷、方便、准确无误。

1. 订购统计

订购统计，揭示某一发行者、某一段时间、某个工作人员、某一特定标识（如订购号、订购批号、订购日期等）通过订购渠道确定购买的文献种、册、金额。订购统计可细分为订购分类统计、订购分配统计、订购未到分类统计、退订分类统计等几种。具体内容包括按分类法的基本大类对所订购图书的种、册、金额进行统计，按各藏书地点或分馆对图书的种、册、金额进行统计，对已订购但过了一定时间还没有到馆或因过了一定时间不到馆决定退订并在系统中做了退订处理的文献的种、册、金额进行统计。订购统计报表的格式大同小异，常用格式如下，各馆可因自己的需要进行适当修改。

表 8-1 订购分类统计表

分类号	种数	套（册）数	金额（元）
A			
B			
…			
X			
Z			
其他			
合计			

在 ILAS II 中，其检索界面为：

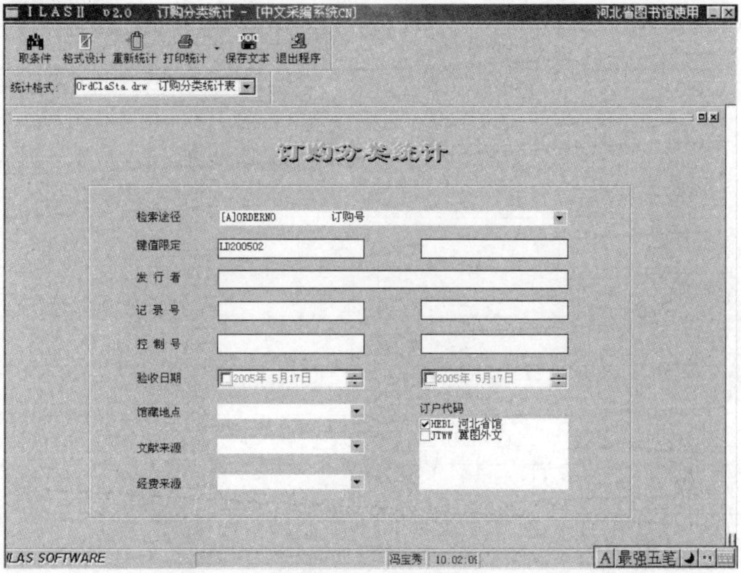

图 8-1　ILAS II 订购分类统计界面

具体到每一种统计可以通过对检索途径的选择及检索条件的限定来实现，一般图书馆自动化系统提供的检索条件有：记录号、控制号、订购号、订购批号、发行者代码、ISBN 号、分类号等，可作为限定条件的有订日期、订户代码、控制号、发行者代码、分类号等。如要对某一段时间内从某一发行者处订购的文献进行分类统计，可在检索途径处选取发行者代码为检索途径，在检索健值处输入该发行者发代码，并选定订购日期作为限定条件，并输入该段日期的限定值点击重新统计就可以进行统计了，统计完毕通过打印统计按钮的下拉菜单中的打印子项可以直接在已设置好的打印机上输出统计报表，当然也可以通过保存文本按钮将该统计结果以文本文件的形式保存在磁盘上，以备后用。

2. 验收统计

验收统计，揭示某一发行者、某一段时间、某个工作人员、某一特定标识（如验收批号、验收日期等）已经验收的文献种、册、金额。验收统计可细分为验收分类统计、验收分配统计，分别是对已经过系统验收的文献进行分类或馆藏地点分配的统计，其中验收分类统计的格式与统计过程与订购统计类似，只是检索条件和限定条件中的订购批号变为验收批号、订购日期变为验收日期。验收分配统计报表的格式如表 8-2。

表 8-2　验收分配统计表

馆藏地点	种数	套（册）数	金额（元）
保存本库			
社科外借			
自科外借			
文学外借			
工具书			
地方文献			
…			
其他			
合计			

3. 文献来源统计

文献来源统计，揭示某一发行者、某一段时间、某个工作人员、某一特定标识（如验收批号、验收日期等）通过不同渠道已经验收的文献种、册、金额。其常用格式为：

表 8-3　文献来源统计表

文献来源	种数	套（册）数	金额（元）
书商1订购			
书商2订购			
零订文献			
现购文献			
赠送文献			
呈缴文献			
…			
其他			
合计			

4. 经费来源统计

经费来源统计，揭示某一发行者、某一段时间、某个工作人员、某一特定标识（如验收批号、验收日期等）使用不同经费已经验收的文献种、册、金额。其常用格式为：

表 8-4 经费来源统计表

经费来源	种数	套（册）数	金额（元）
财政拨款			
自筹经费			
社会捐款			
呈缴文献			
赠送文献			
…			
其他			
合计			

5. 货币统计

货币统计，揭示某一发行者、某一段时间、某个工作人员、某一特定标识（如验收批号、验收日期等）原始标记为不同币制的文献种、册、金额。其常用格式为：

表 8-5 货币统计表

货币种类	种数	套（册）数	金额（元）
CNY			
US $			
NT $			
JP $			
HK $			
$			
…			
其他			
合计			

6. 年购书量及增长率

年购书量及增长率，揭示历年购进文献种（册）数及增长率。通过对该统计表的分析可以为以后采访原则的制订提供依据。其常用格式为：

表8-6　年购书量及增长率统计表

年份	种数	增长率	套（册）数	增长率
…				
2001				
2002				
2003				
2004				

7. 年购书经费及增长率

年购书经费及增长率，揭示历年购进文献所用经费数及增长率。其格式如下，各图书馆可根据自己的需要有所删减，也可只统计总经费及其增长率。

表8-7　年购书经费及增长率统计表

年份	中文图书（元）	增长率	外文图书（元）	增长率	期刊（元）	增长率	古籍（元）	增长率	……	合计	增长率
2001											
2002											
2003											
2004											
……											

8. 采访财经库分类统计

采访财经库分类统计，是图书馆采访人员对文献实物及其经费结算方式的统计报表。其统计项目及格式如下图所示：

表 8-8　采访财经库分类统计表

票据类型/付款方式	统计项目	实物送出	实物到馆	退款	馆内剔除	支付	其他	合计
电汇	记录数							
	款数							
汇票	记录数							
	款数							
现金	记录数							
	款数							
信汇	记录数							
	款数							
转帐	记录数							
	款数							
其他	记录数							
	款数							
合计	记录数							
	款数							

9. 日志统计

日志统计，日志统计是对采访工作人员每天或每一段时间的工作内容、工作量进行统计，以备工作人员和管理人员查询。其检索界面如图 8-2 所示：

通过对时间的限定及各复选框的选取，即可以对某工作人员某时段内所有工作量进行统计。通过对其格式设计中统计项的设定也可对其某一项或几项工作量进行统计。其常用格式如下：

表 8-9　日志统计

工作类型	数量
采访数据增加	
采访数据修改	
订购输出	
验收输出	
…	

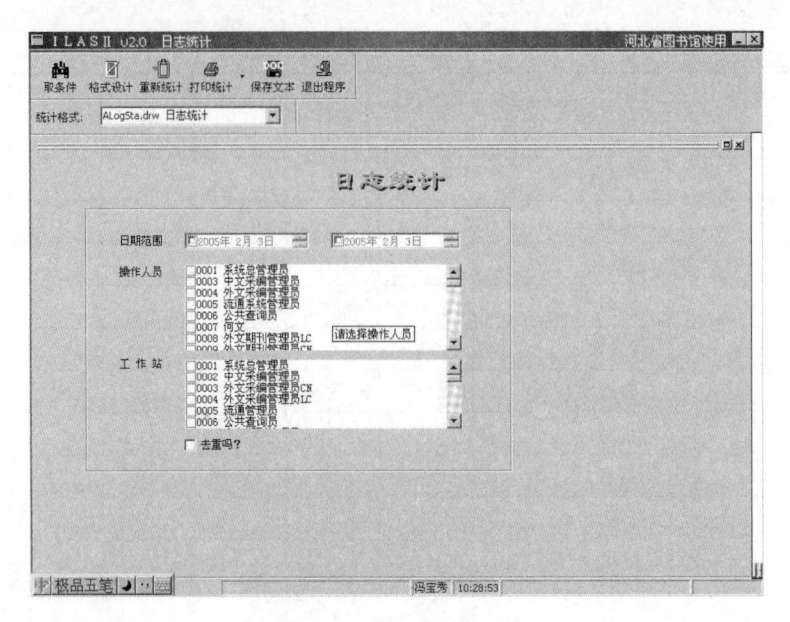

图8-2 日志统计界面

二、编目统计

编目统计主要针对书目特征进行，用于揭示编目工作量和馆藏书目数据的整体构成，是评价一个图书馆书目数据数量与质量的重要依据。编目统计的数据源也是从系统各数据库中书目数据的各字段或子字段中直接提取的，编目部门一般设以下统计项目，各统计项目完成后也都可输出文本文件或通过打印机等设备输出纸质统计报表。

1. 书目分类统计

书目分类统计，按分类号揭示某一范围书目的记录数（种数）。其统计表格式同订购分类统计和验收分类统计基本相同，只是价格一项可以不做统计。但其检索途径、限定条件、数据提取来源不同，最终检索意义也就不一样了。订购与验收的分类统计多用订购号、订购批号、验收批号、发行者码等做为检索途径，通常还要用订购或验收日期做限定，是对采访库中的订购记录进行统计。而这些在书目分类统计中一般是不用的，它经常用控制号、ISBN号、条码号等检索途径来进行统计，是对采编库及中央书目库的书目数据进行统计。ILAS Ⅱ系统的这项统计功能是非常实用的，例如，我们可以用 ISBN 为检索途径，以某一个出版社的代码为健值，必要时也可以控制号作限定，可以对本馆收藏的某

330

出版社文献进行统计；也可以用责任者为检索途径，对本巨额收藏的某一范围内某一责任者的文献进行统计；也可以用分类号作检索途径，对本馆收藏的某一类别的文献进行统计；也可以用控制号、条码号、记录号等为检索途径，对本馆收藏的某一范围的文献进行统计等等。其检索界面为：

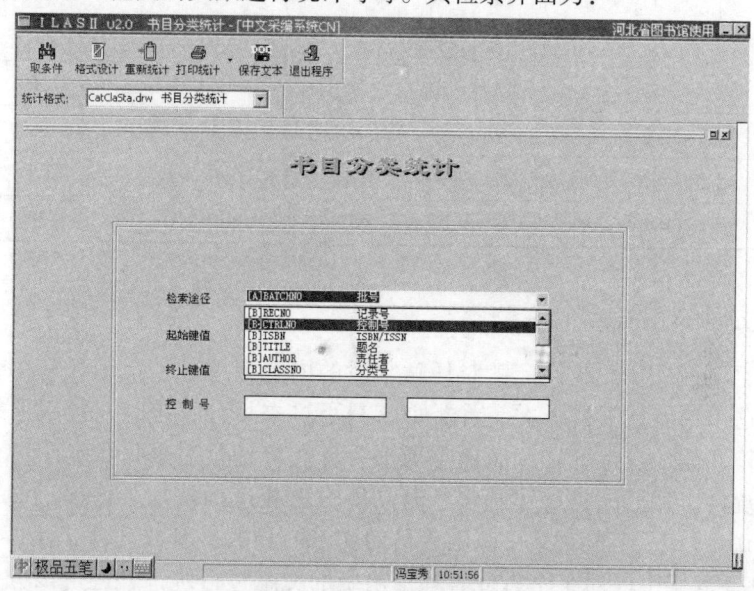

图 8-3　书目分类统计界面

首先要选择检索途径，输入相应的起始健值和终止健值，在不采用控制号作检索途径的情况下还可以用控制号来作限定，点击重新统计按钮就可以进行统计了，下面是一个统计实例的结果，通过打印统计按钮可以从打印机上输出统计表，也可以通过保存文本按钮输出文本文件。

表 8-10　书目分类统计表

分类号	种数	册数	分类号	种数	册数
A	0	0	O	10	24
B	2	3	P	3	5
C	4	9	Q	0	0
D	22	38	R	19	35
E	1	2	S	2	4

续表

分类号	种数	册数	分类号	种数	册数
F	41	61	T	21	40
G	11	15	U	8	16
H	7	12	V	0	0
I	27	73	X	6	6
J	3	6	Z	1	2
K	13	27	其他	0	0
N	0	0	合计	201	380

2. 任意项书目分类统计

任意项书目分类统计，针对任意字段的内容揭示某一范围相应书目的记录数。这个功能与书目分类统计类似，只不过书目分类统计只能对系统提供的几个检索途径进行统计，而任意项书目分类统计是对书目数据中的任意字段进行统计，其范围扩展了很多，其功能也就相应的增加了许多。如我们可以利用010＄d子字段对某一范围价格的文献的种数、册数进行统计，也可以利用102＄b子字段对某个省或直辖市出版的文献进行统计，还可以分别利用210＄a、210＄b、210＄c、215＄a、215＄d、010＄b等子字段对某一出版地、出版者、出版时间、文献页数、文献开本、文献装帧形式等项进行统计。其统计格式与书目分类统计一样，这里就不再详列了。

3. 书目来源统计

书目来源统计，对书目数据库中某一范围内的书目数据的来源进行统计，包括新建、复制、确认、合并等，可用于采编管理人员对编目工作的分析统计。其常用格式如下：

表8-11 书目来源统计表

书目创建方式	项目	A-K	N-S	T	U-V	X	Z	其他	合计
新建	种数								
复制	种数								
确认	种数								
其他	种数								
合计									

4. 审校交送统计

审校交送统计，是对某一范围内已经审校完成且交送到中央书目数据库中的书目记录的分类统计。审校交送统计有着它特别的意义，审校交送完成的书目数据标志着该文献采编工作的结束，可以送交流通部门进行典藏、流通了，所以对它的分批统计可以作为采编部门和典藏、流通部门文献交接的凭证，交接双方工作人员都要对交接的文献进行清点，只有和相应的审校交送统计单上各大类的种数、册数都能对应上，才能进行交接，当然严格的讲还要用审校交送清单进行清点。

审校交送统计表的格式和订购、验收的分类统计一样，只是统计的对象不同，订购、验收分类统计是针对某一段已订购、验收的简单书目数据进行分类统计，审校交送统计是对某一段已交送到中央书目数据库的书目数据进行分类统计。下面是一个审校交送统计的实例。

表8-12 审校交送统计表

分类号	种数	册数	金额	分类号	种数	册数	金额
A	0	0	0.00	O	0	0	0.00
B	8	17	454.60	P	0	0	0.00
C	5	11	278.20	Q	0	0	0.00
D	1	2	52.00	R	0	0	0.00
E	0	0	0.00	S	0	0	0.00
F	7	14	371.80	T	0	0	0.00
G	1	2	50.00	U	0	0	0.00
H	0	0	0.00	V	0	0	0.00
I	28	63	1520.60	X	0	0	0.00
J	2	4	135.60	Z	0	0	0.00
K	50	131	3952.60	其他	0	0	0.00
N	0	0	0.00	合计	100	244	6815.40

5. 工作量统计

工作量统计，也就是编目部门的日志统计，是某一工作人员某一天或一段时间内对编目录入、复制、审校、确认、修改等工作的记录数进行统计。

其格式与统计过程同采访的日志统计一样，只是工作类型有差别而已，这里也不再重复了。

第二节　书目产品输出

在采编工作中，需要输出各种产品，以备日后查询或文献加工时用。如卡片、书标、个别登录帐、总括登录帐等。下面以深圳图书馆自动化系统ILAS Ⅱ 2.0 为例，介绍常用的书目产品。

一、文献采访环节的书目产品

文献采访环节书目产品的类型很多，在现代采访中常用的有以下几种。

1. 订单

订单是图书馆交给出版发行部门的订购凭据，出版发行部门按图书馆提供的订单配书，并且出版发行部门将图书馆订购的文献配好送交图书馆时应将订单与文献同时交回，以证明该文献是该馆订购的。订单输出的格式是系统预先设计好的，各图书馆也可根据自己的具体情况进行相应的修改，其各项目的数据源是从系统中的订购数据（包括简单书目数据和采访数据）内容中提取出来的。订单输出的检索界面与其他统计输出的检索界面类似，其检索途径通常选择订购批号、订购号、发行者代码等，必要时还要用订购日期等做限定。订单分为列表式订单和定位式订单两种，各图书馆可根据自己的具体情况选用。

（1）列表式订单，将每一订购文献的题名、ISBN 号、订购号、出版社、发行者等项目以列表目录的形式表现出来，是将一批订购文献集中在一张表上，其优点是打印方便、数据集中，不易散落，缺点是目录密集，配书时容易错行或落行。其常用格式如下：

表 8–13　订购清单

出版发行者名称_____　　　　　订单输出日期_____年___月___日

序号	题名	订购号	ISBN	分类号	出版社	单价	数量	总价

订购单位名称_____

（2）定位式订单，将订购文献的每一条数据单独编辑，自成一个小订单，出版发行部门配书时可将每一条小订单夹在所订购的书内一同返给图书馆。这样做的优点是配书方便、出错率低，图书馆接收文献时核对起来也很方便，缺点是订单太小容易散落。不过这种订单还是很受各图书馆和出版发行部门的欢迎，比较常用。其常用格式如下，各馆可根据自己的具体情况对输出项目及其排列顺序进行相应调整。

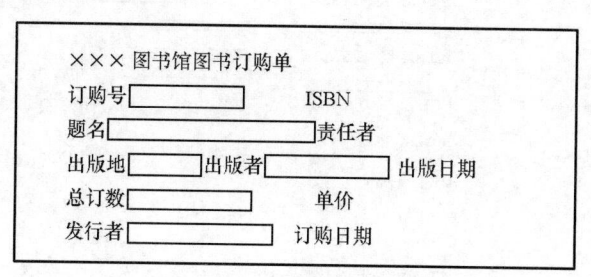

```
×××图书馆图书订购单
订购号[        ]      ISBN[        ]
题名[            ]    责任者[        ]
出版地[      ]出版者[      ]出版日期[    ]
总订数[        ]      单价[          ]
发行者[        ]      订购日期[       ]
```

图8－4　图书馆订书单

2. 个别登记帐

个别登记帐，按财产号（条码号）排列的文献明细单，是各图书馆将本馆收藏的每一册文献的内容特征和形式特征按其验收顺序排列的清单，其记载项目包括条码号、题名、ISBN、出版社、价格等等。在传统的图书馆工作中，这项工作都是手工登记的，想一想要将图书馆收藏的每一册书都一一登记下来，其工作量是何等庞大，面对这样繁琐庞大的工程其错误率也是不可低估的。在图书馆自动化管理系统中，这项繁冗复杂的工作变得非常的简单易行，只要在系统的个别登记帐输出界面（如下图）中进行相应的设置和限定，轻点鼠标就可以通过打印机输出任一范围文献的个别登记帐。

其检索途径通常选取条码号或书目控制号等，需要的情况下也可对以下各项如验收日期等进行限定。只要选好检索途径，输入检索健值，再经过相应地限定，点击数据提取按钮，系统就可以根据预先设计好的格式通过对数据库中相应数据的提取从显示器屏幕上输出个别登记帐了。输出后如果对排序还可以通过对排序字段、排序方法等的选择，利用重新排序按钮进行重新排序列呢。然后就可以从打印预览按钮下拉菜单中点击打印从而输出纸质个别登记帐了，当然也可以通过输出文本按钮输出文本文件保存起来以备后用。其常用输出格式如下，各图书馆还可以点击格式设计按钮进行格式设计，以适应自己的情况。

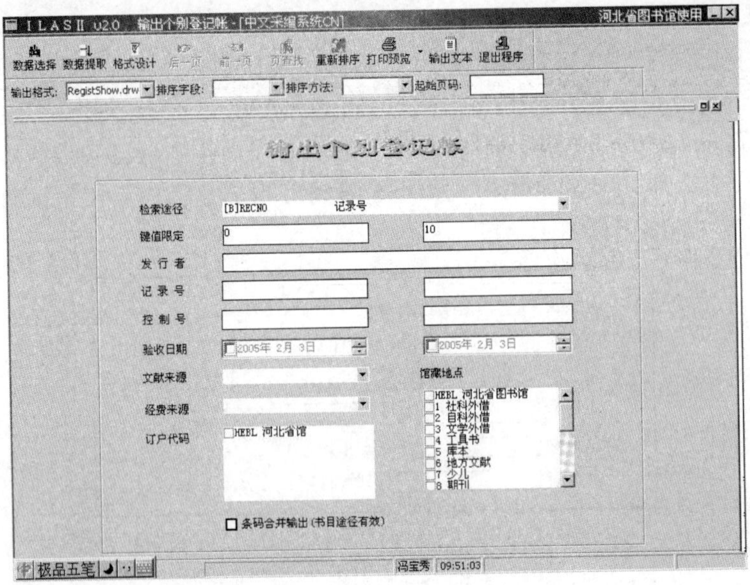

图 8-5　个别登记帐输出界面

表 8-14　个别登记帐检索途径范围

序号	条码号	馆藏地点	题 名	责任者	索取号	ISBN	出版社	卷页	价格

3. 总括登记帐

总括登记帐,是按验收批号归类的文献种数、册数、价格、对应财产号(条码号)范围的一个统计表。其检索界面与个别登记帐类似,其格式与前面讲过的订购分类统计表基本相同,只是统计的数据源不同而已。下面是一个总括登记帐的实例,是对某图书馆的条码号范围在 0110014210～011015320 之内的文献进行统计输出的:

表 8-15　总括登记帐

起止条码号：0110014210～011015320

分类号	种数	册数	金额	分类号	种数	册数	金额
A	7	19	455.00	O	7	16	655.60
B	43	79	2669.40	P	14	16	697.80
C	47	75	4389.40	Q	6	12	313.60
D	74	111	8868.30	R	41	66	2914.90
E	3	4	249.00	S	6	10	289.60
F	274	346	75283.70	T	61	102	7863.60
G	74	108	7622.40	U	6	10	403.00
H	22	42	969.20	V	2	5	155.40
I	151	323	15396.40	X	3	5	228.00
J	30	48	4710.40	Z	18	25	7202.00
K	109	243	9788.00	其他	0	0	0.00
N	2	3	192.00	合计	1000	1668	151346.70

4. 订购催询单

订购催询单，通过催询得到的有关应到而未到文献的明细单。值得一提的是，在图书馆自动化管理系统中催询的对象是指那些利用系统进行订购的文献，这里"未到文献"不是指未到馆文献，而是指那些没有经过系统到书验收的文献，所以在进行订购催询前一定要把催询范围内已到馆文献全部经过系统验收。否则会把那些已经到馆但未来得及经过系统验收的文献统计出来，导致催询单失真，也就失去了其本来的意义。订购催询单的格式及检索界面与列表式订单的格式及检索界面大同不异，这里就不再复述了。

5. 退订清单

退订清单，对于久订不到的文献，图书馆可以退订，首先要在系统中对该文献做退订处理，然后输出退订清单，提供给发行商。其格式及检索界面与列表式订单的格式及检索界面大同不异，这里不再重复了。

6. 验收清单

验收清单，按验收批号归类的文献的财产号（条码号）、题名、责任者、出版者等文献特征的明细单。其常用格式如下，分类号一项可以用粗分的大类号，对于验收时不分配馆藏地点的图书馆，馆藏地点一项可以不要。

表8-16 验收清单

序号	条码号	馆藏地点	题名	责任者	分类号	ISBN	出版社	价格

7. 分配单

分配单，针对由订购或验收岗位进行复本分配的情况，输出分配后文献各自的去向，以便按部门分配或核对实物。其格式与上表验收清单基本相同，各图书馆可根据自己的情况对输出项目进行相应删减，只是馆藏地点一项必不可少。

二、文献编目环节的产品输出

文献编目环节的产品输出也很多，常用的有以下几种。

1. 卡片

卡片，作为卡片式目录的最小组成单位，目录卡片是把一部文献的多种特征按照一定的格式分别记录在规格为7.5厘米×12.5厘米的卡片上，以备读者检索和工作人员查询。图书馆自动化系统按著录规则规定的格式进行格式设计并提供输出，除索取号、标目、拼音、正文、排检项外，卡片上还应能输出馆藏和其他信息。在图书馆自动化系统的各种统计及产品输出中，卡片的输出是比较复杂的。卡片输出设置界面如下：

输出格式包括中文通用卡片、中文标目卡片、西文通用卡片、西文标目卡片四种，可在其下拉菜单中选择所需格式，也可以通过新格式按钮增加新的格式。对于每一种格式都可以在选中该格式的情况下，点击下面的格式设计按钮对其进行相应的格式设计。对于每种卡片的输出数量及其排列顺序等可通过参数设置按钮进入参数设置界面进行相应设置。在格式、参数等都设置好的情况下，选择检索途径、输入检索键值、点击开始输出按钮就可以提取出相应的卡片格式数据，在设置好打印机的情况下点击打印按钮就可以打印出来了。卡片输出的参数设置需要如下：

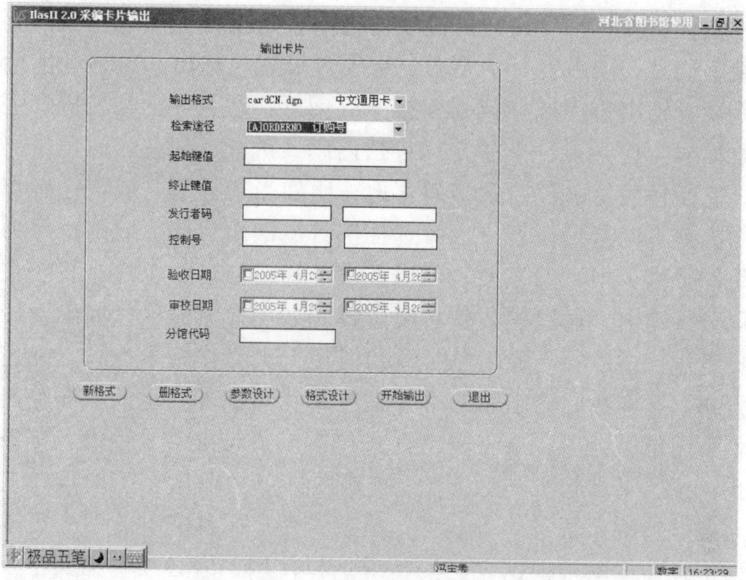

图 8-6　卡片输出界面

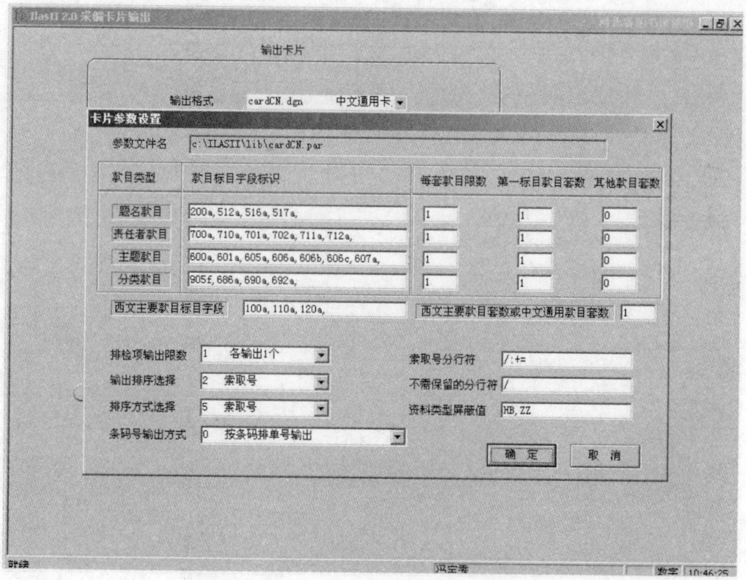

图 8-7　卡片输出的参数设置界面

其中各类型款目的标目字段设置及各类型款目输出的数量都可以根据各

图书馆的具体情况进行设置；排检项输出限数是指排检项每一项内容最多输出的数量，当某一项内容特别多时，可通过设置只输出其排列在前面的相应数量的几个；输出排序选择包括不排序、标目、题名、正题名拼音字段、控制号、索取号等检索点，排序方式包括内码、拼音、部首、四角号码、索取号几种，它是针对每一种检索点而言地，比如当选择题名或责任者作检索点时，排序方式可以选择拼音，也可选择部首或四角号码。输出排序为图书馆的目录组织提供了很大的方便，可以省去卡片粗分这道工序，我们在输出卡片时可以分开输出，输出题名款目时选择题名为检索途径、输出责任者款目时用责任者作检索途径、输出分类款目时用分类号作检索途径，并选择相应的排序方式，这样我们输出来的卡片就是按我们预先设定的顺序输出来，排卡片时就不用再粗分了；条码输出方式包括按条码排单号输出、按条码排起始—终止、按条码排起始［数量］、按地点排单号输出、按地点排起始—终止、按地点排起始［数量］等几种，是指卡片上每种文献的多个复本的条码号的排列形式，各馆可根据自己的情况选择使用，但必须选择其中一项，否则卡片提取是会出现错误提示；索取号分行符、不需保留的分行符、资料类型屏蔽值的设置决定了卡片上索取号的表现形式。

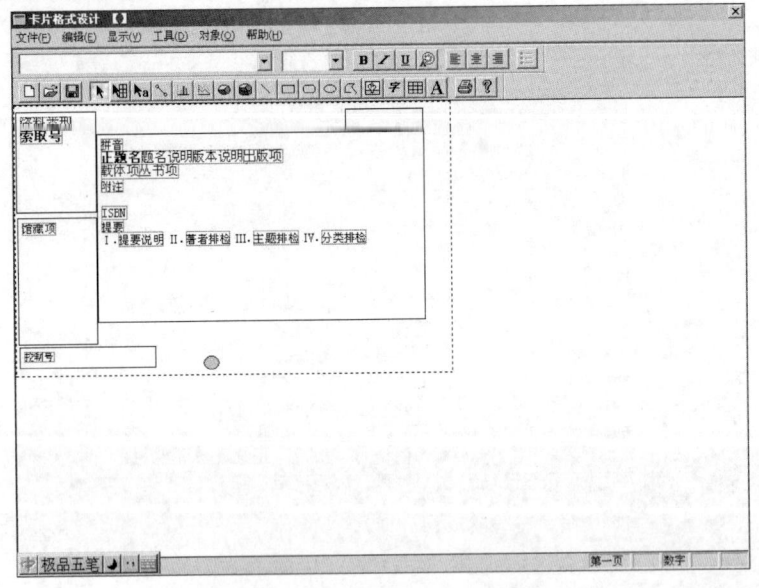

图 8-8　卡片格式设计界面

卡片的格式设计界面如上，其中的每一项的数据都是从系统的书目数据

340

库中提取出来的，其中每一输出项的字体都可能重新设置，只要用鼠标选中各项目名称，就可以通过常用工具栏选择字体、字号了，卡片上各项输出内容的字体格式和卡片格式设计中其对应的项目名称字体格式是一致的。另外各输出项目也可以进行重新设置、增减，各馆可根据自己的情况进行相应修改。如大多数图书馆不需要"资料类型"这一项，就可以用鼠标选中这几个字，用 Delete 键删除就可以了；有的馆还需要在卡片上加一些文字，如把自己的名称加上去是很有必要的，那么就可以通过点击"字"按钮在所需位置拖动鼠标到适当大小然后松开，再在右键快捷菜单的属性对话框中输入需要的文字，再进行字体、字号、排列方式、颜色等设置就可以了；还有的需要加入一些输出项，比如现在的 MARC 格式又增加了 016 字段，而原来的格式里是没有的，这就需要各图书馆自己来加了，还有的馆要把数据完成时间也输出在卡片上，这也需要自己来加。在卡片的格式设计里，加入一个输出项目也是很简单的，首先通过点击"A"按钮在所需位置拖动鼠标到适当大小然后松开，再在出现的框内输入需要的文字（多用项目名称，如 016 字段可以输入"ISRC"、书目数据完成时间可用"日期"，不过这些各馆可灵活掌握，因为这些字样只是在格式设计里显示，输出到卡片上就只显示具体输出内容了），进行字体、字号等格式设计后，再用鼠标选取中这些字符，点击右键进行相应的表单域、属性设置就可以了（如下图）。

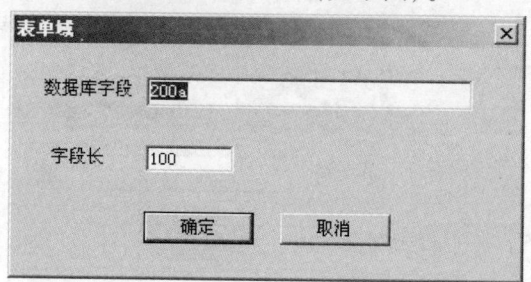

图 8-9　卡片格式设计输出数据选择界面

表单域是用来指出项目的 MARC 数据输出源的，它决定所设置项目内容是从书目数据中的哪个字段或子字段中提取的，如"正题名"是从书目数据的"200a"提取的，光盘的 ISRC 号是从 016 字段提取的，这里的字段长是指该项目在卡片上所输出字符的最大长度。属性是指所设置项目的显示属性，包括正文、馆藏项、大类号、小类号、标目、排检项、右边、其他等几种，每种属性代表的意义各不相同，如馆藏项属性的项目（如条码号）在卡片上所占的字符长度是固定的，当内容增多时，字体会自动缩小、标目属性的项目的悬行式的等。例如我们要加的项目是记录生成时间，就可以将数据库字段设置为"801c"，字段长为"8"或稍大一些，属性选取择"正文"就可以了（如下图所示）。

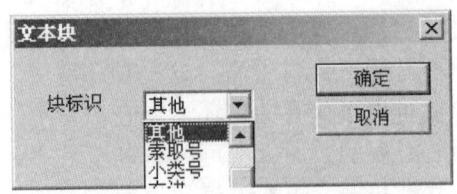

图 8－10　属性选取界面

2. 书标

书标，是将文献的索取号输出在特定规格的纸张上，用来粘贴在文献的书脊等醒目位置上作为文献的排架标识和提供读者检索。在不同的图书馆、不同的馆藏地点，书标按各种规格、不同颜色输出，除索取号可分行输出外，还应能输出条码号等。各图书馆的书标框线样式一般都大同小异，大多数图书馆都可以根据自己的需求特别订制，书标的格式设计也比较简单，主要是要把书标底板尺寸要设置的和实际书标的大小一致，还要使书标输出的内容能打印在特定的位置（如垂直水平居中），这通常要经过反复试验才能设置的恰如其分，但这是一劳永逸的，设置一次，以后每次都可以直接利用，所以开始时费些力气还是值得的，由于各馆书标纸的规格不同，至于其格式设计也就不细讲了。现在讲一下 ILAS II 系统中书标的参数设计，其界面如下：

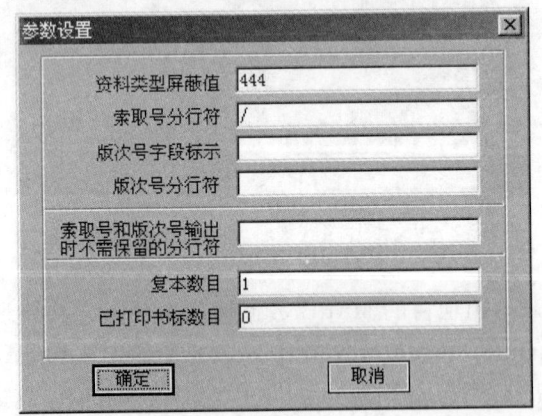

图 8－11　书标参数设置界面

这里资料类型屏蔽值是用于资料类型的，一般图书馆不用，这里就不讲了。索取号分行符是指索取号中分类号和种次号之间的连接符号（常用"/"），如果在此处输入该符号则表示在打印在书标上的索取号以该索取号分行符为界将其分类号和种次号分两行显示；如果此处为空则书标上的索取号连续显示，其分类号和种次号用索取号连接符号来连接，而不再分行显示。版次号字段标示是指书目数据索书号的版次（本）号子字段标识，版次号分行符和索取号分行符的作用相同，只不过它是用于种次号和版本号之间的连接符号，常用"-"。索取号和版次号输出时不需保留的分行符，该项的内容决定了索取号和版次号输出时，其分行符是否同时输出，比如当它们分行输出时，其分行符就没必要再输出了，这时只要在该项输入该分行符就可以了，如"/"、"-"。复本数目是针对每一册文献而言地，在图书馆自动化系统中则是以书目记录所对应的每一个条码号为依据，如果将复本数目设为"1"，则对应每一个条码号输出一个书标，如果将其设为"2"，则为每一个条码号输出2个书标，各馆可根据自己在每一册文献上粘贴的书标数量而定。已打印书标数是指在一张整的书标纸上从第几个书标位置开始打印，这个功能很实用，因为书标的规格一般都比较小，都要将多个书标排列整合在一张大的纸张上进行打印，所以经常不能一次将一整张书标纸用完，那么下一次打印时就没有办法从中间的一个位置来开始打印，只能从头开始，这必将造成不同程度的浪费，ILAS II 系统很周到的为各图书馆想到了这一点，只要数一下需要开始打印的书标位置前面有多少个书标，将其数字填在这里就可以从该位置开始打印了。下面是 ILAS II 系统中书标的输出界面，这里索取号分行符位置为空，点击打印预览按钮的下拉菜单中的打印就可以通过打印机输出书标了。书标打印界面如图 8-12 所示：

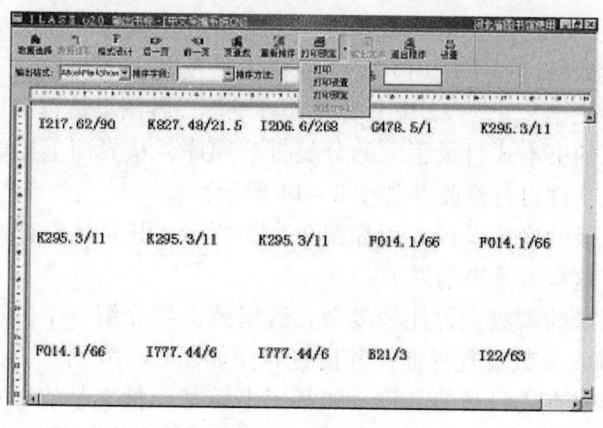

图 8-12　书标打印界面

3. 书本式目录

书本式目录，是把每部文献的多种特征按照规定的格式记录在空白的书册上而形成的目录，包括索取号、正文、馆藏和其他信息。书本式目录是常用的目录，这里要详细介绍一下。其检索界面与其他产品输出的界面大同小异，只不过多了主类设置、子类设置及其索引输出的几个按钮，其中的几个索引输出按钮，是分别用于输出书本式目录的题名索引、分类索引、责任者索引的。其界面如图 8 – 13 所示：

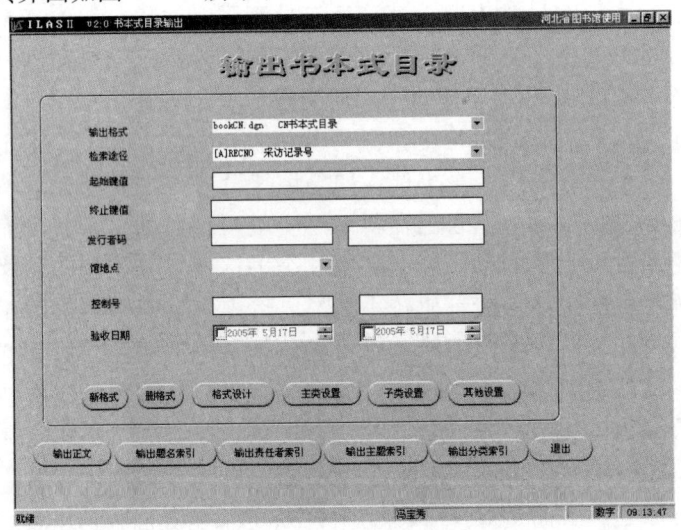

图 8 – 13　书本式目录输出界面

其中主类、子类设置是书本式目录正文按分类编排顺序的类目设置，通常也就是文献编目过程中使用分类法的各大类及其子类的设置，如系统默认的设置是《中图法》中的 22 个大类及其各子类，各图书馆可根据自己使用的分类法及自己的书本式目录正文的分类排列顺序，从界面上提供的参数文件的路径找到该文件自行修改（如图 8 – 14 所示）。

书本式目录的格式设计界面如图 8 – 15 所示，其具体设计方法与卡片设计基本相同，这里就不再细说了。

书本式目录的参数设置比较复杂，这里要详细介绍一下，点击检索界面的其他设置进入参数设置界面，其设置界面如图 8 – 16 所示，其中正文面眉名称一般用作书本式目录的名称，如某图书馆某一批文献的书本式目录；正文栏数指输出的书本式目录排列的栏数，可通过其右边的下拉菜单进行选择；正文排序字段是指书本式目录输出书本式目录正文的排序依据，它是书目数

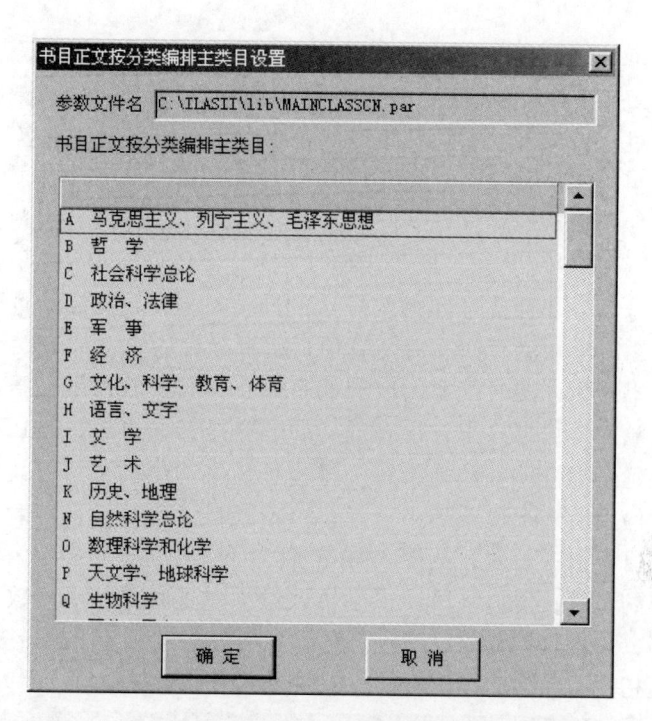

图 8-14 书本式目录正文的分类排列顺序

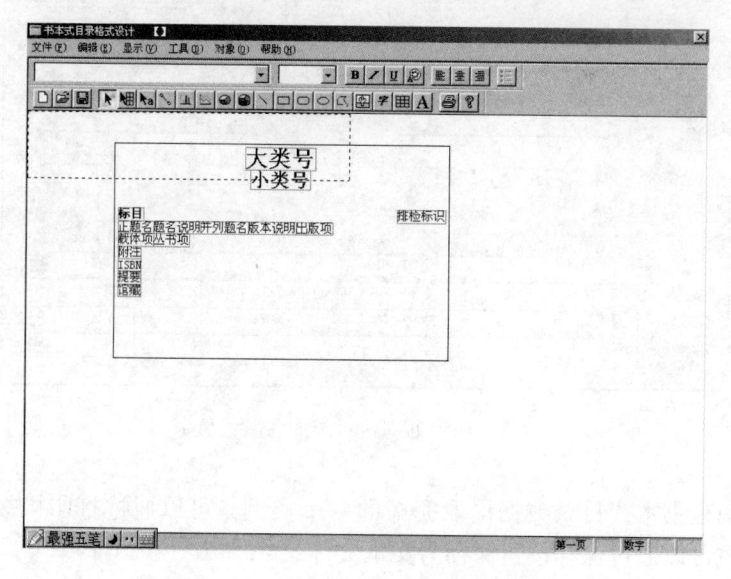

图 8-15 书本式目录的格式设计界面

据中的某个可检索字段，包括题名、出版者、ISBN、索取号、分类号等，也是通过其右边的下拉菜单选择；正文排序方式是指书目正文具体的排列方式，包括字符、拼音、部首、笔画、四角、索取号等，如当用"题名"或"责任者"排序时可以用"拼音"，也可以用"四角号码"，也可以用"部首"、"笔画"等来排序；馆藏形式是指书目上输出的馆藏（条码号）表现形式，如可以是"起始——终止"，也可以"起始（数）"、"单号"等；索取号分隔符是指索取号中分类号和种次号（书次号）的连接符号；正文起始页码就是书目正文的首页需要标明的页码，以便其他页码顺延，通常取"1"，但当本书目需要和其他书目相连接时就要另取起始页码了；起始款目号是指本书目的第一条款目的顺序号，可以起有代表意义的顺序号，如"ST200501-1"，以便相继款目顺延；排检项限数是指每一排检项最多输出的数目，具体数值可直接在每一排检项后的下拉菜单中选择；书本式目录参数设置对话框的下面部分是各类书目索引的设置，页眉名称是各索引输出的页眉显示内容，通常用来体现索引的名称，索引字段标识是指该索引建立时是从书目数据的哪些字段提取内容，限数是指提取数据时，对每一条数据索引字段的最多提取个数，排序方式是指索引输出的排序方式。

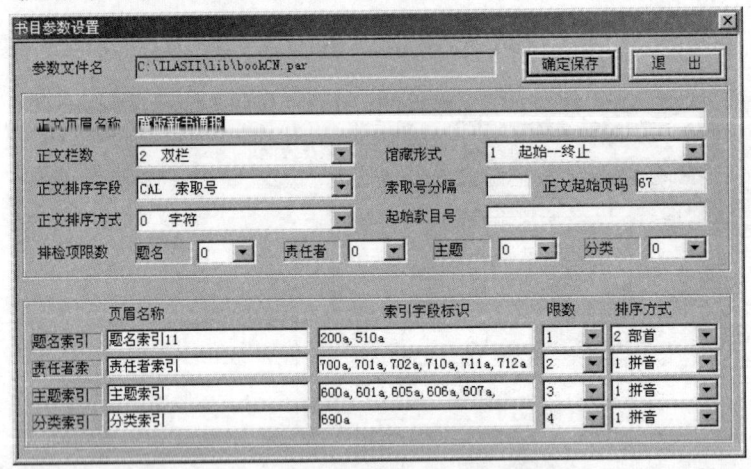

图 8-16　书本式目录的参数设置

下面是书本式目录数据提取完毕的一个实例，可以通过打印机按钮打印出来，也可以通过保存按钮保存为文本文件。

4. 审校交送清单

审校交送清单是将某一范围内已经审校且交送到中央书目库的文献的某

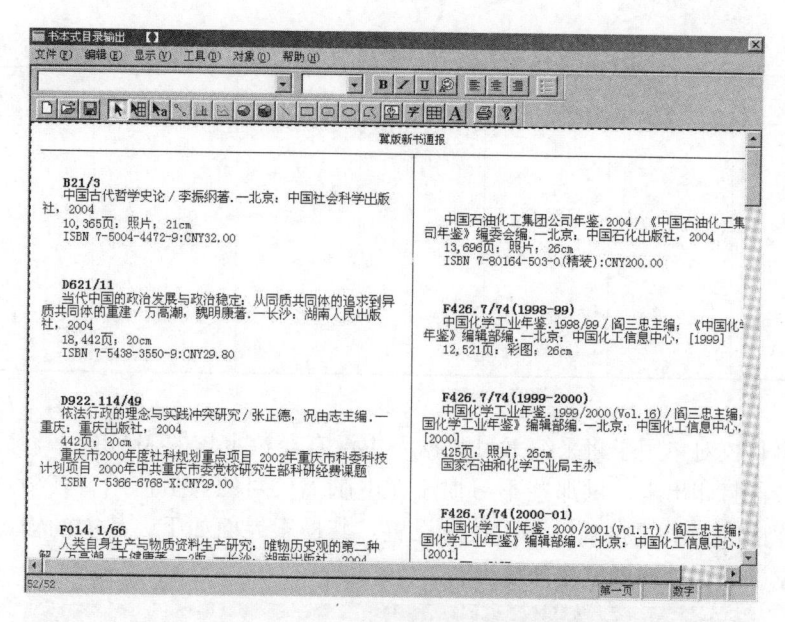

图8-17 书本式目录数据样例

些特征以表格形式逐条列出。其功能和审校交送统计单类似，都可以作为采编部门和流通部门以及典藏部门和各馆藏地点进行文献交接的凭证。其常用格式如下：

表8-17 审校交送单

序号	条码号	馆藏地点	题名	责任者	索取号	ISBN	入档时间	审校时间

5. 表格式目录

表格式目录以列表的形式把每种文献的多种特征表现出来。这种目录的内容比较简单，可用来提取满足某一特定需求的文献，如以责任者为检索途径提取某一责任者的文献。其常用格式如下：

347

表 8–18　表格式目录

序号	题名	索取号	ISBN	责任者	出版地	出版社

书目校对单用于将采编书目数据库中没有经过审校的 MARC 书目数据分批或分段打印出来，供那些不习惯于在电脑上校对的人员使用。其格式就是数据库内的 MARC 格式，不用特意设置。其检索界面如下，其中的输出字段可根据各图书馆的规定选择输出：

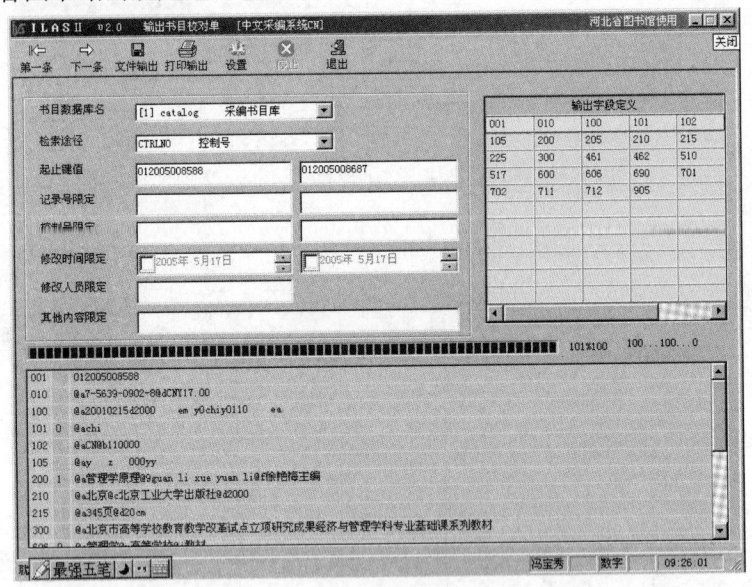

图 8–18　书目校对单

6. 新书通报

新书通报，用来报道最近一段时间内图书馆新上架的图书信息，一般采用网页表格的形式在图书馆网站发布。新书通报中书目记录的内容包括题名、作者、出版社、出版年、价格、索书号等。

7. MARC 格式编目数据的导出

为了使文献著录所生成的编目数据能够交流传递（如向总馆提交或向各个分馆提供服务），需要将自动化系统的编目数据转换为标准的机读目录格式输出。在自动化系统中一般都有专门的 MARC 格式数据输出功能，只要按系统提示选择输出记录的范围就可以了。

第九章 图书典藏

图书典藏是指文献入库后的布局、排列、整顿、清点、剔除和保护等组织管理方面的工作和要求。图书典藏是图书馆的基础工作之一，是图书馆业务活动的物质基础。没有图书典藏，浩如烟海图书资料就无法被读者使用，图书馆就失去了其存在的价值。图书典藏和图书馆其他各项工作的关系是十分密切的，它们互为条件，又互相促进。

第一节 图书典藏概述

一、图书典藏的定义

古代汉语中"典"字的本意是常道和法则，人们把记录做事要遵循的常规和法则的重要书籍称为典籍。从这个意义上讲，图书典藏就是根据图书馆的性质、任务、读者对象、地区特点、发展方向，有目的、有计划地组织保管好各种文献资料，使图书馆库藏的文献资料，成为一个完整的、系统的库藏体系。其中包含两层含义：其一是图书馆要按照一定的原则要求，系统地有组织地划分库房，排列、整理文献，使之成为一个科学的体系，有效地为读者服务。其二是图书馆藏书不是滥收并存，它在质的方面有一定的要求，是根据办馆方针、任务和读者的需要，经过精心挑选后收集起来的，当藏书失去了使用价值后，又会被剔除掉，使库藏的文献质量经常保持在一定的水平线上。总之，只有遵循一定的原则，有选择、有计划地收集、组织和保管好有价值的文献，才能保证馆藏的质量。

二、图书典藏的内容

图书典藏是研究图书馆库藏体系、组织管理及其发展的理论，具体包括图书典藏的组织体系、图书的组织与管理、图书的保护等，是指导图书馆典藏、流通和图书保护工作的实践性较强的学科理论。

1. 图书典藏体系

图书典藏体系是根据办馆方针任务、读者对象、地区特点等因素制订典藏规划，对不同类型文献（包括不同学科、不同语种、不同形式、不同层次、不同载体等）的入藏范围、数量比重、层次标准，进行科学的分析和研究，制定出入藏计划，建立起有侧重点、有特色的库藏体系。具体来说，就是按照实际需要，从文献资源共享的角度，研究怎样统筹安排各馆的典藏，馆与馆之间的分工与协调关系，使各馆之间有一个合理的布局，各具特色，相互依存、相互联系，达到为读者服务的最佳效益。

2. 藏书的组织与管理

藏书的组织与管理研究包括对入藏后的文献进行布局的划分、组织排列、清点等方面进行分析研究，使之组织得更具科学性。

3. 图书的剔除与保护研究

图书的剔除与保护研究就是研究图书的特征、类型、增长规律、分布和利用情况、图书老化、损坏的原因和规律，在此基础上制定图书剔除与保护的各项措施。

三、图书典藏的类型

图书典藏的类型包括基本典藏、重点典藏、一般典藏。

基本典藏是指图书馆为体现本馆方针任务所必须具备的基本文献。任何一个图书馆都应根据它的基本任务和远景规划，就是对一方面的文献进行较全面的系统的收藏，以便建立本馆的基本库藏。国家图书馆把人文、社科文献的收藏作为本馆的基本收藏，其中马列主义文献、图书馆学、地图学、金石学、方志学、敦煌学、中国学、家谱学等研究级学科文献收藏已达到相当的水平，中国古籍、手稿等藏品数量和质量在国内图书馆处于领先地位，工具书和中外文检索期刊的收藏也为全国之最。全面系统地收藏基本文献，即不仅本学科的要收藏，与本学科相关或相近的边缘学科的文献也要收藏；公开的出版物要收藏，内部资料也要收藏；正面资料要收藏，具有参考价值或有错误的资料也要收藏；不仅要顾及眼前任务，而且要有远景打算。书籍、期刊、报纸、缩微资料、视听资料等不同类型的文献都应该有，这就既能满足绝大多数读者的要求，也能使专业研究人员得到满足。

图书馆为了完成某些重点任务，对从事重点任务的读者所配备的专用文献，称为重点典藏。任何一个图书馆，都不可能将世界上所出版的全部文献收藏齐全。有条件有选择地收藏文献，是每一个图书馆都必须遵守的原则之一。只有依据本馆的重点任务和主要服务对象的实际需要，有选择、有条件地收藏文献，才能将各个图书馆办成具有本地特色的图书馆。因此，任何一个图书馆，都必须突出自己的重点。专业性图书馆尤其如此。即使是综合性图书馆，也要根据本馆所在地区的工农业生产、科学研究的需要，有侧重地搜集有关资料和地方文献。地方文献要尽力搜集完整和系统。

一般典藏是指各门类的普及性读物、文艺作品、普通参考工具书等，这是为广大的一般读者选藏的普通书刊，它反映了广大读者多方面的需求。其特点是学科门类广、数量大、流通率高、现实性强，它是广大读者不可缺少的学习材料。

四、图书典藏的意义

首先，图书典藏是读者服务工作的基础。图书馆的任何工作都是围绕着读者服务进行的，图书典藏也不例外，它是读者服务工作的物质保证和读者利用文献的起点。图书典藏的目的，一是要保存人类文化遗产，但其最根本的任务是为读者服务，是通过读者工作、宣传推荐、流通阅览等方式，将库藏的文献资料提供给读者使用，以解决读者学习和研究工作中的疑难问题。因此，典藏是开展读者服务工作的物质保证。没有图书典藏，读者服务工作就无法进行。而典藏的质量的优劣直接影响读者服务工作的好坏，读者服务工作进行的顺利与否，可以在一定程度上检验出典藏工作的质量。

其次，图书典藏是目录组织工作的实践对象。图书典藏通过目录组织揭示库藏，是宣传馆藏、指导读者查找资料的工具，也是图书馆工作人员了解、熟悉馆藏的工具。图书典藏是目录组织工作的基础，离开了典藏，就谈不上组织目录。图书典藏的质量直接影响着目录的质量和效益。只有高质量的典藏，才能组织起高质量的目录。文献典藏和目录互为表里，相互促进。

第三，图书典藏是图书采编的延伸。图书采购、分编加工是否能够满足图书典藏的需要，还要经过图书典藏的检验，在典藏工作中，通过合理的组织管理、划分布局、正确地排架使用，可以向采购人员提供文献使用的信息，帮助采购人员熟悉馆藏、研究馆藏、发现采购工作中的问题，以制定正确的采购方案，如确定合理的复本量。使馆藏图书的收藏更具完整性。从这个角度上说，图书典藏是图书馆藏书建设的继续。

第二节　图书典藏的组织

经过加工整理过的图书，由典藏部门按照科学的体系组织排列起来，就成为布局合理、排检科学、使用方便、管理妥善的有机整体。图书典藏的组织与管理包括库房划分、藏书排架、藏书剔除和藏书保护等工作环节。

一、文献库的划分

文献库的划分应遵循三个原则：第一，要有利于文献的使用和管理；第二，要有利于各类读者查找资料；第三，要有利于馆内工作人员熟悉馆藏和开展工作。文献库的划分要根据馆舍条件统筹安排。目前我国图书馆划分文献库最常用的方法，是根据文献的性能划分为基本文献库、辅助文献库、特藏文献库、参考资料库、保存本库等。

1. 基本文献库

基本文献库，是图书馆的主要文献库，是全馆文献典藏的基础和中心，有人称之为总库。它是图书馆收藏量最大，学科门类最广，资料最全的文献库。根据馆舍条件基本文献库可划分为若干子库。若按文种划分，可划分为中文库、外文库、少数民族文库；按文献性质和使用范围划分，可分为普通文献库、内部资料库、保存本库；按文献的类型划分，可分为普通线装库、缩微胶卷库、视听资料库；按知识门类划分，可分为社会科学库、自然科学库。基本文献库担负着图书馆保存和使用文献的最繁重的任务，它具有全面收藏、长期保存、临时调度、左右全馆库藏局势的地位。

2. 辅助文献库

辅助文献库，是设置在外借处、阅览室、参考室、展览室以及流动站等处的藏书处，其藏书处的文献应具备现实性、针对性、实用性、代表性等特点。该处的文献流通量大，利用率高。库藏一般规模不大，范围也较集中，适应于特定范围内读者的需要。所藏文献的内容根据需要可以从基本文献库调取。

辅助书库可根据读者类型、文献种类的不同，实行不同的阅览方式。如自然科学图书阅览室，到这里来的读者以研究型居多，他们来馆的目的性强，所查文献的专业性强，这里的书库可实行开架阅览；对于珍善本库、保存本库这里的文献一般不对外借阅，只供一定范围的读者在馆内参考研究使用，在使用和保存之间，侧重于保存。那么，它的辅助书库应实行闭架阅览。

3. 特藏文献库

特藏文献库，又称专门文献库，它是由于某些文献需要特殊的保管条件，或由于某些特定读者的需要而专门设置的参考性书库。如珍善本、手稿、地方文献、盲文、少儿读物、教材专藏等。这里的文献一般不对外借阅，仅供专业人士在馆阅览，因此应实行闭架。设立什么样的特藏文献库，可反映出图书馆的馆藏特点。

我国大多数大中型图书馆，采用上述划分形式，形成了以基本文献库为中心，以辅助、专用、特藏、保存本库为分库的库藏体系。基本文献库、辅助文献库和特藏文献库彼此之间相互联系，又相互配合，构成全馆完整的文献典藏整体。除此之外，书库划分方法还有很多。例如，按文献的利用率可以划分为一线书库、二线书库、三线书库。一线书库开架借阅，是图书利用率最高的书库；二线书库实行限制开架或闭架借阅，是图书利用率较高的书库；三线书库实行闭架借阅，是利用率最低的书库。此外，可以按文献的类型划分为普通文献库、期刊库、报刊库、古籍文献库、缩微资料库、声像资料库等；按资料范围和读者对象划分为儿童文献库、地方文献库等；按文种划分，如中文库、外文库、少数民族文库等；按科学门类划分为社会科学文库、自然科学文库等。

二、图书排架方法

图书馆的图书都是按照一定的科学方法，系统地依次排列在架上，使每一种图书资料在架上都有一个明确的位置，以方便取阅、归架和管理。

1. 图书排架的基本原则

对图书馆大量的文献资源进行排架，必须按照一定的原则：

第一，图书排架要有利于图书馆工作人员迅速而准确地取书和归架；

第二，要有利于充分使用书架，节省库房面积，提高库房使用效益；

第三，尽量减少倒架倒库的频率；

第四，有利于文献的清点、剔除和整顿；

第五，对于开架书库应便利读者查找资料，是其能够迅速准确地找到所需资料，并能发现他所感兴趣的图书，如把新书放在最醒目的书架上。

在实际工作中，任何一种排架法都不能同时满足以上要求，只能根据不同文献、不同读者、不同借阅方式等具体情况，选定一种排架法。

2. 图书排架号

图书在架上是按照一定的标记符号排列的，这种标记符号称为排架号。排架号是从架上索取文献、办理借阅手续的依据，所以又称索书号。在图书编目时，一本书的目录卡片上会出现分类号、书次号、卷次号、版次号、著作号、特藏号、登录号等符号，哪一种符号是索书号，取决于文献在库内的排架是按哪一种符号顺序排架的。如果按分类号排架，那么分类号就是索书号中的核心部分，通常称为分类索书号。分类索书号通常包括：分类号、书次号、版次号、卷次号、复本号、特藏号等。据此可知，分类号并不等于就是索书号，它只是索书号中的一部分。索书号除了分类号外，还包括其他许多辅助性符号。有些馆按照登录号排架，那么登录号就是索书号。排架号的编制应本着易读、易写、易懂、易排的原则，保证没一种文献在书库中有一个准确的、唯一的位置，从而保证文献典藏工作的质量。

3. 图书排架的方式

图书排架的方式可以分为两大类：内容排架法和形式排架法，内容排架法又可分为分类排架法和专题排架法。

（1）分类排架法

分类排架法是将文献资料分门别类地依照分类号的次序排列，排架的顺序反映了文献内容的分类体系。同类文献必须借助于辅设的符号，排列其先后顺序，这种辅设的符号称为辅助号，或称书次号。一种书，只能有一个书次号。书次号有种次号、著者号、年代号、登录号等，其中种次号和著者号的使用最普遍。

分类种次号排架法，是先按分类号排，再按种次号排。种次号是按照同类文献分编的先后顺序给号码。如果是多卷书应有卷次号、同种书的不同版本应加版次号，论述原书的其他著作，需要加评介号。因此，索书号是由分类号、种次号、版次号、卷次号评介号等组成。这种排架法的种次号取号容易，而且简短、易记，容易掌握，并在分类工作中省去了查著者号码表的麻烦，省时省力，工作效率高。但其主要缺点是不能集中同类书中同一著者的全部著作。

分类著者号排架法，是将文献先按其分类号排列，再将同类号的文献，依著者姓名的字顺排列先后。这种排架法在国内外都比较流行。著者姓名的字顺，是由一种号码代表的，这种号码就称为著者号。分类著者排架法的索书号，由分类号和著者号组成的。

专题排架法是将文献资料分成若干个专题，然后按所分各个专题，将文献次料集中组织起来。它是按内容排架的一种方式，带有专题陈列展览性质。其优点是灵活性、适应性较强，便于配合中心任务对口服务，适合于宣传推荐图书。由于这种方法只能作为某几种学科门类文献的陈列，而不是所有文献的排列，因此，它只能作为辅助方式临时使用，不能作为排架方式长期使用。

以上几种排架法的优点是：图书资料按学科门类集合在一起，便于图书馆工作人员系统地了解库藏情况，这对于工作人员宣传、推荐图书起了积极的作用；在开架库中，读者很容易找到同类或相近类别的图书。其缺点是：

不能充分利用库房空间面积。这是因为分类排架每个书架后要留有一定的空位,以备新书随时插架;由于新书不断增加,经常需要调整书架和书库,进行倒架或倒库工作,增加了工作人员的劳动强度;分类号繁杂,不利于排检。

(2)形式排架法。

形式排架法是按照文献资料的外部特征来排列文献的方法,这种方法归纳起来主要有五种:

登录号排架法,是按照文献资料入藏的先后顺序,即财产登录号的先后顺序排列文献。登录号又称为登记号、财产登录号,是文献个别登记的号码,是确认具体文献资料的标记符号。按登录号排架,就其索书号就是馆藏个别登录号。这种排架法的优点是简便易行,节省库房面积和架位,不用倒架,便于清点。在库房紧张的情况下,流通量不在的特种文献可以采用这种排架法。其缺点是同类书、同著者的著作不能集中在一起;不能系统地反映文献库藏的内容体系;不便于工作人员向读者宣传、推荐;也不便于工作人员和读者熟悉了解同类书的库藏情况和复本量,不利于使用。便是随着电子计算机在外借工作中的检索应用,便可以准确地了解某种文献资料在库内的收藏和借还情况。目前国外许多国家的图书馆,已不用分类排架法,而改用字顺和个别登录号排架法。这种发展趋势值得我们重视。

固定式排架法,这是一种按照文献资料到馆的先后顺序排列的方法。它的特点是文献在书架上的位置固定不变,它的排架号由文献所在的书架的顺序号、层格号和架层的顺序号组成。如:36/5/4,表示这部文献是在第36架,第5层架的第4位。这种排架法能充分利用书库空间和架位,不用倒架,但由于同类文献、同著者的不同著作、多卷书、复本书都不能集中在一起,影响工作人员熟悉馆藏、及读者检索取书,因此这种排架只使用于流通率很低或基本不流通的特藏本、保存本书库。

字顺排架法,是一种按照文献著作名称的顺序排列的方法。这种排架法的特点是可以将同一著者或同一名称的文献排在一起。适用于拼音文字的文献,如俄、法、德等外文。但由于内容相同而著作不同的文献不能排在一起,同类文献之间没有内在的联系,不利于宣传、推荐和研究藏书,许多图书馆把它与分类排架法结合起来使用,成为分类著者排架法或分类书名排架法。

版型排架法,是先按照文献的大小或装订形式划分文献,然后再在同一书型范围内按照分类、种次号或字顺顺序来排列。这种排架法的索书号前都加有特定拼音字母,作为不同版型的符号。采用这种排架法的书库整齐美观,节约空间,但也存在着同类文献不能集中在一起的,从而不便于文献的宣传、推荐,因此,它不能单独使用。

语种排架法，这种排架法多用于外文或少数民族文献的排架。它首先按语种划分，然后在按分类、字顺或其他方法排列。这种排架法的索书号前都有语种号、或文别号。

形式排架法除以上5种外，还有年代排架法和地区排架法。年代排架法多用于报刊的排架，排架号由年代号与报刊字顺号组成。地区排架法是先按照文献的出版地区划分，然后再按其他排架法排列。

图书馆选择排架体系要从长远的角度去慎重考虑。因为大量的文献排完架后，再以改变排列次序，不但需要花费大量的人力、物力和时间，而且工作人员和读者还需要重新熟悉馆藏。实际上，分类种次号排架和分类著者号排架方式在图书馆已经普遍应用。

4. 分类排架质量的控制

书库历来是图书馆开展服务的核心地带，在闭架借阅时期，为确保书库人员迅速地找到读者所要的图书，图书排架严格按索书号细排，很少出现乱架问题。实行开架借阅以来，大批读者自由地出入书库并查找、翻阅自己喜爱的图书，阅完后很难保证将图书放回原位，致使图书乱架问题非常严重。一种"细分类、粗排架"的观点（即在一定分类号范围内图书没有排架顺序。）迅速蔓延并广泛应用。"粗排架"观点试图从理论上掩饰乱架现象，结果乱架问题愈加难以控制，图书排架质量大幅度下滑。图书排架质量不仅反映了图书馆业务水平和管理能力，而且直接影响读者查找图书的速度和效果，因此加强图书排架质量评价工作具有重要意义。

目前图书排架质量一般从两个方面评价：一是图书排架的粗细程度，即按哪一级分类类目组织排架；二是图书乱架程度，即乱架图书所占比例。不同的图书馆由于馆藏规模与藏书特点各不相同，各学科文献数量分布极不均衡。例如，同样采用三级类目排架时，有的类目文献量很少，只有数十册或数百册，而有的类目文献量多达数万册甚至数十万册，即使采用最细类目排架，同类书数量也有数千册之多。可见采用单纯的类目级别来衡量图书排架质量是远远不够的，类目级别不能准确地评价图书排架的细分程度。因此我们必须建立新的排架质量评价指标，将图书排架细分程度纳入到合理范围。

(1) "最佳排架粒度"概念的引入

"粒度"（granularity）一词原用于表示固体颗粒性物质的粗细程度，即颗粒的大小。因为具有某种共同属性的物质或事物构成的一个个小群体往往表现出颗粒性特征，所以目前"粒度"已经出现在很多学科领域。在图书排架中，并非每一册图书都有唯一的排架位，总有一定范围和数量的图书由于具有共同的属性，其排架位不分先后顺序，这就是图书排架的颗粒性特征。在"颗粒"内部，各册图书排架顺序可以是任意的，但属于不同"颗粒"的图书却必须严格分开，不能混排在一起。我们将由一定范围内排架顺序可以不分先后的若干册图书构成的一个群体称为"排架粒度"，排架粒度的大小由该群体中的图书册数决定。

不同图书馆、不同分类类目下的图书排架粒度的大小是不同的。排架粒度测算方便，可以从图书管理系统中统计出来，排架粒度的大小准确地反映了图书排架的细分程度，排架粒度数值越大，说明排架越粗，读者利用也就越不方便。细排架中，同一种书的不同复本之间顺序是任意的，所以最小排架粒度为同种书的复本数。在粗排架中，相同或相邻分类号范围内的图书是任意排序的，所以最大排架粒度是相同或相邻分类号范围内所容纳的图书册数。例如，采用六级类目排架时，如果各六级类目所容纳图书数量的最大值为500册，那么最大排架粒度为500。

我们知道，读者在查找图书的过程中是积极的，通常要连续浏览多个书架，以便找到自己需要或以后可能需要的图书。所以说一定范围内的图书乱架并不影响读者查找利用图书，但超过这个范围，图书排架会变得混乱不堪，严重影响读者查找与利用。因此，图书排架需要有一个科学的细分程度，这里我们引入"最佳排架粒度"概念作为图书排架评价标准。

(2)"最佳排架粒度"的测定

图书排架粒度直接影响读者利用，所以最佳排架粒度是在充分考虑读者使用方便性和图书排架简易性的基础上确定的最合适的排架粒度。那么最佳排架粒度是多大呢？围绕这个问题，笔者在我校开架书库对读者查找图书习惯进行了认真观察，发现读者每次浏览的书架为10个左右，其中仔细查找的书架大都不超过3个左右。更进一步的详细调查表明，对于同一书架的同一层或相邻两三层出现的乱架现象并不影响查找，在同一书架不相邻的各层乱架会带来不方便，但还是可以找到。当同一排书架乱架时，查找变得非常困难了，当不在同一排时几乎找不到。读者希望书架标签比较醒目，最好能够具体到每个书架，这样可以减少浏览范围，提高查找速度。所以相邻两三层之间的乱架是可以接受的，但更大范围的乱架会大大增加查找难度，使读者失去耐心，甚至产生不满心理。我们将读者可以接受的乱架范围内所容纳的图书数量（册数）确定为"最佳排架粒度"。根据统计，同一书架相邻三层中所容纳的图书数量平均为220册，考虑到图书厚度、排架密度、计算方便性等因素，我们将最佳排架粒度确定为200。也就是说，当某一类的图书数量不超过200册时，图书集中排在同一书架的连续两三层之间，不排顺序并不影响查找。但是当同类图书数量超过200册时，必须进一步采用其他属性（如主题、出版年、著者等）组织细排架。

(3) 采用"最佳排架粒度"控制的效果

确定最佳排架粒度后，需要进行图书分类统计，对于收藏图书比较少类目，可以合并相邻类目；相反对于同类书相当多，远远超过最佳排架粒度的类目要逐一列出，选择按主题词（或关键词）进一步细分，使相同主题下的图书数量控制在最佳排架粒度范围内。例如当同类书中关键词相同的图书数量比较多时，我们可以认为该关键词具有类目名称属性，将该类书集中起来排在本类前面。当同类书中含有多个具有类目属性的关键词时，按关键词字母顺序排序。当同类书按关键词排序后，其数量仍然超过最佳排架粒度时，可以继续采用其他特征（如种次号、著者、年代、出版社等）细分。

实践证明，采用最佳排架粒度评价图书排架质量是科学的。首先最佳排架粒度是在特定图书馆对特定用户查找图书习惯调查的基础上产生的，这体现了图书排架服务的根本目标。其次，图书排架粒度采用绝对数值来表示图书排架的粗细程度，不同规模的图书馆、不同的用户群体可以有不同的最佳排架粒度。采用最佳排架粒度既避免了"细排架"造成的排架工作量大，又避免了"粗排架"类目过粗造成的图书查找困难。利用最佳排架粒度，我们可以方便地核算工作量，检查工作质量。当图书乱架范围没有超过最佳排架粒度时，我们认为排架工作是符合要求的；当乱架范围大于最佳排架粒度时影响读者利用，我们需要对排架工作进一步细化。此外，采用"最佳排架粒度"后，调动了馆员的积极性，提高了图书排架质量。大家心中有了图书排架的具体评价标准。根据标准对自己负责范围的图书进行统计、核查，对于图书数量很少的类目进行了适当的合并。对同类书数量大的类目，根据读者查书习惯以及分类类目的含义、所包含的主要内容、主题词（关键词）、著者等进行创造性重组。当同类书数量很大时，单纯采用种次号（或著者号）排架，内容关系密切的图书往往不能排在一起。采用最佳排架粒度后，相同主题词的同类书可排在一起。原先工作人员按索书号顺序来排架、整架，由于工作的知识性、技术性差，难以有所创新和发展，不能体现自身价值，大家常常感觉工作内容枯燥，积极性不高。采用最佳排架粒度后，馆员提高了排架工作的知识性、技术性和创造性，馆员感受到工作的价值。有效的图书管理是开展导读的基础。采用排架粒度后，馆员对图书的了解与掌握深入到排架粒度一层，这样在对读者导读时，心中有数，能根据读者提出的问题指引到非常具体的架位，大大节约了读者找书时间，使导读工作更有意义。

三、文献剔旧问题

随着时间的推移,图书馆中会有越来越多的文献超过了使用期限,长期无人问津,需要剔除。另一方面,由于图书馆的面积有限,面对与日俱增的大量文献资源,图书馆变得越来越拥挤,为保障这些文献的充分利用,图书馆也需要对馆藏进行优化,剔除不必要的一些资料。

关于文献的滞架时限并没有统一的规定,要由图书馆工作人员根据本馆的具体情况而定。不过人们普遍认为:哲学和一般社会科学著作,除名需要保存 30 年以上外,一般文献保存 5~10 年;历史、地理著作应长期保存,但为了适应形势的要求而编写的史地著作,一般保存 5~10 年;自然科学著作,除经典名著和基础理论著作需长期保存外,一般为 5~10 年为限。纯科学方面著作,应剔除陈旧的信息或理论图书;剔除旧版的一般芋作,该领域的经典要长期保留。普通的教科书要保存 10 年,有人认为保存 5 年就已足矣。应用科学方面,如医学、计算机、无线电、电视以及商业等领域的文献可保留 5~10 年,对于计算机应用软件部分的文献应保留 5 年。艺术作品除精美的画册、图集需长期保存外,一般保存 10 年,文学方面的著作,一般均应长期保存,读者不感兴趣不再重印的非著名小说家的作品应保留 5 年。工具书应长期保存,但内容有错误、为暂时需要所编辑的应剔除,科技标准、产品样本等一般保存 3~5 年。

在剔除工作以前,图书馆要进行大量的调查研究,制定剔除文献的标准。通过对本地区的政治、经济、文化的发展特点,生产规划和科研重点的调查,对馆藏建设规划加以修订使之更加适应本地区的政治、经济发展的需要。对不符合本地区的情况的文献列为剔除对象。对决定剔除的文献要造册登录,编制剔除书目。剔除书目应包括索书号、财产号、书名、著出版事项、册数和剔除理由等内容。经领导批准后,留样备查。对每种被剔除的文献要在财产登录簿、公务目录、读者目录、图书馆自动化管理系统中进行注销,使文献检索工具与实际馆藏保持一致。

四、图书保护问题

文献是民族的宝贵财富,是国家的重要资源,用科学的方法把这些珍贵的文献资料保存下来,最大限度延长它的寿命,是文献学的重要组成部分。

1. 控制光线

我们知道光是有能量的,纸是由各种纤维来组成的,在光特别是紫外光的照射下，各种纤维素的机械性能都会比以前降低。光对纸张的破坏程度，还同纸张保存的环境有关，在有氧的情况下，光能加速氧对纤维素的作用，使之变成易粉碎的氧化纤维素。除此之外，湿度的升高也会加速光线对纸的破坏。防止或减少光线对文献的破坏，安放书架，应当防止阳光直射在国书上，书库的窗户可加设遮阳设施；书库窗的玻璃上应采取一定的防紫外线措施；书库照明不宜使用日光灯，可以选用白炽灯及普通的钨丝灯泡为好，灯泡应安装在书架之间通道的正上方。

2. 控制温度与湿度

纸张老化变质的过程是一种化学反应，温度是影响这种化学反应速度的重要因素，温度越高，这种化学反应的速度越快，纸张老化变质的速度也越快。纸张还是一种极易吸湿的材料，在湿度大的空气中，能吸收空气中水分，使其纤维素变长，纸中的水分会散掉，纤维素就会缩短。如果这个过程反复进行，纸张的纤维素就会变硬，变脆，强度就会下降。因此，必须对书库的温湿度进行控制与调节。有人认为：保存图书最适宜的条件是相对湿度在50~55%，温度在17~19℃之间。

3. 防治虫害

损坏图书文献的害虫有很多种，其中最常见的危害较大的有：烟草甲、药材甲、毛衣鱼、书虱、蠹虫等。这些害虫对图书的破坏是惊人的。据北京图书馆图书保护研究组对14个图书馆近万册古籍虫害的调查发现。被虫损的图书平均为81%。这些害虫大多是以食纤维素来维持生命，而纸张的主要成分是纤维素，因此，这些害虫会使图书蛀孔累累，缺边少页，污损，粘连，所以图书防虫是图书保护的重要环节。

我们知道，书中本无害虫，那些害虫是在图书运输或使用中由外界带入的。因此书库为了避免害虫侵入，图书入库前要进行认真检查，发现害虫要进行杀虫处理后方可入；对于书架等图书设备也要进行杀虫处理；害虫的生长繁殖与库中的温湿度密切相关。把库中的温湿度控制在不利于害虫生长发育的范围内，是消灭害虫的有效方法。此外，保持库内外环境清洁卫生，可以切断害虫进入书库的通道。

4. 预防霉菌

霉菌是一种微生物。它能分泌出一种纤维素酶，这种酶可促使纸张的纤维水解，并能使纤维素通过它的细胞膜变成水溶纤维素，使纸张遭受侵蚀损害。我们常会看到一些被霉菌侵蚀的图书，它们出现各种色斑，字迹模糊，有的甚至书页粘在一起，有人形象地把它们称为"书砖"。影响霉菌产生繁殖的因素有多种，主要是温湿度。如果书库的相对湿度超过70%，温度超过20℃，那么图书旧会受到霉菌的侵害。缩微胶片在同样的温度下，相对湿度超过60%，就有可能生霉。灰尘多，空气不流通会给霉菌的着床繁殖创造条件。霉菌繁殖的适宜PH值为4~6左右，偏酸性，因此，图书的纸张如果为酸性纸，则容易生霉。

鉴于以上情况，我们应采取哪些措施防止霉菌的产生呢？首先，要搞好书库的通风防潮和清洁除尘工作，使霉菌失去滋生繁殖的有利条件，对已发生霉菌的图书要立即采取除霉菌措施，以防霉菌的蔓延扩大。对于用酸性纸张制成的图书，要进行脱酸处理。

5. 净化空气与除尘

空气中含有二氧化硫，二氧化氮，氯气等气体，在工业发达的地区这些气体的含量会更高一些，这些气体与空气中的水分作用，回生成酸，酸是促使纤维素水解的催化剂，会使纸张强度下降，同时还会使耐酸性较差的字迹发生褪色。为了减少有害气体对图书的危害，我们可以在书库安装空气过滤器，它不但能滤掉空气中的灰尘，还可以将二氧化硫气体基本清除掉。有条件的大型图书馆使用空调器，不仅可以有效地控制库内的温度和湿度，而且也能起到过滤污染气体的作用。

参考文献

［1］　王颖波．现代图书馆管理与图书分类法实务全书［M］．西安：西北大学出版社，2002．

［2］　张润生．图书情报工作手册［M］．哈尔滨：黑龙江人民出版社，1988．

［3］　白国应．图书分类学［M］．北京：书目文献出版社，1981．

［4］　候汉清，王荣授．图书馆分类工作手册［M］．北京：中国科学技术出版社，1992．

［5］　俞君立，陈树年．文献分类学［M］．武汉：武汉大学出版社，2001．

［6］　上海图书馆．图书馆工作手册［M］．北京：中国国际广播出版社，1990．

［7］　常书智．文献资源建设工作［M］．北京：北京图书馆出版社，2000．

［8］　中国文献编目规则编撰小组．中国文献编目规则［M］．广州：广东人民出版社，1996．

［9］　黄俊贵．文献编目工作［M］．北京：北京图书馆出版社，2000．

［10］　康金锐．文献编目［M］．北京：文津出版社．1992．

［11］　李晓新，杨玉麟，李建军．文献编目教程［M］．天津：南开大学出版社，1995．

［12］　张秀兰．标目和检索点的异同［J］．图书馆建设，1994（6）：44．

［13］　罗健雄．论检索标目［J］．图书馆论坛，1995（6）：14－16．

［14］　于学华．试论机读目录标目的多面引向原则［J］．图书馆，1999（5）：45－50．

［15］　宋丹．信息共享与网络联机编目［J］．现代图书情报技术，1997（增刊）：150－151．

［16］　彭昊．论联机编目［J］．江西图书馆学刊，1997（2）：57－58．

［17］　李鲁艮．联机编目的发展趋势与存在问题［J］．江苏图书馆学报，1999（5）：28－30．

［18］　贺宜．Z39.50的现状、应用及问题初探［J］．情报科学，2002（9）：943－944．

［19］　黄宗忠．文献采访学［M］．北京：北京图书馆出版社，2001．

［20］　王福生．图书采购与网上书店［J］．现代情报，2003（9）：172－173．

［21］　白崇远．网上书店的特点及其对图书馆采购的影响［J］．河北科技图苑，2000（2）：7－9．

［22］　戚敏．网上书店与图书馆网上采购［J］．图书馆工作与研究，2001（4）：31－33．

［23］　唐曙南，王传梅．网上书店与图书采购［J］．图书馆学刊，2001（6）：27－28．

［24］　王建新．网上书店及网上采购浅谈［J］．高校图书馆工作，2002（5）：20－22．

［25］　罗玉兰，王若斌．网上书店与图书馆文献采访的新思路［J］．河南金融管理干部学院学报，2002（6）：71－72．

［26］　邱普路．国内网上书店与图书馆采访工作［J］．图书馆学刊，2002（11）：45－46．

[27] 赵炜霞. 试谈网络采访与网上书店 [J]. 山东图书馆季刊, 2002 (3): 88-90.
[28] 华薇娜. 网络学术信息资源检索与利用 [M]. 北京: 国防工业出版社, 2002.
[29] 张彤. 尚忠秀. 图书采购方向——网上采购 [J]. 农业图书情报学刊, 2002 (4): 37-38.
[30] 伍晓星. 图书馆网上采购浅析 [J]. 图书馆理论与实践, 2004 (1): 22-23.
[31] 唐洁琼. 图书馆网上采购新模式 [J]. 湘潭师范学院学报 (社会科学版), 2002 (5): 134-136.
[32] http://www.nlc.gov.cn, 国家图书馆
[33] http://www.crlnet.org, 地方版文献联合采编网
[34] http://www.calis.edu.cn, 中国高等教育文献保障系统
[35] (前苏联) H. 普列奥勃拉仁斯卡娅. 图书馆藏书的卫生与修复 [M]. 北京: 书目文献出版社, 1985.
[36] 倪波. 文献学概论 [M]. 江苏: 江苏教育出版社, 1990.
[37] 赵冬生, 刘锦宏. 文献典藏与保护 [M]. 北京: 文津出版社, 1993.
[38] 冷伏海等. 信息组织概论 [M]. 北京: 科学出版社, 2003.
[39] 黄俊贵, 罗健雄. 新编图书馆目录 [M]. 北京: 书目文献出版社, 1986.
[40] 彭斐章, 乔好勤, 陈传夫. 目录学 [M]. 武汉: 武汉大学出版社, 2003.
[41] 康金锐. 文献编目 [M]. 北京: 文津出版社, 1992.
[42] 张会田, 巩林立, 白兴礼. 新信息环境下图书馆合作与资源共享 [M]. 兰州市: 甘肃民族出版社, 2008.
[43] 李松妹. 现代图书馆管理概论 [M]. 北京市: 北京图书馆出版社, 2007.
[44] 吴慰慈, 张久珍. 当代图书馆学情报学前沿探寻 [M]. 北京: 北京图书馆出版社, 2002.
[45] 刘慧. 图书馆岗位设置与图书馆内部业务操作指南 [M]. 北京: 中国教育出版社, 2010.
[46] 张辉. 图书馆馆藏资源建设与文献采购招标工作全书 [M]. 北京: 中国教育出版社, 2009.
[47] 刘慧. 图书馆岗位设置与图书馆内部业务操作指南 [M]. 北京: 中国教育出版社, 2010.
[48] 王海涛. 图书馆采访工作规范与采访工作人员行为准则 下 [M]. 北京: 中国知识出版社, 2007.
[49] 饶思军. 业务外包: 图书馆业务核心化战略的必然趋势 [J]. 图书馆建设, 2004 (04): 63-64.